J. Schustel

Karl Barth — Martin Rade

Ein Briefwechsel

Mit einer Einleitung herausgegeben
von Christoph Schwöbel

Gütersloher Verlagshaus Gerd Mohn

CIP-Kurztitelaufnahme der Deutschen Bibliothek

Barth, Karl:
Ein Briefwechsel / Karl Barth ; Martin Rade. Mit
e. Einl. hrsg. von Christoph Schwöbel. – Gütersloh :
Gütersloher Verlagshaus Mohn, 1981.
ISBN 3-579-02110-9
NE: Barth, Karl: [Sammlung]; Rade, Martin;
Rade, Martin: [Sammlung]

ISBN 3-579-02110-9
© Gütersloher Verlagshaus Gerd Mohn, Gütersloh 1981
Satz und Druck:
Poeschel & Schulz-Schomburgk, Eschwege
Einband: Klemme & Bleimund, Bielefeld
Schutzumschlag: Dieter Rehder, Aachen
Printed in Germany

Inhalt

Vorwort
6

Einleitung
9

Briefwechsel 1908-1940
59

Register:

Personen
283

Schriften Barths und Rades
289

Abkürzungen
292

Vorwort

Bei den Vorarbeiten zu meiner Dissertation über die Theologie Martin Rades stieß ich im Handschriften-Archiv der Universitätsbibliothek Marburg auf die Briefe Karl Barths an Rade, die sich im Nachlaß Rades befinden. Ein Vergleich mit den Briefen Martin Rades an Barth, die im Karl Barth-Archiv in Basel aufbewahrt werden, bestätigte den ersten Eindruck, daß es sich bei dieser Korrespondenz um ein wichtiges Dokument der Theologiegeschichte der ersten Hälfte dieses Jahrhunderts handelt, das interessante Aspekte der Entstehungsgeschichte der »dialektischen« Theologie und ihrer Rezeptionsgeschichte in Deutschland erhellt. Daraus entstand der Plan einer Publikation des Briefwechsels, der in der Folgezeit konkrete Gestalt annahm.

Die Korrespondenz umfaßt den Zeitraum vom Jahr 1908, als Barth seine Tätigkeit als »Hilfsarbeiter« bei der von Martin Rade herausgegebenen Zeitschrift »Die Christliche Welt« begann, bis zum Jahr 1940, dem Todesjahr Rades. In dieser Sammlung kommen alle vorhandenen Briefe Karl Barths an Rade zum Abdruck. Von den Briefen Martin Rades an Barth sind sieben Briefe aus dem Jahr 1909 nicht in die Sammlung aufgenommen worden, in denen Rade seinem Redaktionshelfer Karl Barth, der während der Ferien Rades die Redaktion der »Christlichen Welt« weiterführte, spezielle Hinweise zur Drucklegung der Zeitschrift mitteilte. Ferner wurden zwei Briefe aus dem Jahr 1913 und drei Briefe von 1929 nicht abgedruckt, die sich wegen ihres rein familiären Inhalts nicht zur Veröffentlichung eignen. Zur Ergänzung der Korrespondenz wurden Briefe Barths an Dora und Helene Rade, Briefe Rades an Nelly Barth und zwei Postkarten von Dora Rade an das Ehepaar Barth herangezogen. Zwei Schreiben Karl Barths an Wilhelm Herrmann wurden auch in die Sammlung aufgenommen, da sich Barth und Rade mehrfach auf diese Briefe beziehen. Ebenso verhält es sich mit einem Brief Rades an Eduard Thurneysen. Die Sammlung wird eingeleitet durch zwei Briefe von Barths Vater, Prof. Fritz Barth, an seinen Marburger Kollegen Martin Rade, in denen der Grundstein des freundschaftlichen Verhältnisses beider Familien gelegt wurde. Trotz dieser Ergänzungen sind durch das Fehlen einiger bisher noch nicht aufgefundener Briefe eine Reihe von Lücken geblieben.

Bei der Edition des Briefwechsels wurde die Orthographie vorsichtig modernisiert, sofern der Lautbestand der Worte dadurch nicht verändert wurde. Bei der Interpunktion wurde nur die Kommasetzung den heute üblichen Regeln angepaßt. Eigentümlichkeiten der Groß- bzw. Kleinschreibung, auf die sowohl Barth als auch Rade viel Wert legten, sind unverändert beibehalten worden. Heute ungebräuchliche Abkürzungen wurden stillschweigend aufgelöst. In seltenen Fällen sind einzelne Briefpassagen wegen ihres rein privaten Inhalts vom Abdruck ausgenommen worden, wobei die Auslassung durch eckige Klammern [...] kenntlich gemacht wurde. Orts- und Datumsangaben wurden bei allen Briefen vereinheitlicht.

Die Kommentierung in den Anmerkungen beschränkt sich auf die für den Leser notwendigen Informationen, auf die Erklärung der in den Briefen genannten Namen und auf Hinweise zur Literatur, die von Barth oder Rade erwähnt wird. Wo es für das Verständnis der Korrespondenz unerläßlich schien, wurde versucht, zumeist anhand anderen Archivmaterials, die Zusammenhänge darzustellen, auf die sich einzelne Briefe beziehen. Die theologiegeschichtliche Einleitung ist ein Versuch, das Verhältnis von »liberaler« und »dialektischer« Theologie in der Perspektive der Korrespondenz zwischen Rade und Barth zu charakterisieren, ohne der Interpretation des Lesers vorgreifen zu wollen.

Da einzelne Familienmitglieder in den Briefen nur mit Vornamen bzw. deren familieninternen Kurzformen genannt sind, empfiehlt sich hier vielleicht eine kurze Zusammenstellung. Aus der Familie Karl Barths werden erwähnt: Mutter Anna = Anna Barth geb. Sartorius (1863-1938), Nelly = Frau Barth (geb. 1893), Peter = Karl Barths Bruder Peter (1880-1940), Heiner = Karl Barths Bruder Heinrich (1890 bis 1965); dazu Barths Kinder: Fränzeli = Franziska Zellweger-Barth (geb. 1914), Markus = Markus Barth (geb. 1915), Stöffeli = Christoph Barth (geb. 1917), Matthias (1921-1941) und Hans Jakob Barth (geb. 1925). Aus der Familie Rades werden genannt: Tante Dora = Dora Rade geb. Naumann (1868-1945), Gottfried = Gottfried Rade (geb. 1891), Lenchen = Helene Barth geb. Rade (geb. 1895), Gertrud = Gertrud Rade (1900-1918); aus der Familie von Peter und Helene Barth: Uli = Martin Ulrich Barth (geb. 1916), Baschti = Friedrich Sebastian Barth (geb. 1918), Resli = Peter Andreas Barth (geb. 1920).

Dem Ausschuß zur Verwaltung des literarischen Nachlasses von Karl Barth danke ich für die freundliche Genehmigung zum Abdruck der Briefe Karl Barths. Ebenso sei Herrn Pfarrer Gottfried Rade für die Erlaubnis gedankt, die Briefe Martin Rades abzudrucken, und vor allem für das Interesse und die hilfreichen Ratschläge, mit denen er das Projekt von den ersten Anfängen an begleitet hat. Der Universitätsbibliothek Marburg, in deren Besitz sich die Briefe Karl Barths an Martin

Rade befinden, danke ich für die Zustimmung zur Publikation der Briefe. Besonderen Dank schulde ich Herrn Dr. Hinrich Stoevesandt vom Karl Barth-Archiv in Basel, ohne dessen tatkräftige Unterstützung und Hilfsbereitschaft der Briefwechsel nicht in dieser Zeit hätte publiziert werden können. Dr. Stoevesandt hat die mühevolle Arbeit auf sich genommen, meine Transkriptionen der Briefe Barths und Rades an den Originalen zu überprüfen, und hat mir durch zahlreiche Hinweise zur editorischen Arbeit und zur Kommentierung sehr geholfen. Seinen Nachforschungen ist es zu verdanken, daß die Sammlung noch durch einige nicht in der Universitätsbibliothek in Marburg befindliche Briefe Barths erweitert werden konnte. Für all das sei ihm herzlich gedankt. Weiterhin gilt mein Dank Herrn Dr. U. Bredehorn von der Universitätsbibliothek Marburg für die erfreuliche Zusammenarbeit in den letzten Jahren und die freundliche Anteilnahme an der Edition des Briefwechsels. Herrn Dr. Manfred Baumotte vom Gütersloher Verlagshaus Gerd Mohn danke ich für die fachliche Unterstützung in allen die Publikation betreffenden Fragen. Die Fritz Thyssen Stiftung hat mir durch ein Forschungsstipendium die Arbeit an der Edition des Briefwechsels ermöglicht. Auch dafür sei an dieser Stelle herzlich gedankt.

Marburg, im Juli 1981 *Christoph Schwöbel*

Einleitung

Der Briefwechsel zwischen Karl Barth und Martin Rade ist das Dokument eines Generationswechsels in der Theologie. Als Karl Barth[1], geboren am 10. Mai 1886, im April 1908 für ein Semester zum Studium nach Marburg kam und dort auch Martin Rade kennenlernte, stand er kurz vor dem Examen. Für Karl Barth war das Studium in Marburg, vor allem bei dem Systematiker Wilhelm Herrmann, die Erfüllung eines lange gehegten und schließlich seinem Vater, Fritz Barth, gegenüber durchgesetzten Wunsches. Fritz Barth, Professor für Kirchengeschichte und Neues Testament in Bern, wollte als »Positiver« verhindern, daß sein ältester Sohn, der seit seinem Konfirmandenunterricht bei Robert Aeschbacher mit dem Plan umging, Theologie zu studieren, sich der »liberalen« Theologie verschrieb. Nachdem Karl Barth vier Semester an der theologischen Fakultät in Bern studiert und seine propädeutische Prüfung abgelegt hatte, kam es darum zwischen Fritz Barth und seinem Sohn zu Auseinandersetzungen, an welcher Universität Karl Barth sein Studium fortsetzen solle. Der Vater hätte es gern gesehen, daß sein Sohn seine theologischen Studien an den von der »positiven« Theologie geprägten Universitäten Halle oder Greifswald weiterführte. Den Sohn, der während seines Studiums in Bern von Kants Kritik der praktischen Vernunft die stärksten Eindrücke empfing, zog es nach Marburg. Als Kompromiß fiel die Wahl auf Berlin, wo Barth im Wintersemester 1906/07 vor allem bei Adolf v. Harnack, Julius Kaftan und Hermann Gunkel studierte. In diesem Semester setzte Barth nicht nur seine Kantstudien mit der Kritik der reinen Vernunft fort und entdeckte die »Reden« Schleiermachers für sich, sondern fand auch in der von Kant und Schleiermacher gleichermaßen geprägten »Ethik« Wilhelm Herrmanns sein »erstes theologisches Refugium«[2]. Nach einem Sommersemester in Bern und einem vierwöchigen Vikariat im Berner Oberland wechselte Barth zum Wintersemester 1907/08, »der nun schärfer zugreifenden väterlichen Autorität, nicht dem eigenen Trieb gehorchend« nach Tübingen, wo er aber nur »mit heftigster Renitenz

---

1. Zur Biographie Barths vgl. *E. Busch:* Karl Barths Lebenslauf. Nach seinen Briefen und autobiographischen Texten, 3. Aufl., München 1978. Zur Einführung in die theologische Entwicklung Barths vgl. jetzt *E. Jüngel:* Art. Barth, Karl, in: TRE Bd. V, S. 251-268.

2. *K. Barth:* Autobiographische Skizze aus dem Fakultätsalbum der Ev.-Theol. Fakultät Münster (1927), in: BwBu, S. 301-310, S. 304.

Schlatter«[3] hörte und schon bald seinen Vater bat, Tübingen verlassen zu dürfen. So kam Karl Barth zum Sommersemester 1908 – ein Semester vor dem Examen – endlich in »das um des einen Herrmanns willen so heiß erstrebte Marburg«[4]. Bei Herrmann, der nun erst recht für Barth »*der* theologische Lehrer«[5] seiner Studienzeit wurde, hörte Barth Dogmatik I und Ethik, weiterhin besuchte er die Vorlesungen und Seminare von W. Heitmüller, A. Jülicher, H. Stephan und Martin Rade. Rade lernte er wahrscheinlich bei den Offenen Abenden näher kennen, die dieser in jedem Semester für seine Studenten gab.

Rade[6], am 4. April 1857 in Rennersdorf (Oberlausitz) geboren, hatte sich, als er den jungen Karl Barth traf, in der akademischen Theologie seiner Zeit einen festen Platz erworben. Seit 1907 war er zusammen mit Wilhelm Herrmann Herausgeber der angesehenen »Zeitschrift für Theologie und Kirche«, deren theologisches Profil vor allem von den Schülern Albrecht Ritschls geprägt wurde. Wie Herrmann gehörte auch Martin Rade zu den Ritschlianern, die nie bei Ritschl in Göttingen studiert hatten. Rade wurde während seiner Leipziger Studienzeit durch seinen Lehrer Adolf v. Harnack in das System Ritschls eingeführt. Die Veröffentlichung des dritten Bandes von Ritschls Hauptwerk »Die christliche Lehre von der Rechtfertigung und Versöhnung« (1874) war wie für Wilhelm Herrmann so auch für Harnack und seine Leipziger Schüler das Signal zu einem theologischen Neubeginn, von dem sie die Befreiung der Theologie aus den engen Grenzen der Kirchenparteien und die Abkehr von der Überfremdung der Theologie durch die Spekulation des nachhegelschen Idealismus erhofften. Um den jungen Kirchenhistoriker Harnack bildete sich in Leipzig ein fester Kreis von Studenten, die von einem Missionsbewußtsein geprägt waren, wie es

---

3. Ebd. 4. A.a.O., S. 305.
5. *K. Barth:* Die dogmatische Prinzipienlehre bei Wilhelm Herrmann, zuerst in: ZZ 3 (1925), S. 246-280, dann in: Die Theologie und die Kirche. Ges. Vorträge II, München 1928, S. 240-284, S. 265.
6. Zur Biographie Rades vgl. *J. Rathje:* Die Welt des freien Protestantismus. Ein Beitrag zur deutsch-evangelischen Geistesgeschichte. Dargestellt am Leben und Werk von Martin Rade, Stuttgart 1952; und *Ch. Gremmels:* Martin Rade, in: *I. Schnack (Hg.):* Marburger Gelehrte in der ersten Hälfte des 20. Jahrhunderts (Veröffentlichungen der Historischen Kommission für Hessen 35: Lebensbilder aus Hessen Bd. I), Marburg 1977, S. 403-418. Zur Theologie Rades vgl. meine Arbeit: Martin Rade. Das Verhältnis von Geschichte, Religion und Moral als Grundproblem seiner Theologie, Gütersloh 1980.

später auch für die Anfänge der »dialektischen« Theologie bestimmend wurde. Rade und seine Freunde waren davon überzeugt, an einem Wendepunkt der Theologiegeschichte zu stehen. Ihr Missionsbewußtsein war getragen von dem Selbstbewußtsein, das die Theologie als historische Wissenschaft gewonnen hatte, und von der Überzeugung, in der Theologie Ritschls einen theologischen Ansatz gefunden zu haben, der dem lutherischen Konfessionalismus ihrer Leipziger Lehrer weit überlegen war[7]. Durch die Theologie Ritschls lernten die Leipziger Schüler Harnacks die Reformation als eine noch unbewältigte Aufgabe verstehen, die es weiterzuführen galt. Der Grundbegriff ihres reformatorischen Selbstverständnisses war die *libertas christiana*, die in ihrer Auffassung nicht nur die Befreiung der evangelischen Kirche aus den Fängen des Konfessionalismus und der Kirchenparteien implizierte, sondern auch die religiöse Begründung der Freiheit der theologischen Wissenschaft anzeigte.

Wie alle Leipziger Schüler Harnacks rezipierte auch Martin Rade die Theologie Ritschls unter historischem und nicht unter dogmatischem Vorzeichen. Sein wissenschaftliches Debüt gab Rade mit einer rein historischen Arbeit[8]. Nach dem Abschluß seiner Lizentiatendissertation entschied er sich, entgegen dem Wunsch Harnacks, der seinem Schüler die Habilitation nahelegte, dafür, als Pfarrer in den Dienst seiner sächsischen Landeskirche zu treten. Auch im Pfarramt setzte Rade seine historischen Studien fort. Das Lutherjahr 1883 bot ihm die Gelegenheit, als Autor einer volkstümlichen Lutherbiographie[9] hervorzutreten, die zuerst in wöchentlichen Kolportageheften veröffentlicht wurde, bevor sie in einer dreibändigen Buchausgabe erschien. Das Werk erreichte eine Gesamtauflage von 40 000 verkauften Exemplaren. Als 1885 der erste Band von Harnacks »Lehrbuch der Dogmengeschichte« erschien, wurde Rade zum Verteidiger seines Lehrers gegenüber den konfessionellen Lutheranern der sächsischen Landeskirche[10].

---

7. Vgl. *M. Rade:* Unkonfessionalistisches Luthertum. Erinnerung an die Lutherfreude in der Ritschlschen Theologie, in: ZThK N.F. 18 (1937), S. 131 bis 151.

8. *M. Rade:* Damasus, Bischof von Rom. Ein Beitrag zur Geschichte der Anfänge des römischen Primats, Tübingen 1882.

9. Doktor Martin Luthers Leben, Taten und Meinungen auf Grund reichlicher Mitteilungen aus seinen Schriften dem Volke erzählt von Paul Martin [Rade] (1883ff.), 3 Bde., Neusalza 1894.

10. Vgl. *M. Rade:* Ein wissenschaftliches Buch und ein kirchliches Parteiblatt. Als Manuskript gedruckt, Neusalza 1886.

1886 realisierte Rade mit seinen Freunden W. Bornemann, P. Drews und F. Loofs einen Plan, den sie schon während ihrer Leipziger Studienzeit gefaßt hatten: die Gründung einer kirchlich-theologischen Zeitschrift. Das Blatt, das in seinem ersten Jahrgang den Namen »Evangelisch-Lutherisches Gemeindeblatt für die gebildeten Glieder der evangelischen Kirchen« trug, sollte sich sowohl von den Kirchenzeitungen der Kirchenparteien, als auch von den eher erbaulich gehaltenen Sonntagsblättern unterscheiden. Auch sollte es nicht zum Organ der Ritschlschen Schule werden. Vielmehr war es die Absicht seiner Gründer, an der Neubelebung des evangelischen Christentums in Deutschland auf der Grundlage der Reformation publizistisch mitzuarbeiten[11]. Vom Januar 1888 an führte das Blatt den Namen, unter dem es berühmt wurde: »Die Christliche Welt«. Dieser Titel sollte die Weite des Horizonts der behandelten Themen der Zeitschrift andeuten und zugleich deutlich machen, daß die Zeitschrift sich unter die Aufgabe stellte, »daß diese von Gott geschaffene Welt, diese Menschenwelt im Großen und Kleinen eine *christliche* sein und werden muß«[12].

Die »Christliche Welt« (ChW) ist das Lebenswerk Martin Rades. 45 Jahre wirkte er als der Herausgeber der Zeitschrift, die in dieser Zeit zum wichtigsten Organ des freien Protestantismus in Deutschland wurde. Durch seine Redaktionspolitik versuchte Rade, alle wichtigen kirchlichen, gesellschaftlichen und theologischen Strömungen der Zeit in der ChW zu Wort kommen zu lassen und zur Diskussion zu stellen. So nimmt in den ersten Jahrgängen des Blattes die Diskussion um die soziale Frage einen beherrschenden Platz ein, vertreten durch Paul Göhre, der als Rades Redaktionshelfer bei der Zeitschrift tätig war, und Friedrich Naumann, der damals in Langenberg Pfarrer war, unweit von dem kleinen Ort Schönbach, wo Martin Rade wirkte. 1889 heiratete Rade Dora Naumann, die Schwester Friedrich Naumanns.

1892 wurde Rade Pfarrer an der Paulskirche in Frankfurt. Einen Ruf auf den Lehrstuhl für Praktische Theologie in Gießen mußte er, gebunden durch seine Zusage in Frankfurt, ablehnen. Die ChW konnte durch die Umsiedlung der Redaktion einen ganz neuen Leserkreis er-

---

11. Vgl. das Rundschreiben, das zur Gründung des »Evangelisch-Lutherischen Gemeindeblattes« verschickt wurde, abgedruckt in: Vierzig Jahre Christliche Welt. Festgabe für Martin Rade zum 70. Geburtstag am 4. April 1927, hg. von *H. Mulert*, Leipzig 1927, S. 12-15.

12. Aus der Erklärung Rades zum Titelwechsel, abgedruckt in: *G. Mehnert (Hg.):* Programme evangelischer Kirchenzeitungen im 19. Jahrhundert (Evangelische Presseforschung 2), Witten 1972, S. 151-153, S. 152.

reichen, verlor aber zugleich ihren Standpunkt über den Kirchenparteien. Die Stellungnahme Adolf v. Harnacks in der Zeitschrift zum Apostolikumsstreit[13] rückte die ChW 1892 in das unmittelbare Schußfeld der konservativen und vorgeblich orthodoxen Kreise. Diese Angriffe führten dazu, daß eine große Gruppe von Theologieprofessoren und Pfarrern, die der ChW nahestanden, im Oktober 1892 in Eisenach zusammenkam, um dort eine Stellungnahme zum Streit um das Apostolikum zu erarbeiten[14]. Aus diesem Treffen entwickelte sich die Vereinigung der »Freunde der Christlichen Welt« (FChW), ein loser Zusammenschluß von Theologen und Laien, die sich einmal jährlich, zumeist in Eisenach, zu theologischen Referaten und Gesprächen trafen. Erst 1903 erhielt der Freundeskreis der ChW einen festen organisatorischen Rahmen und ein eigenes Mitteilungsblatt: »An die Freunde. Vertrauliche, d. i. nicht für die Öffentlichkeit bestimmte Mitteilungen«.

Die Zusammenkünfte der Freunde der Christlichen Welt boten von Anfang an ein Diskussionsforum für neue Entwicklungen und Strömungen in der Theologie. Die Theologen der Religionsgeschichtlichen Schule, Wilhelm Bousset, Johannes Weiß, Ernst Troeltsch und Hermann Gunkel trugen hier ihre Thesen vor. Die vor den FChW gehaltenen Vorträge wurden üblicherweise in der ChW veröffentlicht. Obwohl die Öffnung der ChW für die Religionsgeschichtler Rade die Kritik vieler eintrug, die der Zeitschrift seit ihrer Gründung verbunden waren, trat Rade nicht nur energisch für die neue theologische Richtung ein, sondern versuchte auch, die von ihr aufgeworfenen Fragestellungen eigenständig zu bearbeiten[15].

Da die Doppelbelastung im Großstadtpfarramt in Frankfurt und in der Redaktion der ChW für Rade zuviel wurde, habilitierte er sich 1900 für Systematische Theologie an der theologischen Fakultät in Marburg und begann seine Lehrtätigkeit als Privatdozent. 1904 wurde er zum Extraordinarius ernannt und sein Lehrauftrag auch auf Religionsgeschichte erweitert. In Marburg begann Rade auch mit seiner politischen Tätigkeit. Obwohl er mit seinem Schwager Friedrich Naumann immer freundschaftlich verbunden war, war es nicht das national-

---

13. *A. Harnack:* In Sachen des Apostolikums, in: ChW 6 (1892), Sp. 768-770.
14. Vgl. die »Eisenacher Erklärung«, in: ChW 6 (1892), Sp. 949/50. Vgl. auch *M. Rade:* Der rechte evangelische Glaube. Ein Wort zum jüngsten Apostolikumsstreit (HChW 1), Leipzig 1892.
15. Vgl. *M. Rade:* Die Religion im modernen Geistesleben, Tübingen 1898; Die Wahrheit der christlichen Religion, Tübingen 1900.

soziale Programm Naumanns, das Rade zu einer aktiven Teilnahme an der Politik veranlaßte, sondern die Anregungen des Marburger Völkerrechtlers Walter Schücking, der Rade für die Sache des Pazifismus und der Völkerverständigung gewinnen konnte[16].

Kirchenpolitisch kam es in den ersten Jahren dieses Jahrhunderts zu einer verstärkten Zusammenarbeit Rades mit den Altliberalen des Protestantenvereins, denen sich Rade in der Abwehr gegen die reaktionäre Politik der Konsistorien verbunden wußte, die theologische Lehrfragen mit den Mitteln des Kirchenrechts zu entscheiden versuchten. Trotzdem lehnte es Rade scharf ab, als »liberaler« Theologe bezeichnet zu werden. 1907 schrieb er für die Freunde der ChW: »Das Wort ›liberal‹ und ›Liberalismus‹ löst in uns keine Erinnerungen und Ideale aus.«[17] Der Etikettierung der Theologen als »Liberale«, »Positive«, »Orthodoxe« etc. setzte Rade die These entgegen: »Es gibt nur *eine* wissenschaftliche Theologie.«[18] Erst in den Auseinandersetzungen mit der »dialektischen Theologie« bekannte sich Rade zögernd zu den Idealen der »liberalen« Theologie.

Karl Barth als Schüler der »Marburger Theologie«

In Marburg fand Karl Barth in Wilhelm Herrmann den theologischen Lehrer, der für die nächsten Jahre die Strukturen seines theologischen Denkens bestimmen sollte. »Ich habe Herrmann mit allen Poren in mich aufgenommen«[19], schrieb Barth 1927. »Marburg« bezeichnete bis zum Ersten Weltkrieg seine geistige Heimat. Darin ist gewiß einer der Gründe zu sehen, weshalb Barth nach einem Weg suchte, auch nach dem Sommersemester 1908 in Marburg weiter studieren zu können. Eine Möglichkeit zur Realisierung dieses Plans bot Martin Rade und die ChW. Rade beschäftigte an der Zeitschrift einen Redaktionshelfer, der ihm bei der Auswahl und Bearbeitung der Manuskripte zur Hand ging. Diese Stelle, die bis dahin der seit 1907 als Privatdozent in Marburg lehrende Systematiker Horst Stephan innehatte, wurde zum

---

16. Vgl. *M. Rade:* Der Beitrag der christlichen Kirchen zur internationalen Verständigung (Veröffentlichungen des Verbandes für internationale Verständigung 4), Stuttgart 1912.

17. *M. Rade:* Christliche Welt und Liberalismus, in: Bremer Beiträge 1 (1907), S. 169-177, S. 169.

18. A.a.O., S. 175.

19. *K. Barth:* Autobiographische Skizze 1927, S. 305.

Herbst 1908 frei, und Karl Barth ergriff die Gelegenheit, sich Rade als Nachfolger anzubieten. Dieser Plan fand auch die Zustimmung von Fritz Barth, der seinem Sohn vor dem Eintritt ins Pfarramt noch die Möglichkeit geben wollte, Menschenkenntnis und Erfahrung zu sammeln. Die Zusicherung Rades, daß er von Karl Barth keine spezielle Zustimmung zu seiner kirchlich-theologischen Haltung verlange[20], reichte aus, den um die theologische Entwicklung seines Sohnes besorgten Vater zu beruhigen. Nachdem Karl Barth Mitte Juli seine Examensklausuren geschrieben hatte und nach einem Ferienaufenthalt in Grandvillard noch ein Vikariat in Pruntrut, im Berner Jura, versehen hatte, legte er am 28. Oktober 1908 seine letzten Prüfungen ab. Nach seiner »Konsekration« durch Fritz Barth am 4. November begab sich Karl Barth nach Marburg, um seine Stelle anzutreten. Neben der Arbeit als Redaktionshelfer bei der ChW hatte er genug Gelegenheit, an Seminaren und Vorlesungen teilzunehmen. In einem Brief an den Rade-Biographen Johannes Rathje schilderte Barth seine Arbeit bei der ChW folgendermaßen:

»Die Fron im Hause Rade war heiter und leicht und für den neugierigen und auch wissensdurstigen, jedenfalls ziemlich vorwitzigen jungen Mann, der ich damals war, hochinteressant. Sie bestand in der Hauptsache darin, die vielen eingehenden Manuskripte zu lesen, mir ein Vorurteil dazu zu bilden, dieses Martin Rade in angemessener Weise vorzutragen und schließlich das von ihm ausgewählte Material druckfertig zu machen. Unzähliges beschriebenes Papier, das ich und das dann auch der Meister für weniger bedeutsam hielt, verschwand für eine mehr oder weniger lange oder auch endgiltige Wartezeit in einer Art theologischer Wolfsschlucht ... Rade hat mich innerhalb gewisser Grenzen in der ihm eigenen generösen Art schalten und walten lassen und es konnte nicht fehlen, daß ich mir von meinem (damals in der Mitte zwischen Kant und Schleiermacher bezogenen) Standpunkt aus als so etwas wie ein Untersteuermann nicht wenig wichtig vorkam. Wie sollte es anders sein, da doch auch die Schreibwerke von Troeltsch, Bousset, Wernle, Gunkel usw., soweit sie die Chr.Welt angingen, zuerst und zuletzt durch meine Censur zu gehen hatten? Mit der Zeit wurde mir dann auch gestattet, mich selbst in ein paar kleinen Rezensionen – ich hielt sie für Meisterwerke – auf die Szene zu führen und mein Selbstbewußtsein schwoll aufs Höchste, als ich im Sommer 1909 als Rades in ihre Ferien fuhren, zwei Nummern selbst redigieren und verantwortlich unterzeichnen durfte.«[21]

20. Vgl. den Brief Rades vom 25. 7. 1908, S. 60.
21. K. Barth an J. Rathje, 27. 4. 1947; zit. n. E. Busch: Karl Barths Lebenslauf, S. 58/61.

Die kleinen Rezensionen, von denen Barth berichtet, weisen sehr deutlich auf das Problem hin, um das das Denken Barths damals mit größter Konzentration kreiste: das Verhältnis von theologischer Wissenschaft und pfarramtlicher Praxis, der Übergang von der Universität zum Pfarramt. Seine Frage lautete: »Wie vermittle ich eine persönliche Gewißheit, deren eigenartige Begründung auf die Geschichte und deren Verhältnis zur gegenwärtigen Wirklichkeit mir theoretisch klar geworden ist, praktisch an Andre?«[22] Für Barth, in dessen Formulierung deutlich das Religionsverständnis Wilhelm Herrmanns anklingt, gibt es auf diese Frage nicht »eine wissenschaftliche Antwort, ein Allerweltsrezept«. Die Praktische Theologie kann zu ihrer Beantwortung nicht mehr beibringen als »eine mehr oder weniger weitreichende Kasuistik. Der Student und der angehende Geistliche muß sich im Amt seine Reime selber machen.« Es kommt darauf an zu erkennen, »wie der Hiatus von Theorie und Praxis dem Wesen der Sache entspricht und daher niemals ganz zu beseitigen ist«[23]. Obwohl das Verhältnis von theologischer Wissenschaft und Gemeindepraxis in der Sicht Barths ein strukturelles, in der Sache liegendes Problem und keine technisch zu lösende Schwierigkeit ist, fordert er von der akademischen, speziell der »modernen« Theologie Hilfestellungen zu seiner Bewältigung[24]. Darin fand Barth die Unterstützung Rades, der eine Reform des Theologiestudiums anstrebte, bei der die Praktische Theologie und die Ethik an den Anfang der theologischen Ausbildung gerückt werden sollte[25]. Die von Rade in der einseitig historisch arbeitenden Theologie erkannte Gefahr eines Relevanzverlustes durch die Historisierung ihrer Gegenstände, sollte dadurch bekämpft werden, daß die konstitutive Beziehung auch der historischen Theologie zur gegenwärtigen Praxis der Christen zur orientierenden Fragestellung des ganzen Theologiestudiums erhoben wurde.

Es mag dieses eigene Interesse Rades an dem Barth bewegenden Problem gewesen sein, das ihn veranlaßte, Barths Aufsatz »Moderne Theo-

---

22. *K. Barth:* Rez. von G. Mix: Zur Reform des theologischen Studiums, Ein Alarmruf, München 1908, in: ChW 23 (1909), Sp. 116f., Sp. 116.
23. Ebd.
24. Vgl. *K. Barth:* Rez. von: Was sollen wir tun? Ein Laienvotum zur gegenwärtigen Krisis in der evangelischen Kirche, Leipzig 1908, in: ChW 23 (1909), Sp. 236f.
25. Vgl. *M. Rade:* Über Walter Frühaufs Notschrei: Praktische Theologie!, in: ZThK 17 (1907), S. 169-177; und: Reform des theologischen Studiums?, in: ZThK 19 (1909), S. 76-80.

logie und Reichsgottesarbeit« in die ZThK aufzunehmen[26]. In dieser
kleinen Arbeit versuchte Barth, die Tiefenschärfe der Frage nach dem
Verhältnis von Wissenschaft und Praxis theologisch auszuarbeiten. Er
vertrat eine These, die auch auf seine Marburger Lehrer einen »Schatten«[27] fallen ließ: »Es ist ungleich schwieriger aus den Kollegiensälen
Marburgs oder Heidelbergs zur Tätigkeit auf der Kanzel, am Krankenbett, im Vereinshaus überzugehen, als aus denen Halles oder Greifswalds.«[28] Die Frage, der sich Barth stellte, lautet: Woher rührt die
eigentümliche Zurückhaltung der »modernen« Theologen gegenüber
den Aufgaben der kirchlichen Praxis? Barth kennzeichnet das Wesen
der »modernen« Theologie als »religiösen Individualismus« und »historischen Relativismus«. Individuell ist sowohl der Weg zur Religion,
auf dem der sittlich bewußte Mensch in der christlichen Überlieferung
oder im gegenwärtigen Erlebnis einer Macht begegnet, die ihn aus dem
Konflikt zwischen dem fordernden Sittengesetz und dem eigenen Vollbringen befreit. Individuell ist aber auch das Leben der in der Offenbarung beruhenden Religion, in der der Christ zu einer eigenen Gestaltungsform seines Glaubens findet. Der persönlichen Wahrhaftigkeit,
die die Anerkennung der Individualität allen religiösen Lebens fordert,
entspricht die radikale Wahrheitsforderung der Theologie als historischer Wissenschaft, die auch die Quellen der christlichen Religion als
historisch relative Ausprägungen ansieht, die in anderen Religionen
vergleichbare Parallelen haben[29]. Dem »modernen« Theologen ist
durch seine wissenschaftliche Wahrhaftigkeit der Rückzug auf äußere
Autoritäten und Normen versperrt. Auch bei der Aufgabe der Verkündigung wird er radikal auf sein eigenes religiöses Leben zurückgeworfen, er ist gezwungen, selbst Stellung zu nehmen und nicht bei
dem Autoritätsanspruch »absoluter« Größen Zuflucht zu nehmen. Der
historische Relativismus zwingt ihn allerdings, auch seinen eigenen
Standpunkt als historischen zu begreifen, und in ihm eine der individuellen Ausprägungen des Christentums zu sehen: »Wir sind nicht das

26. *K. Barth:* Moderne Theologie und Reichsgottesarbeit, in ZThK 19
(1909), S. 317-321.
27. *M. Rade:* Redaktionelle Schlußbemerkung, in: ZThK 19 (1909), S. 486
bis 488, S. 487.
28. *K. Barth:* Moderne Theologie, S. 317.
29. Vgl. a.a.O., S. 318f. Barth ging von der Frage aus, warum so wenige
»moderne« Theologen sich der Arbeit in der Mission zuwenden. Vgl. dazu
M. Rade: Heidenmission die Antwort des Glaubens auf die Religionsgeschichte, in: Das religiöse Wunder u.a. (SgV 56), Tübingen 1909, S. 28-70.

Christentum κατ'ἐξοχήν, aber wir bemühen uns, die unerschöpflichen Kräfte der christlichen Religion nach den Seiten, die uns besonders wichtig geworden sind, energisch zum Ausdruck zu bringen.«[30]

Der kurze Aufsatz des jungen Karl Barth wurde von den beiden Schulhäuptern der Praktischen Theologie in Deutschland, Ernst Christian Achelis und Paul Drews[31], beantwortet: vorsichtig korrigierend und richtigstellend von Achelis, scharf und polemisch von Drews. Sie korrigierten Barth im Sinne der Theologie Ritschls: Der religiöse Individualismus hat seine Grenze in der Bindung an Jesus Christus, sonst verliert er seine christliche Identität; der historische Relativismus wird überwunden durch das religiöse Werturteil, das im Christentum die absolute Religion erkennt.

Barths Duplik[32], die er schon »in der Praxis« verfaßte, spiegelt einen internen Streit in der »modernen« Theologie. Gegenüber dem Ritschlianismus von Achelis und Drews kehrt Barth in den Spuren seines Lehrers Wilhelm Herrmann, der sich ja im Laufe seiner theologischen Entwicklung immer weiter von Ritschl entfernte, zu Schleiermacher zurück. Ritschls Theorie vom Werturteil, mit der er von der 2. Auflage von »Rechtfertigung und Versöhnung« an die religiöse Erkenntnis vom theoretischen Erkennen abhob, ist für Achelis und Drews die Basis, auf der die Theologie den religiösen Individualismus in die Schranken weisen und dem historischen Relativismus entgegentreten kann. Für Barth ist dieser Weg einer positiven Begründung der Objektivität der Glaubensaussagen nicht gangbar. Das Objektive in der Bindung des religiösen Individualismus an Christus ist für ihn allein die Affektion des frommen Selbstbewußtseins durch Christus. Diese Objektivität, die die Überzeugung von der normativen Gültigkeit der Offenbarung in Christus einschließt, ist nur im »Glaubensakt« gegeben, die »Glaubensgedanken« sind dagegen immer ganz individuell und historisch relativ[33]. Diese Rezeption der »modernen« Theologie, die sie direkt auf Schleiermacher zurückführt und die uns schon zu einer Zeit begegnet, als Barth sich noch zu ihren entschlossenen Anhängern zählte, ist auch später kennzeichnend für ihre Kritik, als Barth in das Lager ihrer Geg-

30. A.a.O., S. 321.
31. *E. Chr. Achelis:* Noch einmal: Moderne Theologie und Reichsgottesarbeit, in: ZThK 19 (1909), S. 406-410; *P. Drews:* Zum dritten Mal: Moderne Theologie und Reichsgottesarbeit, in: ZThK 19 (1909), S. 475-479.
32. *K. Barth:* Antwort an D. Achelis und D. Drews, in: ZThK 19 (1909), S. 479-486.
33. Vgl. a.a.O., S. 482f.

ner übergewechselt war. Weiter ist zu fragen, ob die direkte Aufeinanderbeziehung von wissenschaftlicher Theologie und Verkündigungsaufgabe, die aus diesen frühen Arbeiten spricht, nicht ein durchgehaltenes Strukturmoment in Barths theologischer Entwicklung ist.

Nach der Duplik Barths nahm Rade in einer redaktionellen Schlußbemerkung Barth vor seinen Kritikern in Schutz: »... hätte die in dem Bekenntnis ruhende Anklage statt ›Marburg oder Heidelberg‹ ›Halle oder Greifswald‹ betroffen, so wäre das Dokument für uns viel weniger interessant gewesen und wir hätten es schwerlich aufgenommen.«[34]

Diese Auseinandersetzung setzte den Schlußpunkt unter Barths Aufenthalt in Marburg. »Diese 3 Semester in Marburg bilden schlechtweg meine schönste studentische Erinnerung«[35], schrieb Barth später. Sein Dankbrief an Rade ist ein schönes Zeugnis dessen, was er seinem Lehrer Rade verdankte[36]. Noch Jahre später erinnerte sich Barth gern an das, was er von Rade übernahm, »... von der nie ermüdenden Emsigkeit und Aufgeschlossenheit des Sichumblickens in Kirche und Welt bis hin zu der flatternden schwarzen Kravatte, die dann noch viele Jahre die Zeitgenossen daran erinnerte, wo und bei wem ich meine Gesellenjahre zugebracht hatte«[37]. In dem schon zitierten Brief an Johannes Rathje faßte Barth den Gewinn seiner Marburger Zeit so zusammen:

»Daß ich nach jenem Jahr nicht als ein halber, sondern nun erst als ein ganzer Marburger ins Leben, in die Kirche, in mein weiteres theologisches Nachdenken hineingegangen bin, das ist es, was ich meiner Zeit in der ›Chr.Welt‹ verdanke. Ich mußte einmal so völlig – und vielleicht gerade im täglichen Umgang mit dem vortrefflichen Martin Rade, seiner Familie und seinen Freunden – in der Luft und im Geist jener Spätzeit der Schleiermacherschen Epoche gelebt haben, ich mußte ihr noch einmal mein ganzes jugendliches Vertrauen zugewendet haben, um dann etwa 7 Jahre später die Entdeckung machen zu dürfen, daß sie nun wirklich zu ihrem Ende gekommen sein dürfte.«[38]

Am 18. August 1909 verließ Karl Barth Marburg und begann am 16. September seinen Dienst als *pasteur suffragant* der deutschsprachi-

---

34. M. Rade: Redaktionelle Schlußbemerkung, S. 487.
35. K. Barth: Autobiographische Skizze 1927, S. 305.
36. Vgl. den Brief Barths vom 20. 8. 1909, S. 65.
37. K. Barth an M. und D. Rade, 7. 10. 1939; zit. n. E. Busch: Karl Barths Lebenslauf, S. 61.
38. K. Barth an J. Rathje, 27. 4. 1947; zit. n. E. Busch: Karl Barths Lebenslauf, S. 63.

gen Gemeinde in Genf. Am Tag seiner Einführung, am 26. September, kurz vor seiner ersten Predigt in Genf, erreichte ihn die 4. Auflage der »Ethik« Wilhelm Herrmanns mit einer Widmung des Verfassers. Diesen Umstand verstand Barth als »schöne Fügung«[39], die seine Arbeit in Genf – er predigte auf Calvins Kanzel – unter das Vorzeichen der Marburger Theologie stellte. Der von Barth vorher so sorgfältig reflektierte Übergang in die Praxis vollzog sich allerdings sehr hektisch, da Barth nach dem Weggang von Pfarrer Adolf Keller die Gemeinde ein halbes Jahr lang allein versorgen mußte. Erst nachdem die erste Pfarrstelle wieder besetzt war, kam Karl Barth wieder zur theologischen Arbeit, die auch das Studium von Calvins Institutio einschloß[40]. Ein Ergebnis seiner wissenschaftlichen Beschäftigung ist Barths Referat vor der westschweizerisch-deutschen Pastoralkonferenz im Oktober 1910 über das Thema »Der christliche Glaube und die Geschichte«, das 1912 in der Schweizerischen Theologischen Zeitschrift veröffentlicht wurde[41]. Den Plan, in der Zeit als Hilfsprediger eine Lizentiatendissertation fertigzustellen, konnte Barth allerdings nicht realisieren.

In der Genfer Zeit brachen die Beziehungen Barths zu Martin Rade nicht ab. Im Juli 1910 kam Barth zur Antrittsvorlesung von Karl Bornhausen nach Marburg. Zweimal, im Februar 1910 und im März 1911, besuchten Rades Barth in Genf. Bei ihrem zweiten Besuch machten Rades auch in Bern, bei Fritz und Anna Barth, Station. Der Kontakt zwischen den beiden Familien vertiefte sich auch dadurch, daß Barths Brüder Peter und Heinrich beide zum Studium nach Marburg kamen – Peter Barth ordnete in dieser Zeit die Bibliothek Rades – und im Hause Rade ein- und ausgingen. Der Brief Rades zur Verlobung Barths mit Nelly Hoffmann 1911, die zwei Jahre später seine Frau wurde, bezeugt die persönliche Zuneigung, mit der Rade den Weg seines ehemaligen Redaktionshelfers verfolgte[42]. Im Blick auf Barths theologischen Standpunkt in der Genfer Zeit gilt, was er im Alter dazu schrieb: Im ganzen »lebte ich in Genf noch ganz und gar von meinem aus Marburg speziell aus dem Kreis der ›Christlichen Welt‹ und ihrer Freunde mitgebrachten religiösen Pathos«[43].

39. K. Barth an M. Rade, 28. 9. 1909, S. 69.
40. Vgl. E. Busch: Karl Barths Lebenslauf, S. 68f.
41. *K. Barth:* Der christliche Glaube und die Geschichte, in: SThZ 24 (1912), S. 1-18, S. 49-72.
42. Vgl. M. Rade an K. Barth, 2. 6. 1911, S. 81.
43. *K. Barth:* Nachwort zur Schleiermacher-Auswahl, hg. von *H. Bolli,* München 1968, S. 290-312, S. 292.

Die wirkliche Problematik des wirklichen Lebens

Barths theologische Position veränderte sich, wenn auch sehr langsam, erst, als er im Jahr 1911 Pfarrer in der Gemeinde Safenwil im Aargau wurde. Das Dorf, das etwas mehr als 1500 Einwohner zählte, befand sich damals in einer Situation raschen sozialen Wandels. Die Zahl der Bauern nahm ab, während die Zahl der Industriearbeiter ständig wuchs, die in der Strickerei Hochuli und in den Betrieben der Familie Hüssy, die am Ort eine Weberei, eine Färberei und eine Dampfsäge betrieb, beschäftigt waren. Die soziale Situation der Arbeiter in seiner Gemeinde wurde für Barth das beherrschende Problem seiner Safenwiler Zeit. »In dem Klassengegensatz, den ich in meiner Gemeinde konkret vor Augen hatte, bin ich wohl zum ersten Mal von der wirklichen Problematik des wirklichen Lebens berührt worden.«[44] Vom Oktober 1911 an hielt Barth vor dem »Arbeiterverein« Vorträge über die soziale Frage, in denen er versuchte, die Relevanz der Verkündigung Jesu für die soziale Frage herauszuarbeiten. Durch die offene Solidarisierung mit der Arbeiterschaft schuf sich Barth in seiner Gemeinde viele Feinde bei den Fabrikanten und ihrem in der »Freisinnigen Partei« organisierten Anhang.

Die Beschäftigung mit der sozialen Frage und die Zuwendung zu den Problemen der Arbeiterschaft mußte noch keinen Bruch mit Barths Marburger Lehrer Martin Rade bedeuten. Im Gegenteil: Schon 1897 hatte die Wahrnehmung der sozialen Nöte der Industriearbeiterschaft Rade zu einer scharfen Kritik der legitimatorischen Funktion der Theologie veranlaßt: »Die Ethik, auch die evangelisch-theologische, hat vielfach den Zug gehabt, das Bestehende zu sanktionieren, und damit dem Ernst des christlichen Sittengesetzes Abbruch getan.«[45] Gerade im Prozeß seiner wachsenden Politisierung konnte Barth sich mit seinem Marburger Lehrer einig wissen, der 1913 unter der Parole »Unsere Pflicht zur Politik!«[46] gegen die politische Enthaltsamkeit der Christen an-

---

44. K. Barth: Autobiographische Skizze 1927, S. 306.
45. *M. Rade:* Religion und Moral. Streitsätze für Theologen (VTKG 18), Gießen 1898, S. 7. Von Rade stammt auch die erste empirische, nach der Fragebogenmethode erarbeitete, religionssoziologische Untersuchung über das Arbeiterbewußtsein: Die sittlich-religiöse Gedankenwelt unserer Industriearbeiter, in: Die Verhandlungen des Neunten Evangelisch-sozialen Kongresses, abgehalten in Berlin am 2. und 3. Juni 1898, Göttingen 1898, S. 66 bis 130, auch als Separatveröffentlichung: Göttingen 1898.
46. *M. Rade:* Unsere Pflicht zur Politik, Marburg 1913.

kämpfte. Barth zitierte Rade in seiner Predigt am Nachmittag des Bettags, am 21. 9. 1913:

»Ich las dieser Tage ein merkwürdiges Wort eines deutschen Professors und Schriftstellers. Er sagte: ›Jeder verständige Mensch muß Politik treiben, nur Kranke, Lahme und Sonderlinge sind entschuldigt!‹ Wenn es uns zu tun ist darum, daß Gottes Reich komme, dann muß uns am Herzen liegen, was vorgeht in der Gemeinde und in der Welt draußen. Es ist unsre Welt. Und wir haben einen Auftrag in dieser Welt. Diesen Auftrag müssen wir ausrichten. Gottes Wille muß geschehen in Allem: Und dazu müssen wir helfen. Oder wollen wir zu den Kranken, Lahmen und Sonderlingen gehören?«[47]

Auf politischem Gebiet konnte Rade allerdings die positive Stellung Barths zur Sozialdemokratie nicht uneingeschränkt teilen. Schon am 26. 1. 1912 schrieb er an Fritz Barth: »Über Karls Begeisterung für die Sozialdemokratie schütteln wir hier ein wenig den Kopf; sie wird sich wohl wieder legen.«[48] Barth übernahm von den Schweizer Religiös-Sozialen, vor allem von Hermann Kutter und Leonhard Ragaz, in deren Theologie er sich damals mit seinem Freund Eduard Thurneysen, Pfarrer im benachbarten Leutwil, einarbeitete, nicht nur die praktisch-politische Sympathie mit der Sozialdemokratie, sondern auch ihre positive theologische Beurteilung. Die revolutionäre Hoffnung der Sozialdemokraten ermöglichte den Schweizer Religiös-Sozialen, zu denen sich

---

47. *K. Barth:* Predigten 1913, hg. von *Nelly Barth* und *G. Sauter*, Karl Barth GA I, Zürich 1976, S. 504f. Die Herausgeber der »Predigten 1913« vermuten »H. Delbrück, P. A. de Lagarde, K. Lamprecht, F. Meinecke, G. Schmoller, R. Sohm, W. Sombart oder M. Weber, am ehesten aber F. Naumann (der allerdings nie Professor war)« als Autor dieser Äußerung. Es ist Martin Rade. Das Zitat ist die erste von sechs Thesen, die Rade mit der Einladung zu seinem Vortrag »Unsere Pflicht zur Politik« verschickte, der auf dem Treffen der FChW am 2. 10. 1913 gehalten wurde. Genau lautet Rades These: »Jeder anständige Mensch soll Politik treiben, wir die FChW also ganz besonders. Entschuldigt sind nur Kranke, Lahme und Sonderlinge.« Die Einladung ist dem Exemplar der gesammelten Mitteilungsblätter »An die Freunde« in der UB Marburg beigeheftet, wurde also wahrscheinlich an die FChW verschickt. Da Barth, ebenso wie sein Bruder Peter und Eduard Thurneysen, zur Vereinigung der FChW gehörte, ist es nicht verwunderlich, daß auch er diese Einladung erhielt. – Für den Hinweis auf die Predigt Barths danke ich Dr. M. Baumotte.

48. M. Rade an F. Barth, 26. 1. 1912, Karl Barth-Archiv.

Barth zählte, die Neuentdeckung des realen eschatologischen Gehalts des christlichen Gottesglaubens.

Das sozialpolitische und sozialtheologische Engagement drängte sich allerdings erst mit dem Beginn des Jahres 1914 ganz in den Vordergrund von Barths Arbeit. Noch im Juni 1913 übergab Barth, von Rade mehrfach dazu aufgefordert, mehr zu veröffentlichen, Rade einen Vortrag mit dem Thema »Der Glaube an den persönlichen Gott«[49] zum Abdruck in der ZThK. Dieser Aufsatz bleibt noch ganz im Rahmen der von Barth später so kritisierten »liberalen« Theologie. Als Rade die Thesen Barths zu seinem Aufsatz Wilhelm Herrmann vorlegte, vermerkte dieser am Rand des Briefes: »Die Sache scheint mir richtig angegriffen zu sein.«[50]

In diesem Aufsatz, der 1914 in der ZThK veröffentlicht wurde[51], erwägt Barth, ob der Begriff der Persönlichkeit Gottes und der Begriff des Erhabenen, die beide ein genuiner Ausdruck der religiösen Erfahrung sind[52], in logisch kohärenter Form im Gottesbegriff zusammengedacht werden können. Er kommt zu dem Ergebnis:

»Der *Gegensatz* zwischen dem Erhabenen und dem Persönlichen im religiösen Gottesgedanken ist unversöhnlich. Wird das Eine durchgeführt, so wird das Andre aufgelöst und damit der Gottesgedanke entleert und entwertet.«[53] »Es bleibt uns nun nur noch übrig, auf Grund der religiösen Erfahrung auch die innere *Notwendigkeit* dieses festgestellten *Widerspruchs* zu untersuchen, die Notwendigkeit *zusammenzustellen*, was wir doch in Eins *zusammenzudenken* nicht vermögen.«[54]

Der »Seitenweg«[55], »nach der Analogie des Persönlichen den Gottesbegriff zu konstruieren«[56], den Barth bei Lotze und Sieheck beschritten

---

49. Der Vortrag wurde am 19. 5. 1913 vor dem Aargauischen Pastoralverein in Lenzburg gehalten. Das Thema wurde auf Vorschlag des Zentralvorstandes der schweizerischen Predigergesellschaft in allen Pastoralvereinen diskutiert.
50. Vgl. S. 85.
51. *K. Barth:* Der Glaube an den persönlichen Gott, in ZThK 24 (1914), S. 21-32, S. 65-95.
52. Vgl. a.a.O., S. 67ff.
53. A.a.O., S. 80.
54. A.a.O., S. 85.
55. Ebd.
56. A.a.O., S. 86.

sieht, führt die Gotteslehre in den Abgrund der Feuerbachschen Projektionstheorie:

»Ein Gottesgedanke, der zugestandenermaßen zustande kommt durch die Projektion des menschlichen Selbstbewußtseins ins Transzendente, ein solcher Gottesgedanke kann die Wirklichkeit Gottes gar nicht erreichen, geschweige denn erschöpfend beschreiben. Nicht etwas aus uns hinaus Projiziertes kann der Gottesgedanke der Religion sein, sondern nur die Spiegelung einer Tatsache, die in uns hinein geschaffen ist. Diese Tatsache ist das *Leben aus Gott*, das uns geschenkt wird durch unsern *Zusammenhang mit der Geschichte*. Diese unsre innere Bedingtheit durch die Geschichte ist die *religiöse Erfahrung*. In ihr haben wir Gott und auf Grund ihrer können wir von Gott reden.«[57]

Es ist durchaus bemerkenswert, Karl Barth schon hier mit den Waffen Feuerbachs kämpfen zu sehen. Die Wirksamkeit dieser Argumentation zeigte sich allerdings erst später, als Barth auch das »Leben aus Gott«, das der »religiösen Erfahrung« durch den »Zusammenhang mit der Geschichte« aufgeht, als »Projektion« und nicht als »Spiegelung« verstand.

In seinem Aufsatz suchte Barth allerdings noch nach einer anderen Lösung, die wie eine Synthese zwischen »liberaler« Theologie und religiösem Sozialismus anmutet. Die Einheit und Spannung des Persönlichen und des Erhabenen im Gottesgedanken sah Barth in der Verkündigung Jesu begründet, in der die Betonung der Erhabenheit des Reiches Gottes und die Betonung der Persönlichkeit die beiden Pole der religiösen Erfahrung ausmachen: »Diese doppelte Orientierung der Erfahrung, die doch im unmittelbaren Erlebnis, aber auch nur da, zur Einheit wird, ist schließlich das Geheimnis aller Religion.«[58]

Mit Beginn des Jahres 1914 wandte Barth alle seine Energie auf die nun verstärkt auch theoretische Beschäftigung mit dem Sozialismus: »... ich bin diesen Winter sehr weit weg von der systematischen Theologie beschäftigt, nämlich ganz mit Sozialismus und Sozialpolitik«, schrieb er an Rade[59]. »Nur die CW und die ZThK sind stehen geblieben in der allgemeinen Verweltlichung meiner Lektüre.« Besondere Aufmerksamkeit verdient eine Äußerung Barths zu den Ursprüngen seiner Beschäftigung mit dem Sozialismus: »Doch werde ich auf Um-

---

57. A.a.O., S. 89.
58. A.a.O., S. 94.
59. K. Barth an M. Rade, 19. 1. 1914, S. 88f.

wegen schon wieder zur Theologie zurückkehren, da ich ja von der Theologie, bes. Calvin, auf die sozialen Sachen gekommen bin.« Derselbe Hinweis findet sich auch in dem Brief Barths vom 19. Juni 1915, wo er seine Entwicklung als »Weg von Calvin aus zum radikalen Sozialismus«[60] beschreibt.

Diesen Weg von Calvin zum radikalen Sozialismus ist vor Karl Barth sein Bruder Peter gegangen. In seinem Vortrag »Was wollen die Schweizer Religiös-Sozialen?«[61] bei den Freunden der ChW in Altona am 29. 1. 1912 hat Peter Barth den Zusammenhang der religiössozialen Bewegung mit der Reformation Calvins klar herausgearbeitet. Seine These: »Nicht religiöser Individualismus, sondern Reichsgottesglaube«[62] impliziert die Abkehr von der Konzentration auf Luthers Frage nach dem gnädigen Gott, denn »auf diese rein den Einzelnen für sich angehende Grundfrage des lutherischen Protestantismus ist der religiöse Individualismus in seinem besten Kern zurückzuführen«[63]. Die Verbindung der privaten Seligkeit, die in der Gnadenerfahrung ermöglicht wird, mit den Prinzipien des politischen Liberalismus[64] ist für Peter Barth eine der Hauptursachen für die Blindheit des deutschen Protestantismus gegenüber der sozialen Frage – und damit gegenüber dem lebendigen Gott[65]. Demgegenüber sieht er bei Calvin die für die Religiös-Sozialen bestimmende »Überzeugung, daß die Neugestaltung der Welt durch die kommende Herrschaft Gottes der Sinn des Evangeliums selbst sei«[66], im Mittelpunkt der Theologie:

60. K. Barth an M. Rade, 19. 6. 1915, S. 133.
61. *P. Barth:* Was wollen die Schweizer Religiös-Sozialen? Vortrag gehalten vor den Freunden der Christlichen Welt in Altona am 29. 1. 1912, in: ChW 26 (1912), Sp. 875-881, Sp. 906-914.
62. A.a.O., Sp. 876.
63. A.a.O., Sp. 878.
64. A.a.O., Sp. 879: »Aber wohin die bloße persönliche Freiheit, wohin das alleinige Prinzip des Liberalismus führt, das hat die wirtschaftliche Entwicklung, in der wir noch stehen, *ad oculos* demonstriert. Das Feld war preisgegeben dem schonungslosen Konkurrenzkampf zwischen der Masse selbständig gemachter Individuen.«
65. A.a.O., Sp. 880: »Was hat diese ganze private Seligkeit, in die ich mich da einwiege, was hat dieses ganze ›persönliche Leben‹, für das ich mich so interessiere, während da draußen Tausende in Sünde, Not und Elend verkommen, mit dem lebendigen Gott zu tun, der will, daß sein Wille hier auf dieser Erde geschehe und so sein Reich zu uns komme?!«
66. A.a.O., Sp. 876.

»Es war einer der großen Grundgedanken des Genfer Reformators, daß es der Zweck dieser Welt- und Menschheitsgeschichte sei, eine Stätte der Offenbarung der Gerechtigkeit und damit der Herrlichkeit Gottes zu werden.«[67]

Dieser »soziale Glaube« bestimmt die Stellung der Religiös-Sozialen zur sozialistischen Arbeiterbewegung, in der sie den »Odem des lebendigen Gottes«[68] spüren:

»Aus der Gewißheit Gottes heraus wollen wir mit Träger der sozialen Bewegung sein, wollen wir mit eintreten für die Grundgedanken des Sozialismus, weil uns die soziale Bewegung im tiefsten Sinn eins ist mit der universalen Menschheitsbewegung, an die wir als an das Kommen des Gottesreiches glauben.«[69]

Zu einem Zeitpunkt, als Karl Barth noch bemüht war, die Einheit der Gedanken der Persönlichkeit und des Reiches Gottes im unmittelbaren Erlebnis aufzuzeigen, hatte Peter Barth die Abkehr vom liberal-protestantischen religiösen Individualismus schon vollzogen. Diese Abkehr implizierte eine Rückkehr zur Ethik Calvins, in deren Betonung der Ehre Gottes gegenüber aller menschlichen Ehre Peter Barth mit den Religiös-Sozialen eine Strukturanalogie zur revolutionären Politik der Sozialdemokratie sah. Die Ethik Calvins richtet den absoluten Maßstab Gottes gegenüber allen menschlichen Maßstäben auf:

»Jeglicher Individual- oder Sozialeudämonismus liegt ihr so fern als möglich: sie hat ihre Maßstäbe nicht an solchen Relativitäten, sondern die *gloria Dei* soll zur Geltung kommen in der Welt in der sittlichen Verfassung und in den Ordnungen des Gottesvolkes.«[70]

Diese Verbindung von calvinistischer Theologie und radikalem Sozialismus bei Peter Barth bietet zumindest eine interessante Parallele für Karl Barths theologische Auseinandersetzung mit dem Sozialismus. Denn es sind die von Peter Barth aufgewiesenen Linien, in denen Karl Barth seine Kritik an Friedrich Naumann ausarbeitet, die er in einer

---

67. A.a.O., Sp. 907.
68. A.a.O., Sp. 912.
69. Ebd.
70. *P. Barth:* Die sittliche Forderung im Sozialismus. Eine Antwort auf die zwei Artikel über die Religiös-Sozialen aus der Schweiz, in: ChW 27 (1913), Sp. 228-232, S. 232.

auf Rades Aufforderung hin verfaßten Rezension des Jahrgangs 1913 von Naumanns Zeitschrift »Die Hilfe« in der ChW vortrug[71]. Barth untersucht dort kritisch die Wendung Naumanns zur praktischen Politik, zu den Relativitäten des politischen Tagesgeschehens. Hat Naumann damit den christlichen Impuls, der ihn in seinen frühen Jahren leitete, der Parteipolitik geopfert? »Für uns ist die dringendste Frage die, inwiefern in der Hilfepolitik noch heute neben oder über dem Evangelium der Technik, der Macht und des allgemeinen Stimmrechts das Evangelium des absoluten und lebendigen Gottes spürbar ist.«[72] Für Barth hat Naumann das Evangelium des lebendigen Gottes dem Evangelium der Macht geopfert. Das ist aber nur möglich »unter der Voraussetzung, daß es – keinen Gott gibt«[73]. Demgegenüber profiliert Barth das revolutionäre Programm der Sozialdemokratie, die sich nicht bei den Relativitäten des politischen Alltags beruhigen läßt. »Das sozialdemokratische Wollen zeichnet sich dadurch vor allen andern Arten von Politik aus, daß da mit dem Absoluten, mit Gott politisch Ernst gemacht wird.«[74] Es ist ein »religiöser Unterschied«, den Barth zwischen dem sozialen Liberalismus Naumanns und dem revolutionären Sozialismus aufzeigen will. Zur Debatte steht die Option für die Relativitäten der Tagespolitik, oder für das Absolute, für Gott. Gegenüber der in den tagespolitischen Relativitäten befangenen Position Naumanns steht für Barth fest: »Wir möchten von Gott mehr erwarten.«[75]

Streit um die Deutung des Ersten Weltkriegs

Als die Rezension Barths in der ChW Nr. 33 vom 15. August 1914 erschien, hatte der Erste Weltkrieg bereits begonnen. Karl Barth hat im Alter in dem Verhalten seiner theologischen Lehrer beim Ausbruch des Ersten Weltkriegs die Ursache für seinen Bruch mit der »liberalen« Theologie gesehen. Für den späten Barth faßte sich in der Erinnerung die Haltung seiner deutschen Lehrer fast symbolhaft in dem Manifest der 93 Intellektuellen »An die Kulturwelt« zusammen. So schrieb er 1957:

---

71. *K. Barth:* »Die Hilfe« 1913, in: ChW 28 (1914), Sp. 774-778.
72. A.a.O., Sp. 776.
73. A.a.O., Sp. 777.
74. Ebd.
75. A.a.O., Sp. 778.

»Mir persönlich hat sich ein Tag am Anfang des August jenes Jahres [sc. 1914] als der *dies ater* eingeprägt, an welchem 93 deutsche Intellektuelle mit einem Bekenntnis zur Kriegspolitik Kaiser Wilhelms II. und seiner Ratgeber an die Öffentlichkeit traten, unter denen ich zu meinem Entsetzen auch die Namen so ziemlich aller meiner bis dahin gläubig verehrten theologischen Lehrer finden mußte.«[76]

Ganz ähnlich schrieb Barth 1968:

»Unter denen, die es [sc. das Manifest] unterschrieben hatten, mußte ich mit Entsetzen auch die Namen ungefähr aller meiner deutschen Lehrer (mit ehrenvoller Ausnahme Martin Rades!) entdecken. Eine ganze Welt von theologischer Exegese, Ethik, Dogmatik und Predigt, die ich bis dahin für grundsätzlich glaubwürdig gehalten hatte, kam damit, und mit dem, was man damals von den deutschen Theologen sonst zu lesen bekam, bis auf die Grundlagen ins Schwanken.«[77]

Es ist bereits nachgewiesen worden, daß der Aufruf der 93 in den ersten Augusttagen nicht diesen Einfluß auf Barths theologische Haltung haben konnte, da er erst am 3. Oktober 1914 publiziert wurde[78]. Vielmehr war es die »Christliche Welt« Martin Rades, der als »ehrenvolle Ausnahme« unter den deutschen Lehrern Barths erwähnt wird, die Barth mit einem Mal von »Marburg« und damit von der Theologie seiner Lehrer distanzierte – allerdings auch nicht am Anfang August, sondern erst gegen Ende, da die Nummern der ChW zum Kriegsbeginn (Nr. 32-34) Barth erst verspätet erreichten. Noch am 13. August schrieb Barth an Rade: »Sie können uns glauben, daß wir viel an Sie Alle denken in diesen schweren Zeiten, von denen Sie ja ganz anders betroffen sind als wir ... Wir möchten gerade jetzt den geistigen Kontakt mit Marburg um keinen Preis missen!«[79]

Nachdem Barth die ersten Kriegsnummern der ChW zu Gesicht bekommen hatte, erließ er »ein ausführliches, sorgfältig redigiertes Manifest«[80] an Rade gegen die Haltung der ChW zum Krieg: seinen Brief

---

76. *K. Barth:* Evangelische Theologie im 19. Jahrhundert (ThSt 49), 1957, S. 6.
77. K. Barth: Nachwort zur Schleiermacher-Auswahl, S. 293.
78. Vgl. *W. Härle:* Der Aufruf der 93 Intellektuellen und Karl Barths Bruch mit der liberalen Theologie, in: ZThK 72 (1975), S. 207-224. Dort auch der Text des Aufrufs »An die Kulturwelt!«, S. 209f.
79. K. Barth an M. Rade, 13. 8. 1914, S. 94f.
80. K. Barth an E. Thurneysen, 4. 9. 1914, in: BwTh I, S. 9.

vom 31. August 1914[81]. Barth macht dort Rade drei Vorwürfe:
1. Alles, was Rade in der ChW veröffentlicht, geht von der Voraussetzung aus, daß Deutschland in diesem Krieg das Recht auf seiner Seite hat. 2. Patriotismus, Kriegslust und christlicher Glaube werden in der ChW hemmungslos vermischt und bilden zusammen eine Kriegsideologie, die als »fromme Kriegsfertigkeit« ausgegeben wird. 3. Gott wird für das menschliche, sündige Handeln, das den Krieg verschuldet hat, verantwortlich gemacht. Die Überzeugung, daß Gott den Krieg will, erzeugt den Eindruck, als kämpften die Deutschen im Auftrag Gottes: »Aber warum lassen Sie bei dieser ganzen weltlichen sündigen Notwendigkeit Gott nicht aus dem Spiele?« Diese Kritik Barths ist deutlich von den Prinzipien geprägt, die er in seiner Kritik an Naumann herausgearbeitet hatte[82]. Rade wird vorgeworfen, er habe die »absoluten Gedanken des Evangeliums«[83] außer Kraft gesetzt und statt dessen die Relativitäten der geschichtlichen Stunde verabsolutiert. Doch wird der Gegensatz zwischen dem Absoluten und dem Relativen nun viel schärfer gefaßt als Gegensatz zwischen Gott und dem sündigen Menschen. *Dei providentia – hominum confusio:* Das ist die Formel, auf die Barth in dieser Zeit seine Theologie bringt[84].

Rade reagiert auf Barths Brief zunächst mit der Bitte, der Brief solle mit einer Antwort von ihm in den »Neuen Wegen«, dem von Ragaz herausgegebenen Organ der Schweizer Religiös-Sozialen, veröffentlicht werden – und er bietet Barth das »Du« an[85]. Das ist keineswegs das Anzeichen einer besonders intimen Feindschaft, sondern ein Vorzeichen auf die verwandtschaftliche Beziehung zwischen den Familien Barth und Rade, die durch die Hochzeit von Peter Barth mit Rades Tochter Helene im April 1915 hergestellt werden sollte. Peter Barth besuchte Rade Mitte September in Marburg und berichtete seinem Bruder Karl, Rade sei durch ihren Protest gegen die Haltung der ChW »stark gekränkt

---

81. Zuerst gedruckt in Neue Wege 8 (1914), S. 429-432; in dieser Ausgabe: S. 95-98.
82. Barth schrieb an Thurneysen (4. 9. 1914), als er diesem einige entliehene Schriften Naumanns zurücksandte: »Ich bin sehr froh, daß ich mich diesen Sommer damit beschäftigt habe. Der geistige Zustand unserer deutschen Freunde ist mir nun viel verständlicher, wenn auch um nichts sympathischer« (BwTh I, S. 9).
83. A.a.O., S. 10.
84. »Dei providentia – hominum confusio, darum drehen wir uns jetzt Sonntag für Sonntag« (BwTh I, S. 10.).
85. Vgl. M. Rade an K. Barth, 25. 9. 1914, S. 100.

und überrascht und betroffen«. Aber er gewann auch den Eindruck: »Es scheint Rade mehr an uns Schweizern gelegen sein, als wir denken.«[86] Die Schilderungen Peter Barths aus Marburg (»Ganz Marburg voll Verwundete, kaum ein Haus schon jetzt ohne einen Toten oder mehrere.«[87]) machten Karl Barth auch sehr selbstkritisch gegenüber der eigenen Position: »Kann man sich wundern über die Katastrophe des Christliche-Welt-Christentums? Wie würden wir bestehen in solcher Lage? Eine Katastrophe bleibt es freilich trotz allem, dieses Verhalten unserer Freunde draußen.«[88]

Rade mußte sich von Barths Protest um so mehr getroffen fühlen, als er selbst in Deutschland wegen der von vielen als zu mild empfundenen Haltung der ChW heftig angefeindet wurde. Rades Bekenntnis zur Mitschuld Deutschlands am Krieg[89], seine Äußerung des Bedauerns gegenüber Frankreich[90] und vor allem seine Warnungen vor Ausländerhetze und Spionenjagd[91] schufen ihm viele Gegner. Die ChW verlor laufend an Abonnenten wegen angeblich »vaterlandsverräterischer« Äußerungen Rades. Die Gegnerschaft der nationalistischen Kreise gegen Rade verschärfte sich noch, als er in der ChW Nr. 38 vom 17. September 1914 den Krieg als »Bankerott der Christenheit«[92] bezeichnete und in der ChW Nr. 39 vom 24. September in einer Andacht unter dem Titel »Der Gott der Völker«[93] gegen die Nationalisierung Gottes zum Gott der Deutschen anging. Gewiß, Rades Haltung im Weltkrieg ist oft sehr widerspruchsvoll[94] und häufig von subjektiven Situationseindrücken bestimmt. Doch auch unter diesem Vorbehalt trifft die Kritik Barths eher auf die Mehrheit der deutschen Theologen zu als auf Martin Rade[95].

86. K. Barth an E. Thurneysen, 25. 9. 1914, in: BwTh I, S. 11.
87. A.a.O., S. 12.
88. Ebd.
89. Vgl. ChW 28 (1914), Sp. 767 (vgl. in diesem Band Anm. 5 zum Brief Rades vom 5. 9. 1914, S. 113).
90. Ebd.
91. Vgl. ChW 28 (1914), Sp. 781 und Sp. 798.
92. ChW 28 (1914), Sp. 849f.
93. ChW 28 (1914), Sp. 869ff.
94. In meiner Anm. 6 genannten Arbeit habe ich (S. 175-190, bes. S. 188ff.) versucht, einige dieser Widersprüche im Zusammenhang der vor dem Ersten Weltkrieg erarbeiteten ethischen Konzeption Rades zu erklären.
95. Vgl. das gleichlautende Urteil W. *Hubers* in seiner ausführlichen Studie: Evangelische Theologie und Kirche beim Ausbruch des Ersten Weltkriegs, in: W. *Huber* (Hg.): Historische Beiträge zur Friedensforschung

Barth ist die Einseitigkeit seiner Stellung im Herbst 1914 zu Bewußtsein gekommen, nachdem er die Äußerungen von »Natorp, Dryander, Harnack, Eucken, der Berliner Missionsleute«[96] kennengelernt hatte. Im November hatte Barth, der sich inzwischen aus den »Vertraulichen Mitteilungen« auch ein Bild davon machen konnte, wie sehr Rade in Deutschland wegen seiner Haltung angefeindet wurde[97], je länger je mehr das Gefühl: »Du persönlich und *deine* Äußerungen in der Chr.W. sind sichtlich nicht der geeignete Ausgangspunkt zu einer solchen Auseinandersetzung, indem du ... uns näher stehst als irgendein anderer Vertreter des deutschen Christentums.«[98] Barth wünschte seinen Brief damals »heimlich ungeschrieben«[99]. Allerdings glaubte Barth auch bei einer differenzierten Beurteilung der Haltung Rades den grundsätzlichen Gegensatz feststellen zu müssen: »Du bist anders als die Anderen, aber nur graduell anders, während zwischen euch und uns ein prinzipieller Unterschied besteht.«[100]

Dieser Unterschied läßt sich theologisch genauer an der Antwort Rades auf Barths Brief vom 31. August in den »Neuen Wegen« festmachen[101]. Der Kern der Auseinandersetzung zwischen Barth und

(Studien zur Friedensforschung 4), Stuttgart und München 1970, S. 134-215, S. 206.

96. K. Barth an M. Rade, 1. 10. 1914, S. 100.

97. In einer Beilage zu Nr. 49 von »An die Freunde« vom 22. 10. 1914, die Rade auf Anfrage verschickte, hatte er unter dem Titel »Auch ein Stück Zeitgeschichte« (Sp. 561-575) Auszüge aus Briefen von Lesern der ChW mitgeteilt, in denen zur Haltung Rades beim Ausbruch des Krieges Stellung genommen wurde. Die meisten Briefschreiber kritisieren in scharfer Form Rades Äußerungen als unpatriotisch. Der Brief Barths vom 31. 8. 1914, der auch hier abgedruckt wurde (Sp. 567-569), bildet unter diesen Schriftstücken eine seltene Ausnahme.

98. K. Barth an M. Rade, 23. 11. 1914, S. 120.

99. Ebd.

100. K. Barth an M. Rade, 1. 10. 1914, S. 101. Sowohl die Erkenntnis der paradoxen Tatsache, daß er ursprünglich seine Auseinandersetzung mit der Kriegstheologie an einem Theologen festmachte, der wegen seiner besonnenen Haltung in Deutschland scharf angegriffen wurde, als auch der Einfluß der durchgehaltenen Freundschaft mit Rade, könnten dafür ausschlaggebend sein, daß Barth später das Manifest der 93 Intellektuellen mit seiner Distanzierung von der »liberalen« Theologie in Verbindung brachte, und nicht seine Auseinandersetzung mit Rade.

101. Rades Antwort vom 5. 9. 1914 erschien in: Neue Wege 8 (1914), S. 432-438; in dieser Ausgabe S. 105-112.

Rade ist der Streit um die Möglichkeit einer religiösen Interpretation des Krieges. Rade betont, daß das deutsche Volk den Krieg als ein »Unglück« erfahren hat: »Aber eben als ein so großes ungeheures, daß ihm alles andere Denken und Fühlen verging über dem Einen: *Gott.*«[102] Es ist für Rade »Gottlosigkeit und Wahnsinn«[103] den Krieg anders als religiös durch den Verweis auf das Handeln Gottes zu deuten. Das heißt aber für Rade nicht, daß sich das Handeln Gottes im Krieg identifizierend aufweisen ließe. Es bleibt die Spannung zwischen dem *deus absconditus*, der im Welthandeln Gottes erfahren wird, und dem *deus revelatus* in Jesus[104]. Für Rade ist es das Ziel der religiösen Interpretation des Krieges, nicht einen neuen Gott neben dem Vatergott Jesu zu postulieren, sondern die Spannung zwischen dem *deus absconditus* und dem *deus revelatus* zum Ausgleich zu bringen. Demgegenüber gilt es für Barth, Gott bei der menschlichen, sündigen Notwendigkeit des Krieges aus dem Spiel zu lassen.

Für Rade ist der Begriff »Erlebnis« die Grundkategorie der religiösen Interpretation der Wirklichkeit. Allerdings ist in der Theologie Rades das Erlebnis – anders als im Denken Wilhelm Herrmanns[105] – immer eingefaßt in die Erinnerung des Glaubens an Gottes Handeln in Jesus und die Hoffnung des Glaubens auf das Reich Gottes[106]. Der Begriff des »Erlebnisses« ist für den Herrmann-Schüler Barth der problematischste Punkt in Rades Deutung des Krieges. Barth greift einen Zentralbegriff der Theologie Herrmanns an, wenn er sagt, daß er das von Rade beschriebene Gotteserlebnis des Krieges »wohl als Wotan- oder Deboraherlebnis, aber nicht als religiöses Erlebnis im christlichen Sinne anerkennen könnte«[107]. Es ist daher nur folgerichtig, wenn Barth seinen Lehrer Wilhelm Herrmann in seinem Brief vom 5. November 1914 gerade in diesem Punkt ins Verhör nimmt[108].

Wichtig an Barths Brief an Herrmann ist allerdings auch die Frage, ob sich die von den Schweizer Schülern an ihren deutschen Lehrern verehrte Sachlichkeit und der kritische Sinn der deutschen Wissenschaft

---

102. A.a.O., S. 436; in dieser Ausgabe S. 110.
103. Ebd.; in dieser Ausgabe S. 110.
104. Vgl. a.a.O., S. 437f.; in dieser Ausgabe S. 111.
105. Vgl. *Th. Mahlmann:* Das Axiom des Erlebnisses bei Wilhelm Herrmann, in: NZSTh 4 (1962), S. 11-88.
106. Vgl. *M. Rade:* Die Wahrheit der christlichen Religion, Tübingen 1900.
107. K. Barth an M. Rade, 23. 11. 1914, S. 121.
108. Vgl. den Brief Barths an W. Herrmann, 4. 11. 1914, S. 115.

auch im Krieg bewährt hat[109]. Oder hat sich die deutsche Wissenschaft kritiklos zum Instrument einer unsachlichen Kriegspropaganda erniedrigen lassen? Diese Frage ist offensichtlich durch den Aufruf der 93 Intellektuellen provoziert, zu dem Herrmann seine Unterschrift gegeben hatte.

Blickt man auf die theologische Entwicklung Barths bis zum Ersten Weltkrieg zurück, so erhält dieser Punkt eine besondere Bedeutung. Seit seiner Studienzeit kreiste Barths theologisches Denken um die Frage nach dem Verhältnis von theologischer Wissenschaft und kirchlicher und gesellschaftlicher Praxis. Die Erkenntnis, daß die theologische Wissenschaft, die sich an einem allgemeinen Wissenschaftsideal orientiert, nicht in der Lage ist, der Vermischung von Göttlichem und Menschlichem in der Kriegstheologie Einhalt zu gebieten, ist ein entscheidendes Motiv für die Distanzierung Barths von der akademischen Theologie seiner Zeit. Liegt hier der Grund, warum Barth von dieser Zeit an die Theologie außerhalb eines allgemeinen Wissenschaftsbegriffs zu begründen versuchte? Ist die Abkehr von der »liberalen« Theologie nicht auch eine Abkehr von ihrem Selbstverständnis als Wissenschaft?

Aber nicht nur die theologische Theorie, sondern auch die sozialistische Praxis ist für Barth durch den Krieg kompromittiert. Mit dem »Zusammenknicken der deutschen Sozialdemokraten«[110] – die deutschen Sozialdemokraten stimmten in der Reichstagssitzung vom 4. August den Kriegskrediten zu – scheiterte auch Barths theologische Deutung des Sozialismus als einer proleptischen Erscheinung des Reiches Gottes. Damit waren die beiden Stützen der theologischen Existenz Barths gefallen. In diesem Sinne ist Barths Äußerung von 1927 zu verstehen, daß der Ausbruch des Ersten Weltkrieges für ihn ein »doppeltes Irrewerden« bedeutete:

»... einmal an der Lehre meiner sämtlichen theologischen Meister in Deutschland, die mir durch das, was ich als ihr Versagen gegenüber der Kriegsideologie empfand, rettungslos kompromittiert erschien – sodann am Sozialismus, von dem ich gutgläubig genug noch mehr als von der christlichen Kirche erwartet hatte, daß er sich jener Ideologie entziehen werde, und den ich zu meinem Entsetzen in allen Ländern das Gegenteil tun sah.«[111]

---

109. A.a.O., S. 114.
110. K. Barth an M. Rade, 31. 8. 1914, S. 97.
111. K. Barth: Autobiographische Skizze 1927, S. 306f.

Die Distanzierung von der akademischen Theologie führte nicht zum Abbruch der Beziehung zu Martin Rade, auch wenn das Verhältnis zwischen Rade und Barth sich merklich abkühlte. Anfang Januar fuhr Rade zu Gesprächen mit den Religiös-Sozialen, besonders mit Barth, in die Schweiz. Barth kam zusammen mit Eduard Thurneysen zur Hochzeit von Peter Barth und Helene Rade am 9. April 1915 nach Marburg und traf dort im Hause Rade auch Friedrich Naumann. Von Rade und Naumann führte der Rückweg in die Schweiz über Bad Boll zu Gesprächen mit Christoph Blumhardt, bei dem Barth, angeregt von Eduard Thurneysen, in der »heillosen Verlegenheit«[112] der Loslösung von der »liberalen« Theologie und vom radikalen Sozialismus zeitweise eine theologische Heimat fand.

Im Juni 1915 kam es durch eine Andacht Rades in der ChW[113] zur größten Annäherung zwischen Barth und Rade während des Weltkrieges, die auf beiden Seiten die Hoffnung auf ein neues theologisches Verstehen aufkommen ließ. Barths Stellungnahme zu Rades Andacht in seinem Brief vom 19. Juni 1915 zeigt schon die Struktur schroffer Antithetik, die für Barths theologischen Neuansatz charakteristisch ist, wenn er davon ausgeht, daß »die *Welt* als Ganzes unserer Lebensbedingungen gottlos ist ..., dem *Jesus* offenbar ebenfalls als ein geschlossenes Ganzes gegenübersteht mit seinem Leben und seiner Botschaft«[114]. Doch auch diese Annäherung konnte die im September 1914 begonnene Entfremdung zwischen Barth und Rade nicht überwinden. Zwar betonte Rade, daß sich für ihn »die Bande der Verehrung, Freundschaft, gemeinsamen Arbeit, wenn ich heute alles übersehe, trotz dem Kriege, kaum gelockert«[115] haben. Doch hatte Barth das Gefühl, Rade weiche ihm aus, als dieser bei Besuchen bei Peter und Helene Barth in Laupen nicht in Safenwil Station machte[116]. Als Rade 1916 Barths Predigt »Der Pfarrer, der es den Leuten recht macht« ohne Wissen des Verfassers in der ChW abdruckte, schrieb er in einer redaktionellen Bemerkung, die sein Verhältnis zu Barth gut illustriert:

---

112. A.a.O., S. 307.
113. *M. Rade:* Kein Moratorium des Christenglaubens, in: ChW 29 (1915), Sp. 473-475.
114. K. Barth an M. Rade, 19. 6. 1915, S. 133.
115. M. Rade an K. Barth, 8. 6. 1915, S. 131.
116. Vgl. K. Barth an E. Thurneysen, 27. 8. 1915, in: BwTh I, S. 77. Vgl. Anm. 1 zum Brief Rades vom 25. 8. 1915, S. 136.

»Wir bekommen immer wieder gesagt, auch aus der Schweiz, daß wir uns zu viel um die Religiös-Sozialen kümmern. Wir stehen ihnen kritisch genug gegenüber; aber es bleibt dabei: sie schärfen mir mein Gewissen, und dafür bin ich ihnen dankbar.«[117]

Zu diesem Zeitpunkt hatte sich Karl Barth theologisch aber schon sehr weit vom religiösen Sozialismus entfernt und sich, angeregt durch die Beschäftigung mit den beiden Blumhardt, dem Studium der Pietisten zugewandt. Doch auch dieser Versuch, eine theologische Basis außerhalb der wissenschaftlichen Theologie zu finden, war nur ein Durchgangsstadium. Im Juli 1917 schon zählte Barth den Pietismus neben der Reformation zu den »von ihr selbst *verpaßten Gelegenheiten* der Kirche«, aus dem zu schnell »eine große Reaktionsrichtung geworden«[118] ist. Doch inzwischen war Karl Barth schon mitten an der Arbeit am »Römerbrief«. Der theologische Neuansatz sollte nicht auf der Basis anderer Theologien, nicht auf der des religiös-sozialen Geschichtsdenkens, sondern auf der Grundlage der biblischen Texte erfolgen.

Prophetie oder Theologie?

Karl Barth erhoffte sich von seinem Römerbrief, der, auf 1919 datiert, schon kurz nach dem Kriegsende 1918 vorlag, auch die Möglichkeit einer erneuten Annäherung an Martin Rade. In seinem Brief vom 26. 12. 1918[119], in dem er Rade die Zusendung des Buches ankündigte, bekannte Barth, »daß ich während des Krieges unter dem Mangel an Gemeinschaft der inneren Arbeit, an gemeinschaftlicher Sachlichkeit mit euch gelitten habe, wie unter wenig Anderem«. Die Basis für die Wiederherstellung der zeitweise verlorenen Gemeinschaft ist für Barth »die christliche Solidarität im rechten Sinn: die Gemeinsamkeit im Ringen um die Orientierung im dem, was wir in Kirche und Theologie eigentlich, inhaltlich wollen, die Einheit der Bewegung, der Hoffnung, das Warten auf Gottes Taten«. Hier sieht Barth die Möglichkeit, daß die im Krieg voneinander entfremdeten deutschen und schweizerischen Theo-

---

117. ChW 30 (1916), Sp. 262. Barths Predigt »Der Pfarrer, der es den Leuten recht macht« wurde ohne Nennung des Verfassers mit dem Untertitel »Eine religiös-soziale Predigt« abgedruckt in: ChW 30 (1916), Sp. 262 bis 267. Nachdruck in: Christentum und Wirklichkeit 10 (1932), S. 86-97.
118. K. Barth an M. Rade, 13. 7. 1917, S. 140.
119. K. Barth an M. Rade, 26. 12. 1918, S. 145f.

logen sich wieder begegnen: »Unsere Sache ist *eure* Sache, so gut wie *eure* Sache, auch ohne ›Kriegserlebnis‹ *unsere* Sache ist.« Ist die Gemeinsamkeit im »Warten auf Gottes Taten« wieder entdeckt, die Kluft zwischen »wir« und »Ihr« überbrückt, dann ist Barth sogar bereit, eine, von ihm als sicher erwartete, Ablehnung seines Buches in Deutschland hinzunehmen: »Eine gute und ernste Ablehnung ist ja auch eine Form gemeinsamer Arbeit.« Barth verstand sein Buch als Basis für das von ihm erhoffte Gespräch mit seinen Lehrern. Diesem Austausch sollte der »Römerbrief« »als (etwas schwerfällige!) Friedenstaube« dienen.

Aus Marburg erfolgte allerdings eine Ablehnung des Buches. Rade gewann Adolf Jülicher, den in Marburg lehrenden Doyen der neutestamentlichen Wissenschaft zur Rezension des Werkes seines ehemaligen Studenten. Vielleicht weil Rade, der im Wintersemester 1918/19 die Römerbrief-Vorlesung Jülichers hörte (»eine gute Vorbereitung ... für die Lesung Deines Buchs«[120]), die Ablehnung Barths befürchtete, verpflichtete er auch Barths Freund Wilhelm Loew zur Rezension – ein in der ChW höchst unüblicher Vorgang. Jülichers Rezension[121] bestimmte den Ton der folgenden Auseinandersetzungen mit Barth. Zwar ging er auf die exegetische und vor allem textkritische Arbeit Barths fair und sachlich ein, zu schärfster Ablehnung fühlte sich Jülicher aber durch den Anspruch Barths provoziert, mit seiner Auslegung durch die historische Auslegung »*hindurch* zu sehen in den Geist der Bibel, der der ewige Geist ist«[122]. Hier drängt sich Jülicher eine Analogie auf, die oft nachgesprochen wurde. Nach seiner Meinung »verfährt« Barth »mit der gleichen souveränen Willkürlichkeit, Siegesgewißheit, mit der gleichen insbesondere dualistisch welt-, kultur- und herkommenfeindlichen Einseitigkeit« wie »der Halbgnostiker Marcion mit seinem radikalen Dualismus des Alles oder Nichts«[123]. Dieses Verfahren ist nach Jülicher in der Überzeugung begründet, »daß es in der Geschichte nicht mehr weitergeht, daß es mit Entwicklung ein für alle Mal vorbei ist, uns kein kulturinteressierter Optimismus mehr bewegt«[124]. Dieser Standpunkt des Exegeten Barth schließt nach Jüli-

---

120. M. Rade an K. Barth, 11. 10. 1918, S. 144.
121. *A. Jülicher:* Ein moderner Paulus-Ausleger, in: ChW 34 (1920), Sp. 453-457, Sp. 446-469; jetzt in: Anfänge I, S. 87-98.
122. *K. Barth:* Vorwort zum Römerbrief 1. Aufl., 11. unveränderter Abdruck der 2. Aufl. München 1922, Zürich 1976, S.V.
123. Anfänge I, S. 95.
124. Ebd. Jülicher zitiert hier, wenn auch ungenau, Gogartens Manifest

chers Auffassung die Möglichkeit aus, ein angemessenes Verständnis des Paulus zu gewinnen, ist aber in hohem Maße symptomatisch für den Geist der Zeit.

»Viel, möglicherweise sehr viel wird man einst aus diesem Buch für das Verständnis unsrer Zeit gewinnen, für das Verständnis des ›geschichtlichen‹ Paulus kaum irgendetwas Neues.«[125]

Auch Barths Freund und Schwiegersohn Friedrich Naumanns, Wilhelm Loew, stimmte trotz einer grundsätzlich positiven Beurteilung von Barths Werk in Jülichers Kritik ein:

»Die Schrift ist größer als ihre Wiederentdeckungen. Das gilt auch von Paulus. Der Geschichtsphilosoph und Kosmologe ist nicht der ganze Paulus, Luther hat auch Recht neben der Gnosis, und Paulus ist nicht nur für unsre Schmerzen und Wehen da.«[126]

Barth verstand sein Buch als »Vorarbeit, die um Mitarbeit bittet«[127]. Dieses Angebot zur Mitarbeit, die von Barth als »gemeinsames neues Fragen und Forschen nach der biblischen Botschaft«[128] interpretiert wurde, konnte von vielen nicht angenommen werden, da sie den Standpunkt Barths nicht teilen konnten, der seine Arbeit bestimmte. Dieser Standpunkt wurde von Friedrich Gogarten in der ChW von 1920 prägnant und programmatisch formuliert: »Zwischen den Zeiten«[129].

Diese Interpretation der geschichtlichen Stunde, in der sich Barth und Gogarten einig wußten, trennte sie von Männern wie Rade. Rades Wirken in den Anfangsjahren der Weimarer Republik war von dem Bewußtsein bestimmt, daß ein entschlossener Aufbruch in die neue Zeit nötig sei. Vom Oktober 1917 an hatte sich Rade immer entschiedener für einen Verständigungsfrieden eingesetzt. Dieses Engagement war begleitet von dem Bemühen, schon im Krieg die theologischen Grundlagen für den kirchlichen und gesellschaftlichen Wiederaufbau zu erarbeiten. Rades Überlegungen konzentrierten sich dabei auf den Recht-

---

»Zwischen den Zeiten«, in: ChW 34 (1920), Sp. 374-378, Sp. 378: »... und es bewegt uns kein kulturinteressierter Opportunismus mehr.«

125. A.a.O., S. 97.
126. *W. Loew:* Noch einmal Barths Römerbrief, in: ChW 34 (1920), Sp. 585-587.
127. K. Barth: Vorwort zum Römerbrief 1. Aufl., S. VI.
128. Ebd.
129. ChW 34 (1920), Sp. 374-378, jetzt in: Anfänge II, S. 95-101.

fertigungsglauben und das allgemeine Priestertum der Gläubigen. Die Erfahrung von Leid und Schuld im Krieg verschärfte Rades Verständnis des Rechtfertigungsglaubens, dessen ethischen Gehalt er in dieser Zeit immer stärker herausarbeitete[130]. *Deus iustificat impium – iustificatus iustificat proximum:* In dieser Formel ist der Kern von Rades Theologie zusammengefaßt[131]. Das Handeln Gottes setzt die Einheit von Rechtfertigung und Heiligung, die dem Glaubenden ein neues Weltverhältnis erschließt, das sich konkretisiert in der Weitergabe der Liebe Gottes an den Nächsten und in der Konstituierung der *communio sanctorum* auch als sittlich sozialer Gemeinschaft. Hatte Rade schon im Mai 1918 die Realisierung des radikalen Laizismus der Reformation als Hauptaufgabe der Kirche nach dem Krieg dargestellt[132], so zögerte er nach dem Kriegsende keinen Moment, die organisatorische Verwirklichung dieses Programms anzugehen. Mitte November 1918 rief er zur Bildung von Volkskirchen-Räten auf, die den Aufbau der Kirche »von unten« in die Hand nehmen sollten, um eine demokratische Kirche im demokratischen Staat zu schaffen[133]. Rades Vorstellungen zum Neuaufbau der Kirche, die am Modell der Arbeiter- und Soldatenräte orientiert waren, sind zu Recht als Versuch verstanden worden, »die Revolution in der Kirche nachzuholen«[134]. Diese Pläne scheiterten am Widerstand der konservativen Kreise in den Landeskirchen. Rade verfolgte seine Intentionen weiter, auch im rein politischen Engagement: 1919-1921 war er Abgeordneter der DDP in der Preußischen Landesversammlung und stellvertretender Vorsitzen-

130. Vgl. M. *Rade:* Luthers Rechtfertigungsglaube, seine Bedeutung für die 95 Thesen und für uns (SgV 82), Tübingen 1917.

131. Die Formel erscheint in ausgeführter Form a.a.O., S. 27; vgl. auch M. *Rade:* Der einzelne und die Gemeinschaft in der Lehre der Reformation, in: Preussische Jahrbücher, Bd. 168, Heft 3 (Juni 1917), S. 404-412, S. 404; vgl. auch: Glaubenslehre III »Vom Geist«, Gotha 1927, S. 197.

132. Das königliche Priestertum der Gläubigen und seine Forderung an die evangelische Kirche unserer Zeit (SgV 85), Tübingen 1918.

133. Vgl. die Vorschläge für die Volkskirchenräte, in: ChW 32 (1918), Sp. 500-501; auch abgedruckt in: *G. Mehnert:* Evangelische Kirche und Politik. Die politischen Strömungen im deutschen Protestantismus von der Julikrise 1917 bis zum Herbst 1919 (Beiträge zur Geschichte des Parlamentarismus und der politischen Parteien 16), Düsseldorf 1959, S. 116-118. Vgl. meinen Artikel: Von der Gotteskirche zur Weltkirche. Überlegungen zum Kirchenbegriff Martin Rades, in: DtPfrBl 79 (1979), S. 165-167.

134. K. *Scholder:* Die Kirchen und das Dritte Reich, Bd. I: Vorgeschichte und Zeit der Illusionen 1918-1934, Frankfurt, Berlin und Wien 1977, S. 12.

der seiner Fraktion. Es waren die Vertreter der »liberalen« Theologie, die sich damals am energischsten für den demokratischen Neuaufbau in Kirche und Staat einsetzten.

Obwohl Rade in den ersten Jahren nach dem Weltkrieg das Schwergewicht seiner Arbeit in der Politik sah, öffnete er doch der Auseinandersetzung mit der sich neu bildenden »dialektischen« Theologie seine Zeitschrift. Die politische Abstinenz der »dialektischen« Theologen[135] hinderte Rade nicht, an dem Grundsatz seiner Redaktionspolitik festzuhalten, jeder neuen theologischen Richtung die Möglichkeit zur Äußerung in seiner Zeitschrift zu geben. Im Jahrgang 35 der ChW von 1921 bildet die Auseinandersetzung um Barth und Gogarten einen der thematischen Schwerpunkte[136].

Im Januar 1921 erhielt Barth aus Göttingen die Anfrage, ob er bereit sei, der erste Inhaber der neu zu schaffenden Stiftungsprofessur für reformierte Theologie zu werden. In dieser Situation wandte er sich an »Onkel Martin« mit der Frage: »Hältst du es, so wie du eure deutschen kirchlich-theologischen Verhältnisse einerseits und mich andererseits kennst, für gut oder nicht für gut, wenn ich diesen unerwarteten Posten annehmen und eventuell erhalten würde?«[137] Rade antwortete sofort: »Apriori bin ich für *Ja*.«[138] Nachdem Barth offiziell den Ruf nach Göttingen erhalten hatte, schrieb ihm Rade: »Ich gehöre jetzt auch zu denen, die viel von Dir hoffen.«[139]

14 Tage vor dem Umzug nach Göttingen konnte Barth das Manuskript der zweiten vollständig überarbeiteten Auflage seines »Römerbriefes« fertigstellen. Die neue Fassung des Buches, die vom Christian Kaiser Verlag in München betreut wurde, bildete die Grundlage für die bald einsetzende Wirksamkeit Barths in Deutschland. Zu diesem

---

135. Vgl. zu Barth: *W. R. Ward:* Theology, Sociology and Politics. The German Protestant Social Conscience 1890-1933, Bern 1979, S. 165-188. Ward bietet eine exzellente historische Auseinandersetzung mit *F. W. Marquardt:* Theologie und Sozialismus. Das Beispiel Karl Barths (GT. S. 7), München und Mainz 1972.

136. Vgl. z. B. *H. Hartmann:* Zur inneren Lage des Christentums. Versuch einer Stellungnahme zum religiösen Sozialismus der »Schweizer«, in: ChW 35 (1921), Sp. 84-88, Sp, 105-107, Sp. 120-125; *O. Herpel:* Die Wahrheitsfrage: Eine Erwiderung auf Hans Hartmanns kritische Aufsätze, in: ChW 35 (1921), Sp. 357-359, Sp. 371-374, Sp. 388-391.

137. K. Barth an M. Rade, 31. 1. 1921, S. 153.
138. M. Rade an K. Barth, 5. 2. 1921, S. 155.
139. M. Rade an K. Barth, 16. 8. 1921, S. 159.

Zeitpunkt war die Zusammenarbeit Barths mit den deutschen religiösen Sozialisten, die sich nach dem berühmten Vortrag »Der Christ in der Gesellschaft«[140] auf dem Treffen dieser Gruppe 1919 in Tambach entwickelt hatte, schon Intermezzo geworden. Immer deutlicher bildete sich die »Gruppe Barth-Gogarten« als eine eigene theologische Richtung aus dem Wirrwarr der ersten Nachkriegsjahre heraus.

Diese neue theologische Richtung wurde bald zum Gegenstand der Verhandlungen der Freunde der ChW. Nachdem Gogarten auf dem Treffen der Freunde am 1. Oktober 1920 über »Die Krisis unserer Kultur«[141] gesprochen hatte, setzten sich 1921 Erich Foerster[142] und Reinhard Liebe[143] auf der Eisenacher Tagung der FChW und des Bundes für Gegenwart-Christentum (BGC), dem Dachverband der unterschiedlichen regionalen Gruppen des freien Protestantismus, dem auch Martin Rade vorstand, mit Barth und Gogarten kritisch auseinander. Nach dem Vortrag von Foerster über »Marcionitisches Christentum«, in dem er Jülichers Vergleich von Barth mit Markion systematisch ausbaute, äußerte sich in der Diskussion Adolf von Harnack zu Barth. Verärgert darüber, daß Foerster feststellte, der neuen theologischen Richtung sei durch Harnacks Markion-Buch[144] »ein Eideshelfer von größter Bedeutung erweckt«[145], bemerkte Harnack: »Ich finde die Barthschen Gedanken übermütig, widerspruchsvoll, veraltet und unreif. Da sie jedenfalls mehr sind, will ich darüber nicht reden.«[146] Nach dieser eindeutigen Ablehnung, die Rade sofort an Barth weitermeldete, hielt es Rade für unbedingt erforderlich, Barth selbst vor dem Forum der FChW zu Wort kommen zu lassen. Schon zehn Tage nach dem Treffen in Eisenach forderte er Barth auf, im nächsten Jahr einen Vor-

---

140. Zuerst: Würzburg 1920, mit einem Geleitwort von H. Ehrenberg, dann in: *K. Barth:* Das Wort Gottes und die Theologie. Ges. Vorträge I, München 1924, S. 33-69, jetzt in: Anfänge I, S. 3-37.

141. In: ChW 34 (1920), Sp. 770-777, Sp. 786-791, jetzt in: Anfänge II, S. 101-121.

142. *E. Foerster:* Marcionitisches Christentum. Der Glaube an den Schöpfergott und der Glaube an den Erlösergott, in: ChW 35 (1921), Sp. 809-827.

143. *R. Liebe:* Der Gott des heutigen Geschlechts und wir, in: ChW 35 (1921), Sp. 850-853, Sp. 866-868.

144. *A. v. Harnack:* Marcion. Das Evangelium vom fremden Gott. Eine Monographie zur Geschichte der Grundlegung der katholischen Kirche, Leipzig 1921.

145. E. Foerster, a.a.O., S. 813.

146. An die Freunde Nr. 71 (1921), Sp. 777.

trag zu halten[147]. Widerstrebend, doch von Rade immer wieder angemahnt, sagte Barth schließlich zu.

Am 3. Oktober 1922 hielt Barth auf der Elgersburg vor den FChW seinen Vortrag »Das Wort Gottes als Aufgabe der Theologie«[148], in dem die »Theologie der Krisis« ihr Selbstverständnis als »Theologie des Wortes Gottes« bestimmte. Barth explizierte die Aufgabe der Theologie und die Problematik dieser Aufgabe in dialektischer Schärfe:

»*Wir sollen als Theologen von Gott reden. Wir sind aber Menschen und können als solche nicht von Gott reden. Wir sollen Beides,* unser Sollen und unser Nicht-Können, *wissen und eben damit Gott die Ehre geben.* Das ist unsere Bedrängnis. Alles Andere ist daneben Kinderspiel.«[149]

Die Aufgabe der Theologie ist, »daß sie von Gott nicht nur flüstere und munkle, sondern *rede,* auf ihn nicht nur hinweise, sondern von ihm herkommend ihn *bezeuge,* ihn nicht irgendwo in den Hintergrund, sondern allen methodischen Voraussetzungen, allen Wissenschaften zum Trotz in den *Vordergrund* stelle«[150]. Mit dieser Definition ihrer Aufgabe steht die Theologie außerhalb der Wissenschaft: »Gerade als Wissenschaft im Sinn der andern Wissenschaften hat die Theologie auf der Universität *kein* Daseinsrecht.«[151] Sie steht als »Frage- und Ausrufzeichen am äußersten Rande«, das heißt: »genau jenseits des Randes der wissenschaftlichen Möglichkeiten«[152]. Da die Theologie aber von Menschen betrieben wird, ist die Realisierung ihrer Aufgabe – auch außerhalb der Wissenschaft – menschlich gesehen unmöglich, denn es gilt, »daß von Gott nur Gott *selber* reden kann. Die Aufgabe der Theo-

---

147. Vgl. M. Rade an K. Barth, 13. 10. 1921, S. 161f.
148. *K. Barth:* Das Wort Gottes als Aufgabe der Theologie, in: ChW 36 (1922), Sp. 858-873, jetzt in: Anfänge I, S. 197-218.
149. Anfänge I, S. 199. Sehr aufschlußreich für die Verschiebung der theologischen Fragestellung ist der Vergleich mit einem Zitat aus Ernst Troeltschs großer Abhandlung »Die christliche Weltanschauung und ihre Gegenströmungen« von 1894 (Ges. Schriften, Bd. II, S. 277-327). Für Troeltsch ist die Frage nach der »Zusammenbestehbarkeit« des christlichen Glaubens mit den großen »Tatsachengruppen« der Naturwissenschaft, Ethik und Kunst die bedrängende theologische Frage, neben der alles andere als »harmloses Konventikelvergnügen, ein Kinderzank im brennenden Hause« (a.a.O., S. 238) erscheint.
150. A.a.O., S. 203.
151. A.a.O., S. 204.
152. Ebd.

logie ist das Wort Gottes. Das bedeutet die sichere *Niederlage aller* Theologie und *aller* Theologen.«[153] Die hier erreichte Aporie will Barth nicht mit kunstvoller Dialektik auflösen. Zwar sagt auch er: »Unsere Bedrängnis ist unsere Verheißung.«[154] Es ist jedoch nicht eine menschliche Möglichkeit, die Barth hier anvisiert, die der Logik folgt, daß da, wo die Not am größten, die Rettung am nächsten ist. Die Möglichkeit, daß aus der Bedrängnis Verheißung wird, ist allein Gottes Möglichkeit, auf die der Mensch nur hoffen kann.

»Es könnte ja sein, daß das die lebendige Wahrheit wäre, die über Ja und Nein ist, die Wirklichkeit Gottes, über die ich nicht zu verfügen habe mit einer dialektischen Umkehrung, in der es aber aus eigener Macht und Liebe verfügt sein könnte, daß Verheißung eingegangen ist in unsere Bedrängnis, daß das Wort, das Wort Gottes, das wir nie sprechen werden, angenommen hat unsre Schwachheit und Verkehrtheit, so daß *unser* Wort *in* seiner Schwachheit und Verkehrtheit fähig geworden wäre, wenigstens Hülle und irdenes Gefäß des Wortes Gottes zu werden.«[155]

Karl Barth war von der Diskussion nach seinem Vortrag zutiefst enttäuscht, enttäuscht von der »harthörigen Unfähigkeit der Liberalen für die Distinktion von ›oben‹ und ›unten‹« und enttäuscht von der »eigenen Unfähigkeit, da, wo diese Distinktionsfähigkeit nun einmal fehlt, etwas Anderes als Schläge ins Wasser zu tun«[156]. Martin Rade war bemüht, Karl Barth davon zu überzeugen, daß das Mißlingen der Elgersburger Diskussion nicht den Abbruch des Gesprächs nach sich ziehen dürfe. Ist das Versagen der Diskussion nicht auch auf die Schwierigkeit zurückzuführen, Barth gerecht zu werden: »... frage Dich selbst ehrlich: Als was willst Du wirken, als Prophet oder als Theologe? Was Du uns gabst, war ein Wort *zwischen* beidem.«[157]

Mit dieser Frage ist einer der tiefsten Gründe für die Schwierigkeit und das letztendliche Scheitern eines Gesprächs zwischen »dialektischer« und »liberaler« Theologie angesprochen. Für Martin Rade wie für alle anderen »liberalen« Theologen war es ein fester Bestandteil des theologischen Selbstbewußtseins, daß die Theologie als Wissenschaft neben den anderen Wissenschaften bestehen kann. Denn die Theologie hat

---

153. A.a.O., S. 217.
154. Ebd.
155. A.a.O., S. 218.
156. K. Barth an M. Rade, 16. 10. 1922, S. 179.
157. M. Rade an K. Barth, 18. 10. 1922, S. 182.

wie jede andere Wissenschaft »greifbare Gegenstände der irdischen Wirklichkeit zum Objekt«:

»Nicht der unsichtbare Gott ist der direkte Anlaß ihrer Tätigkeit, sondern die in und unter den Menschen vorhandene Gottesidee, besser der Glaube an Gott, den als ein Teil der umgebenden Erscheinungswelt, die wir Wirklichkeit nennen, auch der kritischste Empirist nicht leugnet.«[158]

Es gibt keinen Grund dafür, der Theologie einen Platz am Rande oder jenseits der Wissenschaft zu reservieren, sie unterscheidet sich nicht als »religiöse« Wissenschaft von der »profanen«, sie ist nicht eine »kirchliche« Disziplin im Gegensatz zu einer »unkirchlichen«. Sie ist vielmehr »eine der Art und Methode nach auf dem Boden der Einen Gesamtwissenschaft stehende Sonderwissenschaft von der Religion und von der Kirche«[159]. In der Einteilung der Gesamtwissenschaft in Natur- und Geschichtswissenschaften besteht für Rade kein Zweifel über die Zuordnung der Theologie zur Geschichtswissenschaft, ja für den Harnack-Schüler Rade verliert die Theologie ihre Wissenschaftlichkeit da, »wo sie die Legitimation ihrer Zugehörigkeit zur Geschichtswissenschaft nicht mehr erbringen kann«[160]. Diese Zugehörigkeit zur Geschichtswissenschaft ist begründet in der Struktur des Glaubens, der als »gegenwärtiges Erlebnis« sich selbst als geschichtlich bedingt erfährt und nur in der Abhängigkeit von der »Erinnerung« der Gemeinde, die in Jesus Christus ihren Anfang hat, seine christliche Identität bewahrt[161]. Die Tatsache, daß das Handeln Gottes in Israel, in Jesus von Nazareth und in der Geschichte der Kirche geschichtlich vermittelt ist, der Glaube an Gott also immer auf die Geschichte verwiesen bleibt, begründet die Notwendigkeit, die Theologie als historische Wissenschaft zu verstehen. Die Theologie hat ihren »Gegenstand« nur in der Vermittlung durch den Glauben, der Glaube aber hat seinen »Gegenstand« nur in den geschichtlichen Vermittlungen des Handelns Gottes.

Es kann wenig verwundern, daß diese als Geschichtswissenschaft ihr Selbstverständnis findende Theologie der Theologie Barths verständnislos gegenüber stehen mußte. Die Entschlossenheit Barths, die Auf-

---

158. *M. Rade:* Die Bedeutung des geschichtlichen Sinnes im Protestantismus, in: ZThK 10 (1900), Sp. 79-112, S. 79.
159. Ebd.
160. Aa.O., S. 80.
161. Vgl. *M. Rade:* Die Wahrheit der christlichen Religion, Tübingen 1900.

gabe der Theologie außerhalb der Wissenschaft zu definieren und Theologie »von Gott her« zu betreiben, was die radikale Kritik der theologischen Relevanz der Geschichte einschließt, trennte Barth nach der Auffassung der »Liberalen« von der wissenschaftlichen Theologie. Das Wort Gottes als Aufgabe der Theologie zu definieren und gleichzeitig zuzugestehen, »daß von Gott nur Gott selber reden kann«[162], waren für sie *theologisch* nicht faßbare Bestimmungen. Unmittelbar, ohne die Vermittlungen der Geschichte, kann nur der Prophet von Gott reden. Mit Propheten aber kann man nicht diskutieren. Der Alternative Theologie oder Prophetie liegt ein undialektisches Verständnis der Thesen Barths zugrunde. Martin Rade und die meisten Theologen seiner Generation konnten nicht sehen, daß sich in der Theologie Barths ein grundsätzlich anderes Theologieverständnis formulierte, das die Aufgabe der Theologie nicht mehr mit den Aufgaben der Wissenschaft identifizierte, sondern mit der Aufgabe der Predigt[163].

»Dialektische« und »liberale« Theologie

Karl Barth erbat den Elgersburger Vortrag, der wie alle Vorträge vor den FChW in der ChW erscheinen sollte, von Rade – allerdings vergeblich – zurück[164]: Der Vortrag sollte nach Barths Wunsch in der Zeitschrift »Zwischen den Zeiten« erscheinen, deren Planung im Herbst 1922 in die Endphase trat. Ein Jahr zuvor wäre es fast dazu gekommen, daß Georg Merz oder sogar Karl Barth die Schriftleitung der ChW übernommen hätte, als Rade, durch die prekäre finanzielle Lage seines Verlages genötigt, die ChW an den Münchner Verlag C. H. Beck abgeben und bei dieser Gelegenheit einen Schriftleiter in die Redaktion

---

162. *K. Barth:* Das Wort Gottes als Aufgabe der Theologie, in: Anfänge I, S. 217.

163. Karl Barth vertrat in der Auseinandersetzung mit A. v. Harnack (Sechzehn Antworten an Herrn Professor Harnack, in: ChW 37, 1923, Sp. 89 bis 91; jetzt in Anfänge I, S. 325-329) die These: »Die Aufgabe der Theologie ist eins mit der Aufgabe der Predigt« (Anfänge I, S. 326). Harnack entgegnet darauf (Offener Brief an Herrn Professor K. Barth, in: ChW 37, 1923, Sp. 142-144, jetzt in: Anfänge I, S. 329-333): »... die Aufgabe der Theologie ist eins mit den Aufgaben der Wissenschaft überhaupt« (Anfänge I, S. 330).

164. K. Barth an M. Rade, 16. 10. 1922, S. 179f.

aufnehmen wollte[165]. Diese Pläne scheiterten. Die ChW wurde vom F. A. Perthes Verlag in Gotha übernommen und ging 1925 in den Verlag des ehemaligen Verlagsdirektors bei Perthes, Leopold Klotz, über, als dieser einen eigenen Verlag gründete. »Zwischen den Zeiten« wurde das Organ der »dialektischen Theologie«, der dieser Name 1922 »von irgendeinem Zuschauer angehängt«[166] wurde. Die um die Zeitschrift versammelten Theologen, Karl Barth, Friedrich Gogarten, Georg Merz, Eduard Thurneysen und auch Emil Brunner und Rudolf Bultmann, fanden ihre Gemeinsamkeit einerseits in der Orientierung auf »das Wort«[167] – so der von Gogarten für die Zeitschrift vorgeschlagene Name –, und andererseits in der radikalen Ablehnung dessen, was man im Kreis um die Zeitschrift »liberale« Theologie nannte. Schon in seiner Besprechung der 2. Auflage von Barths Römerbrief in der ChW sprach Rudolf Bultmann beiläufig von der »historischen (sog. liberalen) Theologie«[168]. In seinem Vortrag »Die liberale Theologie und die jüngste theologische Bewegung«[169] von 1924, zu dem Barth nach Marburg reiste, entfaltete Bultmann die hinter dieser Identifizierung stehende These vom »*Geschichts*pantheismus«[170] der »liberalen« Theologie und formulierte den Hauptvorwurf gegen sie: »Der Gegenstand der Theologie ist Gott, und der Vorwurf gegen die liberale Theologie ist der, daß sie nicht von Gott, sondern von Menschen gehandelt hat.«[171] So wie sich die »dialektische« Theologie für die »liberale« Theologie zeitweise als Prophetie darstellte, so erschien die »liberale« Theologie aus der Perspektive der »dialektischen« Theologie als Nicht-Theologie.

165. Vgl. K. Barth an E. Thurneysen, 27. 9. 1921, in: BwTh I, S. 520f.; vgl. Anm. 3 zum Brief Barths vom 29. 10. 1921, S. 166, und Anm. 1 zum Brief Rades vom 9. 1. 1922, S. 168f.

166. *K. Barth:* Abschied von »Zwischen den Zeiten«, in: ZZ 11 (1933), S. 536-554, S. 536.

167. Vgl. K. Barth an E. Thurneysen, 16. 10. 1922, in: BwTh II, S. 110. Barth bemerkte zu dem Vorschlag Gogartens: »Lieber noch ›das Narrenschiff‹ als dieser sakrale Klotz, der freilich nur zu gut zu Gogartens Intentionen und Allüren paßt.«

168. *R. Bultmann:* Karl Barths »Römerbrief« in zweiter Auflage, in: ChW 36 (1922), Sp. 320-323, Sp. 330-334, Sp. 358-361, Sp. 369-373, jetzt in Anfänge I, S. 119-142, S. 119.

169. Zuerst in ThBl 3 (1924), S. 73-86, jetzt in: Glauben und Verstehen I (1933), 7. Aufl., Tübingen 1972, S. 1-25.

170. A.a.O., S. 5.

171. A.a.O., S. 2.

Die grundsätzlich negative Einstellung gegenüber der »liberalen« Theologie trug fast mehr zur Einheit der »dialektischen« Theologie bei als die Übereinstimmung in den positiven Zielsetzungen der theologischen Arbeit. Der Begriff »liberale« Theologie, unter dem die theologische Tradition des Neuprotestantismus seit Schleiermacher gefaßt wurde, diente der Selbstdefinition der dialektischen Theologie und spiegelt ihr Selbstbewußtsein, eine radikale Wende in der Theologie herbeigeführt zu haben und am Anfang einer neuen Ära der Theologiegeschichte zu stehen. Insofern hatte dieser Begriff weniger einen deskriptiven Sinn als theologiegeschichtliche Kategorie (welche unterschiedlichen theologischen Welten faßt er zusammen!), sondern eine programmatische Funktion zur Bestimmung des Selbstverständnisses der »dialektischen« Theologie[172]. Jedoch, die von der »dialektischen« Theologie vollzogene programmatische Definition der »liberalen« Theologie hatte Erfolg, insofern die unterschiedlichen Richtungen des freien Protestantismus in der Verteidigung der »liberalen« Theologie gegenüber der »dialektischen« Theologie die Einheit fanden, die vorher nie bestanden hatte.

Grundsätzlich trafen die beiden unterschiedlichen Theologieverständnisse in dem Briefwechsel zwischen Adolf von Harnack und Karl Barth in der ChW von 1923 aufeinander[173], der jedoch kaum zur gegenseitigen Verständigung beitrug, sondern eher der Profilierung des je eigenen Theologieverständnisses diente. In der Auseinandersetzung Barths mit Paul Jaeger ging es für Barth mehr um die Abgrenzung von der Frömmigkeit der »Liberalen« und ihren theologischen Folgen[174].

Die Kritik der »dialektischen« Theologie veranlaßte auch Martin Rade, sich für eine Erneuerung der Ideale der »liberalen« Theologie einzusetzen. Auf der 2. Neuprotestantischen Woche für Ostpreußen, die gemeinsam vom Bund für Gegenwart-Christentum und vom Deutschen Protestantenverein in Königsberg veranstaltet wurde, sprach er

---

172. Vgl. *H. J. Birkner:* »Liberale Theologie«, in: *M. Schmidt* und *G. Schwaiger:* Kirchen und Liberalismus im 19. Jahrhundert, Göttingen 1976, S. 33-42.

173. Der Briefwechsel zwischen K. Barth und A. v. Harnack erschien zuerst in: ChW 37 (1923), Sp. 6-8, Sp. 89-91, Sp. 142-144, Sp. 244-252, Sp. 305f.; jetzt in: Anfänge I, S. 323-347.

174. *P. Jaeger:* Zur Jenseitsfrage, in: ChW 31 (1924), Sp. 579f.; *K. Barth:* Antwort an Paul Jaeger, a.a.O., Sp. 626-628; *P. Jaeger:* An Karl Barth, a.a.O., Sp. 771-773.

am 23. April 1925 über »Krisis und Mission der liberalen Theologie«[175]. Für Rade ist in der Gegenwart eines klar geworden: »Die moderne Theologie ist an einem toten Punkt angekommen.«[176] Angesichts der überall attestierten Krise der »liberalen« Theologie, der von Barth nach Rades Interpretation zumindest »das negative Verdienst« angerechnet wird, »daß sie die letzte Möglichkeit der rationalen Beschäftigung mit dem Gegenstand erschöpft hat«[177], sieht Rade ihre bleibende Mission dadurch charakterisiert, daß sie die Ideale der Wahrhaftigkeit, Innerlichkeit und Gewissenhaftigkeit wachhält, die in der Ablösung von der »liberalen« Theologie verloren werden könnten:

»Weder auf das Philologische, noch auf die Religionsvergleichung, die Religionspsychologie, die Religionsphilosophie, noch auf die Minutien der Textkritik können wir verzichten. Das ist die Unfehlbarkeit unserer protestantischen Kirche, daß sie die Wissenschaft freigibt ...«[178]

Am 17. Mai 1925 hielt Karl Barth auf der Provinzialversammlung des Freien Protestantismus in Halberstadt seinen Vortrag: »Die dogmatische Prinzipienlehre bei Wilhelm Herrmann«[179]. Anhand der von Rade herausgegebenen Dogmatikdiktate Herrmanns arbeitete Barth aus der Anerkennung der Verdienste seines Lehrers scharf die theologische Differenz der »dialektischen« Theologie zu Herrmann heraus. Rade übte in der Diskussion deutliche Kritik an Barths im Vortrag geforderten Rückgang zur Logoschristologie: »Ich vermißte die chemische Reinigungsanstalt der Theologie, als uns der Redner mit dem Logosbegriff überfiel.«[180] Daß die kritische dogmengeschichtliche Forschung einen repristinatorischen Rückgang zu den Dogmen der Alten Kirche unmöglich macht, war für Rade ein unaufgebbarer Grundsatz der modernen Theologie. Von der bleibenden Mission der »liberalen« Theologie konnte Barth jedoch auch in diesen Auseinandersetzungen nichts feststellen. Im Gegenteil! Er schrieb an Thurneysen: »Ich habe noch nie so bestimmt gerochen (man *roch* es wirklich!), daß *diese* Geschichte *aus*, der theologische Liberalismus moribund ist.«[181]

---

175. Zusammenfassung des Vortrags in: An die Freunde Nr. 80 (1925), Sp. 882f.
176. A.a.O., Sp. 882.
177. A.a.O., Sp. 883.
178. Ebd.
179. Vgl. Anm. 5.
180. An die Freunde Nr. 80 (1925), Sp. 894.
181. K. *Barth:* Rundbrief vom 7. 6. 1925, in BwTh II, S. 330.

Der Dissens zwischen »Liberalen« und »Dialektikern« stellte sich immer deutlicher heraus und wurde von den Altliberalen im »Protestantenblatt« maliziös kommentiert:

»Niemand hat sich um das Aufblühen der jüngsten theologischen Richtung, der Theologie der Krisis, so erfolgreich bemüht, wie die allen Neuigkeiten stets offene CW. Jetzt fühlt sie sich in der Rolle des Zauberlehrlings ...«[182]

Einer der Gründe für die zunehmend kritische Haltung Martin Rades gegenüber der »dialektischen« Theologie war seine Furcht, im Gefolge der Begeisterung, mit der sich junge Theologen zur »dialektischen« Theologie bekannten, könne eine Neuauflage jenes Parteienwesens in der Theologie einsetzen, das er immer energisch bekämpft hatte:

»Das läßt sich nicht leugnen, daß auf dem Boden der Gerichtstheologie ein Richtgeist, ein enger Richtungsgeist, die jungen Geister verwirrt, der einem wohl Sorge machen kann, und dem zu wehren die alle Ursache haben, welche den Einfluß dafür besitzen.«[183]

Doch nicht nur bei der »dialektischen« Theologie, sondern auch bei der »liberalen« Theologie machte sich ein neuer Richt- und Richtungsgeist bemerkbar. Die beiden Bücher von Bernhard Dörries zur Kritik der Theologie Barths, von denen das erste in der Bücherei der ChW erschien, brachten eine neue Schärfe in die Auseinandersetzung[184]. Eine Verlagswerbung des Leopold Klotz Verlags für das zweite Buch von Dörries, dessen Titel »Am Scheideweg« sich gut als Überschrift zur Geschichte des Verhältnisses von »liberaler« und »dialektischer« Theologie in diesen Jahren eignen würde, führte zu unerquicklichen Auseinandersetzungen zwischen Rade und Eduard Thurneysen[185].

Als in einigen Artikeln in der ChW zur Erklärung der angeblich pessimistischen Grundstimmung der »dialektischen« Theologie im Sinne einer psychologischen Ableitung auf ihren Kriegsursprung verwiesen wurde, reagierte Barth mit einem »Alarmruf« an Rade[186]. Hier jedoch

---

182. Protestantenblatt Nr. 7 vom 14. 2. 1926; zit. n.: An die Freunde Nr. 87 (1926), Sp. 938.
183. Ebd.
184. *B. Dörries:* Der ferne und der nahe Gott. Eine Auseinandersetzung mit der Theologie Karl Barths, Gotha 1927; Am Scheideweg. Ein Wort zu Karl Barths Dogmatik, Gotha 1928.
185. Vgl. M. Rade an E. Thurneysen, 28. 9. 1928, S. 234ff.
186. Vgl. Anm. 2 zum Brief Barths vom 19. 2. 1928, S. 228ff.

stellt sich für den heutigen Betrachter die Frage, ob nicht Barth später in der Darstellung seines Bruchs mit der »liberalen« Theologie und seines theologischen Neubeginns (wenn auch unter ganz anderen Vorzeichen) ein ganz ähnliches Erklärungsmuster verwendet. Im Herbst 1928 konnte ein Besuch Rades in Münster, wo Barth seit 1925 lehrte, zwar die persönliche Freundschaft zwischen Barth und Rade wiederherstellen, konnte aber nicht Rades Sorge ausräumen, die »Feindschaft« zwischen »liberaler« und »dialektischer« Theologie sei nun zementiert.

Rade unternahm noch einen letzten Versuch, einen Dialog zwischen den inzwischen in ihrem Gegensatz befestigten theologischen Schulrichtungen anzuregen. Für die Tagung des BGC im Oktober 1929 wurden Friedrich Gogarten, Rudolf Bultmann und Karl Aé gebeten, über das Thema »Wahrheit und Gewißheit« zu sprechen[187]. Das Treffen in Eisenach erfüllte allerdings nicht die Hoffnungen Rades auf einen qualifizierten Dialog der beiden theologischen Richtungen, denn die Vertreter der »liberalen« Theologie verweigerten sich der Auseinandersetzung[188]. Aus Verbitterung über das Versagen des BGC als theologischem Diskussionsforum legte Rade 1930 den Vorsitz nieder, nicht ohne seinen Nachfolgern als Erbe die Aufgabe zu hinterlassen, »die Fühlung zwischen den beiden Parteien nach Kräften zu pflegen, mag das auch seine besonderen Schwierigkeiten haben«[189].

Zu diesen besonderen Schwierigkeiten zählte für Rade auch, daß der Anspruch und das Selbstverständnis der »dialektischen« Theologie einen gleichberechtigten Dialog und ein Übereinkommen mit den »Liberalen« in Einzelfragen unmöglich zu machen schien. Rade fühlte sich von der »dialektischen« Theologie immer wieder vor das Entweder-Oder von prinzipieller Zustimmung oder prinzipieller Ablehnung gestellt:

»Aber während ich das Gefühl habe, daß nach der philosophischen Seite von Männern wie Gogarten und Bultmann das durchgearbeitet wird, was unsre Zeit braucht, und während ich zugebe, daß die sogenannte dialektische Theologie der heranwachsenden Generation Antwort gibt, wo wir nicht antworten können – freilich keine letzte Antwort –, bin ich außer Stande

---

187. Vgl. *M. Rade:* Eisenach 1929, in: An die Freunde Nr. 92 (1929), Sp. 1059f.

188. Vgl. *M. Rade:* Zur Orientierung über die nächste Vorstandssitzung des BGC, in: An die Freunde Nr. 94 (1929), Sp. 1099-1100.

189. A.a.O., Sp. 1100.

ihnen zuzugestehen: ›Ja, ihr steht drin im wahren Verständnis des Evangeliums, und wir stehen draußen.‹ Und das wollen sie doch eigentlich. Das heißt: sie wollen unsere *Bekehrung*. Daher auch ihre schöne Leidenschaft.«[190]

Rade war im Gegensatz zu vielen anderen »liberalen« Theologen daran interessiert, in den Dialog mit der »dialektischen« Theologie einzutreten, aber zur Konversion war er nicht bereit. Dabei war es für Rade keine Frage, »daß die dialektische Theologie es ist, unter deren Stern wir leben«[191]. Für eine im Schatten des Historismus entstandene Theologie wie die Rades gehörte das historische Verständnis des eigenen geschichtlichen Standpunktes zu den konstitutiven Momenten des theologischen Selbstverständnis. Rades Zugeständnis, »daß die sogenannte dialektische Theologie der heranwachsenden Generation Antwort gibt, wo wir nicht antworten können« beinhaltete das Eingeständnis, daß die von ihm vertretene Theologie geschichtlich überholt ist[192].

Überblickt man die Korrespondenz von Karl Barth und Martin Rade in den zwanziger Jahren, so ist es überraschend, wie wenig darin von den überaus bewegten politischen Verhältnissen dieser Zeit die Rede ist. Eine Ausnahme bildet nur der Austausch über die Göttinger Zwischenfälle 1923 nach dem Weihnachtsbrief der 18 Pariser Theologiestudenten an ihre deutschen Kommilitonen[193]. Diese Leerstelle ist um so erstaunlicher, wenn man bedenkt, wie stark Martin Rade in dieser Zeit auch praktisch-politisch engagiert war. Sicher ist das Fehlen der Politik in diesem Briefwechsel auch darauf zurückzuführen, daß sich Karl Barth nach seiner Berufung nach Göttingen mit ausschließlichem Einsatz dem Ausbau seiner Theologie widmete. »Ich hatte Besseres zu tun, als deutsche Politik zu treiben«[194], kommentierte Barth diese Zeit 1968. Noch 1932, anläßlich des »Falls Dehn«, hatte Rade das Gefühl,

---

190. *M. Rade:* Eine ungehaltene Diskussionsrede, in: An die Freunde Nr. 94 (1929), Sp. 1098f., Sp. 1099.

191. M. Rade an Weinel und César, 24. 9. 1928, UB Marburg.

192. Barths Antwortbrief vom 24. 7. 1929 auf die Einladung Rades zu dem Eisenacher Treffen, in dem er seine Absage auch damit begründet, »daß ich *Bultmann* und *Gogarten* ihre Sache lieber allein unter euch vertreten lasse« (S. 246), deutet schon voraus auf die Spaltung der dialektischen Theologie, die mit dem Abschied von »Zwischen den Zeiten« vollzogen wurde.

193. Vgl. M. Rade an K. Barth, 20. 7. 1923 und 24. 7. 1923, S. 190ff.

194. *K. Barth:* Letzte Zeugnisse, hg. von *E. Busch,* Zürich 1969, S. 43.

Barth an die Konsequenzen seiner Solidaritätserklärung mit Dehn erinnern zu müssen[195].

Doch die Politik führte Rade und Barth nach der Machtergreifung der Nationalsozialisten wieder zusammen. Beide mußten für ihre Ablehnung des Nationalsozialismus harte persönliche Konsequenzen auf sich nehmen. Am 28. 11. 1933 erhielt Rade die Nachricht, daß er auf Grund von § 4 des Gesetzes zur Wiederherstellung des Berufsbeamtentums aus dem Staatsdienst entlassen sei[196]. Diese Maßnahme gegen den damals siebenundsiebzigjährigen Emeritus kann nicht verwundern, wenn man bedenkt, daß Rade schon bei der Ermordung Rathenaus 1922 die Frage stellte: »Sollen Mordbuben die deutsche Politik machen?«[197], und 1932 anläßlich einer Rezension von Hitlers »Mein Kampf« der Ideologie der Nationalsozialisten »die Brutalität eines hirnverbrannten Rassenfanatismus«[198] bescheinigte.

Barth, seit 1931 Mitglied der SPD, erlitt 1934 ein ähnliches Schicksal. Da er den uneingeschränkten Eid auf Hitler verweigerte, wurde er am 26. 11. 1934 vom Dienst an der Universität Bonn, wo er seit 1930 lehrte, suspendiert. Gegen die am 20. 12. 1934 gegen ihn verfügte Dienstentlassung legte Barth mit Erfolg Revision ein. Nachdem am 14. 6. 1935 das Oberverwaltungsgericht Berlin-Charlottenburg die Dienstentlassung aufgehoben hatte, wurde Barth am 21. 6. 1935 auf Grund von § 6 des auch auf Rade angewandten Gesetzes zur Wiederherstellung des Berufsbeamtentums in den Ruhestand versetzt[199]. Kurz darauf wurde er zum Professor an der Universität Basel ernannt.

Die Übereinstimmung in der politischen Haltung führte Barth und Rade jedoch nicht zum gemeinsamen Engagement im Kirchenkampf. Rade konnte Barths Äußerungen, wie die berühmte Schrift »Theologische Existenz heute!«, als unbedingt notwendige Stellungnahmen bejahen, auch wenn er ihre theologischen Voraussetzungen nicht teilte[200]. Als sich angesichts der Bedrohung durch den Nationalsozialismus die meisten der Theologen der FChW der Bekennenden Kirche anschlossen, konnte Rade diesen Schritt nicht mitvollziehen[201]. Das ist sicher

195. Vgl. den Brief Rades vom 6. 2. 1932, S. 250f.
196. Vgl. M. *Rade:* Meine Entlassung, in: An die Freunde Nr. 111, Sp. 1013-1016.
197. ChW 36 (1922), Sp. 522.
198. ChW 46 (1932), Sp. 651.
199. Vgl. die BwBu, S. 262-268, abgedruckten Dokumente.
200. Vgl. M. Rade an K. Barth, 8. 7. 1933, S. 265f.
201. Vgl. *F. W. Kantzenbach:* Kirchlich-theologischer Liberalismus und

teilweise darin begründet, daß Rade, der in der Weimarer Republik seine theologische, kirchliche und politische Aufgabe im Aufbau einer demokratischen Kirche und eines demokratischen Staates gesehen hatte, das Ende der Demokratie in Deutschland auch als Scheitern seiner theologischen und kirchlichen Arbeit verstehen mußte. Darüber hinaus litt er an der Isolierung in seinem Altersruhesitz in Hohemark, seit er die Herausgeberschaft der ChW 1932 an Hermann Mulert abgegeben hatte. Mulerts Redaktionspolitik, die auf Ausgleich und Verständigung ausgerichtet war, stieß auf schärfste Kritik von seiten Rades, der schon im Januar 1933 seinem Nachfolger zu einem aggressiven Kurs gegen das neue Regime riet[202] und aus Erbitterung über Mulerts »Friedenspolitik« seine Tätigkeit als »Ratgeber beim Redaktionsgeschäft«[203] 1934 kündigte. Auch Karl Barth bestellte die Zeitschrift 1934 ab[204]. Die Vereinigung der FChW mußte im selben Jahr nach einer Haussuchung der Gestapo bei Rade aufgelöst werden.

Das Gefühl des Scheiterns und der Eindruck, am kirchlichen und politischen Geschehen, auch aus Altersgründen, nicht mehr beteiligt zu sein, ist der Hintergrund von Rades Äußerung vom 7. Juni 1936 an Karl Barth:

Wäre ich durch diese letzten Jahre noch im Amt gewesen, seis als Pfarrer oder Professor, so stünde ich gewiß mitsamt meiner Frau all die Zeit mit in der BK. So sind wir in unserm Waldwinkel mehr aufs Beobachten und Erleben angewiesen worden.«[205]

In den letzten Jahren seines Lebens zog sich Martin Rade immer mehr auf die Erforschung der Anfänge der Ritschlschen Schule zurück, die ja auch seine eigenen theologischen Anfänge waren[206]. Überraschender-

---

Kirchenkampf, in: ZKG 87 N.F. 25 (1976), S. 298-320; dort auch eine Analyse der Haltung Rades, S. 301-310.
202. Vgl. J. Rathje: Die Welt des freien Protestantismus, S. 439.
203. Vgl. a.a.O., S. 469.
204. Im Rade-Nachlaß in der UB Marburg befindet sich eine Abschrift von Barths Brief vom 7. 1. 1935 an den Leopold Klotz Verlag. Darin heißt es: »Ich bin augenblicklich genötigt angesichts der Fülle von Zeitschriften, die mir ins Haus strömen, da ein Ende zu setzen, wo der Inhalt mich nicht in unmittelbarer Weise angeht. Da ich dies aber von der Christlichen Welt bereits seit Jahren nicht mehr sagen kann, muß nun eben auch sie zu denen gehören, die um der Entlastung willen abbestellt werden.«
205. M. Rade an K. Barth, 7. 6. 1936, S. 274.
206. Vgl. *M. Rade:* Von Beck zu Ritschl. Aus Friedrich Loofs' Studien-

weise gehörte auch Karl Barth zu denjenigen, die an dieser Arbeit lebhaftes Interesse bekundeten[207]. Ebenso beschäftigte sich Rade, wie die Korrespondenz belegt, in den dreißiger Jahren intensiver mit der Theologie Barths und fand vor allem durch die Lektüre des ersten Teilbandes der »Kirchlichen Dogmatik« zu einer positiveren Bewertung von Barths theologischer Arbeit. Das ist gewiß nicht als späte Umkehr zur »dialektischen« Theologie zu beurteilen, sondern vielmehr als ein Indiz dafür, daß die Auseinandersetzung zwischen »liberaler« und »dialektischer« Theologie abgeschlossen war[208].

zeit 1877ff., in: ThStKr 106 N.F. 1 (1934/35), S. 469-483; und: Unkonfessionalistisches Luthertum. Erinnerung an die Lutherfreude in der Ritschlschen Theologie, in: ZThK N.F. 18 (1937), S. 131-151.

207. K. Barth an M. Rade, 4. 2. 1936, S. 273.

208. Die Verschiebung der theologischen Grundposition Barths, die sich mit dem Anselm-Buch Anfang der dreißiger Jahre vollzog und die Barth später als retractatio bewertete, die die particula veri der »liberalen« Theologie aufnimmt (vgl. *K. Barth:* Die Menschlichkeit Gottes [ThSt 48], 1956), ist sicher für die positive Rezeption seiner Theologie durch Rade mit verantwortlich. Das wird schon aus einer Rezension Rades von Barths Vortrag »Die Not der evangelischen Kirche« von 1931 deutlich, wo Rade die stärkere Betonung des Prinzipats der Gnade bei Barth wohl wahrnimmt, aber falsch bewertet. Dort schreibt Rade über die »dialektische« Theologie: ›Ich für meine Person habe den Anschluß an diese Theologie nicht gefunden. Daß ich mich aber in einer steten stillen Aussetzung befinde (weniger mit ihrem System, als mit ihrer Frömmigkeit), kommt in dem, was ich schreibe, ganz von selbst zutage. Ich gehöre zu den ›Älteren Herren‹, die, wie Barth S. 106 mitleidig konstatiert, nicht mehr recht mitkönnen. In diesem Vortrage nun finde ich eine wunderschöne Stelle, die mich richtig erquickt hat. Sie lautet (S. 112): ›Das Gesetz Gottes könnte doch nur da verkündigt und geglaubt werden, wo zuvor das Reine, d.h. Bedingungslose, keinerlei Gegenseitigkeit vorsehende Evangelium verkündigt und geglaubt ist. Das Gericht über die Sünde und der Streit gegen sie könnte doch nur da ernst sein, wo die Gnade viel ernster genommen ist als alle Sünde. Wenn nun das eigentlich Kern und Stern meines Verständnisses von Evangelium ist, fallen da nicht alle Schranken? Aber mein Eindruck von Barths Dogmatik [Die christliche Dogmatik im Entwurf, 1927] und von dem, was seine Schüler von ihm mitbringen, ist nun eben nicht der von dem Primat und Prinzipat der Gnade, sondern es scheint uns das Gewicht doch auf Voraussetzungen und Bedingungen gelegt, die gerade ihn nicht aufkommen lassen.«

Abschied von den Lehrern?

Der Briefwechsel zwischen Karl Barth und Martin Rade dokumentiert die Geschichte eines Generationswechsels in der Theologie. Er illustriert den Weg Barths vom Schüler der »Marburger« Theologie über die in scharfer Auseinandersetzung vollzogene Emanzipation von der Theologie der Lehrer bis zur Ausarbeitung einer eigenen Position, die über die theologischen Konzeptionen der Lehrer und die Kritik an ihnen zu eigenen Fragestellungen vorgestoßen ist. Im Verlauf dieses Prozesses wird Rade, der theologische Lehrer der Studienzeit, zum gleichberechtigten Diskussionspartner im theologischen Streit und schließlich zu einem der »älteren Herren«, der bei der Entwicklung seines Schülers nicht mehr mitkann und feststellen muß: »Wir sind Menschen zweier Generationen, das sagt alles.«[209]

Der Briefwechsel zwischen Karl Barth und Martin Rade dokumentiert zugleich die Geschichte des Verhältnisses von »liberaler« und »dialektischer« Theologie. Dabei ist es von größter Bedeutung, stets im Auge zu behalten, daß beide Bezeichnungen zuerst Fremdbezeichnungen waren, die sich erst später auch als Selbstbezeichnungen der beiden Richtungen einbürgerten[210]. Das wird am Beispiel Martin Rades deutlich, der sich erst am Ende seiner Auseinandersetzung mit der »dialektischen« Theologie und im Gegenzug zu ihrer Kritik am theologischen Liberalismus zur »liberalen« Theologie bekannte, der er vorher mit entschiedener Ablehnung gegenüberstand[211]. Der Begriff »liberale« Theologie ist für die »dialektischen« Theologen der systematische Gegenbegriff zu ihrem eigenen Selbstverständnis: Er *macht* die »liberalen« Theologen zu unzeitgemäßen Repräsentanten einer vergangenen Epoche.

Die Relativität solcher theologiegeschichtlicher Gegensätze wird deutlich, wenn man sich vergegenwärtigt, daß Rades im Zeichen Albrecht Ritschls stehende theologische Anfänge von einem ähnlichen epochalen Selbstbewußtsein bestimmt waren, das später die »dialektische« Theologie auszeichnete. Rade und die Leipziger Schüler Harnacks waren auch davon überzeugt, am Beginn einer neuen Epoche der Theologiegeschichte zu stehen, die den endgültigen Abschied vom lutheri-

---

209. M. Rade an K. Barth, 30. 3. 1928, S. 234.
210. Vgl. die Arbeit von H. J. Birkner in Anm. 172.
211. Vgl. *M. Rade:* Religiöser Liberalismus. Glosse zu W. Nigg's »Geschichte des religiösen Liberalismus«, in: ZThK N.F. 19 (1938), S. 243-261.

schen Konfessionalismus und vom spekulativen Idealismus bedeutete. Eine Generation später konnte Karl Barth diese theologische Zeitwende nur noch in ihrer relativen Bedeutung erkennen und die Kontinuität zur vorangegangenen Epoche zum Schlüssel seiner Deutung der Theologiegeschichte des 19. Jahrhunderts machen[212]. So kann es nicht verwundern, wenn heute Trutz Rendtorff in seiner Interpretation der Theologie Karl Barths die »dialektische« Theologie in den großen Zusammenhang der neuzeitlichen Christentumsgeschichte einordnet und »Karl Barth als Exponenten der liberalen Theologie begreift, der hinter deren historische Vermittlungsversuche zurückgeht auf den harten Kern der Auseinandersetzung, der sie sich verdankt«[213].

Nicht nur die Einordnung in die großen Strukturen der neuzeitlichen Christentumsgeschichte, sondern auch der Vergleich der Theologie Karl Barths mit der Martin Rades in Einzelpunkten läßt Übereinstimmungen erkennen, die das Verhältnis von »liberaler« und »dialektischer« Theologie in einer neuen Perspektive erscheinen lassen. Rade und Barth waren sich grundsätzlich einig in der Ablehnung aller natürlichen Theologie[214], in der Abweisung aller Apologetik[215], in der Negation einer christlichen »Weltanschauung«, im christozentrischen Ansatz der Theologie (beim frühen Rade mehr als beim späten)[216] und in der Anerkennung des Primats des Evangeliums vor dem Gesetz (beim späten Barth mehr als beim frühen). Im Licht dieser Übereinstimmungen erscheint der absolute Gegensatz von »dialektischer« und »liberaler« Theologie als relativ, als unterschiedliche Akzentuierung im Horizont gemeinsamer Fragestellungen.

Die schroffe Entgegensetzung von »liberaler« und »dialektischer« Theologie ist ein Deutungsmuster aus den Anfängen der Theologie

---

212. Vgl. die Auseinandersetzung Barths mit der von Rade vertretenen Auffassung von der epochalen Bedeutung der Theologie Ritschls (*M. Rade:* Art. Ritschlianer, in: RGG¹, Bd. IV, Sp. 2334-2338, bes. Sp. 2334) in: Die Protestantische Theologie im 19. Jahrhundert (Siebenstern TB 178), Hamburg 1975, S. 564ff.

213. *T. Rendtorff:* Radikale Autonomie Gottes. Zum Verständnis der Theologie Karl Barths und ihrer Folgen, in: Theorie des Christentums. Historisch-theologische Studien zu seiner neuzeitlichen Verfassung, Gütersloh 1972, S. 161-181, S. 164.

214. Vgl. M. Rade: Die Wahrheit der christlichen Religion, S. 13ff.

215. Vgl. *M. Rade:* Bedenken gegen die Termini »Apologetik« und »christliche Weltanschauung«, in: ZThK 17 (1907), S. 423-435.

216. Vgl. *M. Rade:* Glaubenslehre II »Christus«, Gotha 1926.

Karl Barths. Barth hat später durchaus das Positive an der »liberalen« Theologie gesehen. So hat er der Theologie des Neuprotestantismus attestiert, daß sie »eine ausgesprochen weltoffene und weltbezogene Theologie« war:

»Wer das heute nicht auch wahrhaben wollte, der gehe hin zu Schleiermacher, zu de Wette, zu R. Rothe, der studiere die Jahrgänge der ›Christlichen Welt‹ Martin Rades, der Faule, und lerne schöne, freie Aufgeschlossenheit! Die evangelische Theologie des 19. Jahrhunderts hat uns in dieser Hinsicht etwas vorgemacht, was unverlierbar zum Wesen lebendiger Theologie gehört.«[217]

»Liberale Theologie« war das Anathema, unter dem sich der Abschied der »dialektischen« Theologen von ihren Lehrern vollzog. Daß es sich bei Bezeichnungen wie »liberale« und »dialektische« Theologie um nicht mehr handelt als um »Begriffe von der Welt«[218], die ihrem geschichtlichen Wandel unterworfen sind, belegt eine Äußerung aus Karl Barths letztem Lebensjahr: »... ich bin selber auch liberal – und vielleicht sogar liberaler als die, die sich auf diesem Feld (sc. der Theologie) Liberale nennen.«[219]

---

217. *K. Barth:* Evangelische Theologie im 19. Jahrhundert (ThSt 49), Zürich 1957, jetzt in: Die protestantische Theologie im 19. Jahrhundert, S. 572 bis 590, S. 578.
218. M. Rade: Christliche Welt und Liberalismus, S. 174.
219. K. Barth: Letzte Zeugnisse, S. 33f.

Briefwechsel 1908-1940

Fritz Barth[1] an Rade   Bern, 10. 6. 1908

Hochgeehrter Herr Kollege!
Indem ich Ihnen herzlich danke für die Gastfreundschaft, welche Sie meinem Sohn Karl schon mehrfach erwiesen haben, möchte ich mit einer Bitte an Sie gelangen. Karl gedenkt im Oktober dieses Jahres die Kandidatenprüfung zu machen und wird, wenn dieselbe gut vorübergeht, in der ersten Hälfte des November die Ordination erhalten. Da er nun aber erst acht Semester hinter sich haben und im Herbst erst 22 ½ Jahre alt sein wird, so wünschen wir, daß er noch kein Pfarramt in der Heimat übernehme, sondern irgendwo im Ausland (in Deutschland, Frankreich, England oder dgl.) in eine untergeordnete Stellung eintrete, am liebsten in einer Stadt, wo er tüchtig zu tun hätte und sich Menschenkenntnis erwerben könnte. Er hat im vorigen Herbst als Vikar die Gemeinde Meiringen im Berner Oberland während mehrerer Wochen bedient und ein gewisses Talent zum Predigen gezeigt, wie auch zum Umgang mit den Leuten. Da er aber lebhaft ist und immerhin noch wenig Erfahrung hat, möchten wir ihm einen verständigen Vorgesetzten wünschen, der ihn in das Amt einführen könnte. Über seine theologische Denkweise wird er Ihnen wohl am liebsten selber Auskunft geben. Dürfte ich Sie nun um die große Gefälligkeit ersuchen, mir Mitteilung zu machen, falls Sie in Ihrem ausgedehnten Bekanntenkreis von einer solchen Stelle hören sollten? Antreten könnte er sie nach dem Gesagten nicht vor der zweiten Hälfte des November; ich glaube aber zusagen zu dürfen, daß er sich Mühe geben wird, etwas Tüchtiges zu leisten. Im voraus bestens dankend
  grüßt Sie hochachtungsvoll
    Ihr ergebener Prof. D. Barth
      Claraweg 8.

1. Johann Friedrich (Fritz) Barth (1856-1912), Vater von Karl, Peter und Heinrich Barth. 1879 Pfarrer in Reitnau (Aargau), 1886 theologischer Lehrer an der Predigerschule in Basel, lehrte seit 1889 an der Universität Bern, seit 1895 als Ordinarius für ältere und mittlere Kirchengeschichte.

Rade an Barth   Marburg, 25. 7. 1908

Lieber Herr Kandidat,
 Herr Bovermann[1] hat mich lange auf Antwort warten lassen und so mußten auch Sie sich lange gedulden. Heute melde ich Ihnen nun, daß Herr B. nicht kommt, und daß also mein Posten für Sie frei ist. Ich lade Sie ein, im November ihn anzutreten, zugleich im Namen meiner Frau und des Herrn Stephan.
 Im allgemeinen sind Sie ja unterrichtet. Wollen Sie im Besonderen noch etwas wissen, so bitte ich Sie Fragen zu stellen. Das Pekuniäre muß sich nach der Zeit richten, die Sie mir widmen können und sollen; darüber werden wir schon einig werden.
 Ich habe nur Ein Bedenken. Als Ihr Herr Vater mir seinen freundlichen Brief schrieb, hat er daran gedacht, daß Sie irgendwo praktische kirchliche Arbeit tun sollten. Ich schrieb nach Chemnitz: Arbeit ist für Sie dort zu haben im kirchlichen Gemeindeleben, aber keinerlei besoldetes Amt. In Hamburg würden Sie am Volkstein etc. auch interessante Arbeit finden, dafür wohl wenigstens umsonst wohnen können. Eine Stellung als Vikar wäre durch Superintendent Meyer-Zwickau in Österreich zu haben.
 Nun hoffe ich sehr, daß Sie all diesen Möglichkeiten zum Trotz zu mir kommen. Aber wird es Ihrem Herrn Vater recht sein, wenn Sie gerade an der Chr. W. mitarbeiten? Sie werden ja da eine Menge Sachen unter die Hände bekommen, und an Menschenverkehr wird es Ihnen in unserem Hause nicht fehlen. Aber ich möchte auch nicht, daß Ihr Herr Vater Sie mit Sorge in meinem Handwerk wüßte. Das werden Sie ja mit den Ihrigen jetzt besprechen und darnach Ihren Entschluß fassen. Dieser Brief ist mit für Ihren Herrn Vater bestimmt. Daß ich von Ihnen keine spezielle Zustimmung zu meiner theologisch-kirchlichen Haltung begehre, brauche ich nicht zu sagen; aber geistige Gemeinschaft wollen wir doch halten, solange wir zusammen arbeiten.
 Gott segne meine Anfrage an Sie und schenke Ihnen die rechte Antwort. Meine Frau würde sich mit mir herzlich freuen, wenn sie zusagend lautete. Bis November wollen wir uns dann gedulden. Grüßen Sie Ihren Herrn Vater sehr von uns. Stets Ihr ergebener Rade.

   1. Ein anderer Kandidat für den Posten als Redaktionshelfer bei der ChW.

Fritz Barth an Rade　　　Grandvillard (Kt. Freiburg), 4. 8. 1908

Sehr geehrter Herr Kollege!

Empfangen Sie meinen herzlichen Dank für die freundliche Aufmerksamkeit, mit welcher Sie in Ihrem Brief an meinen Sohn Karl auch auf meine Stellung zu Ihrem Antrag eingegangen sind. Die Beschäftigung eines Hilfsarbeiters an der »Christlichen Welt«, welche Sie ihm anbieten, entspricht einem Gedanken, den er selber gehegt und Ihnen gegenüber ausgesprochen hat, und das Vertrauen, welches Sie ihm damit nach so kurzer Bekanntschaft entgegenbringen, ist sehr erfreulich für mich. Die anderen Stellungen, auf welche Sie hinweisen, entsprechen als fast oder ganz unbesoldete nicht dem, was ich jetzt für Karl wünschen muß. In Marburg dagegen hätte er Gelegenheit, neben der Arbeit an der Zeitschrift auch seine theologischen Studien fortzusetzen, wozu er nach vier Studienjahren noch Bedürfnis genug hat. Gern hätte ich ihm allerdings etwas mehr praktische Beschäftigung verschafft; aber er kann sich ja regelmässig an den Kindergottesdiensten beteiligen, und in das Pfarramt wird er noch jung genug hineinkommen, wenn er einmal in die Heimat zurückkehrt.

Was die theologischen Bedenken betrifft, die Sie bei mir vermuten, so bin ich lange genug ein regelmässiger und aufmerksamer Leser der »Christlichen Welt« gewesen, um die großen Vorzüge dieser Zeitschrift dankbar anzuerkennen, nicht zum mindesten im Blick auf manche Anregung, die ich selber von ihr erhalten habe. Es versteht sich ja von selbst, daß unter dem Vielen und Mannigfaltigen, was die verschiedenen Jahrgänge gebracht haben, auch einiges war, was nicht meine Zustimmung finden konnte; es hat mich z.B. befremdet, daß Hilligenlei in der »Christlichen Welt« im Ganzen so gut wegkam[1] und die neulich erschienenen Artikel gegen Seeberg[2] klangen mir zu scharf, vielleicht wegen näherer Umstände, die ich nicht kenne. Aber ich weiß auch wohl, daß kein Redaktor es allen Lesern recht machen kann, und daß Vieles bei Ihnen in Deutschland anders liegt als bei uns. Immerhin ist es mir wertvoll, daß Sie von meinem Sohn keine spezielle Zustimmung zu Ihrer theologisch-kirchlichen Haltung verlangen; denn wie ich ihm gegenüber der meinigen volle Freiheit der persönlichen Entwicklung zuerkenne, so ist es überhaupt mein Wunsch, daß er sich nicht einseitig einer bestimmten theologischen Gruppe verschreibe, sondern seinen Weg selbständig gehen und das vorhandene Gute überall würdigen lerne.

Daher möchte ich, ohne der Antwort meines Sohnes vorgreifen zu

wollen, Ihnen mitteilen, daß meinerseits für ihn kein Hindernis besteht, Ihrem ehrenvollen Rufe zu folgen. Er hat die schriftlichen Examina nun hinter sich und ist für zwei Wochen hier bei mir.
Hochachtungsvoll grüßt Sie
Ihr ergebener Prof. D. Barth

1. Zur Besprechung von Gustav Frenssens Roman »Hilligenlei« in der ChW vgl. *J. Rathje:* Die Welt des freien Protestantismus, dargestellt am Leben und Werk von Martin Rade, Stuttgart 1952, S. 139-141. Vgl. auch *M. Rade:* Vorläufige Schlußbemerkung zu Hilligenlei, in: ChW 20 (1906), Sp. 255-260.
2. Vgl. *Martin Schian:* Die moderne positive Theologie, in: ChW 21 (1907), Sp. 663-667, Sp. 695-699, Sp. 759-767.

Barth an Rade   Grandvillard (Hôtel du Vanil Noir), 6. 8. 1908

Hochverehrter Herr Professor!
Mit herzlichem Dank für Ihre freundlichen Zeilen teile ich Ihnen mit, daß ich mit Freuden bereit bin, Ihrer Einladung Folge zu leisten und die Stelle eines Hilfsarbeiters an der »Christlichen Welt« im November anzutreten. Mir ist diese Lösung der Frage nach meiner nächsten Zukunft die denkbar erfreulichste, denn ich habe das starke Bedürfnis, Marburg noch gründlicher zu erleben, als es in den kurzen Sommermonaten des vergangenen Semesters möglich war, und dazu hoffe ich gerade in der Beschäftigung an Ihrer Zeitung die beste Gelegenheit zu finden.

Ich möchte Ihnen aber nicht verhehlen, daß ich insofern der Sache nicht ohne Bedenken entgegengehe, als ich an meiner Qualifizierung für den Posten einigermaßen zweifle. Die »Christl. Welt« ist so vielseitig orientiert, daß ich darauf angewiesen bin, für viele Gebiete Verständnis und Übersicht erst zu gewinnen. Ich will mir Mühe geben, möchte Sie aber im Voraus um Geduld bitten.

Mein Vater hat Ihnen bereits geschrieben, daß er mit meiner Zusage einverstanden ist. Darf ich mir erlauben, noch einige Fragen, die mehr das Äußere der Stellung betreffen, an Sie zu richten?

Ich bin – auch nach einer Besprechung mit Herrn Lic. Stephan[1] – noch nicht ganz im Klaren darüber, worin meine Tätigkeit vorzugsweise bestehen wird. Würden Sie mir gütigst darüber kurz Auskunft geben, damit ich mir eine annähernde Vorstellung von meiner Arbeit bilden kann? Ist die Anstellung auf bestimmte Zeit gedacht – eventuell auf wie lange? – oder aufs Unbestimmte?

Ich bin darauf angewiesen, wenigstens zum Teil vom Herbst an auf eigenen Füßen zu stehen, und wäre Ihnen dankbar, wenn Sie mich über die pekuniäre Seite der Stellung annähernd aufklären wollten. –

Meine Examina gehen am 28. Oktober zu Ende. Dagegen muß ich zur Ordination noch in Bern sein, die erst nach der Aufnahme ins Ministerium (durch den Regierungsrat unseres Kantons) erfolgen kann. So werde ich die Stellung erst Mitte November antreten können und hoffe nur, daß diese mir selbst sehr unliebsame Verzögerung keine Schwierigkeiten bereite.

Bis zum 15. August bin ich hier in den Ferien, dann für 2-3 Wochen als Vertreter des deutsch-evangelischen Pfarrers in Pruntrut (Berner Jura).

Mit nochmaligem Dank für Ihr freundliches Zutrauen und den höflichsten Empfehlungen an Ihre Frau Gemahlin und Sie

Grüßt Sie, sehr geehrter Herr Professor, Ihr hochachtungsvollst ergebener Karl Barth cand. theol.

1. Horst Stephan (1873-1954), Karl Barths Vorgänger als Redaktionshelfer bei der ChW. 1906 Privatdozent in Leipzig, 1907 in Marburg, später Prof. für Systematische Theologie in Marburg und Leipzig.

Rade an Barth   Marburg, 8. 8. 1908

Lieber Herr Kandidat,
der Vertrag ist also geschlossen. Nun gebe Gott seinen Segen drein.

Ich danke Ihnen für Ihre Bereitwilligkeit und Ihrem Herrn Vater für das Vertrauen, das er durch seine Einwilligung bekundet hat. Ihm schreibe ich noch in den nächsten Tagen.

Schade, daß Sie nicht früher kommen können. Aber das hilft nun nichts. Auf wie lange? Ich dachte Stephan auf ½ Jahr zu entlasten. Aber der Endtermin wird sich auch nach Ihnen richten.

Was Sie zu tun haben werden? Ganz fixieren läßt sich das nicht. Vor allem Mss prüfen und angenommene druckfertig machen. Das ist die Hauptsache. Was schlecht ist, schicken Sie ohne Weiteres zurück; was ohne Frage gut ist, geben Sie in die Presse. Was zweifelhaft bleibt, übergeben Sie mir zur Entscheidung. – Außerdem Briefe lesen und Briefe schreiben.

Stephan macht das in dreimal 4 Nachmittagsstunden. Da es bei Ihnen langsamer gehen wird, wollen wir sechsmal 4 Stunden ansetzen, bis Neujahr. Nachher wird die Zeit sich einschränken lassen. Ich zahle Ihnen dafür 80 Mark den Monat, oder besser 20 Mk. die Woche. Zum Hören von Vorlesungen und anderen Allotrias werden Sie jedenfalls Zeit genug behalten.

Meine Frau freut sich mit mir auf Sie. Hoffentlich kommen Sie nicht ganz kaputt vom Examen hierher. Gott befohlen.

Ihr Rade.

Rade an Fritz Barth　　　　　　　　　　Marburg, 2. 11. 1908

Verehrter Herr Kollege,
die Zeit, wo Ihr Herr Sohn wieder nach Marburg kommt, um bei uns aus- und einzugehen, rückt heran. Ich hoffe, er hat die geistigen und körperlichen Anstrengungen des Examens schon glücklich überstanden, wenigstens beinahe. Bitte sagen Sie ihm, daß wir ihn ums Kommen nicht drängen. So sehnsüchtig wir auf ihn warten, so gern gedulden wir uns, damit er noch ein paar Tage Erholung genießt. Ganz abgearbeitet können wir ihn ja auch nicht brauchen. Und wenn auch die Aufgabe, die seiner bei uns wartet, ihn nicht allzu schwer belasten wird, so ist doch die Zeit bis Weihnachten gerade die allerschwerste, und einarbeiten muß er sich doch auch erst. Nun, das wird sich alles machen. Sie brauchen sich nicht um ihn zu sorgen. Wir werden ganz menschlich und freundschaftlich mit ihm umgehen. Er wird auch hören können, wenn er mag. Vielleicht interessiert ihn, wenn er seine Immatrikulation erneuern will, daß der 5. November der letzte Termin für Theologen ist: ich glaube, er könnte sich nur schriftlich melden. Aber auch darauf wird nichts ankommen, er kann das alles nachträglich erledigen, wenn er herkommt.

Sehr dankbar empfinde ich das Vertrauen, mit dem Sie Ihren lieben Sohn in diese Episode hinein begleiten. Ich habe Ihren werten Brief vom 4. August sehr wohl verstanden, in Allem. Wenn es mir beschieden sein sollte, meine eigene religiöse Meinung und Stellung noch einmal in geschlossenerem Zusammenhang vorzulegen, so würden Sie, denk ich, merken, wie konservativ ich bin. Leider bringen es bei uns in Deutschland die kirchlichen und politischen Zustände mit sich, daß der Kampf für geistige Bewegungsfreiheit, ohne die echter Glaube nicht sein kann, dieser mehr oder minder formale Kampf immer wieder in anscheinend liberale Positionen drängt – obwohl es mit dem »Liberalismus als Weltanschauung« wirklich nichts ist.

Grüßen Sie Ihren Herrn Sohn und seien Sie selbst ganz herzlich gegrüßt von Ihrem ganz ergebenen Rade.

Barth an Rade   Äschi, 20. 8. 1909

Verehrter lieber Herr Professor!

Heute Vormittag habe ich mir mit Vater und Brüdern zusammen auf dem Morgenberghorn Lunge und Herz voll gute Schweizerluft und -stimmung gepumpt, und nun ists höchste Zeit, daß ich von mir hören lasse, sonst glauben Sie wirklich, es heiße bei mir: kaum gegrüßt gemieden. Das täte mir leid, denn trotz zeitweiligen Anwandlungen von Weltschmerzlichkeit ist und bleibt mir der Aufenthalt und die Arbeit in Ihrem Hause *der* Glanzpunkt meiner bisherigen Wanderjahre. Ich weiß nicht, ob der Grundsatz »nicht danken« auch für Briefe gilt. Wenn ja, so möchte ich ihn hiemit feierlich übertreten und Ihnen und Frau Professor sagen, daß Sie von Anfang bis zu Ende an mir gehandelt haben, wie ichs nicht verdient habe, und daß ich die viele Liebe und Treue nicht vergessen werde. Wenn Sie in der letzten Zeit den Eindruck eines δίψυχος von mir haben mußten, der in Marburg war, als wäre ers nicht, so wars eine Reaktion gegen sonstige schweizerische Nüchternheit und Unsentimentalität, von der ich auch mein Teil habe, aber ich vertraue, daß Sie ohne diese Erklärung die Zeichen zu deuten verstanden haben.

Was ich Ihrem Haus für mein inneres Leben und für meine Zukunft zu danken habe, läßt sich jetzt schwer überblicken. Sind doch empfangene Anregungen, je tiefer sie gehen, nie mit Fäusten zu greifen. Aber eins weiß ich: meine Anschauungen und Willensziele sind bei Ihnen freier und weiter geworden und, was mir wichtiger ist: lebendiger und entschiedener. Die »Christliche Welt« ist mir eine Einführung in das Leben der christlichen Welt gewesen, wie ichs besser als Übergang von der Universität zur Praxis nicht hätte fordern können und wie ichs jedem jungen Theologen in ähnlicher Weise wünschen möchte, besonders unsern schweizerischen, die bekanntlich Kirchturmschristen übelster Sorte sind. Und wiederum glaube ich dann der Berührung mit der Mannigfaltigkeit der Arbeit, die sich um Ihre Zeitung konzentriert, ein tieferes Gefühl für das zu schulden, was nicht Welt, sondern christlich ist. – Wenn ich mich also nur freuen kann bei der Erinnerung an die vergangenen 10 Monate, so ists mir oft recht zweifelhaft gewesen, ob Sie Ihrerseits mit ungemischtem Vergnügen an mich werden denken können. Es ließe sich ein hübscher Lasterkatalog aufstellen von den Begehungs- und Unterlassungssünden, die ich in meinem Amts- und Privatleben bei Ihnen auf dem Konto haben muß: von der Unordnung in der Borgiskiste bis zum nur bis zur Tür geführten Vetter, vom Volksgesang am frühen Morgen bis zum Entsetzlich-finden deutscher Leckerbissen wie Biersuppe und »Fettbrot«. Und was noch auf diesem Konto stehen mag, wovon ich optimistisch gar nichts ahne, wer weiß das? Eben schrieb mir Freund *Bornhausen*[1] von entdeckten Übelständen in Nr. 34[2]. Was mags sein, jedenfalls mea culpa mea maxima culpa! Ich kann Sie für Alles das nur um einen Zipfel des Mantels der Liebe bitten und mit meinem Landsmann Wilhelm Tell beteuern:

Verzeihung, lieber Herr: aus Unbedacht,
Nicht aus Verachtung Eurer ists geschehn.

Möchte mein würdigerer Bruder[3] meine verschiedenen Scharten einigermaßen auswetzen! Er freut sich auf die Arbeit bei Ihnen, und ich werde ihm, bevor er sie antritt, noch einmal ein Privatissimum lesen über seine Verrichtungen. Aus Genf noch immer nichts Neues, vorläufig liegen uns die Vorbereitungen zur silbernen Hochzeit[4] im Gemüt. Herzlichste Grüße und den bewußten verbotenen Dank sendet Ihnen und Frau Professor Ihr auch ferner treu ergebener

Ex-Adjunkt Karl Barth

1. Karl Bornhausen (1882-1940), Studienfreund Karl Barths aus der Marburger Zeit. 1910 Privatdozent für Systematische Theologie in Marburg, 1920 Professor in Breslau.

2. Die Nr. 34 der ChW 1909 wurde von Karl Barth eigenverantwortlich redigiert, als Rades in Ferien waren.

3. Peter Barth (1888-1940), Bruder Karl Barths, später Pfarrer in Laupen und Madiswil.

4. Gemeint ist die Silberhochzeit der Eltern Karl Barths, die am 28. August 1884 geheiratet hatten.

Rade an Barth　　　　　　　　　　　　　　　　　　Marburg, 21.9.1909

Lieber Freund,
　　Es wird hohe Zeit, daß ich Ihnen schreibe. Sonst stehen Sie auf Calvins Kanzel und haben dazu noch keinen Segenswunsch von mir. Und

doch denken wir Ihrer oft. In Liebe und Treue. Nicht nur weil Ihr Bruder uns an Sie erinnert. Er schafft mächtig. Mit dem Ordnen der Bibliothek ist es schon gut vorangegangen. So ist seine Tätigkeit zumeist eine viel andere als die Ihre. Umsomehr bin ich noch auf die Früchte Ihres Fleißes angewiesen. Ich hoffe nur, Sie haben auch uns in gutem Gedächtnis und vergessen schon die sauren Stunden hier. Im ganzen, denke ich, werden Sie wenig zurückschauen, sondern tapfer vorwärts. Gut, daß Keller[1] noch da ist. Da kann er Sie doch einführen. Und im übrigen müssen Sie ja doch Ihren Weg selbst finden. Gott gebe, daß Sie sich recht bald als Pfarrer Ihrer Gemeinde fühlen und frisch und frei predigen, des Ihnen das Herz voll ist.

Daß ich Ihnen nicht früher schrieb, hatte seine Gründe. Immerhin ein paar Tage ists schon her, daß dieser Grund nicht mehr existiert. Also ZThK! Außer Achelis ist auch Drews wider Sie auf den Plan getreten[2]. Beide Artikelchen sollten in Nr. 5. Aber es bekam kein Geschick mit dem Raum. So ließ ich Drews zurückstehen und bringe in Heft 5 nur Achelis.

Was nun? Ich gedenke Drews noch in Heft 6 aufzunehmen. Aber nicht ohne Duplik! Wollen Sie die schreiben? Oder einer Ihrer Freunde für Sie? Ich selbst möchte auch noch etwas zur Sache sagen. Aber ich kann es eigentlich nur, wenn Sie sich wehren. Und das sollten Sie. Es eilt ja nicht. Ich gebe Ihnen für das Ms 3 Wochen Frist. Die Herren sind weder Ihrem Bekenntnis gerecht geworden, noch mir, der ich es aufnahm. Überlegen Sie! Das letzte Wort dürfen m.E. die beiden Väter der Praktischen Theologie nicht haben.

Vorhin fiel mir ein: ob Sie wohl die CW zugeschickt bekamen? Wenn Sie nicht schon abonniert haben, so lassen Sie es uns ja wissen, damit wir sie Ihnen schicken.

Zu schade, daß Sie nicht mal mit nach Eisenach konnten. Nun begleitet uns wenigstens Ihr Bruder.

Gott befohlen, lieber Herr Barth. Alle grüßen Sie. Grüßen Sie Herrn Keller. Immer Ihr Rade

1. Adolf Keller (1872-1963), bis zum Oktober 1909 erster Pfarrer an der deutschsprachigen Gemeinde in Genf, danach Pfarrer an St. Peter in Zürich, später führender Ökumeniker.
2. Auf Karl Barths Aufsatz: Moderne Theologie und Reichsgottesarbeit, in: ZThK 19 (1909), S. 317-321, antworteten *E. Chr. Achelis:* Noch einmal: Moderne Theologie und Reichsgottesarbeit, a.a.O., S. 406-410, und *P. Drews:* Zum dritten Mal: Moderne Theologie und Reichsgottesarbeit, a.a.O., S. 475 bis 479.

Barth an Rade Genf, 28. 9. 1909

Lieber Herr Professor!

Gestern Abend ist beim Opferrauch des köstlichen schweizer Tabakkrautes die letzte Hand an die bewußte *Duplik*[1] gelegt worden, die nun bereits zu Ihnen unterwegs ist. Wohl früher, als Sie es erwartet hatten. Sehen Sie nicht Übereilung drin, sondern die Tatsache, daß der Drang der Geschäfte jetzt noch nicht so groß ist wie in ein paar Wochen, wo mir vermutlich, mindestens was das Produzieren betrifft, das Handwerk schon gelegt sein wird.

Ob mein Werk dem entspricht, was Sie von mir erwarteten? Ob ich Ihnen besonders nicht dadurch das Spiel verdorben habe, daß ich meine Aufstellungen auf einen relativ kleinen Teil dessen, was sich »moderne« Theologie nennt, restringierte? Daß ich meine Feder in der Hauptsache auf den Artikel von *Drews* konzentrierte, werden Sie verstehen. Der von Achelis ist unendlich viel feiner, verständnisvoller und vorsichtiger. Schade, daß ich es gegenüber Drews nicht mit einem Gleichgestellten zu tun hatte, sonst hätte ich κατὰ σάρκα seinen zweimaligen »Pfiff« auf eine »solche« Theologie und die anderen versteckten und offenen Freundlichkeiten gerne mit ähnlicher Münze bezahlt!

Ich bin gespannt darauf zu erfahren, ob Sie meinen, daß meine Darstellung zutrifft. Und formell, daß die rabies theologica genügend unterdrückt ist? Ich fürchte ein wenig, ich sei Ihnen zu lang geworden. Aber der Gegenstand ist so weitschichtig, daß mir Alles noch gedrängt genug vorkommt.

Herrmann »Kultur der Gegenwart« ist noch nach der 1.Aufl. zitiert. Das eine Zitat steht in der Besprechung Schleiermachers, das andere in der Ritschls. *Kaftans* Dogmatik nach der 3.-4.Aufl. Es handelt sich in dem § »die Hauptaufgabe« um den Abschnitt über »Irrtümer Schleiermachers«.

Wenn Sie den Artikel aufnehmen, so möchte sich mein Bruder der ehrenvollen Aufgabe unterziehen, beides nach den Ihnen sicher zugänglichen neueren Auflagen richtigzustellen. – Meine Anführungen des Artikels von Drews müssen dann auch noch nach der Seitenzahl des neuen Heftes korrigiert werden.

Wenn Sie mir in einer verlorenen Minute sagen wollen, was Sie von dem Opuskulum denken, so werde ich mich *sehr* freuen.

Und nun habe ich also vorgestern *auf Calvins Kanzel* oder vielmehr theologischem Katheder meine Antrittspredigt gehalten. Als ich vorher in die Sakristei kam, fand ich dort *Herrmanns neue Auflage*[2], *von ihm selbst verehrt.* War das nicht eine schöne Fügung? So hat mich Marburg auch sichtbar bis an den Fuß der Kanzel begleitet.

Pfr. Keller ist mir sehr viel; er ist ein ganzer Grieche und ein ganzer christlicher Theolog, wie mans selten so beieinander findet. Sehr schade, daß er uns bald verläßt. – Für die Zusendung der Chr.W. und Tiedje sage ich schönen Dank und grüße Sie und Frau Prof. und die Kinder und den Verlag bestens.

In herzlicher Ergebenheit Ihr Karl Barth

1. *K. Barth:* Antwort an D. Achelis und D. Drews, in: ZThK 19 (1909), S. 479-486.
2. *W. Herrmann:* Ethik, GThW 5.2, 4. Aufl. Tübingen 1909.

Rade an Barth   Marburg 10. 10. 1909

Lieber Freund,

Ihre Antwort auf Achelis und Drews ist ausgezeichnet. Ich freue mich sehr, daß ich Ihnen damals das Wort vergönnt habe. Freilich kommt Ihren Gegnern zu gute, daß Sie damals nicht so umfassend und eindringend geschrieben haben wie jetzt. Insbesondere ein so feinsinniger Mensch wie Drews würde sich nicht über Sie geärgert haben. Ich sage ausdrücklich »feinsinniger Mensch« trotz und wegen der Entgleisung: »darauf pfeife ich«. Diese Entgleisung ist mir *ganz unbegreiflich*; der Autor hat auch bei der Korrektur beide Stellen geändert.

Inzwischen sind Sie nun mitten in den Erfahrungen Ihres Amts. Gott segne Ihr Predigen und Wirken! Sie haben wundervolle Gaben mit auf den Weg bekommen; seien Sie nicht eigensinnig in ihrer Verwaltung; machen Sie Augen und Herz recht auf für die Menschen um Sie her, die Ihren Dienst begehren. Am »guten Willen« fehlt es Ihnen wahrhaftig nicht; aber Sie sind nun einmal ein wenig »unpraktisch« und dann zuweilen in Gefahr, aus der Not eine Tugend zu machen. Lassen Sie sich das von einem Manne mit grauen Haaren freundlich sagen: er hat Sie lieb und behält Sie lieb und hofft viel von Ihnen.

Ihr Bruder ist eben mit Ihrem Vater unterwegs. Es scheint doch, daß sie noch leidliches Wetter haben. Im Hause stehts wohl. Ich war viel verreist: außer Eisenach in Grenzmühlen (Holstein), Berlin (wegen des Kongresses) und Kassel (Keplerbund), muß auch noch nach Köln (Vortrag) und sehne mich nach Ruhe. Die Bibliothek bringt ja freilich auch

Unruhe. Ihre Stelle bot ich Tiedje an, er kann nicht, so ist sie noch unbesetzt. Ihren Bruder beurlaube ich, sobald die Bibliothek fertig ist.

Gott befohlen. Alle grüßen Sie herzlich. Grüßen Sie auch Pfarrer Keller. Ihr Rade

Barth an Rade   Genf, 24. 11. 1909

Hochgeehrter lieber Herr Professor!

Ich habe Ihnen noch gar nicht gedankt für den Schluß-Segen, den Sie nun über meinen Kosakenritt ausgesprochen haben[1]. Wenn der erste kleine Artikel nun einmal ein »Bekenntnis« sein soll, so muß ichs wohl gelten lassen; ich erinnere mich allerdings sehr deutlich, daß ich mir, als ich ihn kanzelte, ganz nicht bekenntnismäßig vorkam, sondern recht gelassen konstruierte. Also das Bild des ratlosen Kandidaten, der am Rand der Verzweiflung seine Stimmungen in einem Artikel von 4 Seiten deponiert, dies Bild, das den Herren *Achelis* und *Drews* vorgeschwebt haben muß, trifft mich nicht recht. Doch gebe ich zu, daß die Nuance, die mich davon trennt, persönlicher Natur ist und daß es gerade die Folie jenes Bildes war, was der Sache die Bedeutung gab, die Sie ihr beimessen.

Endlich auch direkten Dank für die geschickten Rezensionsexemplare. Ich will sehen, daß ich ihrer Meister werde. *Lemmes* Enzyklopädie ist ein ganz schändliches Buch, ich lese in Zwischenstunden meines jetzigen praktischen Trubels jeweilen ein paar Seiten und werde sehr heiter gestimmt dadurch. *Vorwerk*, Wie kann ein Pastor selig werden? ist eine äußerst senile klatschhafte Pastoraltheologie. *Triebel*, Lösung der Welträtsel, ist der reinste Kohl von A-Z, wundert mich nur, wie er zu dem guten Verlag kommt. B. *Weiß*'ens NTlichen Morgenbetrachtungen stehe ich ratlos händeringend gegenüber. O Herr, er will mich fressen.

Übrigens sind noch eine Reihe Rezensionen von mir bei Ihnen: über *Hettinger* (eine katholische Methodologie), über *Troeltsch*, über *Hunzinger* (freundlich, wenn ich mich recht besinne), über *Hoppe* (Abfuhr) und wohl noch Anderes[2]. Ich würde Ihnen gern einmal eine Rezension aus lauter Ruhm und Preis zusammengesetzt schreiben, aber diesmal sehe ich nicht, wies gehen soll. Die Marburger Schweizer (bei Matthaei) pflegten in solchen Fällen die letzte Strophe des Sempacherliedes anzustimmen:

Und über die Leiche tritt
das Heldenvolk im Sturmesschritt ...

Wir hier hatten also Pfarrwahl, und unter großem Getöse wurde Pfr. *Walter*[3] (Marseille, auch ein alter Zofinger und Marburger)[4] gewählt. Doch kommt er erst im Januar, und bis dahin bin ich allein mit Würde und Bürde. Bei dem vielen Reden, das da nötig ist, ists schon gut aufzupassen wegen der Gefahr – na der bekannten Gefahr.

Sonst gehts befriedigend. Den Mangel lauterer Kundgebungen dieses Gefühls werden Sie bei mir nicht als schlimmes Zeichen auslegen. Nach einer bestimmten Seite bleibe ich eben entschlossener Skeptiker. Bitte grüßen Sie mir Frau Professor und die Kinder bestens und empfangen Sie selbst meine herzlichen Grüße.

In dankbarer Ergebenheit
Ihr K. Barth

1. *M. Rade:* Redaktionelle Schlußbemerkung, in: ZThK 19 (1909), S. 486 bis 488.
2. Keine von diesen Rezensionen Barths wurde in der ChW gedruckt.
3. Pfarrer Paul Walter, der vorher in England, Moskau und Marseille tätig war, wurde der Nachfolger von Adolf Keller in der deutsch-reformierten Gemeinde in Genf.
4. Pfarrer Paul Walter gehörte auch der Studentenverbindung Zofingia an, der Karl Barth zu Anfang seines Studiums beitrat und deren Berner Gruppe er im Sommersemester 1907 als Präsident vorstand. Unter den Zofingern, die Barth damals kennenlernte, waren auch Eduard Thurneysen und Lukas Christ.

Rade an Barth					Marburg, 26. 11. 1909

Lieber Freund,

ich habe nicht vergessen, daß ich Ihnen das letzte Heft der ZThK noch dedizieren wollte; ich habe nur die Hefte verlegt; sowie ich sie finde, bekommen Sie Ihr Exemplar. Auch meine Verfasserexemplare, da ich sie doch nicht versende. Friedensschluß mit Drews? Bedarf es dessen wirklich? Drews hat längst eingesehen, daß er Ihnen nicht gerecht geworden ist. – Vielen Dank für Ihren lieben Brief. Sie erwähnen Schrenk nicht. Ich dachte, das Buch würde Sie jetzt besonders interessieren. Wenn nicht, so schicken Sie mir es wieder. Wenn es sich aber dazu eignet, noch vor Weihnachten empfohlen zu werden, dann müssen Sie die Besprechung sehr bald schicken. Wir denken Ihrer oft und herzlich. Gott befohlen! Ihr R.

Barth an Rade   Genf, 29. 11. 1909

Lieber Herr Professor!
Hier kommt *Schrenk*[1]. Ob Ihnen die Empfehlung für die Aufnahme auf den Weihnachtstisch genügt? Aber in einem anderen Sinn konnte ich das Buch unmöglich empfehlen.
Herzlichen Dank für die ZThK und die Separata. Ich hatte bereits auf Reklamation hin von Siebeck diesmal 12 Stück erhalten; nun habe ich die halbe Welt meiner theologisch interessierten Bekanntschaft damit überschwemmen können und die Kanzel Calvins vermutlich in übeln Ruf gesetzt.
Der proponierte »Friedensschluß« *Härings*[2] betraf die Sache, nicht die Personen. Er wollte mir dartun, wir meinten im Grunde beide dasselbe (in Bezug auf die »innere Grenze« des Individualismus nämlich).
Ich denke auch sehr oft an Ihr Haus und an Marburg. Vor einem Jahr saß ich an den Weihnachtsrezensionen. Es erfüllt mich doch mit christlicher Schadenfreude, daß nun Herr Tiedje[3] derjenige ist, welcher.
Ich sende Ihnen und all den Ihrigen (mein Herr Nachfolger eingeschlossen) herzlichste Grüße und bleibe
Ihr dankbarer Karl Barth

1. *K. Barth:* Rez. von E. Schrenk: Seelsorgerliche Briefe für allerlei Leute, Kassel 1909, in: ChW 23 (1909), Sp. 1204.
2. Theodor Häring (1848-1928), Prof. für Systematische Theologie in Tübingen, konservativer Ritschlianer, der mit Fritz Barth befreundet war.
3. Johannes Tiedje war der Nachfolger Karl Barths als Redaktionshelfer bei der ChW.

Barth an Rade   Genf, 4. 1. 1910

Verehrter lieber Herr Professor!
Es wird höchste Zeit, daß ich mich auch einstelle. Mit meinen Neujahrswünschen nämlich. Als Neuling im Pfarramt habe ich mich richtig von der Festzeit so überrumpeln lassen, daß alle außeramtlichen Verrichtungen und Beziehungen bis jetzt zu kurz kamen. Nun seis also ebenso nachträglich wie herzlich gesagt, daß ich im neuen Jahr wie im alten Ihrer und Ihres Hauses in Treue und Dankbarkeit gedenke. Wird das neue Ihnen den Aufbruch nach Osten bringen? So oder so: mögen die Zelte, pardon, mögen die Borgis- und die Petit-Schachtel, das Erbbegräbnis und die Hinrichskataloge der Christl. Welt hier oder dort

aufgeschlagen sein, mag Herr Tiedje unter diesen Mysterien walten oder mag es dazu kommen, daß ein edler junger Pole dazu ersehen wird, ich werde aus meiner bescheidenen Höhle die Ereignisse mit Interesse und Teilnahme begleiten[1]. Denn ich merke jetzt, wo die zeitliche Distanz groß und größer wird, wie ich viel des Besten von dem bißchen Guten, das ich kann, der Chr.W. verdanke, zu deutsch: den Menschen der Chr.W., und wenn ich jetzt etwas bedaure, so ist es nur das, daß ich mich so oft nicht willig genug habe erziehen lassen. Ich muß Ihnen doch oft große Beschwerde gemacht haben durch Unbeholfenheit, und wenn ich an die pfeifende und singende Begrüßung des lieben Morgens denke, so befaßt mich doch noch jetzt ein gelindes Frösteln über meine Unverfrorenheit. Na, das liegt jetzt dahinten, aber streichen läßt sich so etwas eben doch nicht. Ich hörte von Peter, den ich in Bern ganz kurz sah, daß er sich bei Ihnen sehr wohl fühlt, und freue mich sehr darüber. Wenn er nur auch etwas hinaus wollte aus seinem viel zu rasch geschlossenen theologischen Schneckenhaus. Seine Einseitigkeit geht doch fast bis zur Verhandlungsunfähigkeit.

Haben Sie die letzten Nummern unseres Gemeindeblattes bekommen? Es kam mir da doch recht zugute, daß ich eine Weile Redakteur gelernt, wenn auch unser gutes Orgänchen neben der Chr.W. wie ein Zebra neben einem Elefanten sich ausnimmt. Auch mit einem Verrückten habe ich schon zu tun gehabt infolge der Rutschbahn-Sache.

Pfr. Walter kommt erst Ende Januar, bis dahin esse ich eben mein Brot im Schweiß meines Angesichts, und es ist ja ganz gut, wenn es einmal gehen *muß*, obwohl es mir früher ebenso unmöglich vorgekommen wäre wie die Aufforderung, Funken aus meinem Kopf zu schlagen. Den Konfirmandenunterricht hoffe ich zu behalten; es hätte wenig Sinn, die Leute für den Rest der Zeit noch mit einem Lehrerwechsel zu beunruhigen. In der Armenpflege und Seelsorge erlebt man allerlei: Ermutigendes und auch recht viel Enttäuschungen. Aber schließlich, je geschwinder die letzten Theologenillusiönchen verschwinden, umso besser. Man merkt dann umso deutlicher, warum man – als notwendiges Übel vielleicht – an seinem Platz steht und das ist bei diesem Beruf Satisfaktion genug. Nun bitte ich Sie herzlichst, Frau Professor ebenfalls meine besten Grüße und Wünsche zu übermitteln und *ebenfalls* meinen Dank für vielen stillen Einfluß, den sie auf mich gehabt hat.

Beiliegend ein Antwortschreiben an die jüngeren Damen des Hauses, die ich auf lange schmählich vernachlässigt.

In treuer Ergebenheit grüßt Sie
Ihr Karl Barth

Bald, bald setze ich mich mit einer dramatischen Gebärde an die Rezensionen, die ich Ihnen schuldig bin.

    1. Rade war ein entschiedener Gegner der offiziellen Politik der Behandlung der polnischen Minderheit in Posen und der dänischen Minderheit in Nordschleswig. (Vgl. Wie ich zu meiner Nordmarkenpolitik kam, in: M. *Rade:* Mehr Idealismus in der Politik, Staatsbürgerliche Flugschriften 5, Jena 1911, S. 49-73). 1909/10 plante er die Verlegung der ChW nach Posen, um dort aktiv an der Integration der polnischen Bevölkerung mitzuarbeiten. Die Verwirklichung dieses Vorhabens scheiterte an praktischen Hindernissen.

Barth an Rade   Genf, 23. 1. 1910

Lieber Herr Professor!

Hier kommt ein weiteres Früchtchen meiner Mußestunden[1]. Ich bin aber von vornherein überzeugt, daß Sie es schwerlich das Licht des Tages erblicken lassen werden: a) weil es zu lang, b) weil es zu scharf ist (Sie sehen, daß es mir noch sehr gegenwärtig ist, nach welcherlei Maß ich gemessen werde). ad a) habe ich nur zu sagen, daß mir als Anfänger ein *kürzeres* ablehnendes Urteil nicht gut gestanden wäre; ich mußte den Mann wirklich zu Worte kommen lassen. ad b) daß es sich wirklich um ein ausnahmsweise schlechtes und *leichtsinniges* Buch handelt, das öffentliche und viel schärfere Ablehnung verdiente. Ich habe einen sehr sanften Charakter, aber da hörte für mich bei näherer Besichtigung Verschiedenes auf. Wenn Sie mir nicht trauen, bin ich gern bereit, Ihnen das Buch zu eigener Prüfung vorzulegen, pour jamais, ich glaube nicht, daß ich es noch oft konsultieren werde.

    Ich bin noch immer allein hier und habe stramm zu arbeiten. Erst am 20. Februar wird die Installation des Pfr. Walter sein. Vor einem Jahr am Schreibtisch der Chr.W. hätte ich mirs nicht träumen lassen, daß ich nun fast einen Winter lang »wirklicher« Stadtpfarrer sein würde. Ich befinde mich übrigens sehr wohl dabei, habe viel entgegenkommende Leute und ein treues Publikum am Sonntag. Seit Neujahr predige ich in einer Serie über den Jakobusbrief. So ist gesorgt dafür, daß ich jede Woche mein Problem zu verdauen habe und nicht ganz einroste. Freilich mit allem Bücherlesen ists seit langem aus. Begreiflich bildete Lemme keine sehr erfreuliche Oase in der Wüste!! Wenn erst Pfr. Walter da ist, wirds auch damit besser gehen. Vorderhand muß ich aus meiner theologischen Vergangenheit leben, wie der Bär (mit ä) zur Winterszeit an seinen Tatzen saugt. Die Christl. Welt erwarte ich alle Wochen mit großer Sehnsucht und lese sie dann gleich auf einen Sitz von A-Z wie nie zuvor.

Gestern hielt ich eine französische Trauung mit dito Ansprache. Man wußte nicht, wars Fénélon oder Bossuet! So sitze ich vorderhand getrost im Sattel und hoffe auch meiner Erziehung keine größere Schande zu machen.

Grüßen Sie bitte Frau Professor und das ganze liebe Haus aufs Herzlichste. Ich denke oft mit stiller Freude an die ganze warme Atmosphäre, in der ich bei Ihnen leben durfte, und würde Heimweh danach empfinden, wenn nicht auch eine Freude wäre, hier etwas handgreiflicher etwas [zu] *tun*.

In herzlicher Ergebenheit
Ihr getreuer Karl Barth

Freundl. Gruß auch an Herrn Tiedje!

1. Es handelt sich wohl um eine Rezension von *L. Lemme:* Theologische Enzyklopädie nebst Hermeneutik, Berlin 1909. Auch diese Besprechung ist in der ChW nicht erschienen.

Rade an Barth   Milseburg, 20.8.1910

Lieber Freund,

Foersters[1] katholische Neigungen können mich gar nicht abhalten, in seinen Schriften, auch der letzten, das Gute zu sehen. Es ist doch sehr viel. Welcher unserer Ethiker leistet uns, was Foerster da leistet? – Berlin[2] lief trefflich. Jetzt ruhen wir uns in der Rhön ein wenig aus. Ihr R.

1. Friedrich Wilhelm Foerster (1869-1966), Philosoph und Pädagoge, 1895 bis 1898 Herausgeber der Zeitschrift »Ethische Kultur«, wurde wegen eines Artikels »Der Kaiser und die Sozialdemokratie« zu Festungshaft verurteilt und lehrte seit 1898 als Privatdozent für Philosophie in Zürich. Foerster widmete sich besonders der sexualethischen und sexualpädagogischen Arbeit und tendierte in späteren Jahren zum Katholizismus. Rade schrieb über ihn in seinem Buch: Die Stellung des Christentums zum Geschlechtsleben (Religionsgeschichtliche Volksbücher V. Reihe 7./8. Heft), Tübingen 1910: »... seit Schleiermacher hat niemand so erfolgreich wie er sich darum bemüht, die Stellung des Christentums zum Geschlechtsleben in Ethik und Pädagogik zur Geltung zu bringen« (S. 91).
2. Vom 3.-12. 8. 1910 fand in Berlin der »Weltkongreß für freies Chri-

stentum und religiösen Fortschritt« statt, an dem auch Rade beteiligt war. Vgl. seinen Artikel: Der Weltkongreß für freies Christentum und religiösen Fortschritt, in: ChW 24 (1910), Sp. 801-806.

Barth an Rade,   Genf, Avenue des petites Délices 29, 31. 12. 1910

Lieber Herr Professor!

Ich habe schändlich lange nichts mehr von mir hören lassen; ich glaube fast: gar nichts mehr seit den schönen Julitagen[1] in Marburg. Nun will ich die letzten Stunden des alten Jahres noch gut anwenden und ein wenig meinen Fehler reparieren.

Zuerst Ihnen und Frau Professor meine Grüße und Wünsche zum kommenden Jahr, das ja für Sie ganz besondere Bedeutung haben wird. Ich bin sehr *in elfter Stunde ein Freund der christlichen Welt* geworden, bin ihr dann dafür in einer Weise nähergetreten, wie es Wenigen möglich ist, und *weiß nun, was ich daran habe*. Die wöchentliche Proviantzufuhr, wie sie der Bote aus Marburg zu bringen pflegt, lernt man schätzen, wenn man beständig mit geistigem Belagerungszustand bedroht ist, wie es der Fall ist, wenn man im »Betrieb« steht. Daß der Leser dann und wann über einen Artikel schimpft, ist ja, wenn ich nicht irre, im Programm der Chr.W. vorgesehen und darum erlaubt. Z.B. empfinde ich lebhafte *Abneigung gegen Georg Rosts* sämtliche Werke[2]. Wäre ich noch auf Herrn Tiedjes Thron gesessen, ich hätte sie schön in der Kiste verschwinden lassen. Es ist fast jedes Wort willkürlich und unsystematisch darin. Dagegen ist mir Alles, was von *P. Jaeger*[3] kommt, eine *Freude und Bereicherung*. Bitte lassen Sie ihn doch ja noch mehr schreiben. Kurzum ich *habe die Chr.W.* gern und glaube, daß sie *gerade bei uns in der Schweiz noch eine beträchtliche Mission* zu erfüllen hat; denn die »Neuen Wege« leisten doch entfernt nicht Entsprechendes, und es macht sich in unseren Pfarrerskreisen infolge der unbestrittenen Gleichberechtigung der Richtungen eine gewisse Verrohung des theologischen Sinnes geltend, die nicht vom Guten sein kann. Da wünsche ich die Chr.W. mit ihren zahlreichen Botschaften aus *anderen* christlichen Welten in recht manche schweizerische (bes. bernische) Studierstube, wo es dato zu gemütlich hergeht. *Fiat!*

Ihnen wird nun 1911 auch wegen der Reichstagswahlen ein bedeutsames Jahr werden. Ich lese an meinem christlichen Mittagstisch alltäglich als christliche Geisteskost den – *Reichsboten*, und da können Sie sich vorstellen, daß ich nicht übel auf dem Laufenden gehalten bin über

Ihre Politica. Vergeht doch kaum ein Tag, daß das edle Blatt nicht eine Hiobspost brächte über die Taten der fatalen »Judo-Liberalen«. Manchmal mutets Einen an wie Weltuntergangsstimmung, bes. in den religiösen Festartikeln, die das Fatalste darstellen, was ich bis jetzt von »christlich«-konservativen Seelenergüssen kenne. Nun, eine Götzendämmerung wirds schon absetzen im Herbst, und man kann doch nur wünschen, daß sie gründlich werde. Aber die Macht der wohlmeinenden Borniertheit, mit der Sie zu kämpfen haben, ist doch riesengroß, und es kommt mir manchmal fast unmöglich vor, an das »Umdenken« zu glauben, das Ihre Sozialdemokratie auf der einen und noch mehr Ihre Innere-Missionsleute und Ihre Husarenmajors auf der anderen Seite passieren müssen, wenn *es zu einem deutschen Reich kommen soll, wie Sie und Ihre Freunde es sich denken, und wie* auch wir nichtdeutschen Deutschen es Ihnen *wünschen*. Sie gehen gewiß auch gerne auf das zurück, was wir Schweizer von der Helvetia sagen: Hominum confusione et *Dei providentia* Germania regitur.

Meine Angelegenheiten gehen ihren ruhigen Gang. Ich kann kaum mehr darüber erzählen, als daß ich alle Tage zu tun habe, »was mir zu tun gebühret«, Predigten schreiben und halten, Unterricht geben und Vortragsabende, Arme abhören und Menschen besuchen, manchmal mit Genugtuung, manchmal mit Enttäuschung, wie Sie es ja selbst kennen. Alles in Allem ein sehr kleines Rad in der großen Maschine des lieben Gottes, manchmal, sehr oft träge und rostig, aber vorläufig geht es, und ich kann mich über nichts beklagen als über mich selber. Daß es mir viel an Psychologie fehlt, daß ich die Fähigkeit erst langsam finden muß, meine Ware marktfähig zu machen, daß ich oft *zu* konzentriert und darum oft zu *wenig* konzentriert bin usf., das wird Ihnen und Frau Professor, wie Sie mich kennen, kaum erstaunlich sein. Besondere Freude macht mir der *Konfirmandenunterricht,* den ich dies Jahr ganz nach eigenem Heft erteile. Die Sache sieht oft bedenklich *einem theologischen Seminar ähnlich.* Die Buben sind Alle *mit Weizsäckers NT bewaffnet* und bekommen auch schöne Paragraphen diktiert. Aber sie sind doch fleißig dabei, und ich arbeite schon viel besser mit ihnen zusammen als letztes Jahr.

Ein nettes theologisches Zwischenspiel war es, daß ich im Oktober in der westschweizerischen deutschen Pastoralkonferenz das Referat zu halten hatte über *»Der Christliche Glaube und die Geschichte«.* Präsident der Sache ist P. Hoffmann von hier, weiland Inspektor der Berliner Stadtmission unter Stoecker, dementsprechend sind auch die übrigen Teilnehmer (fast lauter Reichsdeutsche!). Sie ließen meine ⁵/₄-

stündige Expektoration ruhig über sich ergehen, anerkannten sogar (Hoffmann allerdings mit offener Erklärung seiner theologischen Impotenz), daß mit der modernen Theologie *vielleicht* zu reden sei, beraumten aber sogleich eine zweite Sitzung über das Thema an, die stattfinden wird, wenn der Vortrag gedruckt ist. Dies wird nun demnächst der Fall sein: in der *schweizerischen theologischen Zeitschrift* (Meili-Waldburger)[4]. Ich dachte zuerst daran, es Ihnen für die ZThK vorzulegen, fand dann aber einerseits mein Geschütz zu wenig schwer für eine so stolze Zeitschrift – – und fürchtete mich andererseits vor Herrn Tiedje, der vielleicht – diesmal *mich* in seiner Kiste hätte verschwinden lassen können. Es steht auch nichts Bahnbrechendes darin. Ihnen wird es vielleicht Spaß machen, daß ich zu *Troeltschs* RGG-Artikeln eine ausgesprochen *feindselige* Stellung eingenommen habe. Ich konnte nicht anders. Er führt uns bestimmt mit allen seinen vielversprechenden Programmen nur *tiefer in den Sumpf hinein*. Ebenso erwarte ich (dies steht aber nicht im Vortrag) von Herrn *Bornhausen* wenig Gutes, wenn er uns nichts Besseres zu sagen hat, als er in seinem Eucken getan[5]. Es ist mir ganz unfaßlich, wie ein geschulter und schulender Systematiker so obenhin über »Spekulation« an sich und in ihrem Verhältnis zur Religion reden kann. Dazu sind die Sachen dann doch zu ernsthaft. »Die Hunde in Leonardos Abendmahl« haben mir damals mehr Positives geboten als dieses Magistralwerk und die Magistralrede über das Apriori, die für mich in gleicher Verdammnis ist. Sagen Sie ihm aber das Alles nur mit schonender Milderung der Termini, ich habe es ihm übrigens selbst schon geschrieben.

Sehr kläglich, resp. gar nicht steht es mit meiner geplanten *Licentiatenarbeit*. Ich komme nicht dazu; es ist schrecklich. Kaum, daß ich für die laufende Lektüre die Zeit finde. Bes. die Predigt absorbiert bei mir unnatürlich viel Zeit, und in der predigtfreien Woche ist es dann der kirchengeschichtliche Vortrag für meinen Abend, wo ich mich auch in der Regel selbst erst ex nihilo belehren muß.

Nun muß oder darf ich vor Jahresschluß noch drei Sylvesterfeiern absolvieren, eine mit meinem Hauswirt (einem unserer Kirchenräte), eine mit Pfarrer Walter und endlich (um 12 Uhr) eine öffentlich auf der Cour de St.Pierre mit allerlei patriotischen (genfer-patriotischen N.B.) Dingen. Morgen habe ich die Neujahrspredigt. Ich möchte mit 1911 *ein neues homiletisches Leben* anfangen und gedenke frei, d.h. ohne wörtliche Memoration zu reden. Wohl bekomms! Ohne das hätte ich Ihnen jetzt kaum schreiben können, denn das Memorieren fraß mir fast den ganzen Samstag. So ging das nicht weiter.

Nun sage ich Ihnen, Frau Professor und Gottfried und Lenchen und Gertrud nochmals meine herzlichsten Wünsche und Grüße und bleibe
In treuer Ergebenheit
Ihr Karl Barth

1. Anläßlich der Antrittsvorlesung von Karl Bornhausen reiste Barth im Juli 1910 nach Marburg.
2. Vgl. *G. Rost:* Sind wir zu tolerant?, in ChW 24, 1910, Sp. 834f., und: Positiv-modern. Ein Wort zur Klärung und zur Sammlung, a.a.O., Sp. 866 bis 871.
3. Paul Jaeger ist der Verfasser der meisten Andachten im Jahrgang 24 der ChW 1910.
4. *K. Barth:* Der christliche Glaube und die Geschichte, in: SThZ 24 (1912), S. 1-18, 49-72.
5. *K. Bornhausen:* Der religiöse Wahrheitsbegriff in der Philosophie Rudolf Euckens, Göttingen 1910.

Barth an Rade   Genf, 4. 1. 1911

Geehrter Herr Professor!
Herr *Bornhausen* ist sehr erzürnt über mich wegen einer Karte, die ich ihm über Eucken schrieb[1]. Ich stand unter sehr starkem Eindruck von Antipathie gegen diese Art Theologie und ließ meine Feder laufen, wie es nicht gut war. Ich möchte Sie nun freundlich und dringend um zweierlei bitten: 1. ihm nichts zu sagen von den Ausfällen, die ich in dem Brief an Sie in derselben Sache gemacht; 2. ein gutes Wort der *Vermittlung* bei ihm einzulegen, damit aus diesem Verdruß, der aus meiner Strudelei und doch wohl auch aus seiner Empfindlichkeit zusammengesetzt ist, nicht etwas Bleibendes werde.
Ich habe ihn eben brieflich und in aller Form um Vergebung gebeten und somit das Meinige getan.
In herzlicher Ergebenheit und mit bestem Dank im Voraus für einen großen Dienst
Ihr getreuer Karl Barth

1. Vgl. Anm. 5 zum Brief Barths vom 31. 12. 1910.

Rade an Barth   Marburg, 20.2.1911

Lieber Freund,
   ich habe Ihnen noch nicht für Ihren lieben Silvesterbrief gedankt. Er war sehr reichhaltig an Mitteilungen, auf die ich *hoffe*, bald mündlich eingehen zu können. Wills Gott reisen wir ca. 19./20. März durch Genf nach Florenz, meine Frau und ich. Wir halten uns eigens in Genf auf, um Sie zu besuchen; vielleicht gehen wir auch zu Dr. Platzhoff-Lejeune nach Lausanne. Mit Bornhausen ist ja wohl alles im Gleise, ich brauchte nicht erst einzugreifen. Gott hat nun einmal seine Menschenkinder verschieden gemacht. Wir denken herzlich Ihrer und grüßen Sie alle. Wenn die Kinderkrankheiten überwunden sind, schreibe ich Gewisseres. Gott befohlen.
   Ihr R.

Tiedje ist nicht mehr bei mir, ich bin ganz allein.

Rade an Barth   Marburg, 9. 3. 1911

Lieber Freund,
   eben habe ich uns auf Freitag den 17. früh 9^{32} bei den Ihren in Bern, auf Samstag den 18. abends bei Platzhoff in Villars sur Ollon angemeldet. Wenn es klappt und wir an beiden Orten so willkommen sind, treffen wir, wills Gott, in Genf *Sonntag, den 19. abends* 7^{22} ein und bleiben bis Dienstag früh. Schreiben Sie uns freundlichst eine Karte, ob es so recht ist. Sie führen uns in ein einfaches Gasthaus. Predigen will ich nicht, wie Sie merken, aber von Ihnen recht viel hören und haben wollen wir. Stets Ihre R's.

Rade an Barth   Firenze, 30.3.1911

Lieber Freund,
   aus unserem schönen refugium gedenken wir herzlich Ihrer und Ihrer Gastfreundschaft. Es war sehr schön bei Ihnen, und wir freuen uns darauf, Sie bald wiederzusehen. Was werden Sie inzwischen gearbeitet haben! während wir hier so faul sind. Gott befohlen!
   Ihre Dora und M. Rade.

Rade an Barth   Marburg, 2.6.1911

Lieber Freund,
Ihre Botschaft[1] bewegt uns sehr. Meine Frau natürlich ganz besonders, aber ich lasse mir doch nicht nehmen, ihre mütterlichen und freundschaftlichen Wünsche und Sorgen für Sie zu teilen. Nun kann und konnte sie Ihnen heute nicht schreiben. Handwerker im Haus, dringende Gartenarbeit usw. So nehmen Sie heut mit mir fürlieb, damit doch am Sonntag ein Gruß von uns nicht fehle. In den Feiertagen schreibt sie Ihnen selbst.
Gott segne Ihren Entschluß, Ihre Liebe! Sie sind ein ganz extraer Mensch und Sie brauchen eine ganz extrae Frau. So möge des ewigen Vaters Hand in Ihnen beiden zusammenfügen, was zusammengehört. Das gemeinsame Leben bleibt immer eine Aufgabe. Aber sie liegt sonnig und rein vor Ihnen: so möge Ihnen beiden die Kraft beschert sein, sie immer so zu lösen. Nach dem Spruch: Je länger, je lieber.
Schade, daß wir Sonntag nicht dabeisein können. Der arme Heinrich[2] teilt unser Schicksal: es wird ihm wohl etwas sauer. (Wir freuen uns immer, wenn er zu uns kommt, sprachen ihn heut und konnten so mit ihm schon vom Ereignis reden.)
Nun grüßen Sie Eltern und Geschwister sehr, und auch die Hauptperson, Ihre Braut! Sie hätten sie uns doch in Genf vorstellen sollen! Statt des Mont Salève! Nun, das nächste Mal. Es war doch wenigstens schön von Ihnen, daß Sie uns diesen Brief schrieben. Und nun Gott befohlen!
Ihre getreuen Rades.

1. Die Botschaft von Barths Verlobung mit Nelly Hoffmann am 16. Mai 1911. Der Brief mit dieser Nachricht ist verlorengegangen.
2. Heinrich Barth (1890-1965), Bruder Karl Barths, studierte 1911/12 in Marburg Philosophie, Promotion 1913, 1918 Lehrer an der Höheren Töchterschule in Basel, Habilitation 1920, später Philosophieprofessor in Basel.

Rade an Barth   Marburg, 23.6.1912

Lieber Freund,
Sie müssen ja ganz irre an mir werden. Niemals bekommen Sie einen Brief von mir. Selbst nach Ihres besten Vaters Tod[1] ist es nicht dazu gekommen. Ich trauere ihm noch immer nach. Aus vielen Gründen.

Und ich will auch in der CW noch etwas zu seinem Gedächtnis sagen: ein paar Worte, bei einer literarischen Besprechung[2] – direkte Nachrufe mache ich ja nicht. Er ist nun schon lange von uns gegangen; wie mag Ihre liebe Mutter es tragen? Die Söhne sind anders dran: das Leben liegt *vor* Ihnen und fordert Sie! Peter hat nun ein schweres Amt[3]: Gott gebe, daß er fröhlich hineinwächst. Daß wir Heinrich nicht wieder hier haben, bleibt uns eine ernste Enttäuschung; gerade mit seinem stillen tiefen Wesen hatten wir ihn sehr lieb gewonnen und freuten uns seiner zunehmenden Zutraulichkeit.

Von Ihren gelegentlichen Kämpfen haben wir mal gehört, von Ihrem täglichen Wirken nichts. Das ist nun so. Wir vertrauen, daß Sie treu Ihren Weg gehn und daß Segen auf Ihrer Arbeit ruhen wird. Als Mitarbeiter bei der CW und ZThK vermisse ich Sie, und doch kann ich Sie für CW wenigstens nicht genug animieren, weil ich so schrecklich viel Stoff habe. Bei der ZThK könnte ich Sie schon mehr brauchen: soll denn da jener Husarenritt das Einzige sein an Taten? Wenn Sie etwas Gutes haben, schicken Sie es nur. Und denken Sie auch der CW, denn *verschwinden* dürfen Sie nicht aus unserem Kreis.

Es sind ja wieder ziemlich viel Landsleute von Ihnen in Marburg, und hoffentlich gefällts ihnen. Wenn ich kein privatissimum halte, lerne ich sie immer nicht genug kennen.

Am 4. Juli (vierten!) hat Cohen[4] seinen 70. Geburtstag. Sehen Sie doch zu, daß etliche Schweizer Pfarrer ihm dazu gratulieren, und tun Sie es selbst. Er hat viel Unbill erlitten von den Kollegen seiner Fakultät, da müssen wir Theologen ihn trösten. Wie wir denn auch tun.

Bornhausen, körperlich noch immer nicht wieder auf der Höhe, hatte Glück in Amerika (Dollars!), aber durch das Glück ungewohnte Geschäfte und unabsehbare Schwierigkeiten. Seine Existenz ist nun ganz verändert und die meiner Schwester auch: q. D. b. v.

Gottfried ist fleißig in Kiel. Es war ein guter Gedanke, daß wir ihn so ein wenig isolierten.

Ich werde nächstes Semester nicht lesen. Will auch mal arbeiten.

Hasso Harder aus Holstein, Ihr Nachfolger, stud. theol. in hohen Semestern, ist ein lieber Kerl und aufs Rauchen so erpicht wie einstmals Sie. Er bleibt noch bis nächste Ostern.

Und nun lassen Sie wieder etwas von sich hören. Wie gehts Ihrem Frl. Braut? Wann ist Hochzeit?

Alle grüßen Sie, besonders meine Frau und meine Schwester. Gott befohlen!

Ihr Rade

1. Am 25.2.1912 starb Karl Barths Vater, Fritz Barth, im Alter von 55 Jahren an einer Blutvergiftung.
2. Vgl. W. *Loew:* Rez. von F. Barth: Christus unsere Hoffnung, Sammlung von religiösen Reden und Vorträgen, Bern 1913, in: ChW 27 (1913), Sp. 1146f.
3. Peter Barth war nach seiner Ordination 1911 zunächst einige Monate Mitarbeiter Walter Classens bei der Stadtmission in Hamburg, nach dem Tode des Vaters Vikar in Adelboden und ab Herbst 1912 Pfarrer in Laupen.
4. Hermann Cohen (1842-1918), Philosophieprofessor in Marburg, Schulhaupt der Marburger Schule des Neukantianismus.

Rade an Barth   Birthhausen (Siebenbürgen), 22.8.1912

Lieber Freund,
Ihr lieber Brief vom 7.[1] ist uns auf die Reise nachgeschickt worden. Er hat meine Frau und mich *herzlich* interessiert, und wir haben *gar* keinen Anstoß an seinem Inhalt genommen, außer an dem Vacuum, daß Sie gar nichts von Ihrer Braut schrieben. Gern möchte ich ausführlich antworten, aber das ist hier ganz unmöglich. Drum wenigstens dieser Dank und Gruß.
Ihr treu ergebener Rade.

1. Dieser Brief Barths ist bisher noch nicht aufgefunden.

Telegramm von Dora und Martin Rade zur Hochzeit von Karl Barth und Nelly Hoffmann am 27.3.1913

Herzlich grüßen wir heute zum Feste Euch beide
Unvergängliches Glück sei Eures Lebens Genoss'.
   Rades.

Barth an Rade   Safenwil, 5.6.1913

Hochverehrter Herr Professor!
Ich sende Ihnen hier mit bestem Dank Ihr Manuskript zurück, das mir gute Dienste geleistet hat. Den Vortrag[1] habe ich inzwischen gehalten und fand freundliche Aufnahme damit. Ich möchte Sie nun höflichst anfragen, ob Sie mir Aussicht geben könnten, ihn in die *Zeit-*

schrift für Theologie und Kirche aufzunehmen. Die Drucklegung ist mir von verschiedenen Seiten nahegelegt worden. Ein neuer Artikel über den Gegenstand in der ZThK dürfte neben den Beiträgen von *Simmel*[2] und *Bornemann*[3] sein Recht haben. Zu Ihrer Orientierung fasse ich den Inhalt meiner Arbeit in einigen Thesen zusammen.

Der Glaube an den persönlichen Gott

I. *Persönlichkeit* ist individuelles (werdendes) geistiges Ich.

II. *Persönlichkeit* in diesem Sinn (und nicht bloß im allgemeinen Sinn von Geistigkeit!) wird im Glauben Gott zugesprochen.

III. Das andere Moment im Gottesbegriff ist der (religiöse!) Gedanke des *Erhabenen* (= des Absoluten, Macht über Alles).

IV. Die Anwendung des Gedankens des *Erhabenen* auf den Gedanken der Persönlichkeit löst aber das letztere Moment des Gottesbegriffs auf (*Pantheismus*).

V. Umgekehrt zerstört die Anwendung des *Persönlichkeits*gedankens auf den Gedanken des Erhabenen diesen letzteren (*Deismus*).

VI. Der Begriff einer »*absoluten Persönlichkeit*« ist somit *nicht* vollziehbar (gegen *Lotze!*)

VII. Die Wahrheit des religiösen Gottesgedankens ist *nicht* durch den Hinweis auf die Tatsache des menschlichen *Selbstbewußtseins* zu erhärten: der auf dieser Grundlage gebildete Gottesgedanke entartet immer entweder zum *idealistischen* Pantheismus oder zum *anthropomorphistischen* Deismus (gegen *Lotze* und *Siebeck*).

VIII. Die Wahrheit des religiösen Gottesgedankens ist irrational: die beiden in ihm ausgesprochenen Momente sind wohl *zusammenzustellen (Schleiermacher, Lipsius)*, aber nicht zusammen zu denken.

IX. Die Wahrheit des religiösen Gottesgedankens beruht auf dem Wesen der religiösen *Erfahrung* und tritt in ihrer irrationalen Vollständigkeit am deutlichsten hervor in der am *Evangelium Jesu* zu machenden religiösen Erfahrung.

X. Das Evangelium Jesu (das innere Leben Jesu selbst) enthält die nicht aufzulösende Spannung zwischen dem Gedanken des *Reiches Gottes* als dem Inbegriff des Erhabenen und dem Gedanken des *Kindes Gottes* als dem Inbegriff der Persönlichkeit.

Ich müßte den Vortrag für die Drucklegung noch gründlicher durcharbeiten und bitte Sie daher, verehrter Herr Professor, um möglichst *baldige* Antwort.

Ehrerbietigst ergeben
Ihr dankbarer Karl Barth, Pfr.

[Am Rand ist notiert:] Die Sache scheint mir richtig angegriffen zu sein. Mit bestem Gruß
Ihr W[ilhelm] H[errmann]

1. *K. Barth:* Der Glaube an den persönlichen Gott, in: ZThK 24 (1914), S. 21-32, 62-95. Der Aufsatz ist die überarbeitete Fassung eines Vortrags, den Barth am 19. Mai 1913 vor dem Aargauischen Pastoralverein in Lenzburg hielt. Das Thema wurde vom Zentralvorstand der schweizerischen Predigergesellschaft gestellt und in allen Pastoralvereinen diskutiert.
2. *G. Simmel:* Die Persönlichkeit Gottes. Ein philosophischer Versuch, in: ZThK 21 (1911), S. 251-269.
3. *W. Bornemann:* Die Persönlichkeit Gottes, in: ZThK 23 (1913), S. 81 bis 103.

Rade an Barth Marburg, 7.6.1913

Lieber Freund,
    es ist wesentlich eine Raum- und Zeitfrage. Wir haben sehr viel Ms. Aber etwas Gutes findet gerne Bevorzugung. Nur dürfte es nicht zu lang sein. Siebeck hat neuerdings das Heft von 5 auf 4 Bogen reduziert. Sonst hätten wir das Abonnement erhöhen müssen.
    Daß wir erst 2mal dasselbe Thema behandelt haben, wäre mir kein Hindernis. Freilich müßte ich der dritten Bearbeitung die conditio sine qua non stellen, daß sie doch auf das Vorhandensein der beiden andern irgendwie Rücksicht nimmt. Und wenn es nur anmerkungsweise wäre. Aber dieses stete Aneinandervorbeirreden unserer Systematiker wird allmählich verhängnisvoll.
    Sehr gern werde ich eine Arbeit gerade von Ihnen bringen. Schreiben Sie mir nur vor allem, wie lang sie etwa werden soll.
    Meine Frau und Gottfried grüßen herzlich mit mir, Sie und die Ihren. [...] Das Buch wollten Sie wiederbekommen, ich denke dran.
    Stets Ihr Rade.

Rade an Barth Marburg, 15.12.1913

Lieber Freund,
    Ihr Ms für ZThK ist heute in die Druckerei gegangen. Liegt Ihnen an der Bezeichnung als Vortrag etc.? Ich würde keinen Wert darauf legen. Aber wie Sie wollen. Natürlich bekommen Sie Korrektur. –

Unsere verwandtschaftlichen Beziehungen[1] werden uns ja wohl im neuen Jahr mal wieder ordentlich zusammenführen.

Gott befohlen mit Ihrer lieben Frau, alle grüßen Sie beide, Lenchen besonders. Ihr R.

1. Anspielung auf die Verlobung von Peter Barth und Rades Tochter Helene.

Rade an Barth   Marburg, 3.1.1914

Lieber Freund,
   wo bleibt Ihre Korrektur zu ZThK? Ich vermisse sie schmerzlich. Ich werde in Heft 1 nur den 1. Abschnitt Ihres Aufsatzes aufnehmen können. Erstens verträgt er es, und zweitens geht es nicht anders. So gewinne ich eine schöne Mannigfaltigkeit für das 1.Heft. Aus der Angabe, daß es sich um einen Vortrag usw. handelt, mache ich eine Schlußanmerkung. So werden wir allen Interessen gerecht. Daß Sie und Ihre liebe Frau in den nächsten Tagen recht hierherdenken sollen, brauche ich Ihnen nicht zu sagen.
   Gott befohlen. Ihr R.

Rade an Barth   Marb. 11.1.1914

Lieber Herr Barth,
   ich finde Ihren Artikel in ZThK, nachdem ich ihn gedruckt genossen habe, vortrefflich. Den Schluß, d.i. Ihre *positive* Meinung, sollten Sie noch irgendwo ausführlicher darbieten. Vielleicht in der CW? Überhaupt müssen Sie Ihre systematischen Studien recht systematisch fortsetzen. Ich werde Ihnen bei nächster Gelegenheit einiges Einschlägige schicken zum Besprechen in der CW. –
   Mit großem Anteil hörte ich von Ihrer lieben Mutter und Ihrem Bruder vieles von Ihren Erlebnissen und Ihrer Wirksamkeit. Hoffentlich können Sie uns bald mal selber davon erzählen. Wir haben jetzt großes Vergnügen an unserem jungen Paar!
   Viel Grüße Ihnen und Ihrer lieben Frau. Ihr Rade.

Rade an Barth   Marburg, 17.2.1914

Lieber Karl Barth,
   unsere junge Verwandtschaft hat unseren Briefwechsel noch nicht eben gehoben. Ich hoffe aber, das entwickelt sich. Wenn Sie mir diesen Brief beantworten, schreiben Sie mir mal ordentlich von sich und von Ihrer lieben Frau und von Ihrem Amt.
   Heute freilich bin ich ganz ZThK. Ihre zweite bessere (d.h. größere) Hälfte wird doch nun gedruckt. Da bitte ich Sie nun:
   1. Fixieren Sie mir kurz die Grundsätze Vorländers, nach denen er transzendent und transszendental schreibt. Ich kenne die Stelle nicht. Und die meisten Leser der ZThK werden sie auch nicht kennen. Nun möchte ich diese Grundsätze (nebst Fundort) am Schluß Ihres Aufsatzes S. 95 unten als *redaktionelle* Anmerkung zum Abdruck bringen. Das werden Sie mir gern und leicht erfüllen.
   2. Zuweilen nennen Sie bei den Büchern, die Sie zitieren, *die Auflage*. Das ist das Richtige. Nur so stimmen die Seitenzahlen. Aber Sie führen das gute Prinzip nicht durch. Können Sie es noch nachholen? Eben reicht die Zeit noch. Ich schicke Ihnen anbei einen Abzug zu, tragen Sie darauf die Auflagen ein, soweit Sie sie ohne Not feststellen können, aus Ihrer eigenen Bibliothek. Wo Sie das Buch nicht zur Hand haben, kann ich vielleicht von mir aus einspringen. – Das wird einige Mühe machen, aber Sie tun es gewiß auch gerne mir und der Vollkommenheit Ihres opus zu Liebe.
   Demnächst bekommen Sie nun wieder einen neuen Nachfolger. Lic. Weiß, der ein guter Systematiker ist, verläßt mich, um sein 2. Examen zu machen; er ist kränklich und darum keine große Arbeitskraft. Noch weiß ich nicht, wen ich kriege.
   Lenchen und meine Frau grüßen Sie und besonders auch Ihre liebe Frau herzlich. Ich schließe mich an! Gott befohlen.
   Ihr Rade

Die Drucksachen folgen mit nächster Post.

Barth an Rade   Safenwil, 19.1. [2.?] 1914

Verehrter Herr Professor!
   Ein genaueres Forschen in den Schriften hat ergeben, daß meine letzte Mitteilung über *transzendent* und *transszendental* auf einem lapsus

memoriae beruht. Der geistige Vater dieser Schreibweise heißt nicht Karl Vorländer[1], sondern Karl Barth. Vorländer schrieb in seinen Einleitungen etc. 1899-1905 *beide* Worte mit ssz (resp. ssc). So offenbar auch Kant selber und Cohen in der Ethik. 1906 schrieb Vorländer beide Worte mit sc, von da an beide Worte mit sz. Nach einer Begründung der einen oder anderen Schreibweise suche ich vergeblich bei Vorländer. Ich entsinne mich nur dunkel, daß ich in Marburg einmal Ordnung schaffte und seither konsequent bei der obigen Schreibweise geblieben bin. Ich meinte wirklich bis jetzt, ich habe das aus Vorländer, kann aber nun die Behauptung nicht aufrecht erhalten. *Sachlich* begründen läßt sich wohl weder das sz noch das ssz, und weder die gleiche noch meine ungleiche Anwendung des einen oder anderen. *Falsch* ist jedenfalls sz. Vermutlich habe ich das ssz bei transszendental seiner Zeit als kräftiges Unterscheidungsmerkmal für meinen Privatgebrauch eingeführt. Für diesmal, weil die 1.Hälfte schon veröffentlicht ist, wird es wohl dabei bleiben müssen. Eine Anmerkung aber dürfte sich unter den Umständen kaum lohnen. Vielleicht schafft einmal ein philosophisches Spruchkollegium offizielle und definitive Ordnung.

Die Auflagen sind nachgetragen, ich hatte sie notiert, soweit ich die Bücher nicht selbst besitze. Ists wohl sehr schlimm, daß es eben meistens *nicht* die neuesten Auflagen sind, die ich zitiere? Man wird eben daran merken, daß die Sache aus einem Landpfarrhaus kommt und obendrein aus dem Lande der Hirten, wo die theologischen Bibliotheks-Verhältnisse gar nicht prima sind. Ich hoffe, ich habe nicht *zu* vielen Menschen Unrecht getan, indem ich sie bei ihren älteren Aussprüchen behaftete.

Gerne benutze ich den Anlaß, Ihnen ein wenig aus diesem Pfarrhaus und Land zu erzählen. Dringend hoffen wir, daß Sie uns bei Ihrer im Frühling bevorstehenden Schweizerreise nicht unbesucht lassen werden. Das Wichtigste auf persönlichem Gebiet ist, daß wir, wenn Alles gut geht, von Ende März an selb dritt sein werden. Wie viel ganz neue Sorgen, Hoffnungen und Pflichten! Gott sei Dank ist es meiner kleinen Frau bis jetzt ganz ausgezeichnet gegangen, und so gehen wir denn dem großen Ereignis getrost entgegen und freuen uns Beide sehr auf den Ankömmling.

Sie haben mir sehr freundlich geschrieben über meinen Vortrag; aber denken Sie, ich bin diesen Winter sehr weit weg von der systematischen Theologie beschäftigt, nämlich ganz mit Sozialismus und Sozialpolitik. Ich hatte längst das Bedürfnis, auf diesem Gebiet einmal zu etwas gründlicherem Verständnis zu kommen. Den äußeren Anlaß bieten mir ein halbes Dutzend lerneifriger Leute, die alle 14 Tage zu mir kommen und einen zweistündigen Vortrag von mir entgegennehmen. Für diesen Abend arbeite ich mir nun ein recht vollständiges »Kollegheft« aus und werde so selber von einem Problem zum andern geführt und zum gründlichen Überdenken gezwungen. Ich bin Abonnent von 2 Gewerkschafts-, 1 Konsumvereins- und 1 Agrarierblatt, wogegen mehrere theologische Blätter fallen mußten auf Neujahr. Ich bereue es durchaus nicht. Nur die CW und die ZThK sind stehen geblieben in der allgemeinen Verweltlichung meiner Lektüre. Doch werde ich auf Umwegen schon wieder zur Theologie zurückkehren, wie ich ja von der Theologie, bes. Calvin, auf die sozialen Sachen gekommen bin. Ich bereue jetzt bitter, daß ich meinen Aufenthalt in Deutschland zu diesem Studium nicht besser ausgenützt habe. Überhaupt die Studienzeit mit der schönen vielen freien Zeit, die man da hat! Es scheint mir, man könne den Studenten nicht genug sagen, sie sollten so gut sein und ihre Augen auftun und ihre Zeit gut anwenden.

 Aus meinem Amt wäre Vieles zu erzählen, ich will nur so das Auffallendste erwähnen. Im November hatten wir Kirchenpflegerwahlen (Presbyterium sagen Sie). Der alten Behörde war ich zu aggressiv in Bez. auf Abstinenz und Arbeiterfreundlichkeit, und so traten von 6 Mann 5 zurück. Es gab nun einen Wahlkampf mit drei Wahlgängen. Blaues Kreuz + sozialdemokratischer Arbeiterverein contra »Freisinn«. Die neue Behörde ist nun viel besser ausgefallen als die alte. Doch bekam ich bei der Wahl zu spüren, daß ich viele Gegner habe. Ich sollte sogar aus der Synode hinausgewählt werden, was dann aber nicht gelang. Die drei Fabriken und die sieben Wirtschaften haben eben ihren mächtigen Anhang, der beständig auf der Lauer ist, mir »Sozipredigten« nachzuweisen, was dann oft unter großen Mißverständnissen geschieht. Doch hoffe ich ruhig, daß ich es noch erreichen werde, alle verständigen Elemente zu überzeugen, daß das »Sozi«-Wesen nichts so Schreckliches ist. Erleichtert wird das dadurch, daß unsere Sozialisten meist nicht in Antiklerikalismus machen, wie die deutschen Genossen. In Safenwil sind sie sogar ganz kirchliche Leute. Ein Blaukreuzler ist Präsident des Arbeitervereins (was in Deutschland auch kaum anginge!) und ist in beiden Vereinen sehr tüchtig und entschieden. In concreto handelt es sich in Safenwil hauptsächlich um den unverantwortlichen Verbrauch der Jugendlichen (größtenteils auch von den Eltern verschuldet!) und dann um die allgemeine Demoralisierung infolge der Abhängigkeit von den Fabriken. Diese Demoralisierung nennt sich bei uns Freisinn und ist der eigentliche Feind, mit dem wir es zu tun haben. Gerade in diesen

Tagen mußte ich einen meiner Fabrikanten sogar durch das Arbeitersekretariat verklagen lassen, weil er am letzten Samstag eine Gruppe von 40-50 Leuten, worunter sieben meiner Konfirmanden, bis um 11 Uhr nachts hat arbeiten lassen unter Vorwissen der Gemeindebehörde, die das Gesetz handhaben sollte.

Ich hatte diesen Winter wieder in verschiedenen auswärtigen sozialdemokratischen Vereinen zu reden, u.A. an einer sozialistischen Weihnachtsfeier, die in einer Kirche stattfand. Meine Frau kommt, wo es angeht, auch mit bei diesen Anlässen und erlebt überhaupt Alles sehr mit. – Sozialistische Pfarrer sind jetzt sehr begehrt in der Schweiz, ich habe schon viermal Anfragen bekommen für auswärtige Stellen, zweimal nach Zürich und einmal nach Binningen (Vorort von Basel). Doch will ich vorderhand Safenwil treu bleiben, auch meiner Studien halber. Übrigens bin ich noch nicht Parteimitglied, obwohl es mir natürlich schon sehr dringend nahegelegt worden ist. Mich ängstet das Verfängliche ... vorläufig! – ich fürchte aber, es kommt doch noch einmal dazu, daß es mich nicht mehr ängstigt. Dann werde ich wohl auch Bomben werfen wie Pseudo-Göhre!

Nun gehts der Passionszeit entgegen mit ihrer vielen Arbeit. Seit Neujahr habe ich alle Tage Konfirmandenunterricht. Heute Nachmittag haben wir einen 24jährigen beerdigt, der drei Jahre lang an der Lungentuberkulose krank gelegen ist. Seine 18jährige Schwester ist auch bereits schwer krank. Wieviel Elend dicht beieinander. –

Nicht wahr, Sie kommen im Frühling mit Frau Professor zu uns und sehen sich Alles aus der Nähe an. Meine Frau grüßt Sie unbekannterweise herzlichst und bes. auch Lenchen. Ich gleichfalls. Freundliche Grüße auch an Frau Professor!
Ihr ergebener Karl Barth.

1. Karl Vorländer war der Hauptherausgeber der Auswahl von Kants Werken in der Philosophischen Bibliothek des Felix Meiner Verlags, Leipzig. Barths Bemerkungen beziehen sich auf die textkritischen Einleitungen zu diesen Bänden.

Rade an Barth   Marburg, 4.4.1914

Lieber Karl Barth,
    eine große Bitte. Ich habe da einen ganzen Band »Hilfe« (Jahrgang 1913) gebunden als Rezensionsexemplar liegen. Habe schon immer ge-

dacht, es wäre Ihnen bei Ihren jetzigen Studien vielleicht nicht unwillkommen, den Band durchzuprüfen und in der CW ein paar Worte darüber zu sagen. Darf ich ihn an Sie schicken?

Und eine diskrete Frage. Haben Sie Pfarrer Koerber in Seengen kennengelernt? *Wie macht er sich?* Etwas wunderlich ist er ja. Aber nimmt man ihn ernst in der Schweiz? Von ihm ist der Artikel »Göhres Losung« in Nr. 10 der CW[1]. Bitte lesen Sie den, und sagen Sie mir dann Ihre *schweizerische* Meinung dazu.

Ich freue mich, daß ich bei dieser Gelegenheit Ihnen und Ihrer lieben Frau und vor allem Ihrer lieben und verehrten Mutter herzliche Grüße senden kann. Unsere Gedanken sind oft bei Ihnen in dieser ernsten schönen Zeit. Gott gebe, daß Sie uns bald eine frohe Nachricht senden können. Meine Frau und ich hatten jetzt doppelten Anlaß, uns mit unseren neuen Kindern zu beschäftigen, da wir in Schwartau und Kiel waren, um dort unsere Schwiegertochter und ihre Verwandten zu besuchen. Da war der Gedanke an die demnächst bevorstehende Schweizerreise (von der ich freilich ausgeschlossen bin) naheliegend. Lenchen freut sich unbändig darauf, und das ist ihr umso mehr zu gönnen, als sie wirklich von früh bis spät gar fleißig ist. Von Peter hatte ich heut einen lieben Brief: na, fleißig ist er auch! Ich nehme herzlichen Anteil an den sozialen und politischen Interessen, die Sie Beide verfolgen. Lassen auch Sie mich wieder von Ihren Erfahrungen und Ideen profitieren. Und damit Gott befohlen! Ein gesegnetes Osterfest Ihnen und Ihrer lieben Familie und Ihrer Gemeinde! Alle grüßen.

Stets Ihr R.

1. Anonym: Göhres Losung, durch die Erfahrung *in* der Kirche bestätigt, in: ChW 28 (1914), Sp. 225-227.

Barth an Rade   Safenwil, 7. 4. 1914

Lieber Herr Professor!

Die Besprechung der Hilfe 1913 übernehme ich sehr gerne[1]. Ich habe nur das eine Bedenken, daß ich die Hilfe in den letzten Jahren nicht mehr gelesen habe und somit nicht in der Lage bin, zu vergleichen. An sich aber wäre mir der Auftrag sehr willkommen. Auch für die Sachen aus der systematischen Theologie, von denen Sie mir früher schrieben, bin ich sehr empfänglich und werde mir alle Mühe geben, etwas Rechtes darüber zu sagen. Nur nicht gerade etwas von Lemme!!

Über Kollegen Koerber Auskunft zu geben, ist eine mißliche Sache. Er kam, kaum in seiner Gemeinde eingezogen, in den größten Krach mit ihr, weil er sich – mit Recht – stieß an den dortigen Wahlsitten und darüber einen heftigen Zeitungsartikel losließ. Wir jungen Aargauer Pfarrer nahmen damals (Herbst 1913) meist *für* ihn Partei, doch habe ich den Geschmack an ihm und seinem Kampf etwas verloren, seitdem ich ihn *persönlich* darüber reden hörte. Er ist doch wohl ein etwas unglücklicher Charakter. Sachlich betrachtet, ist er mir zu sehr *Kirchen*mann, d. h. er legt mir auf kirchliche Fragen, Kämpfe etc. viel zu viel Gewicht. Das geht bei uns nicht. Besonders hier im Aargau gehört die Unterscheidung von Kirche und Reich Gottes zum ABC. Koerber hat viel zu viel Emphase für die erstere übrig. Man darf bei uns Dinge wie Tabakrauchen in der Kirche [Zusatz am unteren Rand: Geschah schon vor 30 Jahren in Reitnau, einer *streng* kirchlichen Gemeinde, wo mein Vater Pfarrer war, und wurde von ihm toleriert!!] nicht *so* schwer nehmen, daß man darüber Himmel und Hölle entfesselt. Und das hat er eben in Seengen getan. Und darum kann *ich* wenigstens ihn nicht mehr so recht ernst nehmen. Auch seinen Artikel nicht, der mir bei aller zur Schau getragenen Gottfried Arnold-Stimmung[2] doch hauptsächlich den enttäuschten Kirchentheologen zeigt. Wer innerlich frei ist der Kirche gegenüber, der stimmt nicht gleich ein solches Lamento an, wenn er mit der Kirche Erfahrungen machen muß wie Koerber in Lyon, Gelsenkirchen und Seengen. Es ist ja ganz klar, daß »die Religionslosen« herrschen in der Kirche[3], bei Ihnen wie bei uns, aber was will denn das beweisen? Die Kirche ist eben auch ein Stück »Welt«, und die Welt ist nun einmal religionslos! Und haben wir, die Religiösen, nicht auch eine große religionslose Ecke in unserer Seele? Wozu diese Entrüstung über »die Massen«[4]. Sie mutet mich pharisäisch an. Ich meine, wir Pfarrer sollten die Kirche schlecht und recht als unseren gegebenen Arbeitsplatz in der Welt ansehen – Arbeitsplatz für das kommende Gottesreich in den Herzen und Verhältnissen – und sie eben darum *als Kirche* in *keinem* Sinn tragisch nehmen. Koerber *tut* das, und das ists, was ich an ihm auszusetzen habe. Ich glaube, daß er bei seinem Charakter und seiner eigentümlichen Einstellung trotz Allem in Deutschland besser einen Wirkungskreis finden würde als bei uns.

Unser Familienereignis läßt immer noch auf sich warten und wird sich nun voraussichtlich mitten in der Arbeit der Passions- und Ostertage vollziehen. – Das beiliegende religiös-soziale Aktenstück wird Sie auch interessieren. Die 5 Unterzeichnenden sind Alle Partei-Sozialisten.

Bitte freundlichst das Angestrichene zu beachten!
Mutter und Liebste senden Ihnen und den lieben Ihrigen die herzlichsten Grüße, ebenso Ihr ganz ergebener
Karl Barth.

1. *Karl Barth:* »Die Hilfe« 1913, in: ChW 28 (1914), Sp. 770-774.
2. Rade hatte in einem Nachwort zu Koerbers Artikel bemerkt: »Und die *Gottfried Arnoldsche* Geschichtsbetrachtung hat gelegentlich ihr subjektives Recht, aber sie ist nicht gerecht« (ChW 28 [1914], Sp. 227).
3. Koerber schrieb in seinem Artikel: »Gerade die Religionslosen herrschen in der Kirche; die Religiösen wenden sich von ihr ab, weil sie ihnen Steine statt Brot bietet, Worte statt Kraft« (a.a.O., Sp. 225).
4. Vgl. a.a.O., Sp. 226f.

Rade an Barth   Marburg, 10. 4. 1914

Lieber Karl Barth,
»Hilfe« geht in diesen Tagen an Sie ab. Es genügt, daß Sie den Band ordentlich durchsehen und über seine geistige Leistung nach allen Seiten hin ein Werturteil abgeben. – Dank für Nachricht über Koerber und alles Weitere. Freilich sehnen wir uns allmählich, noch mehr von Ihnen zu hören! Und wünschen Ihnen in jedem Sinne fröhlich gesegnete Ostertage. Grüßen Sie Gattin und Mutter sehr. Lenchen geht zu ihrer Erholung auf ein paar Tage nach Frankfurt, sie hat stramm gearbeitet, vor allem in Materie, nämlich in Kleiderstoffen und Erdboden. Gott befohlen. Ihr R.

Rade an Barth   Marburg, 8.5.1914

Lieber Karl Barth,
Ihr Kampf für die Initiative wider Synode und Politiker interessiert mich sehr: Peter schickte die Zeitungsausschnitte. Ich schrieb auf Ihren Wunsch hin nach Wiesbaden und bat, Ihnen gleich direkt Nachricht zu geben; hoffentlich hat Pastor Beckmann das getan. Es wird mir lieb sein, gelegentlich zu erfahren, was er Ihnen geantwortet hat. Wenn Wiesbaden in dieser Sache fehlgeht, so müssen wir auch dagegen protestieren. – Inzwischen wünsche ich Ihnen, daß Sie einen recht glücklichen Geburtstag feiern. Es kann, wenn anders Ihre liebe Frau und Ihr

Töchterchen frisch und mobil sind – was Gott geben möge – nicht anders sein: welche Erhöhung Ihres Daseins. So möge Ihnen das neue Jahr dies häusliche Glück erhalten und Ihren idealen Kämpfen Erfolg bescheren. Meine Frau grüßt und gratuliert mit mir.
Ihr Rade

Barth an Rade   Safenwil, 13. 8. 1914

Lieber Herr Professor!
    Ich möchte diese Sendung doch nicht abgehen lassen ohne ein paar persönliche Worte. Sie können uns glauben, daß wir viel an Sie Alle denken in diesen schweren Zeiten, von denen Sie ja ganz anders betroffen sind als wir. Was mögen Sie Alles durchgemacht haben und noch durchmachen, äußerlich und innerlich. Gottfried wird wohl zurückgekehrt und in die Armee eingetreten sein. Von Loew[1] höre ich, daß er als Freiwilliger mitgehen will. Und gewiß haben Sie eine ganze Menge von Freunden und Bekannten unter denen, die nun nach Osten und Westen hinausziehen, dem Unbekannten entgegen. Es ist eine dunkle Welt, von welcher Seite man es auch ansehen mag. Auch bei uns ist die Unruhe und Sorge und vielleicht bald auch die Not groß. Man weiß jetzt, wozu man auf seinem Posten ist als Pfarrer. Auch unsere gesamte Mannschaft steht ja kriegsmobil an der Grenze, und außer Gefahr sind wir keineswegs. Der Vorgang in Belgien hat die Spannung bei uns begreiflicherweise erhöht. Dazu der völlige Stillstand des industriellen Lebens hier im Innern, die Lebensmittelsperre – nicht zuletzt aber der Druck der auswärtigen schrecklichen Ereignisse, das Alles lastet sehr auf unseren Leuten, und wir Pfarrer haben genug zu tun, alle die beschwerten Herzen auf den rechten Tröster hinzuweisen. Daneben wirke ich aber auch als Heu- und Erntearbeiter i. V. mit ziemlichem Erfolg und bin Mitglied einer bewaffneten Bürgerwehr, als welches ich alle Woche eine Nacht hindurch zu patrouillieren habe. So ist Ernstes und Heiteres auch in diesen Zeiten nahe beieinander.
    Zu dem »Hilfe«-Artikel habe ich beiliegendes kleines Nachwort[2] geschrieben, das mir nötig schien, weil er sonst unter den jetzigen Umständen völlig in die Luft zu gehen scheint. Sie drucken es vielleicht durch *** vom Übrigen getrennt oder als Fußnote.
    Grüßen Sie Frau Professor, – Tante Dora dürfen wir ja nun sagen, – herzlich von uns Beiden. Die letzte Nummer der C.W. (2.-8. Aug.) muß im Kriegsgetümmel verloren gegangen sein. *Könnten wir sie wie-*

der bekommen? Wir möchten gerade jetzt den geistigen Kontakt mit Marburg um keinen Preis missen! Viele Grüße auch an Lenchen. Wir gehen wohl kaum irre, wenn wir sie in irgend einem Lazarett tätig vermuten, und wünschen auch ihr von Herzen Kraft und Mut zu einer gesegneten Arbeit in dieser Zeit, die viele Seelen und Hände nötig hat.
In alter Treue
Ihr ergebener
Karl Barth

Natürlich grüßt auch meine liebe Frau. Unser Kindchen gedeiht ganz prächtig. Es weiß nichts von Krieg und Kriegsgeschrei.

1. Wilhelm Loew (geb. 1887), ein enger Freund Barths und Thurneysens aus der Marburger Zeit, heiratete am 31. 10. 1914 Elisabeth Naumann, die einzige Tochter Friedrich Naumanns. Nach 1945 Professor für Praktische Theologie in Mainz.
2. Dieses Nachwort wurde in der ChW nicht gedruckt.

Barth an Rade   Safenwil, 31. 8. 1914[1]

Verehrter lieber Herr Professor!
Ich habe es mir lange überlegt, nun muß ich es Ihnen doch sagen, wie sehr mir die letzten 3 Nummern der Chr. W. (32-34) eine Enttäuschung, religiös geredet ein »Ärgernis« sind. Es fällt mir so schwer, Ihnen das zu schreiben, und noch viel schwerer muß es Ihnen fallen, mir zuzuhören. Aber ich habe das Gefühl, es ginge innerlich etwas entzwei zwischen Marburg und mir, wenn ich jetzt schweigen würde. Und Sie hatten doch immer wie Wenige die Fähigkeit, auch ganz andere Gesinnungen und Stimmungen als Ihre eigenen und die gerade um Sie herrschenden zu begreifen. Das kann trotz Allem nicht so ganz anders geworden sein. Und ich habe den Mut, Ihnen zu schreiben, weil ich weiß, daß ich nicht der Einzige bin diesseits des Rheins, der so denkt.
Wir verstehen Sie nicht, verehrter lieber Herr Professor, wir *können* und *wollen* Sie nicht verstehen in Ihrer bisher eingenommenen Haltung dem *Krieg* gegenüber. Bitte werfen Sie mir jetzt nicht gleich dazwischen, daß ich Schweizer sei und über diesen Krieg nicht reden könne. Sie machen sich die Abwehr unserer Einwände immer wieder viel zu leicht mit dieser Feststellung (auch Sp. 774!)[2]. Über alles Politische sage ich kein Wort, ich maße mir kein Urteil darüber an, es

dürfte bei der Kompliziertheit der Dinge überhaupt jetzt noch nicht möglich sein, darüber zu urteilen. Aber ich vermisse schon die letztere Einsicht, die doch für Sie so gut gilt wie für uns. Alles, was Sie in der Chr.W. jetzt sagen, geht von der stillschweigenden oder ausdrücklichen Voraussetzung aus, daß Deutschland Recht hat in diesem Krieg. Ich trete nicht ein auf diese Frage. Die Geschichte wird darüber entscheiden. Aber das verwundert mich, daß die Chr.W. – eine *religiöse*, christliche Zeitschrift und von der *geistigen Kultur* der Chr.W. – diese populäre Voraussetzung einfach mitmacht (Volles Vertrauen... Sp. 767[3], Glaube an die gute Sache Sp. 770[4], Anklage gegen England und Rußland Sp. 782[5]), wo es doch vom Standpunkt des Glaubens wie der Bildung aus ein *Schweigen* geben dürfte, weil diese Dinge noch sub judice sind. Und das führt mich nun sofort zu dem Hauptanstoß, den ich, den wir jetzt an der Chr.W. nehmen. Sie haben jene Voraussetzung nötig als Grundlage dessen, was Sie (Sp. 788) »fromme Kriegsfertigkeit«[6] nennen. Und das ist nun noch schlimmer als jene Voraussetzung. Das ist mir das Allertraurigste in dieser traurigen Zeit, zu sehen, wie jetzt in ganz Deutschland Vaterlandsliebe, Kriegslust und christlicher Glaube in ein hoffnungsloses Durcheinander geraten und wie nun auch die Chr.W. prinzipiell tut, wie ganz Deutschland tut. Das ist die Enttäuschung für uns, von der ich Ihnen sagen *muß*, daß wir sehen müssen, wie die Christliche Welt in diesem entscheidenden Augenblick aufhört *christlich* zu sein, sondern sich einfach *dieser* Welt gleichstellt. Das, was in diesem Augenblick das vom christlichen Standpunkt aus einzig Mögliche wäre, der unbedingte Protest gegen den Krieg überhaupt und gegen all das Menschliche, was ihn herbeigeführt hat, das wollen Sie gerade jetzt (wann hat es einen Sinn, wenn nicht jetzt, möchte ich fragen?) nicht hören, sondern Sie wollen das »Rein-Religiöse« (Sp. 786)[7] in den Vordergrund stellen, das nach den bisherigen Proben nichts Anderes bedeutet als das Deutsch-Religiöse. Dieser Zusammenbruch vor den »harten Realitäten« ists, der uns weh tut, wir hatten von der Chr.W. Anderes erwartet. Es versteht sich von selbst, daß Deutschland den Krieg, den es nun, mit Recht oder Unrecht einmal hat, auch führen muß, mit Verteidigung und Angriff, mit 42cm-Geschützen und Neutralitätsverletzungen, mit Massenfüsilierungen und Städtezerstörungen. À la guerre comme à la guerre. Aber warum lassen Sie bei dieser ganzen weltlichen, sündigen Notwendigkeit Gott nicht aus dem Spiele? Meinetwegen durch völliges Schweigen, wenn der »harten Realitäten« wegen das Protestieren nicht angeht; Schweigen mit allen religiösen Beziehungen auf das, was die Deutschen jetzt tun müssen, wäre auch ein Protest. Aber nicht Gott in der Weise in die Sache hineinziehen, als ob die Deutschen mit samt ihren großen Kanonen sich jetzt als seine Mandatare fühlen dürften, als ob sie in diesem Augenblick mit gutem Gewissen schießen und brennen dürften. *Das* nicht! Und gerade das, das gute Gewissen predigen Sie jetzt, jetzt wo das schlechte Gewissen das christlich allein Mögliche wäre gegenüber der nun einmal vorhandenen weltlichen, sündigen Notwendigkeit. Wie soll es mit den Menschen vorwärts gehen, wenn man ihnen jetzt – in diesem furchtbaren Ausbruch menschlicher Schuld – für ihr Tun noch den Trost des guten Gewissens spendet? Gibt es im gegenwärtigen Augenblick, wenn man nicht das Schweigen dem Reden vorziehen will, etwas Anderes zu sagen als »Buße«? Ja! sagen Sie, es gibt etwas Anderes, und lassen die Engel im Himmel sich über die deutsche Mobilisation freuen[8], lassen die deutschen Frauen ihr Kriegsgebet mit Trommelschlag beten[9], lassen Fritz Philippi von einem heiligen Krieg reden[10] (leider übrigens poetisch ganz wundervolle Stücke, religiös um so bedenklicher!), machen selber den Paulus zum Advokaten der Vaterlandsreligion[11], feiern das Zusammenknicken der deutschen Sozialdemokraten am 4.August als etwas »Wundervolles«!! (Sp. 787)[12] und drucken – dies ist für mich das Gravierendste – die Lutherschrift über den Krieg ab, die mich, ich muß es Ihnen gestehen, in diesem Zusammenhang, angewendet auf diesen Macht- und Rassenkampf, in ihrer Mischung von Naivität und Sophisterei einfach anwidert. »Fromme Kriegsfertigkeit« – ist das das Wort, das die Chr.W. in dieser großen Stunde zu sagen hat? »Gottes Wille aus dem Wirklichen erkennen«[13] wollen Sie. Das möchten auch wir. Aber in der Art, wie wir es tun, offenbart sich der ganze ernste religiöse Gegensatz, der zwischen Ihnen Allen und uns besteht und neben dem mir Alles das, was Sie z.B. mit D. Kaftan verhandelten[14], bedeutungslos erscheint. *Wir* sagen: Hominum confusione et Dei providentia mundus regitur, wehren uns gegen die confusio, so lange es geht, fügen uns ihr in bitterer Beschämung, wenn es nicht mehr geht, und glauben dann, daß Gottes providentia trotz uns zustande bringt, was er haben will. *Sie* gehen religiös von dem neuesten Testament aus, daß der Christ heute unter ganz anderen Bedingungen lebe als zur Zeit der Apostel (Sp.770), folgern daraus ohne Zaudern die Pflicht, sich als Deutsche mit Ehren zu behaupten, und gehen dann ohne weitere Umstände dazu über, »ein festes Herz« zu bekommen[15]. – Ich will mir das Schlagwort von den »zwei Religionen« nicht aneignen, aber noch nie ist mir so klar gewesen wie jetzt, wie recht Luther hatte, als er unserem Zwingli das Wort vom »andern Geist« sagte. Das hat nun offenbar auch so sein sollen, daß dieser Gegensatz nun einmal zu offenem und unversöhnlichem Ausdruck gekommen ist. Gerade weil Sie so unmittelbar und unter starkem Druck geschrieben haben. Ich habe nun nur die *eine* Angst, die ich schon andeutete, daß Sie diesen Gegensatz wieder auf einen politischen, schweizerisch-reichsdeutschen reduzieren. Sie haben uns das nun schon oft so gemacht und beharren offenbar dabei, hier, auf der Oberfläche, den Kern des Problems zu suchen. Ich habe aber die Hoffnung, daß gerade die Wucht der gegenwärtigen Tatsachen dazu dienen wird, auch Ihnen eine andere Orientierung wenigstens näherzulegen, als es bis dahin der Fall war.

Mit den herzlichsten Grüßen an die lieben Ihrigen auch von meiner Frau
Ihr ergebener
Karl Barth

1. Der Brief wurde zuerst abgedruckt in: Neue Wege 8 (1914), S. 429 bis 432.

2. Zu Barths Aufsatz: »Die Hilfe« 1913, in: ChW 28 (1914), Sp. 774-779, schrieb Rade in einer »Vorbemerkung des Herausgebers« (Sp. 774): »Obiger Artikel ist das Votum eines schweizer Religiös-Sozialen über einen Jahrgang der *Naumann*schen ›Hilfe‹. Der Verfasser, von unsern redaktionellen Plänen nicht unterrichtet, hatte keine weitere Aufgabe, als von seinem Standpunkte aus über diese uns so nahe stehende deutsche Wochenschrift seine Meinung zu sagen.«

3. In den Glossen, überschrieben »Nach der Mobilmachung«, vom 2. 8. 14 schreibt Rade: »Eine unüberschätzbare Wohltat in dieser kritischen Zeit, daß wir zur Besonnenheit und Gewissenhaftigkeit unsrer Regierenden, zu Kaiser und Kanzler volles Vertrauen haben können« (Sp. 767).

4. Barth bezieht sich auf die Äußerung Rades: »Unter andern Bedingungen als zur Zeit der Apostel lebt heute der Christ. Gottes Willen aus dem Wirklichen erkennen ... , das kann man jetzt meisterlich lernen. Der Krieg wird Leid bringen und Freude, Leid in schweren, in furchtbaren Verlusten, Freude in Behauptung und Siegen. Denn zwar von Siegen schwärmen, wenn man zu Felde zieht, das hat geringen Wert. Aber glauben an sein Volk und die gute Sache, und in solchem Glauben sein Leben und Lebensglück einzusetzen – das dürfen, das sollen wir« (Sp. 770).

5. Aus den Glossen »Zum Kriege« vom 5. 8. 14: »Schrecklich, diese russischen Minister, die ihr Ehrenwort brechen. Und der Zar ist nicht besser – wenn er noch weiß, was er tut, oder kann, was er will« (Sp. 782). – »Soeben kommt die Nachricht, daß auch England den Krieg erklärt hat. Von diesem Krieg wird England wenig Segen haben« (ebd.).

6. Rade schreibt in der Einleitung zum Abdruck von Luthers Schrift »Ob Kriegsleute auch in seligem Stande sein können« (1526): »Wir wollen die

deutsche Grundschrift frommer Kriegsfertigkeit zum Abdruck bringen« (Sp. 788).

7. Rade schreibt in dem Aufsatz »Von der Lage unserer Zeitung« (Sp. 785 bis 787): »Dabei ist es schwer für uns, daß das Problem von Krieg und Frieden, das uns nach wie vor auf der Seele brennt, und das nun ungefähr das Zeitgemäßeste ist, was es geben kann, *fürs erste von der Erörterung ausgeschlossen sein muß.* Denn wir haben es augenblicklich mit zu harten Realitäten zu tun, als daß das Problem zur öffentlichen Geltung kommen könnte. Selbstverständlich wird das rein Religiöse im Vordergrunde stehn« (Sp. 786).

8. Aus den Glossen »Zum Kriege« vom 5. 8. 14: »Es ist wundervoll, mit welcher Ruhe, Ordnung und Sicherheit sich unsre Mobilmachung vollzieht. Daran müssen doch auch die Engel im Himmel ihre Freude haben« (Sp. 781).

9. Das »Gebet deutscher Frauen« von Emma Mühlenhoff schließt mit den Zeilen:
»Wirbelt, ihr Trommeln, wirbelt durchs Land:
Überall, stehn wir in Gottes Hand!« (Sp. 788).

10. »... das deutsche Volk ward eins und gleich!
Kennt nicht mehr Arm und nicht mehr Reich.
Von Feinden rings umdroht,
hat sichs wie ein einiger Mann erhoben
zum heiligen Krieg auf Leben und Tod! ...« (Sp. 796).

11. Rade stellte seine Gedanken über »Vaterlandsliebe und Christentum« (Sp. 787f.) unter das Motto von Röm 9,3: »Ich wünschte verdammt zu sein von Christus weg, ich, für meine Brüder, die mit mir eines Fleisches und Blutes sind.«

12. »Wundervoll, was wir jetzt erleben an Leistungen und Triumphen der Vaterlandsliebe! Mit Einem Mal wahrhaftig und wirklich Ein Volk von Brüdern: träumen wir? Kaiser, Kanzler und Konservative mit den Sozialdemokraten Hand in Hand: geschehen noch Wunder?« (Sp. 787).

13. Vgl. Anm. 4.

14. Vgl. *Th. Kaftan:* Zwei Religionen? Antwort auf Herrn D. Rades Offenen Brief, Sp. 729-731; *M. Rade:* Zwei Religionen? Antwort an Herrn Generalsuperintendenten D. Kaftan in Kiel, Sp. 750-753; Th. Kaftan: Zwei Religionen? Antwort an Herrn Professor D. Rade, Sp. 828-830.

15. In Rades Andacht »Gottes Wille im Krieg« über Hebr. 13,6: »Es ist ein köstlich Ding, daß das Herz fest werde, welches geschieht durch Gnade« findet sich der Satz: »Unter andern Bedingungen als zur Zeit der Apostel lebt heute der Christ« (Sp. 770).

Rade an Barth Marburg, 25.9.1914

Lieber Karl,
ich schrieb an Ragaz[1], ob er Deinen Brief und meine Antwort in die Neuen Wege aufnehmen wolle. Aber die Antwort ist noch nicht geschrieben, ich will sie erst fixieren, nachdem ich von Ragaz Bescheid habe. Schreiben Sie – oder schreibe Du (wir wollen uns doch lieber Du nennen) ohne Verzug an Ragaz, ob Du mit Deinem Brief zur Verfügung stehst? Der Brief drückt Deine Gedanken vortrefflich aus, also weshalb nicht? – Peters Besuch[2] war uns eine große Freude, hoffentlich seht und sprecht Ihr Euch bald. Herzliche Grüße von Haus zu Haus. R.

1. Leonhard Ragaz (1868-1945), Pfarrer am Münster in Basel, ab 1908 Professor für Systematische und Praktische Theologie in Zürich, 1921 Rücktritt von der Professur, seitdem Leiter der Arbeitervolkshochschule Gartenhof, Präsident des internationalen Bundes der religiösen Sozialisten, Herausgeber der »Neuen Wege«.
2. Barth berichtete Thurneysen am 25. September 1914 von Peter Barths Besuch in Marburg; vgl. BwTh I, S. 11f.

Barth an Rade Zürich, Villa Krähbühl, Fluntern, 1.10.1914

Lieber Herr Professor!
Ich danke dir herzlichst für deine Karte und für das angebotene Du, das mich sehr freut und ehrt und das ich gern annehme, wenn ich mir auch noch nicht ganz klar bin über das zu dem neuen Pronomen sich schickende Substantiv. Das wird sich ja finden. Vorderhand schreibe ich noch Herr Professor, wie ichs gewohnt bin. Wenn wir uns nur auch geistig näherkommen könnten in dieser schwierigen geister*scheidenden* Zeit. Es ist gut, daß Peter bei euch war, er hat mir ausführlich über den Ertrag seiner Reise geschrieben. Wichtig war mir vor Allem, daß du in Deutschland auf dem äußersten Flügel stehst und sogar Anfechtungen durchzumachen hast. Inzwischen sind mir nun auch die Äußerungen von Traub[1] bekannt geworden, ferner wie Natorp[2], Dryander[3], Harnack[4], Eucken[5], die Berliner Missionsleute[6] sich stellen. Ich sehe vollkommen ein, daß mein Brief *dir* weh tun mußte und daß er in das Couvert mit dem + darauf kam. Aber sachlich kann ich doch nichts zurücknehmen. Im Gegenteil: die Kluft ist weiter geworden seitdem, ich könnte mich heute kaum mehr zu der Ruhe zwingen, mit der ich dir meinen letzten Brief schrieb. Ich würde jetzt so gerne schreiben: ich

verstehe dich und du verstehst uns, aber es wäre einfach nicht wahr: wir verstehen uns nicht. Du bist anders als die Anderen, aber nur graduell anders, während zwischen euch *Allen* und uns ein prinzipieller Unterschied besteht. Wie gerne würde ich deine zwei letzten Andachten[7] anders deuten. Daß wir Alle sie dir hoch anrechnen, brauche ich dir nicht zu versichern. Aber all das Andere, was du geschrieben hast und hast schreiben lassen, ist damit nicht weggewischt. Du nennst Traub einen »Kriegsprediger von Gottes Gnaden«[8] und bekennst dich damit zu ihm. Du lässest Philippi in seiner »heiligen Raserei« weitertoben[9]. Du schickst mir Natorps Artikel, wo die Feinde Deutschlands der »Welt voll Teufel« gleichgesetzt werden[10]. Ich will nicht fortfahren mit Anklagen. Ich will überhaupt nicht anklagen. Wir sind nicht eure Richter. Es ist uns Allen unendlich wehmütig ums Herz, wenn wir an Deutschland denken, an *das* Deutschland, das wir lieb haben und dem wir so viel Dank schuldig sind. In mir ist etwas von der Hochachtung deutschem Wesen gegenüber für immer zerbrochen, das weiß ich, nicht etwa wegen Burgweiler, Löwen, Reims etc. – diese Dinge nehmen wir nicht so wichtig, wie Ihr denkt –, sondern weil ich sehe, wie eure Philosophie und euer Christentum nun bis auf wenige Trümmer untergeht in dieser Kriegspsychose. *Das* ist schmerzlich für uns; die wir bei euch gelernt haben. Wie getäuscht kommen wir uns vor. Wie gesagt: wir wollen nicht richten, aber das ist mir klar, daß unsere Wege weit, sehr weit auseinandergehen. Bevor die Nebel, die jetzt noch die feinsten Gemüter bedrücken, sich verzogen haben, werden wir uns *nicht* verstehen und tun besser, jeder »seines Glaubens zu leben« und uns nicht dreinzureden. Einmal wird es ja an den Tag kommen, welcher Ring der echte ist.

Ich stehe darum auch deinem Vorschlag, unseren Briefwechsel zu veröffentlichen, so wie du mir ihn *jetzt* machst, sehr unsicher und ehrlich gesagt: wenig geneigt gegenüber. Peter redete anfänglich von einer Publikation in der ZThK. In dieser Form leuchtete mir die Sache noch ein. Sie hätte dort den Charakter einer objektiven Auseinandersetzung mit einem religiösen Problem von höchster aktueller Wichtigkeit gehabt, ohne Tendenz nach der einen oder anderen Seite. Auch in der CW würde sie guten Sinn gehabt haben. Sie wird in Deutschland *und* in der Schweiz fleißig gelesen, und es würde dann gleichmäßig das Publikum auf *beiden* Seiten zum Nachdenken über die Sache aufgefordert. Aber nun hast du die »Neuen Wege« vorgeschlagen und das befremdet mich. Hier bekommt die Publikation (da das Blatt in Deutschland kaum gelesen und jedenfalls jetzt als schweizerisch nicht Ernst genommen wird!) ganz einseitig den Charakter einer an uns Schweizer gerichteten Aufklärung oder Rechtfertigung. Sie würde ein Teil des großen Papierfeldzuges um die Seele der Neutralen, der gegenwärtig von Deutschland aus geführt wird. Ich glaube dir wirklich nicht zu nahe zu treten, wenn ich dir die an sich ganz erklärliche Absicht zuschreibe, mit der Publikation an diesem Feldzug teilzunehmen. Mir ists nicht wohl dabei, und ich sträube mich dagegen, auch nur indirekt diesen Feldzug zu unterstützen. (Nur *nebenbei* sei das gesagt: es wird uns höchst unsympathisch. Ihr geht von der falschen Voraussetzung aus, daß wir Neutralen nur Heerestelegramme u.dgl. lesen, daher das Bombardement aller intellektuellen Kreise mit Nachrichten, die wir meist längst kennen. Unsere Zeitungen sind voll von deutschen Soldatenbriefen etc., aber allerdings lesen wir französische Berichte und Darstellungen *auch*, während *ihr* in Wirklichkeit die einseitig Informierten seid. Die Grenze ist ja hermetisch verschlossen, sogar gegen unsere Zeitungen.) Ich meine: wenn du den Abdruck in der CW oder ZThK für unratsam hältst, weil man sich in Deutschland jetzt doch nicht dreinreden lassen will (was mir nach Allem höchst wahrscheinlich ist), so haben wir Schweizer mindestens keine Freudigkeit, eure Aufklärungen entgegenzunehmen. Ich meine das natürlich nicht persönlich, im Gegenteil, ich freue mich auf deine Antwort und bin durchaus willig, daraus zu lernen, aber wenn das, was wir schreiben, für die Öffentlichkeit geschrieben sein soll, dann an die Adresse *beider* Völker und nicht einseitig an die unsrige. Ragaz, mit dem ich gestern sprach, denkt darin anders. Ich will darum auch deinen Vorschlag nicht geradezu ablehnen, nur mußte es gesagt sein, daß er mir in dieser Form wenig Freude macht. Lieber wäre es mir, wenn es mit der CW oder ZThK nicht geht, du würdest *abgesehen* von meinem Brief einen Artikel für die »Neuen Wege« schreiben. Ragaz ist bereit, Alles von dir aufzunehmen (Redaktionsschluß 7. Okt.!). Auf jeden Fall wird aber in den »Neuen Wegen« geantwortet werden. Mir scheints, es sei vielleicht überhaupt noch etwas früh zu solchen Verhandlungen.

Wir sind hier für 14 Tage in den Ferien bei meinem Schwager Kisling[11]. Nächsten Mittwoch 7. Okt. fahre ich nach Safenwil zurück. Meine Frau und unser Kindlein bleiben noch ein paar Wochen da. Sie lassen dich und alle Lieben herzlichst grüßen, bes. Schwester und Tante Lenchen!

Treulichst ergeben
Dein Karl Barth

1. Gottfried Traub (1869-1956), der 1911 wegen seiner Verteidigung des amtsenthobenen Kölner Pfarrers Carl Jatho ebenfalls vom EOK aus dem Pfarrdienst entlassen wurde, verfaßte die Andachten in der von Friedrich Naumann herausgegebenen Zeitschrift »Die Hilfe«, in denen er sich als einer der markantesten Vertreter der deutschen Kriegstheologie profilierte. Traubs Andachten waren in erster Linie der Grund dafür, daß die Abonnentenzahl der »Hilfe« – ganz anders als die der ChW – nach Kriegsbeginn stark zunahm. Seit Kriegsbeginn war Traub auch als Herausgeber und Hauptautor der »Eisernen Blätter« tätig, die an die Soldaten an der Front verschickt wurden.

2. Vgl. *P. Natorp:* Brief an einen holländischen Theologen, in: ChW 28 (1914), Sp. 861-862.

3. Vgl. E. von Dryanders Predigt über Röm. 8,31 vom 4. August 1914, abgedruckt in: *B. Doehring (Hg.):* Ein feste Burg – Predigten und Reden aus eherner Zeit, Bd. I, Berlin 1915, S. 14ff.

4. Vgl. A. von Harnacks Rede zur »Deutsch-amerikanischen Sympathiekundgebung« am 11. August 1914 im Berliner Rathaus, zuerst in: Internationale Monatsschrift 1. Oktober 1914, jetzt in: *A. von Harnack:* Aus der Friedens- und Kriegsarbeit. Reden und Aufsätze, Bd. III, Gießen 1916, S. 283 bis 290. Vgl. auch die Rede vom 29. September 1914: Was wir schon gewonnen haben und was wir noch gewinnen müssen, a.a.O., S. 313-330.

5. Vgl. *R. Eucken:* Die sittlichen Kräfte des Krieges, Leipzig 1914, und: Die weltgeschichtliche Bedeutung des deutschen Geistes (Der Deutsche Krieg 8), Stuttgart und Berlin 1914. Zur Haltung Euckens im Weltkrieg vgl. *H. Lübbe:* Politische Philosophie in Deutschland (1963), TB München 1974, S. 176-185.

6. Auf die Berliner Missionsleute geht der Aufruf »An die evangelischen Christen im Auslande« zurück, der in der »Allgemeinen Evangelisch-Lutherischen Kirchenzeitung« vom 4. September 1914, Sp. 843f., abgedruckt wurde, ebenso in: Protestantenblatt 1914, Sp. 884-887, und in: Kirchliches Jahrbuch 42 (1915), S. 209-213; Teilabdruck jetzt in: *K. Hammer:* Deutsche Kriegstheologie 1870-1918 (1971), TB München 1974, S. 203f.

7. Mit den »zwei letzten Andachten« meint Barth erstens die Andacht: Der Bankerott der Christenheit, in: ChW 28 (1914), Sp. 849f. Dort schrieb Rade: »... überlegen wir einen Augenblick nur, was dieser Weltkrieg in seinem Umfang, seiner Durchführung und vermutlichen Länge für die Christenheit bedeutet – so erkennen wir rasch: den nicht zu verheimlichenden *Bankerott* ... den Bankerott der Christenheit als eines völkerverbindenden Ganzen« (Sp. 850). Barth bezieht sich zweitens auf die Andacht »Der Gott der Völker«, in: ChW 28 (1914), Sp. 869-871. Dort schrieb Rade: »Aber damit retten wir uns nicht aus dem Bankerott, daß wir uns nun als die einzigen Vertreter der christlichen Firma fühlen und auftun. Dawider hilft uns jener andre, *Luthersche,* Kirchenbegriff, der uns lehrt Kirche glauben, wo nur irgend Gottes Wort verkündet und das Vaterunser gebetet wird. Unser

christlicher Horizont bleibt so weit, als die Wolken gehen« (Sp. 870). — »Und müssen wir es nicht sogar fertig bringen, dabei für unsre Feinde zu beten? Wenn nicht, so werden uns die Krieger draußen beschämen, die mit dem Verwundeten oder Gefangenen des feindlichen Volkes ihr Brot teilen« (Sp. 871).

8. Rade schrieb über Traub: »*Traub* kämpft ganz vorn in der Front des Krieges, mit Arndtschem Zorn. Verwundete zu holen war er in Lüttich, so gewann seine Leidenschaft Anschauung. Er ist ein Kriegsprediger von Gottes Gnaden« (ChW 28 [1914], Sp. 831).

9. »Wir über Gottes allmächtigen Willen,
und seiner Gerechtigkeit Schrei
wollen wir an den Frevlern rächend erfüllen
voll heiliger Raserei«
(Fritz Philippi, in: ChW 28 [1914], Sp. 823).

10. Vgl. den Anm. 2 genannten Brief von Natorp, a.a.O., Sp. 862.

11. Richard Kisling (1862-1917), verheiratet mit Nelly Barths Schwester Hedwig, Kaufmann und Kunsthändler in Zürich.

Rade an Barth Marburg, 5. 10. 1914

Lieber Karl Barth,

meine Absicht, unseren Briefwechsel in der ZThK zu veröffentlichen, ist gar nicht aufgegeben. Aber bis dahin vergeht ja unter allen Umständen noch sehr viel Zeit. Denn für diesen Jahrgang ist die ZThK versorgt[1]. Nun schien mir nach der Lektüre der »Neuen Wege« und nach den Gesprächen mit Peter es dringend notwendig, schon vorher Fühlung mit den Schweizern zu suchen. Du wirst Dich ja überzeugen, daß alle die Befürchtungen, die Du von der Tendenz meiner Antwort hast, unbegründet sind. Selbstverständlich kannst Du auch antworten in den »Neuen Wegen«, wo ich Dir voraussichtlich das letzte Wort lassen werde; dagegen kann ich ja dann in der ZThK die Korrespondenz fortsetzen. Die rein dogmatische Art Deines Briefes läßt ja was anderes als eine mehr oder minder theologische Antwort gar nicht zu. Ob aber meine Antwort ohne Deinen Brief in den »Neuen Wegen« verständlich ist, das muß ich ganz dem Redakteur und Dir überlassen. Ich dränge also nicht darauf, daß Dein Brief auch in den »Neuen Wegen« veröffentlicht wird. In die ZThK müssten dann ja alle Akten kommen. Ich lege eine Korrektur Deines Briefes bei und schicke sie gleichzeitig an Ragaz. Bitte verständige Dich sofort mit ihm darüber, ob Dein Brief auch in den »Neuen Wegen« gedruckt werden soll[2]. Ich werde mein Möglichstes tun, daß meine Antwort am 7. bei Ragaz ist, jedenfalls sie morgen am 6. noch abschicken.

Deinen heutigen Brief habe ich mit allem Bedacht gelesen und verstehe Dich ganz gut. Aber ich bestreite vollkommen, daß Du unsere Volksseele jetzt richtig beurteilst. Das mag auch schwer sein. Ich kann jetzt nicht darauf eingehen, zumal ich ja doch das Ms. für die »Neuen Wege« noch schuldig bin. Ich werde mein Ms. so abfassen, daß es ohne Deinen Brief und ohne Deinen Namen zu nennen gedruckt werden kann. Dann unterdrücke ich den Bezug auf Deinen Artikel in ZThK und behalte mir für ZThK eine völlig neue Redaktion meiner Antwort vor. Sage das alles, wenn möglich, schon einstweilen Ragaz. Darum nur noch herzliche Grüße. Es freut uns alle sehr, daß es Euch wohl geht und daß Ihr Ferien macht.

Ich vergaß noch hinzuzufügen, daß Dein Brief vom 31.8. für die Mitteilungen An die Freunde[3] abgesetzt ist, wo er mit anderen Briefen ohne jeden Kommentar von meiner Seite zum Abdruck kommen wird.

Gott befohlen. Dein Rade

1. Die Auseinandersetzung zwischen Barth und Rade wurde 1915 in der ZThK nicht fortgesetzt.

2. Die Aussage von E. Busch, Rade habe den Brief Barths vom 31. August 1914 »ohne die Zustimmung des Verfassers einzuholen« in den »Neuen Wegen« abdrucken lassen, ist also falsch. (Vgl. *E. Busch:* Karl Barths Lebenslauf, 3. Aufl. München 1978, S. 94.) Bedauerlich ist nur, daß sich dieser Fehler in der Literatur so schnell verbreitet hat. Vgl. *W. R. Ward:* Theology, Sociology and Politics. The German Protestant Social Conscience 1890-1933, Bern 1979, S. 169.

3. Rade veröffentlichte als Beilage zu Nr. 49 des Mitteilungsblattes »An die Freunde« vom 22. 10. 1914 unter der Überschrift »Auch ein Stück Zeitgeschichte« Auszüge aus Briefen, die sich mit seiner Haltung beim Ausbruch des Krieges beschäftigten. Dort ist auch Barths Brief abgedruckt. Vgl. a.a.O., Sp. 567-569.

Rade an Barth   Marburg, den 5. 9. [10.] 1914[1]

Lieber Freund,

unter den vielen Briefen, die mir die »Christliche Welt« während des Krieges eingetragen hat, ist der Ihre der einzige, den ich öffentlich beantworten möchte. *Einmal* wegen seiner prinzipiellen, im guten Sinnes des Wortes dogmatischen Haltung: ich möchte Sie um Erlaubnis bitten, Ihren Brief mit meiner Antwort in der »Zeitschrift für Theologie und Kirche« veröffentlichen zu dürfen; dorthin wird auch nach Ihrem Empfinden die Auseinandersetzung am besten gehören. Aber ich wage es doch, mit einem Vorläufer meiner durchgearbeiteten Antwort an die »Neuen Wege« heranzutreten, weil Sie (*zweitens*) in Ihrem Briefe des öftern versichern, daß Sie nicht nur persönlich zu mir sprächen, sondern im Sinne einer Schar von »Wir«. Damit können Sie nur die entschiedenen Religiös-Sozialen der Schweiz meinen, und wenn ich zunächst denen mit meiner Antwort dienen möchte, so ist ja das Gewiesene, daß ich um die Gastfreundschaft der »Neuen Wege« bitte.*

Die innere Lage, in welcher der Krieg uns traf, war für die Religiös-Sozialen der Schweiz und für mich eine sehr verwandte. Fühlte ich schon immer mich in meiner Gesinnung Ihrem Kreise sehr nahe stehend, so ging ich eben mit Semesterschluß ernstlich an den ehrenvollen Antrag heran, den ich ihm verdanke. Ich sollte ja auf unserm Internationalen Kongreß in Basel über »Christentum und Frieden«[2] reden. Zusammen mit einem Engländer und einem Franzosen! Meine kurzen *Leitsätze* dafür hatte ich längst in die erste Form gebracht, die ich hierher setzen darf – in allen drei Sprachen, zum symbolischen Ausdruck dessen, was uns bewegte, und weil ich auch für die fremdsprachige Form schon gesorgt hatte – :

1. Weltpolitik, d.i. das wechselsweise Verhalten zwischen den Staaten und Völkern, ist keine unmittelbare Auswirkung religiösen Geistes und entzieht sich daher mehr oder weniger der Einwirkung des Christentums.

2. Das Christentum (als Gesinnung und Kirche) hat seinem Wesen nach den Beruf, rückhaltlos und restlos seine Kraft für eine solche Gestaltung der Weltpolitik einzusetzen, daß zum mindesten den christlichen Völkern Friede, Vertrauen und Bündnis zum selbstverständlichen Zustand wird.

1° La Politique Universelle (»Weltpolitik«), qui consiste dans les relations des États et des peuples, n'est pas un résultat direct de l'esprit réligieux; dès lors, elle échappe plus ou moins à l'influence du christianisme.

2° En raison de son essence (de sa nature), le christianisme (comme mentalité et comme église), est appelé à mettre en œuvre sa puissance, sans arrière pensée, pour une telle formation de la »Weltpolitik«, de façon qu'au moins les peuples chrétiens, en arrivent à un état satisfaisant de paix, de confiance et d'union.

1st World politics, that is the relations between states and peoples, is not

---

* (Die wir natürlich von Herzen gerne gewähren. Die Red.)

directly affected by the religious spirit and therefore is withdrawn more or less from the influence of christianity.

2nd Christianity (as a faith and as a church) has by its very nature, the task to exert its influence without reserve for such worldwide political conditions that, at least among christian peoples, peace, mutual confidence and cooperation may be everywhere taken for granted.

Aus meinem ersten Satze ist deutlich, daß ich keineswegs mit einem Aufhören der Kriege rechnete, aus dem zweiten, daß ich ein den Krieg ausschließendes Verhältnis zwischen den christlichen Völkern, unter die ich Rußland kaum rechnete, für möglich hielt und forderte. So traf mich der Ausbruch des Krieges mit Frankreich und England schwer. Ich habe meinem Schmerz über diesen »Bankerott der Christenheit« in Nr. 38 der »Christlichen Welt« Worte gegeben[3].

Auch in Nr. 32ff. äußerte ich mich kritisch gegen den kommenden und gekommenen Krieg, viel zu kritisch für empfindliche deutsche Patrioten (vgl. *Schian* in einem viel nachgedruckten Artikel der »Preussischen Kirchenzeitung«, Nr. 33) – und kritisch genug für einige Schweizer Freunde, die Ihnen und mir nahe stehen, und die mir ausdrücklich Ihr Verständnis bezeugt haben.

Wenn nun Sie gleichwohl so bedingungslos unzufrieden mit mir sind, so werde ich Ihre Beschwerden gewiß nicht damit erledigen wollen, daß ich sage: Sie sind eben Schweizer und ich Deutscher. Diese Wendung ist in der »Christlichen Welt« gegenüber den Religiös-Sozialen jeweilen vorgekommen, aber wenn ich mich recht erinnere und soweit ich selbst dabei beteiligt bin, nur in Beziehung auf die Sozialdemokratie[4]. Und da hatte jene Überlegung doch ihr starkes Recht. Sie hatten – auf Grund Ihrer schweizerischen Staats- und Gesellschaftsverfassung – eine sehr andere Sozialdemokratie als wir. Darüber hätte der Basler Kongreß sicher die lebhafteste Aussprache gebracht, und ich versprach mir davon gute Frucht für uns Deutsche. Inzwischen hat die Weltgeschichte gerade an diesem Punkt die Lage merkwürdig geändert, die Religiös-Sozialen haben im Zusammenbruch der sozialistischen *Internationale* den schwersten Stoß erlitten, den Sie von der politischen Seite her erfahren konnten. Es ist das, was wir da vor uns haben, geradezu eine Parallele zu dem, was ich als »Bankerott der Christenheit« beklage. Wir Deutschen haben an unserer Sozialdemokratie national die glücklichste Enttäuschung erlebt: das Gefühl fürs Große hat im Augenblick des Existenzkampfes unseres Volkes über alle Prinzipien, über alle Dogmatik gesiegt. Es bedeutet das bei uns in Deutschland mehr, als wenn auch die belgischen und französischen Sozialdemokraten sich für den Krieg erklärt haben, weil unsere Sozialdemokraten wissenschaftlich-marxistisch geschulter, weil sie prinzipieller gewöhnt sind als die französischen und belgischen Genossen.

Nun beginnt in der Beurteilung dieses »Zusammenknickens« unserer deutschen Sozialdemokratie schon die Differenz in Ihrer und meiner Beurteilung der Vorgänge. Da Sie im übrigen auf die Tatsachen nicht eingehen, brauche ich diesen auch nicht nachzugehen. Ich brauche also weder von Löwen noch von Reims, weder von der Neutralität Belgiens noch von dem österreichischen Ultimatum an Serbien, ich brauche von der großen Schuldfrage nicht zu reden. Was die Schuldfrage betrifft, so würde ich auch *so lange als der Krieg währt* mich auf keine Erörterung dieser Frage mehr einlassen: ich bin froh, daß ich vor dem Fallen des letzten Würfels gesagt habe, was ich sagen mußte[5], aber seitdem sehe ich zu derlei Auseinandersetzung für mich keinen Raum. Und wenn Ihre Brüder z.B. in dem mir so wohlwollenden Semeur vaudois ganz wie selbstverständlich von l'invasion et l'occupation barbare des Allemands schreiben, als ob Franzosen, Russen und Engländer nur irgendwie kultivierter oder moralischer den Krieg führten – so halten Sie sich ja dabei nicht auf, denn Sie wissen: à la guerre comme à la guerre!

Aber eben weil Sie in all diesen Stücken Welt Welt sein lassen, erwarten Sie von mir ein Gleiches: Ablehnung des *Krieges* überhaupt, *dieses* Krieges insbesondere. Und wenn ich – aus äußeren oder inneren Gründen – nicht offen protestieren konnte, dann ziemte mir als Christen ein ebenso deutliches *Schweigen*. Zum Schweigen habe ich mich nun auch bekannt (Nr. 34)[6]. Aber freilich nicht zu diesem. Alles Schreiben, alles Reden und Schwätzen kam mir in jenem Momente so nichtig vor. Insbesondere das *reflektierende* Wesen, das sich in der »Christlichen Welt«, das sich unter uns Theologen so breit macht. Geradezu ein Grauen faßte mich an, als ich unter den neuen Lebensbedingungen der Kriegszeit meinen Manuskriptenvorrat durchsah. Unmöglich alles. Vanitatum vanitas!

Das war aber etwas ganz anderes als jener *religiöse* Abscheu vor dem Kriege, den *Sie* forderten. Ich hatte durchaus das Gefühl, daß ich, daß die »Christliche Welt« in dieser Zeit sehr viel zu sagen hätte, sagen müßte. Einiges davon habe ich inzwischen auf meine Weise gesagt, aber ich könnte davon noch viel mehr geben: das Herz ist mir voll, und nur äußere Gründe halten zurück, wenn die Feder nicht ganz anders davon übergeht.

Aber was ich in der »Christlichen Welt« sage, auch wohl andere sagen lasse, ist Ihnen ein *Ärgernis*. Und hier wird nun die Sache zwischen uns beiden sehr ernst. Werden wir uns verstehen können?

Nicht, daß Sie Schweizer sind, erschwert Ihnen das Verständnis. Aber daß Sie neutral sind, daß Sie mit Ihrem Volk und Staat an diesem Kriege keinen Anteil haben.

Das vergönnt Ihnen zwar einen Vorzug. Sie können ruhig abwägen, wo wir dazu gar nicht mehr im Stande sind. Sie können gleichzeitig deutsche und französische Zeitungen lesen und sich mit relativer Sicherheit ein objektives Urteil über allerhand Vorgänge bilden. Aber Eines entgeht Ihnen: das *Erlebnis*. Wie schon ich das Erlebnis dieses Krieges nicht so habe wie der Soldat, der mit an die Front ging, oder auch mancher andere, der wichtigen Ereignissen näher war als ich. Eins habe ich doch voraus vor Ihnen: die Erfahrung, wie dieser Krieg über die *Seele meines Volkes* kam. Ich bin – infolge eines sonderbaren Zusammentreffens – damals persönlich in sehr kritischer Stimmung gewesen gegenüber dieser Volksseele: Nr. 33, Spalte 782 finden Sie Andeutungen davon[7]. Um so schwerer wiegt mein Zeugnis. Unvergeßlich und heute wieder fast unbegreiflich, wie ein friedegewohntes und friedensfrohes Volk plötzlich hingerissen wird in diese unerhörte neue Wirklichkeit: Krieg. Wie erst das ferne Donnergrollen noch kaum vernommen, nicht geglaubt wird. Wie dann eine alle Nerven packende Spannung jedermann ergreift. Wie das Bewußtsein alle bewegt: wir wollen keinen Krieg, aber wenn es sein muß, wollen wir ihn auf uns nehmen. Wie einmütiges Vertrauen zu Kaiser und Kanzler die Gemüter erfüllt und inmitten der immer unerträglicheren Spannung eine große Ruhe gibt: die dort oben *machen* keinen Krieg, sie werden an Entgegenkommen und Friedfertigkeit das Äußerste leisten. Aber dazu schon fast die Besorgnis: doch nur das Äußerste! Es gibt eine Grenze des Nachgebens – und wenn der Krieg einmal kommen soll, dann lieber heute als morgen! Und die Erleichterung dann, als eine Entscheidung da war. Das Wachstum der Entschlossenheit, als zum einen Feind der zweite kam und zum zweiten der dritte. Dieses »gute Gewissen«, das in der allgemeinen Friedensbereitschaft selbstverständlich beschlossen war. Diese Zuversicht zur eigenen Widerstandsfähigkeit. Und nun der Beginn des Widerstandes selbst. Das einhellige Laufen zu den Waffen. Die ruhige, klare, von keinem moralischen Mißton getrübte Mobilisierung. Die Ordnung, die Alkoholfreiheit, die Sicherheit des Betriebes und der Leitung. (Freuen sich die Engel im Himmel denn nicht über alles, was *gut* ist in der Welt?) Und hinter dieser Erscheinung einer herrlichen Solidität im Großen und Ganzen die tausend und abertausend Züge der Hingabe und Opferbereitschaft von all den einzelnen, bis – in ungeahntem Maße – in die Reihen der Sozialdemokratie hinein.

Mit Überschwang vielleicht bei der akademischen Schicht, nüchterner, aber auch um so rührender beim schlichten Volk.

Gewiß, unser Volk hat den Krieg damals schon nicht anders empfunden, denn als ein *Unglück*. Aber eben als ein so großes ungeheures, daß ihm alles andere Denken und Fühlen verging über dem Einen: *Gott*.

Und Sie verlangen, wir sollten bei dem Erleben dieses Krieges Gott außerm Spiele lassen. Das ist unmöglich. Für eine so überwältigende Sache gibt es nur Einen möglichen Grund und Urheber: *Gott*.

In seiner Kriegspredigt sagt *Schädelin* – und Sie stimmen ihm zu –: »Eines wird nie gelingen, den Krieg aus dem Herzen Gottes herzuleiten.« Ob wir das fertig bringen, den Krieg aus Gottes Herzen »herzuleiten«, so daß wir das ganz begreifen, das weiß ich nicht. Aber wie wir diesen Krieg erfuhren und erfahren, ist es für uns Gottlosigkeit und Wahnsinn, zu leugnen, daß für den Krieg überhaupt und für diesen Krieg zuletzt jener die Verantwortung übernimmt: *Gott!*

So hat das deutsche Volk damals empfunden, und so ist ihm, denke ich, gemeinhin gepredigt worden. Nicht von dem »deutschen Gott« wie Sie es auffassen. Gewiß, so mag auch einmal geredet worden sein: von Dichtern, Zeitungsschreibern, von Offizieren auch und selbst vom Kaiser. Aber Sie dürfen sich da nicht zu sehr an Worte halten. Unsere deutsche Gottesvorstellung ist nicht so kindisch, wie Sie meinen. Wir denken alle, vom Kaiser bis zum schlichtesten Bäuerlein, daß Gott seine Hand im Spiele hat bei diesem Kriegsgeschick: nicht nur daß er es zuläßt, etliches Gute daraus erwachsen läßt, duldet – nein, so einen schwächlichen Gott können wir jetzt gar nicht *vorstellen*. Vielmehr: Er spricht, so geschieht, Er gebeut und so stehts da.

Und diesen Gott soll ich Lutheraner gegen unsere reformierten Freunde verteidigen? Ist denn nicht mehr Gott für Sie Actus purus? Und ist Prädestination für Sie so ganz ein leerer Wahn geworden? – Ferner, wir Lutheraner sind jetzt die Schwertträger! Zwingli und der Calvinismus die ewig Friedfertigen? Davon heute kein Wort weiter. Nur Luthers und seines »seligen Kriegerstandes« muß ich noch einen Augenblick gedenken. Naiv, ja, ist *Luther* der Politiker. Aber fromm und reich immer wieder sein Bestreben, dem schlichten Christen in seinen nötigen Berufsgeschäften den Trost eines guten Gewissens zu geben. Dazu die Ansätze zu einer ethischen Theorie des Untertanengehorsams eben in jener von Ihnen verachteten Schrift für seine Zeit so verächtlich nicht. Aber lassen wir diese Historia heute bei Seite. Ich komme in der »Zeitung für Theologie und Kirche« darauf zurück.

Nur vorbereiten will ich Sie darauf, daß ich auch *Ernst Moritz Arndts* »Katechismus für den deutschen Kriegs- und Wehrmann« demnächst in der »Christlichen Welt« abdrucken werde als die einzig würdige Fortsetzung zu jener Lutherschrift. Was werden Sie dazu sagen?

Nun, *Jesus* hat doch mit diesem »deutschen« Gott nichts zu schaffen?

Gemach! Wir sind durch die Religionsgeschichte nachgerade so weit gebracht, daß wir Religion, daß wir Gott auch da finden, wo Jesus Christus uns noch nicht begegnet. Mir als alten Ritschlianer ist das schwerer geworden als Euch Jüngeren; aber vor dem »Wirklichen« habe ich mich gebeugt. Deshalb bleibt mir Jesus die Offenbarung Gottes, und der Deus revelatus meine Zuflucht vorm Deus absconditus. Ich könnte den Deus absconditus nicht vertragen, wenn ich den Deus revelatus, wenn ich Jesus nicht hätte. Aber wenn nun in der Erschütterung eines solchen Kriegserlebnisses, das ein ganzes Volk auf die Knie wirft, Gott noch andere Züge trägt als Jesus, wenn er über uns kommt als die reine Macht, von der wir zunächst nichts spüren als unsere absolute Abhängigkeit – weshalb wollen Sie diese Frömmigkeit schelten? National – das wäre sie doch nur, wenn wir wirklich in jenen naiven Paganismus oder Henotheismus uns verlören, der uns im Ernst völlig fremd ist. Alttestamentlich – nun das wäre noch keine Schande. Einmal erleben wir auch an unseren Juden jetzt eine merkwürdige religiöse Belebung, der unseren gleichzuachten. Sodann: ist nicht das Alte Testament auch Bibel? und sogar der Bibel grösserer Teil? Und haben wir nicht alle Ursache, davor stillzustehen, wenn ein Volk wie das deutsche vom Geist der Psalmen und Propheten etwas verspürt? Aber nun gehöre ich doch zu denen, die daran arbeiten, daß die fromme Ergriffenheit in den Hafen des Neuen Testaments einläuft. *Baumgarten*, der den Religiös-Sozialen bestverdächtige, wie Sie aus seiner Monatsschrift ersehen können, auch.* Dennoch: wer wagt da Vorschriften zu machen und nur zu kritisieren, wenn eine Volksseele erzittert, weil sie Gottes Walten spürt!

Da lassen Sie nur dann jeden in seiner Weise an diesem Erfahrnis teilnehmen! Und wenn er *Traub* heißt, auch in seiner Weise. In solcher Zeit muß mehr noch als sonst *ein jeglicher seines Glaubens leben!* Aus diesem Sinne heraus habe ich Traub einen »Kriegsprediger von Gottesgnaden« genannt. Ich könnte nicht sagen und schreiben, was er, aber gerade darum empfinde ich sein Auftreten und Zeugen geradezu als

---

* (Daß die Haltung *Baumgartens* nur eine *sehr erfreuliche* Enttäuschung bildet, möchten wir ausdrücklich bestätigen. Die Red.)

eine Wohltat. Es ist doch alles echt an ihm, und ob er mich in manchem erhebt, in manchem abstößt, so macht es mich reicher, wenn ich mit ihm Fühlung habe. Und Vielen in unserem Volk deutet gerade er richtig wie sie diesen Krieg erleben und Gott in ihm.

Die Freiheit aber, mit der ich so einem Manne wie Traub gegenüberstehe, nehme ich für mich in Anspruch. Ich habe mich mit allem Bewußtsein in Nr. 32 Sp. 746 zum ersten Mal in meinem Leben einen »Pazifisten« genannt. Damit habe ich mich zu denen ausdrücklich bekannt, die den Willen zum Krieg für Sünde erachten. Als Christ, und wie ich das Christentum verstehe, kann ich nicht anders. Aber dafür, daß der Krieg bloß Menschenwerk sein soll, während Gott der Herr eigentlich etwas ganz anderes möchte: eine solche Gottesvorstellung mache ich nicht mit. Übernimmt also mein Gott die Verantwortung für das Kriegsgeschick, so ist es dann *auch* fromm, aus dem Kriege herauszuholen an Gutem, was man nur kann. Und das tut in seiner Weise Traub meisterlich; man muß nur *alles* von ihm lesen und ihn als ein *Ganzes* nehmen, nicht an einem einzelnen Ausdruck oder Satze haften. Wenn man das tut, sind wir Männer der Feder und des Worts doch alle verloren. Traub erlebt *einseitig* den Krieg. Sie nicht auch?

Daß Sie nun diesen Krieg nicht so miterleben wie wir Reichsdeutschen, dafür können Sie nichts. Es ist ganz recht, daß Sie ihn *auf Ihre Weise* erleben. Es ist ganz recht, daß Ihnen bange wird um uns, wo wir meinen, sichere Wege zu gehen. Es ist ganz recht, daß Sie dann laut Ihre Stimme erheben und uns warnen. Die Neutralen müssen eben diesen Krieg anders verarbeiten wie wir. Und mit unseren verschiedenen Erfahrungen sollen wir uns dann dienen. Wir leiden alle stellvertretend. Sie für uns, wir für Sie. Und die ratio vicaria ist und bleibt doch schließlich Kern und Stern der christlichen Ethik. So meine ich, daß wir uns auf gemeinsamem Boden immer wieder zusammenfinden werden.

Martin Rade

---

1. Der Brief ist offensichtlich zurückdatiert. Nach dem vorherigen Brief ist er am 5. 10. 1914 geschrieben. Der hier abgedruckte Text folgt der veröffentlichten Fassung in: Neue Wege 8 (1914), S. 432-438.

2. Vgl. *R. Liechtenhan:* Der Internationale Kongreß für soziales Christentum in Basel, 27.-30. September 1914, in: ChW 28 (1914), Sp. 723f. Über »Christentum und Weltfriede« sollten außer Rade Elie Gounelle und Herbert Stead sprechen.

3. Vgl. Rades Andacht: Der Bankerott der Christenheit, in: ChW 28 (1914), Sp. 849f.

4. Vgl. Rades »Vorbemerkung des Herausgebers« zu Barths Rezension: »Die Hilfe« 1913: »Obiger Artikel ist das Votum eines Schweizer Religiös-Sozialen über einen Jahrgang der *Naumann*schen ›Hilfe‹. Der Verfasser, von unsern redaktionellen Plänen nicht unterrichtet, hatte keine weitere Aufgabe, als von seinem Standpunkte aus über diese uns so nahe stehende deutsche Wochenschrift seine Meinung zu sagen.

Ich würde unter andern Umständen dem Artikel sofort einige Worte über den Unterschied der deutschen von der schweizerischen Sozialdemokratie beigefügt haben, desgleichen über die Entwicklung von Naumanns Stellung zu unsrer Sozialdemokratie. Ich verzichte darauf unter dem unmittelbaren Eindruck der Reichstagssitzung vom 4. August« (ChW 28, 1914, Sp. 774).

5. Rade bezieht sich hier auf seine Äußerung zur Mitschuld Deutschlands am Krieg in der ChW vom 6. August 1914, Sp. 767: »Des reellen Gewinns winkt uns wenig aus diesem Krieg, und sehr von ferne. Und doch können wir von keinem reinen Verteidigungskrieg reden. Wir waren auch mitschuldig an dem bisherigen Zustande, der nur einen Nicht-Krieg bedeutete, aber keinen Frieden. Nun will endlich die furchtbare jahrelange Spannung ein Ende haben. So wirkt der entsetzlichste Krieg wie eine Wohltat. Jetzt hört wenigstens die Heuchelei auf.«

6. Vgl. Rades Artikel: Von der Lage unsrer Zeitung, in: ChW 28 (1914), Sp. 785-787.

7. Rade wendet sich dort gegen die Auswüchse des Hasses in Ausländerhetze und Spionenjagd: »Wer sich einem rasenden Haufen entgegenwirft, der öffentliches Recht und öffentlichen Schutz aus bloßer Leidenschaft antastet und kommt darüber um, der stirbt auch den Tod fürs Vaterland« (ChW 28, 1914, Sp. 782).

Barth an Wilhelm Herrmann   4. 11. 1914

Hochverehrter Herr Professor!

Ich habe Ihnen noch gar nicht gedankt und geantwortet auf die freundliche Zusendung der Drucksachen über den Krieg. Aber es ist für uns gegenwärtig so ungemein schwierig, mit unseren verehrten Lehrern und Freunden in Deutschland zu verkehren, daß ich das Schreiben gerne noch länger hinausschieben würde, wenn ich nicht den falschen Eindruck befürchtete, den auch das bei Ihnen erwecken könnte.

Vermutlich wird Ihnen inzwischen die Oktobernummer der »Neuen Wege« mit der Antwort von Ragaz an Traub vor Augen gekommen sein. Zusammen mit meinem Brief an Rade mag sie Ihnen etwa ein Bild geben von der Art, wie ich mich zu den Dingen stelle. Wie drängt es mich, jetzt mit Ihnen über das Alles zu *reden*. Ich kann mir ja unmöglich denken, daß nicht ein gegenseitiges Verständnis trotz der *großen* Kluft, die jetzt zwischen Ihrer und unserer Art Christentum befestigt ist[1], eines Tages wieder angebahnt werden könne. Vorderhand freilich ist es nicht da. Unser Verhältnis zu Ihnen ist ein Gemisch, ein merkwürdiges Gemisch von großer Dankbarkeit und völligem Gegensatz geworden. Legen Sie es mir nicht als Unbescheidenheit aus, verehrter Herr Professor, aber wir haben das Gefühl, daß wir gerade das Beste, was wir Ihnen verdanken, gegen Ihre jetzige Stimmung und Haltung geltend machen müssen. Amicus Socrates, magis amica – –!

Die Dinge sind noch nicht reif. Mir persönlich ist die Aussprache bereits etwas zu laut und heftig geworden. Wir meinen auch noch nicht fertig zu sein mit der Verarbeitung der Ereignisse, gerade wie wir auch von Ihnen gegenwärtig hauptsächlich das Eine hoffen und erwarten, daß Sie noch nicht so fertig sind, wie Sie sich den Anschein geben. Es kann ja nicht sein. Ihre jetzige Haltung kann nicht Ihr letztes Wort sein. Nur tastend und in der Erwartung der weiteren Äußerungen des christlichen und des gebildeten Deutschland möchte ich darum in Beantwortung Ihrer freundlichen Zusendung die obwaltenden Gegensätze in Form einiger Fragepunkte zu formulieren suchen.

1. Wir verehrten bis jetzt die Gründlichkeit und Sachlichkeit, vor allem den kritischen Sinn deutscher *Wissenschaft*. Haben sich diese Eigenschaften auch gegenüber dem Kriege bewährt? Ist es ein Zeichen von Gründlichkeit, wenn die deutschen Gelehrten, ohne auch nur die französischen, englischen und russischen Aktenveröffentlichungen abzuwarten, über so komplizierte Vorgänge wie die Vorgeschichte dieses ungeheuren Krieges ein mit dem Anspruch der Wissenschaftlichkeit auftretendes Urteil abgeben wollen? Ist es ein Zeichen von Sachlichkeit, wenn sie in diesem aufgeregten leidenschaftlichen Ton Behauptungen aufstellen, die einfach den einen Parteistandpunkt im gegenwärtigen Krieg wiedergeben? Sollen wir an das Vorhandensein wirklicher Kritik glauben angesichts der ganz unmöglichen Tatsache, daß alle deutschen Professoren auf einen Tag einer Meinung geworden sind? Oder haben wir Fernerstehenden recht, wenn wir diese ganze »wissenschaftliche« Pamphletliteratur als einen Rückfall in die Unwissenschaftlichkeit bedauern? Wenn wir unsern verehrten deutschen Lehrern und Führern diesmal nicht zu folgen vermögen, sondern uns ein eigenes Urteil zu bilden versuchen, das jedenfalls auf breiterer Tatsachenbeobachtung beruhen dürfte? Wenn wir uns freuen auf die Zeit, wo die deutsche Wissenschaft demobil machen und damit wieder wirkliche Wissenschaft werden wird? Ich behaupte nicht, aber ich frage.

2. Wir haben auf religiösem Gebiet besonders bei Ihnen, Herr Professor, und durch Sie bei den großen Meistern Luther, Kant und Schleiermacher das »*Erlebnis*« als konstitutives Erkenntnis- und Willensprinzip kennen gelernt. In Ihrer Schule ist es uns klar geworden, was es heißt, Gott in Jesus »erleben«. Nun aber wird uns von den deutschen Christen (zuletzt von Rade in seiner Antwort auf meinen Brief) als Antwort auf unsere Bedenken ein uns ganz neues sog. religiöses Kriegs»erlebnis« vorgehalten, d.h. die Tatsache, daß die deutschen Christen ihren Krieg als heiligen Krieg und dgl. zu »erleben« meinen, soll uns Andere zum Schweigen, wo nicht gar zur Ehrfurcht vor diesem Vorgang nötigen. Wie stellen Sie sich zu diesem Argument und zu der Kriegstheologie, die dahinter steht? Ist dieses Kriegs-»erlebnis« Rades Wotan-Erlebnis[2] oder Gotteserlebnis im christlichen Sinn? Ist in dem christlichen Gotteserlebnis eine grundsätzliche und normative Stellungnahme zu den Erscheinungen des sozialen und nationalen Lebens enthalten, oder ist es indifferent für Gut und Böse, sobald die individuelle Verantwortlichkeit des Einzelnen zurücktritt? Soll der ethische Monismus Calvins gelten oder der ethische Dualismus Luthers, Naumanns und Troeltschs? Wiederum keine Behauptungen, aber Fragen.

3. Wie denken Sie sich prinzipiell das Verhältnis der deutschen *Christen* zu denen des feindlichen und neutralen Auslands? Sie haben persönlich zu zwei Schriftstücken (»An die Kulturwelt«[3] und »An die evangelischen Christen«[4]) Ihren Namen gegeben, die beide das Gemeinsame haben, daß alle und jede Schuld Deutschlands am Kriege rundweg bestritten wird. Das eine dieser Schriftstücke schließt mit den Anfangsbitten des Unservaters. Warum beten die deutschen Christen nicht weiter bis zur fünften Bitte?! Wie denken Sie sich eine Gemeinschaft im Geist mit uns neutralen und »feindlichen« Christen, wenn Sie mit solcher Härte und Sicherheit die Gemeinsamkeit der Schuld gegenüber dem Gerichte Gottes für Ihren Teil abweisen? Sind Sie auch einverstanden mit dem Schreiben D. Dryanders an den französischen Pfarrer Babut[5], mit der deutschen Antwort an die schwedischen Kirchenmänner[6]? Ich will nichts sagen von den Folgen dieses Verhaltens für das deutsche Christentum selbst, wir sind nicht Ihre Richter, aber wie stellen Sie sich die »Gemeinschaft der Heiligen« vor in Zukunft, wenn der Deutschen oberstes Dogma: »Wir haben Recht, Recht, Recht!« uns Anderen als conditio sine qua non auferlegt wird? Ich frage.

Ich hoffe, hochverehrter Herr Professor, daß Sie mich, daß Sie uns nicht zum »deutschfeindlichen Ausland« rechnen, wenn wir, so wie Sie jetzt zu den Ereignissen innerlich stehen, nicht mit Ihnen gehen können. Wir sind so wenig gegen Deutschland als gegen ein anderes der am Krieg beteiligten Völker eingenommen. Es tut uns freilich leid, daß *keiner* unserer verehrten deutschen Lehrer ein so weltüberlegenes Wort gefunden hat wie z.B. der Franzose Romain Rolland[7]. Warum nicht? Wir beklagen die Stellung der deutschen Christen und Kulturmenschen darum besonders, weil wir mit ihnen in besonders inniger Berührung stehen und weil sie uns durch die lebhafte deutsche Propaganda besonders zum Problem gemacht wird. Wir geben uns aber alle Mühe, uns trotz Allem in unserer Hochachtung und Dankbarkeit dem deutschen Wesen gegenüber *nicht* irre machen zu lassen. Nur dürfen wir vielleicht in aller Bescheidenheit die Hoffnung aussprechen, es möchte Ihnen auch *unsere* Haltung etwas mehr als bisher zum Problem werden, das nicht mit einer Handbewegung zu erledigen ist.

In aller Ergebenheit und Hochachtung grüßt Sie
Ihr Karl Barth

1. Die These von den zwei Arten von Christentum bzw. den zwei Religionen, die in der Auseinandersetzung stehen, wurde auch von Ragaz in seinem Brief an Traub vertreten: »*Es sind zwei Religionen, die einander gegenübertreten.* Das ist mir erschütternd klar geworden, als die Katastrophe hereinbrach« (Neue Wege 8 [1914], S. 443).

2. Barth lehnt sich auch hier an Ragaz an, der in seiner Antwort an Traub von einem Wotan- oder Thor-Gott der Deutschen sprach. Vgl. Neue Wege 8 (1914), S. 448.

3. Der Aufruf »An die Kulturwelt« ist abgedruckt bei *W. Härle:* Der Aufruf der 93 Intellektuellen und Karl Barths Bruch mit der liberalen Theologie, in: ZThK 72 (1975), S. 207-224, S. 209f. Wilhelm Herrmann distanzierte sich anläßlich eines Schreibens von Hans Wehberg im April 1919 von diesem Aufruf. Vgl. a.a.O., S. 214.

4. Vgl. Anm. 6 zum Brief Barths vom 1. 10. 1914.

5. Am 4. August 1914 hatte der französische Pfarrer Henry Babut aus Nîmes eine Aktion der Kirchen für den Frieden vorgeschlagen. In einem Brief an den Berliner Hofprediger Ernst von Dryander unterbreitete er diesen Vorschlag und regte an, eine gemeinsame Erklärung deutscher und französischer Theologen zum Einsatz für Frieden und für Menschlichkeit zu erarbeiten. Dryander lehnte in einem scharfen Schreiben vom 15. September jede gemeinsame Äußerung ab. Dryanders Antwort an Babut ist abgedruckt in: Protestantenblatt 1914, Sp. 895f. Vgl. Barths Kommentar in seiner Predigt vom 18. 10. 1914, in: *K. Barth:* Predigten 1914, hg. von Ursula und Jochen Fähler, Zürich 1974, S. 527f. Vgl. *M. Mattmüller:* Leonhard Ragaz und der religiöse Sozialismus, Bd. II, Zürich 1968, S. 208.

6. Barth bezieht sich auf die Ablehnung der Friedenserklärung, zu der u.a. Söderblom aufgerufen hatte, durch Dryander, Fr. Dibelius, Roemer und Bezzel in: Ev. Kirchenzeitung 1914, Sp. 669f.

7. Romain Rollands Aufruf: Au dessus de la melée erschien zuerst im »Journal de Genève« vom 22./23. September 1914 und wurde von Ragaz im Oktoberheft der »Neuen Wege« (S. 426ff.) in deutscher Übersetzung nachgedruckt. Rolland vertritt dort die These, die auch Karl Barths Haltung tief beeinflußte: »Die zwei sittlichen Mächte, deren Schwäche durch diese Kriegsseuche am meisten offenbar geworden ist, sind das *Christentum* und der *Sozialismus*« (Neue Wege 8 [1914], S. 427). Vgl. Mattmüller, a.a.O., S. 260ff.

Rade an Barth   Marburg, 14. 11. 1914

Lieber Karl,

wir müßten uns nun verständigen wegen ZThK. Das Einfachste wäre, Du schriebest Deine Bedenken gegen meine Ausführungen in den Neuen Wegen gleich nieder, auch wieder als Brief an mich. Ich würde diesen Deinen Brief ganz loyal verwerten. Was Du an Herrmann geschrieben hast, brauchst Du nicht zu wiederholen. Vorausgesetzt immer, daß es Dir eine weitere Auseinandersetzung mit mir in der ZThK noch lohnt. Ich bin bereit dazu, Herrmann ist einverstanden. Aber ein großer langer Briefwechsel darf es doch nicht werden. – Ihr Neutralen habt es wahrlich nicht leicht. Ihr Religiössozialen habt wenigstens einen gesättigten Standpunkt (verzeih das Bild). Aber die Anderen! Viel Gutes Dir und den Deinen. Alle grüßen. Gott befohlen. Dein Rade

Barth an Rade   Safenwil, 14. 11. 1914

Lieber Herr Professor!

Ich habe lange nicht mehr geschrieben. Und ich will auch heute keine Antwort geben auf den Offenen Brief. Vielleicht antworte ich *gar* nicht darauf, jedenfalls nicht in den »Neuen Wegen«. In dem Artikel von Ragaz gegen Traub ist alles gründlicher und besser gesagt, was ich gegen dich gesagt haben würde[1]. Ich habe dann auch Herrmann geantwortet auf die Zusendung akademischer Streitschriften. Und ihr eurerseits habt euch auf das »Erlebnis« zurückgezogen und verbittet euch damit weitere Diskussion. Das wird das Beste sein, auch von unserer Seite aus gesehen. Ihr *und* wir müßten jetzt *Heiliges* preisgeben, wenn wir weiter streiten würden. Wir können nun nur darauf warten, daß Gott selber entscheide, d.h. uns irgendwie davon überführe, daß er der ist, als den ihr ihn jetzt anseht – oder umgekehrt – oder daß wir beide zu einer Wahrheit vordringen, die jetzt noch über uns beiden ist. Jedenfalls müssen wir nach eurem Verzicht auf die »Theorie« und eurem Appell an das »Erlebnis« schweigen und hätten es vielleicht besser schon früher getan, weil dieser Ausgang vorauszusehen war.

Ich schreibe also eigentlich nur, um um die Zusendung des Blattes »Für die Freunde« zu bitten, das selbstverständlich auch bei mir streng vertraulich behandelt werden soll. Beiliegend der Wert von 20 Pfennig.

Vielleicht seid ihr in der Lage, die beiliegende ziemlich exakte Matin-Notiz zu verifizieren? Die französischen Zeitungen wimmeln von derartigen Anklagen. Seid ihr ganz sicher, daß das Alles Lug und Trug ist, wie man z.B. nach Dryander annehmen müßte?

Ich wollte, ich könnte euch eine Anzahl Konfirmandenaufsätze: »Meine Gedanken über den Weltkrieg« vorlegen. Die durchgehende unbedingte Verurteilung des Krieges an sich (ohne Parteinahme) hat mich selber frappiert. Ob bei euch das *Volks*empfinden wirklich so ganz anders ist?

Mit herzlichem Gruß an Alle und auch von meiner Frau und vom kleinen Fränzeli

Dein getreuer Karl Barth

Wir hatten einen Feldarzt im Quartier und sollen demnächst ein Belgierkind bekommen. Sie sind bereits massenweise in der französischen Schweiz.

1. *L. Ragaz:* Antwort an Herrn Pfarrer Gottfried Traub, Dr. der Theologie, in Dortmund, in: Neue Wege 8 (1914), S. 438ff.

Rade an Barth   Marburg, 18.11.1914

Lieber Karl,

Dein heutiger Brief hat mich doch recht traurig gemacht. Sich auf das Erlebnis zurückziehen – heißt das nicht: sich auf die Religion selbst zurückziehen? Ist Religion nicht Erlebnis? Und wenn nicht dieses, was ist sie wert? »Theorien« – dies Wort nimmst Du nur im Trotz auf. Aber ist dafür die Lage nicht zu ernst, *unsere Not nicht zu groß*, daß Du trotzen dürftest? Stimmt es wirklich so: Erlebnis contra Theorien, so wirst Du freilich verstummen müssen. Ich würde mir auch keine Ehre daraus machen, Dir öffentlich zu antworten.

Nun willst Du ja schweigen, aber als der Überlegene. Wir sind die Irrenden, Verstockten, Du sitzest im Heiligtum. Wohl, Ihr mögt in manchem rechthaben gegen uns. Aber wir ringen uns durch die Fluten und machen eben dabei *unsere* Erfahrungen, die werdet Ihr uns lassen müssen. Und vielleicht werdet Ihr uns noch darum beneiden.

Ich werde, wenn ich in ZThK Dir antworte, zusehen, ob ich Dich nicht aus deinem Briefe an Herrmann noch ergänzen kann, werde auch auf Ragaz contra Traub noch Rücksicht nehmen, werde das Zeitgeschichtliche zurückdrängen und das Prinzipielle hervorkehren: so wirds Dir recht sein.

Gott befohlen mit den Deinigen. Treulich Dein Rade.

Rade an Barth				Marburg, 19. 11. 1914

Lieber Karl,

ich vergaß wegen der Matin-Notiz zu schreiben. Ich übergab sie dem Staatsanwalt. Gettenau ist ein Ort von 508 Einwohnern, da wird sich die Sache feststellen lassen. Sie ist mir unwahrscheinlich. *Weshalb fehlt unter dem Briefe die Unterschrift?* Und wie schwer ist es Porzellan aus dem Felde zu versenden. Im übrigen gibt es Spitzbuben überall. In der Schweiz nicht? Auch unter den Soldaten? Jedes unserer Armeecorps ist von drei Detektivs begleitet, und fortwährend kommen Verurteilungen vor. Dein R.

Barth an Rade				Safenwil, 23. 11. 1914

Lieber Herr Professor!

Nun sind Mißverständnisse entstanden, die nicht bleiben dürfen. Ich muß dazu freilich etwas ausholen. Mein erster Brief an dich war am 31. August geschrieben. Er betraf fast ausschließlich die Haltung der »Christlichen Welt«, aus der ich mir damals mein Bild von der geistigen Lage in Deutschland machte. Von der übrigen deutschen Kultur- und Christenwelt hatte ich noch sehr wenig direkte quellenmäßige Kunde. Von Anfang September an sah ich dann regelmäßig auch andere deutsche Zeitungen und Zeitschriften. Mein erster Brief ist darum in doppelter Hinsicht anfechtbar:

1. Die ganze Tiefe des Gegensatzes ist darin lange nicht prinzipiell genug erfaßt, wie es auf Grund des ganzen Materials nötig gewesen

wäre – *wenn* überhaupt im jetzigen Moment eine Aussprache möglich und nützlich war.

2. Du persönlich und *deine* Äußerungen in der Chr.W. sind sichtlich nicht der geeignete Ausgangspunkt zu einer solchen Auseinandersetzung, indem du – wie mir nun besonders auch die Lektüre der »Beilage« gezeigt hat[1] – uns näher stehst als irgend ein anderer Vertreter des deutschen Christentums.

Im Gefühl von dieser Sachlage (*und* aus anderen Gründen) wollte ich bekanntlich im September besonders auf die Kontroverse in den Neuen Wegen lieber verzichten. Ich wünschte schon damals meinen Brief heimlich ungeschrieben, weil mir von dem Weiteren nichts Gutes ahnte. Nun komplizierte sich die Sache noch dadurch, daß deine Antwort an mich eigentlich nicht eine Antwort auf meinen Brief (die *Chr.W.* betreffend!) war, sondern eine Antwort an uns Religiös-Soziale überhaupt, mit viel breiterer Front, als ich angenommen hatte. Zu dieser öffentlichen Aussprache auf breiterer Front würde ich mich nie gestellt haben, wenn ich Alles gewußt hätte, besonders aber: wie groß und tief und verwickelt der Gegensatz zwischen Deutschland und uns ist. Ich hoffte auf einen lehrreichen Privatbriefwechsel in aller Stille, und nun muß ich nolens volens als eine Art Champion der Religiös-Sozialen, was ich wirklich nicht bin, neben Ragaz dastehen. Und schon eilt Wernle herbei, um mich mit Ragaz zusammen im »Kirchenblatt« nach seiner bekannten Methode zurückzuweisen[2]. Ähnlich scheint es mir nun mit Herrmann zu gehen, dem ich als Antwort auf eine umfangreiche Zusendung (»mit freundl. Gruß von der ganzen Fakultät«) drei sehr persönlich gemeinte Fragen vorgelegt und der mir nun mit einigen wirklich nicht sehr belangreichen Sätzen über »englische Lüge und russische Barbarei« Bescheid gibt, während mein Brief an ihn zu einem weiteren öffentlichen Anklagedokument wird, was mich, so ehrenvoll es für mich ist, beunruhigt. Dies die *persönlichen* Erfahrungen, die mir den Wunsch nahelegten, von nun an und bis auf Weiteres lieber zu *schweigen*.

Der *sachliche* Grund ist der, daß ich auf Grund aller meiner deutschen Lektüre in dieser Zeit die Überzeugung habe, daß augenblicklich nichts zu machen ist zwischen uns. Das Wasser ist gar zu tief. Wir müssen warten. Ich wollte, ich hätte das schon am 31.August gemerkt. Jetzt ist es mir ganz klar.

Das Verhalten der deutschen Bildung und des deutschen Christentums ist für mich das erschütterndste Problem in diesem Kriege. An nichts ist mir die Katastrophe, die wir durchmachen, so deutlich ge-

worden wie daran. Das wird mich für lange lange beschäftigen, wie es
möglich war, daß die Deutschen auf einmal *so sein konnten* – die Deutschen, zu denen wir doch auch gehören und die uns eben unendlich viel
mehr interessieren als die Engländer und Franzosen. Aber nun kommt
das Schwierige: wir meinen, das Verständnis und die Geistesgemeinschaft müsse sich wiederherstellen lassen, wir schreiben euch, fragen
euch, möchten uns mit euch besprechen. Und die Antwort? Ihr steht
da *wie eine Mauer*. Ihr versteht gar nicht, was uns an euch auf einmal
so problematisch geworden ist, daß wir nicht mehr mit euch gehen können. Ihr macht zuerst allerlei Versuche, uns von eurem Recht zu überzeugen, und wenn es nicht gelingt, erklärt ihr stolz: es kümmert uns wenig! »Wir sind, was wir sind.« Ein ontologischer Schluß steht am Ende
aller eurer Gespräche mit uns. Auch deines Gesprächs mit mir, so unverdient freundlich im Ton du zu mir geredet hast. Du gehst im Grunde ja gar nicht ein auf das, was ich dir geschrieben. Der Nerv deiner
Antwort ist doch wohl S. 435f. Du sagst uns, daß ihr jetzt etwas *erlebt*
und daß ihr in diesem *Erlebnis* den *Willen Gottes* erkennt, und dieser
Wille Gottes heißt *Krieg*. Das ist doch wohl Ontologie. Nein, das ist
eine *Religion*, ein unmittelbares Gewißwerden. Und eben darum ziehe
ich mich davor zurück, mag ich dagegen zum Mindesten keinen öffentlichen Streit mehr führen. Ich verstehe nun nicht recht, was dich da
verletzt hat? Es lag mir wirklich so fern verletzen zu wollen, im Gegenteil, ich wollte nicht öffentlich sagen, was ich nun (wie Ragaz contra
Traub S. 446 oben!) hätte sagen *müssen*, daß ich das S. 435 beschriebene Erlebnis wohl als Wotan- oder Deboraherlebnis, aber nicht als
religiöses Erlebnis im christlichen Sinn anerkennen könnte. (Ich schrieb
an Herrmann etwas derartiges, weil ich speziell von ihm wissen wollte,
wie er über diese Argumentation aus dem Erlebnis denke.) So etwas
sagt man sich doch nicht gedruckt, wenn es nicht (wie im Fall Ragaz
contra Traub[3]) sein muß? Verzeih mir bitte, wenn ich dir nun trotzdem weh getan habe. Ich wollte wirklich nur sagen: wenn eure Stellung unseren Anfragen gegenüber die ist, daß ihr euch unter Absehen
von einem eigentlichen sachlichen Eingehen konzentriert auf euer Erlebnis als solches – dann müssen wir eben schweigen. »Erlebnis contra
Theorie« – ich hätte diese Zuspitzung *dir* gegenüber nicht anwenden
sollen, da du uns ja auch ein »Erleben« auf unsere Weise zubilligst.
Aber was hat die ganze Betonung des »Erlebens« in einer Polemik für
einen Sinn, wenn nicht den, den Gegner als den Theoretiker hinzustellen? der Studierstubensprüche tut, während der andere in der Wirklichkeit steht? Ich habe das Gefühl, ihr betrachtet uns als das. Wir

können es euch nicht nehmen und wollen es nicht. Wir leiden ja tagtäglich darunter, wie schwach und fadenscheinig die paar Gedanken sind, die wir der »Wirklichkeit« entgegenzustellen haben, in der ihr so zuversichtlich mitschwimmt. Wenn ihr uns das vorhalten wollt, so können wir euch nicht daran hindern. »Trotz« bieten wollen wir euch damit nicht, und auch »im *Heiligtum* zu sitzen« meinen wir nicht oder aber – nicht mehr als ihr, wenn ihr euch auf *euer* Erlebnis beruft. Wir glauben auch gern, daß ihr Erfahrungen machen werdet, um die wir euch beneiden können. Aber Diskutieren könnte und möchte ich nicht mehr vorderhand, nachdem ihr eure »ontologische« Stellung bezogen habt. Der Respekt vor eurer Erfahrung und Überzeugung, die Ehrfurcht vor der Größe der Ereignisse und schließlich auch ein wenig die Selbstachtung verbieten es. Ich meine es aber ruhig sagen zu können: ein falsches Überlegenheitsbewußtsein spielt dabei nicht mit. *Wenn wir doch mündlich über Alles reden könnten*. Ich freue mich so auf den Frühling, wo wir uns, wills Gott, in die Augen sehen können.

Ich möchte nun, was ZThK betrifft, Alles ganz dir überlassen. Je länger gewartet wird, desto reifer wird Alles wohl noch werden können.

Mit herzlichem Gruß auch von meiner Frau und an die Deinigen Alle

Dein Karl Barth

1. Barth bezieht sich auf die Beilage zu Nr. 49 von »An die Freunde«, die Rade auf Anfrage verschickte. Anders als in dem Brief Barths wird Rade in den meisten der dort abgedruckten Briefe ein gefährlicher Mangel an Patriotismus vorgeworfen, der sich darin äußere, daß er als »Englandfreund« und »Pazifist« spreche. Durch die gemäßigte Haltung Martin Rades beim Kriegsausbruch verlor die ChW bis zum Oktober 1914 680 Abonnenten, was zeitweise für die Zeitschrift durchaus existenzgefährdend schien.

2. Zur Haltung Paul Wernles im 1. Weltkrieg, der Rades Auffassung unterstützte und Ragaz und Barth zunehmend kritisch gegenüberstand vgl. *F. W. Kantzenbach:* Zwischen Leonhard Ragaz und Karl Barth. Die Beurteilung des 1. Weltkrieges in den Briefen des Basler Theologen Paul Wernle an Martin Rade, in: Zeitschrift für Schweizerische Kirchengeschichte Bd. 71 (1977), III-IV, S. 393-417.

3. Vgl. Anm. 2 zum Brief Barths vom 14. 11. 1914, S. 118.

Rade an Barth   Marburg, 10. 12. 1914

Lieber Karl Barth!
Auf Deinen lieben Brief möchte ich Dir mündlich antworten. Könntest Du am 4.Januar in Basel sein? Ich schrieb an Peter, er soll einige geeignete Männer herbeischaffen; auch Heiner hätte ich gern dabei. Ihr in der Schweiz seid ja in einer viel größeren Verwirrung der Geister, als wir je waren. Vielleicht kann ich Euch doch ein wenig helfen. Ich wollte, die Pariser wären auch da. Mit denen würde ich rascher eins werden als mit Euch. Aber in Deinem letzten Briefe nimmst Du doch einiges zu schwer. Dein Brief bleibt mir ein Markstein, an dem ich mich orientiere.
Gott befohlen. Dein R.

Barth an Rade   Safenwil, 14. 12. 1914

Lieber Herr Professor!
Ich bin sehr froh über deine Karte, denn da ich, wie man mir von allen Seiten sagt, unbewußt immer so schrecklich scharf schreibe, fürchtete ich bereits, ich könnte durch meinen letzten Brief die Sache noch mehr verfahren haben. Nun freue ich mich, daß du auch diesmal mit mir Geduld gehabt hast, und noch mehr darüber, daß du in die Schweiz kommen willst. Das ist wirklich das Beste, was jetzt geschehen kann. Darf ich vielleicht einige Wünsche dazu aussprechen, denen auch Mama, die eben bei uns ist, ihre Unterstützung gibt?
Wäre es nicht noch erfreulicher, wenn du gleich nach *Bern* kämest und wenn die Hauptbesprechung dort stattfände? Du wirst ja doch wohl auch nach Laupen gehen? Es wäre dann eventuell möglich, den einen oder anderen *welsch*-schweizerischen Religiössozialen teilnehmen zu lassen, deren Haltung, wie man sie auch beurteile, prinzipiell wichtiger ist für dich als die der Basler (Wernle[1], Benz[2] etc.). Aber vielleicht hast du aus wichtigem Grund *Basel* vorgeschlagen. Sollte es dabei bleiben müssen, dann habe ich eine weitere Bitte. Aus deiner Karte schließe ich, daß du eine Aussprache zwischen, dir, Wernle und seinen Freunden und uns Radikaleren in Aussicht nimmst. Dagegen möchte ich einwenden, daß *davon* sehr wenig zu erwarten ist, jedenfalls erwarten *wir* wenig, d.h. nichts davon. Wernle ist lutherischer als du, ich fürchte, die Sache würde einfach in ein Duell zwischen ihm und uns herauskommen, und wenn wir ein solches schon überhaupt zu vermei-

den suchen und ihn reden lassen wollen, so noch viel mehr in deiner Gegenwart. Ebenso gibt es in der Schweiz dutzenderweise Leute wie Herrn Schmid in Balsthal[3], die euch die Freude machen – wenn euch das wirklich eine Freude ist, – euch zu versichern, daß weite Kreise in der deutschen Schweiz die Engländer verabscheuen und die Russen fürchten. Das ist ja selbstverständlich, aber was sollen *wir* dabei, wenn dir nun von unseren Landsleuten Solches vorgetragen wird? Mit ihnen diskutieren? – wir erwarten wirklich wenig davon, wir wissen das Alles schon, was *sie* zu sagen haben, und *du* weißt es ja noch besser. Ich meine also, wenn du auf eine Aussprache mit den Kreisen, die Wernle und Schmid vertreten, mit denen, die [in] *ihrem* Sinn eure »Freunde« sind, Wert legst, so möchtest du doch *daneben* und vor Allem eine solche ins Auge fassen, wo *wir* dich im kleinsten Kreis unter uns haben, wo klare Positionen einander gegenüberstehen. Ragaz sollte dabei sein und Bader[4], Thurneysen und Schädelin[5] und Greyerz[6] und eben womöglich ein oder mehrere Welschschweizer. *Diese* Auseinandersetzung wird dann von grundsätzlicher Wichtigkeit sein.

Du hast ganz recht: wir haben eine große Verwirrung der Geister in der Schweiz. Es kann ja gar nicht anders sein. Unsere Positiven, Vermittler und Reformer denken wohl Alle ziemlich gleichmäßig wie [...][7] Schmid, in der französischen Schweiz gehen die Sympathien ebenso gleichmäßig auf die Entente-Seite. Mit beiden verbindet sich dann eine intensive Pflege eines religiös gefärbten Schweizerpatriotismus. Wernle hat nur diesem sensus communis den theologischen Ausdruck gegeben. Daneben dann, ziemlich vereinzelt und in den Pfarrerkreisen von der Seite angesehen (wenigstens in der deutschen Schweiz) unsere religiössoziale Gruppe. Es ist auch da nur zum Ausdruck gekommen, was schon *vor* dem Kriege vorhanden war. Daß wir eine solche Verwirrung haben, verwundert gerade uns am Wenigsten: daß Alle *unserer* Meinung wären, das ist ja praktisch unmöglich – und daß nicht Alle denken wie die Andern, das ists ja gerade, was wir als unser Besonderes ansehen, euch Kriegführenden gegenüber mit eurer Einheit der Geister. Die *höhere* Einheit, nach der wir uns auch sehnen, wird dann schon kommen, wenn es an der Zeit ist. Vorderhand ist es uns wichtiger, uns mit *euch* zu berühren, als mit unseren Schweizer Kollegen und Freunden[8].

Vor acht Tagen hatte ich in einer sozialdemokratischen Versammlung zu reden über »Krieg, Sozialismus und Christentum«[9]. [Beigefügt: Das Beiliegende ist aus dem »freisinnigen« Zofinger Tagblatt, das mich bis jetzt nur heruntergerissen hat. Der Bericht ist natürlich freisinnig gefärbt, aber du wirst ungefähr merken, was ich gesagt habe.] Den

Brief von E. Fuchs[10] an Peter, den du auch kennst, werde ich morgen Abend in einem kleinen Kreise von hiesigen Sozialdemokraten vorlesen und besprechen. Eben lesen wir in unserer Zeitung den Brief von Liebknecht an das deutsche Reichstagspräsidium, der von diesem unterdrückt worden zu sein scheint. Wie ganz anders werdet ihr dieses Dokument würdigen – für uns ist es wahrhaft wie eine von Noahs Tauben in der Sündflut.

Das Predigen ist eine große, schwere Sache in dieser Weihnachtszeit. Wir sind nicht die sicheren Leute im Heiligtum, wie es wohl von Weitem aussehen mag. Jede Woche ists wieder ein neues Ringen mit demselben gewaltigen Stoff. Ich predige lauter Deutero-Jesaja diese Adventssonntage hindurch.

Mama und Nelly und das kleine Fränzeli grüßen dich und Tante Dora und Lenchen und Gertrud aufs Herzlichste

ebenso treulichst Dein

Karl Barth

1. Paul Wernle (1872-1939), seit 1900 Professor für Kirchen- und Dogmengeschichte in Basel.

2. Gustav Benz (1866-1937), Pfarrer in Basel.

3. Vgl. *E. Schmid:* Unsere deutschen Freunde und wir. Von einem Schweizerpfarrer, in: ChW 28 (1914), Sp. 1061-1066. Schmid äußerte sich Sp. 1064 zu Barth: »Unsere deutschen Freunde dürfen auch dessen versichert sein, daß nicht alle tiefergrabenden und nachfühlenden Frauen und Männer unter uns so gar nicht begreifen, daß die ›Christliche Welt‹ und die Vertreter ›ihrer geistigen Kultur‹, und so und so viele andere deutsche Kreise, im Kampf Stehende und hinter der Front Dienende, sich innerlich berechtigt und verpflichtet fühlen, ›Gott in die Sache hineinzuziehen‹ statt ›das schlechte Gewissen‹ zu predigen als ›das christlich allein Mögliche gegenüber der nun einmal vorhandenen weltlichen und sündigen Notwendigkeit‹, wie es Pfarrer *Karl Barth* gegenüber dem Herausgeber dieser Zeitschrift verlangt.« Vgl. dazu *L. Ragaz:* Zur Abwehr. Aus der Schweiz, in: ChW 28 (1914), Sp. 1148f.

4. Hans Bader (1875-1935), Pfarrer in Zürich-Außersihl, wichtiger Führer der religiös-sozialen Bewegung.

5. Albert Schädelin (1880-1961), Pfarrer am Berner Münster, ab 1928 Professor für Praktische Theologie in Bern.

6. Karl von Greyerz (1870-1949), Pfarrer in Bern, Mitglied der schweizerischen Religiös-Sozialen.

7. Ein Wort unleserlich.

8. Vgl. die Bemerkungen von Barth und Thurneysen zu dem Treffen in Bern, an dem auch der französische Pfarrer Elie-Jouël Gounelle teilnahm, in: BwTh I, S. 25f. und S. 28.

9. Vortrag am 6.12.1914 auf einer sozialdemokratischen Versammlung in Küngoldingen, der am 14.2.1915 vor dem Grütliverein Zofingen wiederholt wurde (noch nicht veröffentlicht).

10. Emil Fuchs (1874-1971), 1905 Pfarrer in Rüsselsheim, 1918 Pfarrer in Eisenach, 1931 Professor für Religionswissenschaft an der Pädagogischen Akademie in Kiel, Entlassung und Gefängnis 1933, 1949 Professor für christliche Ethik und Religionssoziologie in Leipzig.

Rade an Barth   Marburg, 17.12.1914

Lieber Freund!

Es ist doch für mich wesentlich eine *Zeit*frage. Bern bedeutet eben 1 Tag mehr. Aber daß *ich* nicht eine Zusammenkunft Ragaz-Wernle veranlassen darf, sehe ich ein. Ich habe daher soeben Liechtenhan¹ vorgeschlagen, mir die Basler Freunde auf den 3. (Sonntag) Abend einzuladen, und frage Dich, ob wir am 4. Nachmittags uns in Bern treffen könnten. Am 5. reise ich heim. Dein R.

1. Rudolf Liechtenhan (1875-1947), ein Vetter Karl Barths, religiössozialer Pfarrer, später ao. Professor für Neues Testament an der Universität Basel.

Barth an Helene Rade   Safenwil, 20.12.1914

Liebes Lenchen!

Wir warteten noch immer auf etwas, was wir dir zur Weihnacht schicken wollten, nun kommt das »etwas« immer nicht, und so mag der Brief vorausgehen und dir unsere Weihnachtsgrüße bringen. Das etwas kommt dann hinten drein. Wir denken deiner in ganz besonderer Herzlichkeit, weil du jetzt ganz bald völlig zu uns gehören wirst und weil wir uns doch vorstellen, wie schwer dir jetzt der Abschied und die letzte Weihnacht zuhause unter den gegenwärtigen Umständen fallen mag.

Liebes Lenchen, du hast gewiß oft sehr gelitten unter den Verhandlungen zwischen deinem Vater und Peter und mir andererseits in den letzten Monaten? Und was magst du durchgemacht haben bei so Vielem, das du gleichzeitig *noch* mit deutschen und *schon* mit schweizerischen resp. »religiös-sozialen« Augen und Ohren erlebtest. Ich ahne die Konflikte, in die dieser Krieg und besonders die geistigen Vorgänge hinter den Kulissen dich oft versetzt haben mögen. Schwerer hätte dir der Übergang aus der Heimat in die Fremde wohl kaum gemacht werden können, als es nun geschah. Aber ich bin auch sicher, daß du diesen Übergang um das bewußter und reifer vollziehen wirst. Du weißt nun, was du tust, wenn du Schweizerin und Peters Frau wirst.

Wir hatten wohl alle *vor* dem Kriege nicht gedacht, daß die Meinungen und Empfindungen der beiden Familien so weit auseinandergehen könnten, wie es jetzt der Fall war und ist. Ich könnte mir wohl denken, daß besonders deine liebe Mutter tiefer enttäuscht ist über uns. Denn zwischen der Welt, in der dein Onkel Naumann jetzt lebt (ich sehe auch die »Hilfe« öfters) und der unsrigen ist eine Versöhnung vollends unmöglich. Ihr mögt uns glauben, daß wir es nicht leicht nehmen mit dem Problem, daß wir uns jetzt zu einer solchen Wolke von klugen, geistreichen und frommen Menschen in schwersten Widerspruch setzen. Es drückt mich fort und fort schwer, und ich frage und prüfe mich immer wieder: sollten sie *doch* recht haben, sie alle, die uns jetzt verkündigen, daß Deutschlands Macht der Weg zum Reiche Gottes ist? Ein Brief von Fuchs an Peter neulich gab uns wieder viel zu denken in dieser Hinsicht. Ich suche mich hineinzudenken, so gut ich kann, aber es *geht* nicht, ich bleibe schon bei den Anfängen, bei den ersten Prinzipien stecken, kann nicht mit: da wird fortgesetzt etwas mit Gott, Gotteserfahrung, Gotteswillen begründet, was ich mit dem Gegenteil von Gott in Verbindung setzen muß, wenn ich nicht allen klaren Inhalt des Wortes »Gott« preisgeben soll. Und dann muß ich eben doch meinen eigenen anderen Weg gehen. Heute Morgen predigte ich davon, ob Gott zwei Sprachen spreche, die der Weihnacht *und* die des Krieges[1]. Ich mußte viel an alle eure Freunde denken, die sich die Sache nun so oder ähnlich zurechtlegen mögen. Ich gab dann die Antwort: Nein, die Gottesstimme, die uns zuzurufen scheint: Krieg! ist in Wirklichkeit ein Mißverständnis. Die Worte der Liebe Gottes verkehren sich in unseren Herzen und Ohren in Furcht und Haß, und daraus entsteht die sog. »Wirklichkeit« mit allem ihrem Elend. Die Weihnacht ist die *eine* wahre Meinung Gottes gegen uns, recht hören lernen ist die Erlösung.
– Denk wie es mir jetzt geht mit der deutschen Tagesliteratur: ich lese viel lieber die Kriegsaufsätze und Gedichte der Profanschriftsteller, wo einem das Menschliche unverhüllt entgegentritt in seiner Größe und in seiner Tragik – als das, was die deutschen *Theologen* schreiben. Die deutschen Kriegsberichte und Feldpostbriefe oder auch die Darlegungen der deutschen weltlichen Historiker nehme ich mit großer Anteilnahme entgegen, aber schrecklich wird es mir zu Mute, wenn die Theo-

logen kommen und das Alles nun religiös verklären wollen mit ihrer furchtbar gewandten Dialektik. *Da* regt sich aller Widerspruch in mir, und *da* wird es mir dann immer wieder sonnenklar: ich darf nicht »deutsch« empfinden, so nahe es mir läge. Ich hielt einmal eine Predigt über Bethmann-Hollweg und Harnack[2] – du kannst dir ja vorstellen, was drinnen stand. Von da aus ist uns dann auch Traub eine der widerwärtigsten Erscheinungen in diesem Krieg. Für Hindenburg kann ich mich auch begeistern, wenns absolut sein muß, mit Traub und seinem »Schicksal« bin ich fertig, d.h. ich lasse ihn ganz *seines* Glaubens leben, wie dein Vater einmal sagte, daß wirs tun müßten. – *Da* ist das Schwierigste an dem Gegensatz zwischen »euch« und »uns«. Unsere Welschschweizer streiten mit euch um die politischen und militärischen Fragen – die sind uns nicht so wichtig. Aber das ist mißlich zwischen uns, daß »*wir*« gerade da, wo »*eure*« intimsten, heiligsten Empfindungen anfangen, den schärfsten Protest einlegen müßten. Und »*ihr*« umgekehrt gleitet über das, was »*uns*« das Intimste, Heiligste ist, hinweg als über Träume, die in solch eiserner Gotteszeit natürlich gar nicht in Betracht kommen. An der verschiedenen Beurteilung Traubs kommt das zum Vorschein: *euch* ist er der Kriegsprediger von ... *uns* ist er *die* unmögliche Gestalt! Da ist es schwer sich zu verständigen: *jetzt* redet man und tut sich damit weh, und *jetzt* schweigt man und schafft damit auch wieder Kälte. Ich weiß oft gar keinen Ausweg und verlege mich auch in dieser Beziehung aufs Warten. Wenn das nun in Deutschland und speziell am Roten Graben auch so gehalten wird, dann wird ja einmal die Stunde kommen, wo man einander wieder versteht.

Hier sende ich dir ein Gedicht über Hindenburg aus dem »Aargauer Tagblatt«; allen guten Deutschen zum Trost: es gibt noch mehr solche wohlgesinnte Schweizer wie Wernle und Pfarrer Schmid. Die Bärthe etc. sind gottlob eine Ausnahme.

Ferner auch einen weiteren Bericht über meinen Vortrag, aus dem sozialdemokratischen Organ. Die »gereimten Verse«, die solchen Eindruck machten, waren die von Philippi: du bist *der* Kaiser ... und »nun schlagen wir als dein eiserner Stecken alle Feinde in den Bart«[3]. Der Brief war von Herrmann. Am 27. habe ich wieder bei einem sozialistischen Weihnachtsbaum in einer Kirche zu reden.

Nelly schickt dir herzliche Grüße. Sie ist schon zu Bette. Fränzeli gedeiht prächtig, doch wächst seine Einsicht in gewisse Grundbegriffe des praktischen Lebens nur langsam. Weißt du, daß Peter mir *gar nie* schreibt und mir *gar nichts* von den interessanten Dingen zuschickt, die er von deinem Vater bekommt? Das ist ein sehr unschöner Zug an ihm. Kannst du mir die Adresse Loews verschaffen? Gegen welches Volk hat er zu kämpfen?

Nichtwahr, du grüßt Vater, Mutter und Geschwister auch recht schön von uns dreien. Wir freuen uns sehr auf Vaters Hierherkommen.
Treulichst begrüßt dich
dein Schwager Karl.

1. Vgl. die Predigt vom 4. Advent (20. 12. 1914) über Jes. 54,9-10, in: *Karl Barth:* Predigten 1914, hg. von *Ursula* und *Jochen Fähler,* Zürich 1974, S. 622-632.

2. Vgl. die Predigt vom 25. 10. 1914 über Ps. 119, 142, a.a.O., S. 532-543. Barth berichtet dort von dem Ausspruch Bethmann-Hollwegs im Reichstag am 4. August: »Not kennt kein Gebot«, mit dem dieser die Verletzung der Neutralität Belgiens begründete: »Der Kanzler ist ein ehrlicher aufrechter Mann, dem man es zum hohen Verdienst anrechnen muß, daß er diese Regel auch offen ausgesprochen, daß er sich besonders vor dem Wort Unrecht nicht gefürchtet hat. Er hat damit eigentlich nichts Anderes ausgesprochen als das Wesen und die Regel des Krieges überhaupt, ja nicht nur des Krieges, sondern der Menschennatur, der menschlichen Welt. Und darum verdient sein Ausspruch unsere tiefe Aufmerksamkeit« (S. 534). Von Harnacks Kritik an dem Ausspruch des Kanzlers ist nur indirekt die Rede: »Ein berühmter Gelehrter hat die Sache so gedeutet. Es gibt im Leben Lagen, wo es Pflicht ist zu tun, was einem hilft. Hat nicht David, als er auf der Flucht war vor Saul, die Schaubrote vom Tisch des Herrn genommen und sich damit gestärkt gegen den Wortlaut des Gesetzes vgl. 1. Sam. 21,2-7? In solchen Lagen ist Unrecht nicht mehr Unrecht sondern Recht, und der Reichskanzler hätte das böse Wort nicht aussprechen sollen« (S. 533f.).

3. »Du bist *der* Kaiser!
Von Gottes Gnaden bist dus ganz,
da dich dein kämpfend Volk gesegnet:
Heil dir im Siegerkranz!«
Fritz Philippi, in: ChW 28 (1914), Sp. 869.
»Hab Dank, Herr Gott! Dein zornig Wecken
tilgt unsere sündige Art.
Nun schlagen wir als dein eiserner Stecken
allen Feinden in den Bart!«
Fritz Philippi, in: ChW 28 (1914), Sp. 823.

Dora Rade an Nelly Barth   Marburg, 31. 3. 1915

Liebe Nelly!
   Wir freuen uns schon alle sehr auf Euer Kommen. Ihr werdet bei Tante Elise, Ockershäuser Allee 7 wohnen, und sie wird Euch sehr gern auch schon vor dem 8. herbergen. Seid so lieb und schreibt ihr rechtzeitig, wann Ihr ankommt. Ihr habt bei ihr alle Freiheit, zu kommen und zu gehen, wie Ihr wollt. Daß Du, liebe Nelly, Deine Geige mitbringen willst, ist uns eine besondere Freude. Es wäre sehr schön, wenn Du in der Kirche etwas spielen könntest. Wir müssen das gleich besprechen, wenn Ihr hier seid. Viele herzliche Grüße und auf Wiedersehen!
   Tante Dora

[Einladung von Dora Rade zur Hochzeit von Peter Barth und Helene Rade am 9.4.1915]

>Herrn und Frau Pfarrer Barth
>Freitag den 9. April
>soll, so Gott will, die Hochzeit
>unserer Tochter Helene
>mit Herrn Pfarrer Peter Barth
>stattfinden.

Wir bitten Euch, zu dieser Feier unsere Gäste zu sein und dann Donnerstag, den 8. April Nachmittag, in Marburg einzutreffen.
   Die Einladung erfolgt unter dem ernsten Vorbehalt, daß die Kriegslage uns bescheidenes Feiern gestattet.
   Martin und Dora Rade

Barth an Wilhelm Herrmann   21. 4. 1915

Hochgeehrter Herr Professor!
   Es tat mir herzlich leid, Sie bei meinem Besuch in Marburg nicht zu treffen. Nun überraschen Sie mich durch die Zusendung Ihrer Schrift über die Türken und die Engländer[1]; ich weiß Ihr freundliches Gedenken umso mehr zu schätzen, als Sie zum Voraus wußten, daß ich Ihnen auf diesem Wege nicht folgen kann, sondern in Ihrem Vortrag nur eine weitere Erscheinung sehen muß jener furchtbaren geistigen Zerrissenheit der heutigen Welt, deren Erleiden und Verstehen unsere,

der Neutralen, besondere Aufgabe in dieser Zeit zu sein scheint. Wir sind mit starken Eindrücken aus Deutschland zurückgekommen. Meine stärksten waren die, die ich hatte von der Frömmigkeit Friedrich Naumanns und Christoph Blumhardts in Boll[2]. Ich glaube, daß die feine Linie, die von dem Einen zum Andern führt, die Linie sein wird, auf der Sie und wir uns später wieder einmal treffen können. Aber die Wege dahin sind weit und dunkel.

Mit den ehrerbietigsten Grüßen
Ihr ergebener Karl Barth

1. *W. Herrmann:* Die Türken, die Engländer und wir deutschen Christen. Ein Vortrag, Marburg 1915, zuerst in: ChW 29 (1915), Sp. 218-224, Sp. 231 bis 236.
2. Auf der Hochzeit von Peter Barth und Helene Rade traf Karl Barth Friedrich Naumann. Auf der Rückreise reiste er mit Thurneysen über Bad Boll, um dort Christoph Blumhardt aufzusuchen.

Rade an Barth   Marburg, 8.6.1915

Lieber Freund,

Dank für die Glocke[1]. Ich bin weder ein Rechthaber noch ein Unrechthaber, auch haben sich für mich die Bande der Verehrung, Freundschaft, gemeinsamen Arbeit, wenn ich heute alles übersehe, trotz dem Kriege, kaum gelockert. Manches ist dahin, aber vielleicht ists nicht schade. Im übrigen bin ich ganz einverstanden mit Dir. Am wenigsten mit dem, was Du über Gott schreibst. Und das ist nun freilich die Hauptsache. Es ist wirklich um Gott nicht eine so einfache Sache. Lies bitte recht mit Ruhe, was ich in Nr. 24 veröffentlichen werde über das Moratorium des Christentums[2]. Ich meine, Du müßtest daraus sehen, daß es unsereiner mit Gott und dem Kriege nicht weniger ernst nimmt als Ihr. Ich denke oft Deiner. Sei mit Weib und Kind herzlich gegrüßt und Gott befohlen.

Dein R.

1. *K. Barth:* Friede, in: Die Glocke 23 (1915, Juniheft), S. 55f.
2. ChW 29 (1915), Sp. 400-405 wurde der anonyme Artikel eines Frontsoldaten publiziert unter dem Titel: Zur Kirchenfrage – aus der Front. Mit seinem existentiellen Bericht will der Autor seine These begründen: »Menschen, denen im Interesse der Allgemeinheit das individuell Böse als Pflicht zugemutet wird, stehen unter seelischen Ausnahmegesetzen ... Der Einzelne

opfert seine Moralität in dem großen sittlichen Gesamtwillen« (Sp. 404). Unter Berufung auf diese Erfahrung wird ein Moratorium des kirchlichen Christentums für die Soldaten gefordert: »Wir bitten aber die Kirche, daß sie das Moratorium des kirchlichen Christentums, das für Hunderttausende von Männern de facto eingetreten ist, de iure anerkennt. Nur dann kann sie nämlich die Folge einsehen und ertragen, daß die Männer, die das Moratorium des Christentums erlebten, mit anderen Herzen zum Christentum zurückkehren. Ich erwarte Großes davon, wenn diese Männer ihre Sehnsucht nach Entsühnung und Humanität nach dem Kriege zu Jesus zurücktragen. Nur erwarte ich nicht, daß das Christentum dieser Männer dann so aussieht, wie die Kirche sich ihr Christentum vor dem Krieg gedacht hat und wie sie es nach dem Krieg schon wünscht« (Sp. 404f.). – Die Antwort Rades: Kein Moratorium des Christenglaubens, in: ChW 29 (1915), Sp. 473-475, war als Andacht über Röm. 7,24f. abgefaßt.

Barth an Rade   19. 6. 1915

Lieber Herr Professor!

Herzlichen Dank für deine Zeilen. Heute ist Nr.24 eingetroffen mit dem Artikel, auf den du mich verwiesen hast[1]. Ich hatte mir heilig vorgenommen, keine Briefe mehr nach Deutschland und in die welsche Schweiz zu schreiben, wegen der Verwirrung der Sprachen, und habs redlich gehalten eine Zeitlang. Da schrieben mir W. Loew und Prof. Heitmüller[2] sehr liebe Briefe, und ich habe ihnen wieder geschrieben. Und nun möchte ich doch auch Dir antworten. Sind das die Tauben mit dem Ölblatt, und will die Sintflut fallen? Man wagt es ja kaum zu hoffen. Ich habe ja deutlich genug gesagt, daß ich pessimistisch denke über alle »Verständigungen«, und doch sehne ich mich *wirklich* danach, wenigstens den kleinen Finger wieder zu berühren, wo man sich die Hand noch nicht geben kann, wenigstens noch nicht in der rechten Klarheit. Wir gingen eigentlich – die Aargauer Gruppe: Thurneysen, »Frau Nelly« und ich – etwas betrübt von Marburg weg, weil es so gar nicht zu jenem Fühlungsuchen und -finden gekommen war, nach dem wir uns sehnen. Umso mehr möchte ich die Gelegenheit jetzt benutzen, wieder anzuknüpfen.

Dein Artikel ist wirklich eine schöne Gelegenheit. Schon jener Artikel aus der Front, mit dem du dich beschäftigst, hat uns sehr bewegt – gefreut! weil da auf einmal *die* Töne kamen – und zwar ex mediis rebus –, auf die wir so lange vergeblich gewartet. Ich stelle auch den Artikel von Troeltsch[3] in Nr.22 in diese Reihe. (Ich habe zwar dies professorale äusserlich anfassende Reden, wie Troeltsch es liebt, nicht gern, wo es um so vitale Dinge geht. Warum hat er selbst nicht getan, was nach seiner Meinung »die Kirche« hätte tun müssen? Gehört er nicht dazu?) In deinem Artikel wird nun Alles so ehrlich und unmittelbar. Ich kann mich einfach nur freuen, wie nahe wir uns jetzt auf einmal gekommen sind. Denn du stellst da, im Anschluß an jenen Mann aus der Front (Bornhausen?) Gesichtspunkte auf, die, wenn sie durchgeführt, prinzipiell genommen werden, eine entscheidende Wendung bedeuten müssen. Es ist dir sicher nicht verborgen, daß da etwas radikal Neues auftritt innerhalb der religiösen Gedanken, die du seit dem Krieg in der Christl. Welt und sonst geäussert. Auf *diesem* Boden müssen und werden wir uns früher oder später begegnen. Nicht als ob wir als die beati possidentes schon darauf ständen, aber Du wirst nun von *diesen* Gedanken aus sicher auch besser verstehen, in welcher Richtung unser *Suchen* und Streben geht. Der Krieg offenbart, was schon vorher und sonst war: die Gottlosigkeit und Bosheit, in der wir drin stecken, ein Ganzes, eine Welt, *die wir nicht billigen und die wir doch bejahen*[4]. Mitten in dieser Welt, mitten im Krieg Jesus als der Erlöser. Das ist ein Teil der Grund- und Kerngedanken, um die *wir* uns jetzt ohne Aufhören bewegen möchten. Wenn es auch bei Dir *Grund*gedanken sind, sind wir weithin einig.

Darf ich Dir im Anschluß daran zwei Fragen stellen? (An ihnen müßte sich die Einigkeit erproben.)

1. Wenn denn die *Welt* als Ganzes unserer Lebensbedingungen gottlos ist (Luther hatte drastische Ausdrücke dafür!), dem *Jesus* offenbar ebenfalls als ein geschlossenes Ganzes gegenübersteht mit seinem Leben und seiner Botschaft, muß dann nicht *der* Christenglaube, der kein Moratorium erträgt: die innere Orientierung an der Welt Jesu, klar und bewußt *Abstand* nehmen von dem indirekten und offenbar (der Mann aus der Front empfindet da doch scharf und rein!) sehr moratoriumsbedürftigen Kompromiß-Christenglauben, der sich im Ethos auf seine Weise auslebt, in der sittlichen Arbeit auf dem Boden der alten gottlosen Welt, im »Gesetz«, das die gefallene Welt voraussetzt? Müssen wir nicht alles religiöse Pathos auf *den* Christenglauben legen, der die neue Welt, in Jesus offenbart, schaut und ergreift? Steht das Christenleben eigentlich im christlichen Glauben oder in einer »christlichen« Ethik? Du weißt, warum ich das frage. Da haben sich ja bis jetzt unsere Wege geschieden. Ihr ginget von Luther aus zu Bismarck, wir zu Tersteegen (oder, etwas anders ausgedrückt, von Calvin aus zum radikalen Sozialismus – sachlich berührt es sich!). Wir suchten *als Christen* ganz in der Hoffnung und für die Hoffnung zu leben und stellten alle Ethik in den Anhang gleichsam – ihr habt als *Christen* vor Allem stramme nationale Ethik getrieben und das Gottesreich als unzeitgemäße Idee in den Anhang gestellt. Du verstehst: es liegt mir gar nicht am »*ihr*« und »*wir*«, und es ist mir fatal, daß ich diese knauserigen Ausdrücke brauchen muß, aber das möchte ich fragen: welcher von den beiden Wegen entspricht den Voraussetzungen deines Artikels besser? Wirst Du mir mit »Sowohl-Als auch« antworten? Ob ich wohl deutlich genug gewesen bin?

2. Jesus mitten drin in der »gottlosen« Welt – als unser Erlöser. Mitten drin, wo die Menschen im »Frieden« oder im Krieg als »Werkzeug des Gemeinwillens« das Böse tun müssen – mitten drin als Erlöser. »Die Erfahrung der Gnade reißt uns heraus – aus der Angst ...« Nur aus der Angst? Und was heißt »herausreißen«? Ist Jesus bloß der Tröster und Helfer des *Einzelnen* in einer Welt des Zwangs zum Böses-Tun? Heiligt er eine Ethik auf dem Boden dieser alten Welt durch den Hintergrund *persönlicher* Sündenvergebung, um dies alte Weltganze schließlich zu lassen, wie es ist? Oder tritt in Jesus dem Ganzen der *menschlichen* das Ganze der *göttlichen* Lebensbedingungen entgegen? Bricht in Jesus gegenüber dem bösen *Gemein*willen ein neuer guter *Gemein*wille auf? Ist Jesus eine neue Welt und zerbricht als solche grundsätzlich alle unsere Ethik, die auf dem Grunde der alten Welt aufgebaut ist? Du verstehst wiederum, warum ich so frage: es handelt sich um das objektive Korrelat zu der subjektiven Voraussetzung meiner ersten Frage. Wir waren auch hier bis jetzt nicht auf der gleichen Linie. Wir hatten von *euch* bis jetzt den Eindruck, daß ihr Jesus *braucht* als individuellen Rückhalt in der Gottlosigkeit etc., in der wir drin stecken und unsere Aufgaben haben. *Wir* meinten, wir Menschen müßten uns vielmehr von Jesus *brauchen lassen*, sein Dasein sei nicht sowohl ein Trost in der Unvollkommenheit als vielmehr der Sturz des Satan, und von *ihm* hätten wir die eigentlichen, die ernsthaften Aufgaben zu erwarten. Wir meinten, Erlösung sei realer Anbruch des Gottesreiches. »*Wir*« und »*ihr*« wiederum auf die Seite, nichtwahr?! Aber welcher Weg entspricht den Voraussetzungen deiner Gedanken – und denen von Römer 7 und 8?

Mit herzlichem Gruß auch von Nelly an dich und Tante Dora
dein getreuer Karl Barth

---

1. *M. Rade:* Kein Moratorium des Christenglaubens, in: ChW 29 (1915), Sp. 473-475.

2. Wilhelm Heitmüller (1869-1926), Professor für Neues Testament in Marburg, Bonn und Tübingen.
3. E. Troeltschs Aufsatz »Der Völkerkrieg und das Christentum« erschien in Nr. *15* der ChW 29 (1915), Sp. 294-303.
4. Rade hatte in seiner Andacht geschrieben: »*Wir sind durch unsre Natur tief verstrickt in eine Welt, die wir nicht billigen.* Wir nehmen an ihr teil und bejahen sie. Wir können nicht anders. Und das ist nun eben *unser Leib*, unser Todesleib. All diese Verflochtenheit in das näher zugesehen Unerträgliche – Wir sind ja Meister darin, uns das zu verheimlichen und zu verhüllen. Da zerreißt der Krieg dies raffinierte Kulturgewebe, und mit Schrecken sehen wir die Welt um uns her, wie sie ist.

Um *nun* zu sagen und einzusehen, daß wir für *diese* Wirklichkeit Jesus, seine Reinheit, seine Liebe und seinen heiligen Zorn nicht brauchen können? Dann fahre hin, Jesus. Fahre hin, Christentum. Nein gerade in dieser unverhüllten Wirklichkeit steht Jesus, geht er uns nun auf, muß er uns – mitten in allem Höllengraus – erst recht offenbar, notwendig, lieb, Erlöser werden, wenn er uns überhaupt etwas sein soll. Wie auch im Frieden, inmitten aller Freuden einer hohen Kultur das unersättliche Ringen nach Reinheit unser bestes Christenteil ist, tief beunruhigend und beglückend zugleich, so im Kriege. Wie wir daheim nicht aufhören zu beten: ›Vergib uns unsre Schuld! Dein Reich komme!‹ so im Krieg, und wie uns hier die Erfahrung der emporziehenden Gnade herausreißt aus der Angst, was denn eigentlich werden soll aus uns und aus dieser Welt, so im Kriege.

Darum kein Moratorium des Christentums. Nur jetzt nicht. Jetzt erst recht nicht« (a.a.O., Sp. 475).

Rade an Barth   Bern, Claraweg, 25.8.1915

Lieber Karl,

ich komme eben mit Peter und Lenchen von der Kleinen Scheidegg, wir wollen nach Laupen zurück. Morgen, Donnerstag, Abends will ich in Gelterkinden sein und noch einen Teil des Freitags dort bleiben, dann nach Haus! Für Safenwil reicht diesmal die Zeit nicht. Auf Stunden nur möchte ich es nicht: wäre ich ein Prophet oder eines Propheten Sohn, so würde ich für Pflicht halten, wenigstens für Stunden meinen Geist über Euch auszubreiten; so aber bin ich ein gewöhnlicher Sterblicher, sogar Theologe, und da komme ich lieber einmal, wo ich in Ruhe Euch drei und Eure Heimat studieren kann[1]. Seid herzlich gegrüßt, auch von den Geschwistern, und Gott befohlen.

Dein Rade

1. Barth schreibt dazu unter dem Datum des 27. August 1915 an Thurneysen, BwTh I, S. 77: »Schau, schau, nun drückt sich Rade auf diese Weise um eine Begegnung mit mir oder uns, obwohl er wußte, daß ich sie wünschte, obwohl er einen langen Brief von mir noch immer nicht beantwortet hat. Was soll jetzt das? Es ist nun das dritte Mal dies Jahr, daß er einer Aussprache einfach aus dem Weg geht. Er war drei Wochen in Laupen. Nun bin ich vorläufig fertig mit ihm.« Vgl. auch den Brief an Thurneysen vom 8. September 1915, BwTh I, S. 78.

Rade an Barth   Marburg, 31. 10. 1915

Lieber Karl,

daß ich Dich nicht ganz vergessen habe, hat Dir die Zusendung meiner letzten Schrift[1] gezeigt. Ich meine freilich nicht, daß sie Dich sehr erfreut haben wird. Aber auf solche Wirkung muß ich jetzt doch Euch gegenüber verzichten und auf bessere Zeiten hoffen. Unsere Seelen sind jetzt zu verschieden eingestellt.

Aber ich spürte gar keinen Trieb, Dir das zu sagen. Es ist nur die unvermeidliche Einleitung zu Besserem. Ich habe Euch noch gar nichts über Euren Sohn Markus[2] geschrieben. Und Ihr müßt doch wissen, daß wir uns herzlich über ihn gefreut haben. Vielleicht sagt Euch das unsere Mutter Dora jetzt, da sie doch glücklich drüben ist. Aber ich denke nicht daran, mich von ihr darin vertreten zu lassen. Ich muß es Euch selbst sagen, wie herzlich wir hier das Büblein willkommen geheißen haben, wie sehr wir froh sind, daß Du und Frau Nelly Euch dieser Gottesgabe restlos freuen könnt, und Großmutter Anna dazu. Wenn ich mal nach Safenwil komme, werde ich das Haus sehr ganz voll von Kindern finden! Gott behüte Euch und Euer Glück. Er macht Markus zu einem ersten Enkelsohn des Großvaters, den er nicht mehr erlebt hat. Was für Zeiten werden die Kinder sehen, die jetzt geboren werden? Gott gebe, bessere.

Inzwischen denkt unser freundlich, wie wir Euer. Kommt Deine Mutter zu Euch, so grüße sie ganz besonders. Gottfried und Gertrud grüßen auch sehr. Gottfried geht es zusehends besser.

Auf baldiges Wiedersehen hoffend, und zwar in Friedenszeiten,
Euer treu gesinnter Martin Rade.

1. *M. Rade:* Die Kirche nach dem Kriege (SgV 79), Tübingen 1915. Barth bemerkte dazu am 4. November 1915 an Thurneysen, BwTh I, S. 99: »Büchlein von Rade: schwach [...]!«

2. Markus Barth, geb. 6. 10. 1915, ist heute Professor für Neues Testament in Basel.

Barth an Rade						Safenwil, 26. 3. 1916

Lieber Herr Professor!
Wir haben euch noch nicht geschrieben auf die unerwartete Todesanzeige der guten lieben Tante Elise¹. Ich wollte es aufsparen auf eine ruhige Stunde, denn die letzten Wochen waren sehr ausgefüllt. Wir haben die Herzensgüte deiner Schwester noch in zu lebendiger Erinnerung vom letzten Frühjahr her, als daß uns die Nachricht von ihrem Kranksein und Hingehen nicht mit aufrichtiger Bewegung erfüllt hätte. Sie hat uns damals so mütterlich aufgenommen und gehegt, zuletzt noch in aller Morgenfrühe aufs Peron begleitet, wir sprachen noch oft davon und werden immer dankbar an sie denken – wie es wohl Allen ihren vielen Freunden und Gästen geht. Euch aber möchten wir bei diesem Abschied in Teilnahme die Hand drücken. –

Unsere Gedanken sind öfter in Marburg und in Deutschland, als es ausgesprochen wird. Wenn wir schweigen, so ists nicht aus Gleichgültigkeit. Die Christliche Welt bringt uns allwöchentlich, oft allerdings mit großen Pausen und Stauungen, Kunde von dem, was euch bewegt. Eine Nummer der »Mitteilungen«, die einen Feldbrief von Loew² enthalten soll, hat uns nicht erreicht, Peters in Laupen auch nicht. Ob du die Safenwiler Predigt³ erhalten hast? Sie wurde nur für die Gemeinde gedruckt und wird den homiletischen Markt nicht beschweren, hat dich aber vielleicht auch ohne Kenntnis der lokalen Vorgänge, auf die sie sich bezieht, interessiert.

Was werdet ihr sagen zu dem bevorstehenden Buch von Kutter⁴! Er war zweimal hier, und las es mir ganz vor. Ihr werdet darin das reichlich finden, was ihr an Ragaz und Matthieu vermißt, aber was werdet ihr mit dem Übrigen anfangen? Kutter ist ein ganz erstaunlich anregender und fruchtbarer Mensch, wenn man ihn zu Worte kommen läßt. Das haben wir reichlich und mit Erfolg getan, bis auf Fränzeli, das von seinem Besuch die Worte »Mammonsgeist« und »Gewißheit« behalten hat und nachplappert.

Die Taufe von Martin Ulrich am letzten Sonntag war ein stilles freundliches Festlein. Aber die Art, wie Vater Peter gegenwärtig predigt, erfüllt mich mit einiger Besorgnis. Er macht es sich *sachlich* zu leicht, will mir scheinen. Und man *sagt* es ihm nicht, daß es so nicht geht, *kann* es ihm nicht sagen, da sie Beide gegen Ratschläge aller Art eine ziemliche Abneigung haben und alles mit leichten Handbewegungen erledigen. Ich hielt es für meine Pflicht, dir wenigstens anzudeuten, daß ich dem Ding nicht ganz ruhig zusehe, denn du stehst dem Peter jetzt näher als ich.

Und nun hat Gottfried Hochzeit gehalten und wird bald ins Feld ziehen. Grüße ihn herzlich von uns und sag ihm, daß wir auch an ihn denken werden.

Allerlei Anderes sei auf eine mündliche Begegnung verspart.

Was wird bis dahin Alles geschehen und nicht geschehen! Grüße auch Tante Dora und Gertrud und sei selber aufs Beste gegrüßt von deinem entfernten aber getreuen

Karl Barth

1. Am 28. 2. 1916 starb Rades Schwester Elise Rade im Alter von 68 Jahren.
2. In Nr. 54 der Vertraulichen Mitteilungen »An die Freunde« vom 1. Dezember 1915 ist der »Brief eines Pastors und Offiziers aus Serbien« abgedruckt (Sp. 623f.), dessen Autor Wilhelm Loew sein könnte.
3. Vgl. Anm. 1 zum Brief vom 29. 3. 1916.
4. Hermann Kutter (1863-1931), seit 1898 Pfarrer am Neumünster in Zürich, einer der Begründer der religiös-sozialen Bewegung. Mit dem bevorstehenden Buch sind Kutters »Reden an die deutsche Nation«, Jena 1916, gemeint. Gegen das Buch wurde im Juli 1916 von der deutschen Militärzensur ein Verkaufsverbot erlassen, das allerdings nach drei Monaten wieder aufgehoben wurde.

Rade an Barth   Marburg, 29.3.1916

Lieber Karl,
Dank für Deinen lieben Brief. Aber sollte es nicht auch eine soziale Pflicht sein, leserlich zu schreiben? Ich habe früher solche Mühe mit Deiner Schrift nicht gehabt. Dank auch für Deine Predigt, die mich ganz lebendig mit Dir in Zusammenhang setzte. Ich bin ja auch sonst nicht unorientiert. Quod Deus bene vertat. In Nr. 14 der CW wirst Du eine Überraschung haben[1]. Sei mit Deiner lieben Frau herzlich von uns gegrüßt.

Dein Vater Rade

1. *K. Barth:* Der Pfarrer, der es den Leuten recht macht. Eine Predigt, gehalten in der Kirche zu Safenwil, als Manuskript gedruckt 1916. Diese Pre-

digt wurde von Rade ohne Namensnennung des Verfassers und ohne Wissen Barths als »Überraschung« abgedruckt in: ChW 30 (1916), Sp. 262-267. Nachdruck in: Christentum und Wirklichkeit 10 (1932), S. 86-97. Rade stellte dieser Predigt Barths, die er mit dem Untertitel »Eine religiös-soziale Predigt« versah, folgende redaktionelle Bemerkung voran: »Diese Predigt, als Manuskript gedruckt für die Gemeinde, geben wir hier ohne Wissen des Verfassers wieder. Getreu, einschließlich der Sperrungen, nur der Ortsname ist getilgt. – Wir bekommen immer wieder gesagt, auch aus der Schweiz, daß wir uns zu viel um die Religiös-Sozialen kümmern. Wir stehen ihnen kritisch gegenüber; aber es bleibt dabei: sie schärfen mir mein Gewissen, und dafür bin ich ihnen dankbar« (a.a.O., Sp. 262.).

Rade an Barth   Laupen, 24.5.1917

Lieber Karl,

ich denke es läßt sich doch einrichten, daß ich Dich, Deine liebe Frau und Eure Kinder sehe und grüße. *Donnerstag* mittag 12 Uhr komme ich in Olten an und lasse meine Koffer dort. Abends reise ich dann Olten-Basel, spätestens ab Olten 7^{53}. Das geht ja ganz gut. Und so komme ja nicht Dienstag nach Bern (wovon wir inzwischen mit Deiner lieben Mutter gesprochen hatten), wir hätten da wenig von einander und Deine Familie hätte ich ja da gar nicht. Laß mich nur hierher wissen, ob ich Donnerstag willkommen bin[1]. Es soll mir auch nur Spaß machen, wenn ich unabgeholt meinen Pfad allein finden kann. Herzliche Grüße R.

1. Über den Besuch Rades in Safenwil schrieb Barth am 1. Juni 1917 an Thurneysen, BwTh I, S. 204f.: »Wir hatten heute Rade! Ich hatte ihm vorgeschlagen, dich aufzubieten; er begehrte aber nicht danach, und du hast nichts verloren. Es war ein seltsam freundliches aber unfruchtbares Täglein. Auch er beklagt sich über unser ›prophetisches Selbstbewußtsein‹, das uns veranlasse, so aufzutreten, als ob wir der Christenheit Gott erst zu bringen hätten. Safenwil sei für ihn das Jerusalem, in dem er alle 8 Tage gekreuzigt werde. Trotzdem sei er nun gekommen, aber nicht, um mit mir ›um Gott zu raufen‹. Deine Aarauer Predigt habe er gelesen und nichts darin gefunden, was er nicht auch sagen könnte. Überhaupt freue er sich ja über unsern jungen Eifer, im übrigen hätten sie als junge Ritschlianer s.Z. gemeint, die ganze Welt belehren zu können, aber eben ... Über allem stehe ihm als ABC des Christentums die communio sanctorum (in der Tat ist er heute Abend nun bei Wernle, morgen bei Kutter, Ragaz und Foerster). Daneben viel Politisches und Familiäres. Was sind wir doch für Tröpfe, daß wir das Leben so schwer nehmen, wo doch Alles, Alles so schön im Gleichgewicht ist und bleibt!«

Barth an Rade [13.7.17]

Lieber Onkel Rade!

Der Buchhändler überrascht mich, offenbar in deinem Auftrag, mit der Zusendung Deines neuen Lutherbuches[1], in dem ich allerlei mir Neues entdecke. Herzlichen Dank dafür. Ich bin eben an einer großen Tholuck-Biographie[2] und auch sonst ganz unter den Pietisten. Was für ein Jammer, daß diese Bewegung so schnell versanden mußte – in eine große Reaktionsrichtung hinein, die sie doch von Haus aus nicht hatte. Grundsätzlich das gleiche Schauspiel wie einst in der Reformation. Ich bin darum unfreudig zur Jubiläumsfeier, auch abgesehen vom Krieg. Die Kirche hat immer nur die von ihr selbst *verpaßten Gelegenheiten* zu feiern! Wir hatten schöne Ferien in Risch und sind nun wieder mit Freuden unseren Arbeiten, Nelly am Einmachen, ich hinter den Büchern.

Wir grüssen dich und Tante Dora
Dein Karl Barth.

1. *M. Rade:* Luther in Worten aus seinen Werken (Die Klassiker der Religion, hg. von Gustav Pfannmüller, Bd. 10/11), Berlin 1917.
2. *L. Witte:* Das Leben D. Friedrich August Gotttreu Tholucks, 2 Bände, Bielefeld und Leipzig 1884/86.

Barth an Rade Safenwil, 29.9.1917

Lieber Vater und Mutter Rade!

Heute früh ist uns ein Kindchen geschenkt worden, das *Christoph Friedrich*[1] heißen soll. Wir freuen uns sehr und bitten euch, euch mit uns zu freuen.

Wo ist Karl Bornhausen in der Schweiz interniert? Ich hörte nur Gerüchtweises, und er hat uns selbst bis jetzt kein Zeichen getan.

Mit herzlichen Grüßen
Eure Nelly und Karl B.

1. Christoph Friedrich Barth (geb. 29. 9. 1917), war bis 1979 Professor für Altes Testament in Mainz, lebt heute in Basel und ist als wissenschaftlicher Berater für Theologen in Indonesien tätig.

Rade an Barth   Marburg 4. 10. 1917

Lieber Karl,
    Euern kleinen Christoph Friedrich heißen wir herzlich willkommen.
Gott segne die Symbolik seines Namens an ihm und Euch und uns
allen. Hoffentlich geht es seiner lieben Mutter wohl und Ihr habt un-
getrübte Freude an dem Gottesgeschenk. – Bornhausens Adresse ist:
Leutnant Prof. B. in Heiden (Appenzell). – Gertrud darf nun nächsten
Sonnabend losreisen und trifft wohl Montag bei ihren Geschwistern
ein. Mit vielen herzlichen Grüßen
    Euer Vater Rade

Barth an Rade   Safenwil, 28. 6. 1918

Lieber Vater Rade!
    Ein Brief von mir? Ja, es wird Ereignis. Eigentlich anläßlich einer
Erkundigung, die einen für mich sehr peinlichen Grund hat. Was ist
mit Professor Herrmann? Er sandte mir im April seine Broschüre über
den Glauben an Christus bei Luther[1] mit der seltsamen Dedikation
»Trotzdem mit bestem Gruß! Ihr W.H.« Ich antwortete ihm mit einem
sehr demütigen Brief und der Zusendung unseres Predigtbuches[2], die
er seinerseits nun mit dem mehr als grotesken »111 Leitsätze über Krieg
und Christentum« eines Herrn Dörries[3] erwidert unter dem Waschzeddel: *»Wirklichkeitssinn gegen Sentimentalität«*. Kannst du mir sagen, was ich von dem Allen zu halten habe? Macht er Spaß? (Das Büchlein von Dörries ist etwas vom Frivolsten, was ich von Kriegsliteratur
gesehen habe.) Oder ists ernst gemeint? Oder darf man eigentlich ihn
selber nicht mehr ganz ernst nehmen, wie es mir schon nach seiner
Türkenbroschüre und nach einer Postkarte, die er mir damals schrieb,
vorkam? Du weißt ja, wie viel mir Herrmann gewesen ist; umso mehr
möchte ich wissen, was ich jetzt von ihm zu denken habe.
    Doch nun soll der Anlaß benutzt sein zu ein paar Mitteilungen. Was
euch beschäftigt, sehe ich jeweilen mit Interesse in der Christl. Welt,
die in Safenwil durchaus nicht, wie du einst im Regen auf der Höhe
des Engelberges meintest, ans Kreuz geschlagen, sondern ruhig gelesen
wird, teilweise sogar vom katholischen Nachbarn, den du ja auch
kennst. Besonderes Vergnügen bereiteten mir in letzter Zeit Nieber-
galls Klosterberichte[4], zu denen allerlei zu bemerken wäre. Er sollte
noch öfters ins Kloster gehen; er hätte dort Verschiedenes zu lernen,

was man in seinen Bibelerklärungen und sonstigen Schriften schmerzlich vermißt. Die gegenwärtigen »Andachten« dagegen lese ich mit Bedauern. Von da aus wird schwerlich ein Weg vorwärts führen. Wer ist das? – Von der Politik will ich schweigen, das Chaos wird ja immer größer, ich selbst übrigens immer unpolitischer.

Es bleibt für unsereins nicht viel Anderes übrig, als mit Abraham »Bäume zu pflanzen zu Beer-Seba«, Alles Andere führt jetzt nebenab. So weide ich denn, so gut ichs kann, meine Gemeinde und meine drei Kindlein und schreibe daneben tagaus tagein am endgültigen Manuskript meines Buches über den Römerbrief, das auf den Winter herauskommen soll, wahrscheinlich ebenfalls ein seltsamer »Fremdling in der Philister Lande«, ein dickes altmodisches Buch voll Mitteilungen, von denen sich Jülicher[5] und Niebergall[6] nichts träumen lassen und das von der Zunft *sicher* abgesägt wird.

Hast du vernommen, was es mit Peters Installation in Madiswil für Verwicklungen gegeben hat? Die Kirchenpolitiker sind eben überall die gleichen. Am Besten geht man dem Volk in weitem Bogen aus dem Wege. Peter wird auch dort keinen leichten Stand haben. Wenn er nur recht sachlich und nüchtern zu Werke geht; ich habe oft etwas Bedenken gegen seine gewisse gutmütige Theatralik (z. B. sein Eintritt in die sozialdemokratische Partei), die er sich mehr zu seinem Vergnügen leistet. Dabei ist es nicht ganz leicht, es ihnen zu sagen; sie haben beide etwas feste Köpfe, und als älterer Bruder ist man immer in einem gewissen Verdacht.

Nelly ist augenblicklich in Zürich, sonst würde sie sich meinen herzlichen Grüßen anschließen. Was macht Herr Bornhausen? Grüße doch gelegentlich auch *Gottfried*, nichtwahr!

Herzlichst
Dein Karl Barth

1. *W. Herrmann:* Der Sinn des Glaubens an Jesus Christus in Luthers Leben, Göttingen 1918.

2. *K. Barth* und *E. Thurneysen:* Suchet Gott, so werdet ihr leben!, Bern 1917.

3. *B. Dörries:* 111 Sätze über Christentum und Krieg (Tat-Flugschriften 26), Jena 1918.

4. *F. Niebergall:* Zwei Wochen im Kloster, in: ChW 32 (1918), Sp. 210 bis 213, Sp. 227-229, Sp. 242-244.

5. *A. Jülicher:* Der Brief an die Römer, in: Die Schriften des Neuen Testaments, neu übersetzt und für die Gegenwart erklärt, hg. von *J. Weiß*, Bd. II: Die Briefe. Die johanneischen Schriften, 2. Aufl., Göttingen 1908, S. 217-327.

6. *F. Niebergall:* Der Brief an die Römer, in: Praktische Auslegung des Neuen Testaments für Prediger und Religionslehrer, Bd. II (Handbuch zum NT, 5. Bd.), Tübingen 1909, S. 4-48.

Rade an Barth   Marburg, 26. 7. 1918

Lieber Karl,
   als Du unter dem 28. v[origen Monats] an mich schriebst, wußtest Du nicht, daß meine Frau nach der Schweiz unterwegs war. Und heute ist sie noch dort, wider Willen, durchs Peters (und Lenchens) Krankheit zurückgehalten. Gott sei Dank bekam ich vorhin beruhigende Drahtnachricht.
   Hoffentlich sprichst Du doch mal meine Frau, und dann wird sie Dir manches aus Deinem Brief beantworten. Von Herrmann weiß ich, daß er sich für Deine und Thurneysens Predigten lebhaft interessiert hat, zustimmend und ablehnend. Wenn er Dir Dörries' Thesen zuschickte, so wird er das getan haben in einem Moment, wo er durch irgend einen seiner Sätze besonders gepackt und befriedigt war, und er wird dabei gedacht haben: »Das zu lesen könnte dem Karl Barth nichts schaden.« So, in freundlicher Fühlung mit Dir, hat er das Büchlein Dir gewidmet. Mit allem einverstanden wird er nicht gewesen sein, so wenig wie ich, der ich die Sätze in der CW auch empfohlen habe. Wir deutschen Theologen sind eben wunderliche Leute. Wir haben nicht eine fertige Formel für diesen Krieg, wir buchstabieren noch immer an ihm herum. Welch anderes Angesicht hat er heute als vor vier Jahren! Und obwohl wir ja nach wie vor von den Neutralen christlich bemitleidet und geschulmeistert werden (vgl. den Brief der Groninger[1]), haben wir das Gefühl, daß wir in dem Gottesproblem des Krieges viel tiefer drinstecken als sie. Aber die Frucht davon kann erst nach dem Kriege offenbar werden. Gott gebe, daß es dann nicht nur eine Frucht der Erkenntnis ist, sondern auch des Lebens.
   Sei mit Deiner lieben Frau und den Kindern herzlich gegrüßt und Gott befohlen!
   Dein Vater Rade

1. Unter dem Titel »Krieg und Moral« wurde in ChW 32 (1918), Sp. 177 bis 183, ein Brief der Theologieprofessoren der Reichsuniversität Groningen vom 28. 2. 1918 veröffentlicht.

Rade an Barth   Marburg, 3.10.1918

Lieber Karl,
  ich kann mir das nicht recht denken. Werde mich in Leipzig erkundigen. Eine Zentralinstanz hat das Verbot[1] schwerlich erlassen. Ich selber freilich warte soeben vergebens auf vier Exemplare Eurer Predigten, die ich bestellt habe. Aber da unser Kommissionär keine Nachricht gegeben hat, erwarte ich die Bücher noch. Wollen sehen! Bald mehr.
Dein V. R.

   1. Barth hatte von seinem Verleger Bäschlin gehört, daß sein und Thurneysens Predigtband: Suchet Gott, so werdet ihr leben!, Bern 1917, »aus militärischen Gründen« in Deutschland verboten sei, und hatte sich darauf vermutlich in einem (bisher noch nicht gefundenen) Brief an Rade gewandt mit der Bitte, der Sache nachzugehen. Vgl. den Brief Barths an Thurneysen vom 10. Oktober 1918, BwTh I, S. 95.

Rade an Barth   Marburg, 11.10.1918

Lieber Karl,
  ich habe soeben vier Exemplare Eurer Predigten bekommen. Es kann also kein allgemeines Verbot bestehen. Ich werde mich aber weiter erkundigen. – Ich höre jetzt bei Jülicher den Römerbrief und habe große Freude dran. Das soll mir eine gute Vorbereitung sein für die Lesung Deines Buchs. Weshalb sollen wir das nicht dankbar aufnehmen? In Tambach lasen wir einige Eurer Predigten vor. – Gott gebe, daß es Dir und den Deinigen wohl geht. Uns Gott sei Dank ja. Und wir freuen uns über Madiswil. – Gottfried ist hier und grüßt. Meine Frau natürlich auch.
  Dein Vater Rade

Rade an Barth   Marburg, 27.10.1918

Lieber Karl,
  Unsere Gertrud ist uns von Gott genommen worden. Die arge Seuche hat sie betroffen, da war kein Halten. Wir sind sehr betrübt, aber wie sie selber tapfer dem Tode ins Auge geschaut hat, so wollen wir auch tapfer sein. Gott behüte Dich und die Deinen
  Treulich die Eltern Rade.

1. Martin Rades jüngste Tochter Gertrud starb während der Grippeepidemie im Herbst 1918 im Alter von 18 Jahren.

Barth an Rade   Safenwil, 26.12.1918

Lieber Onkel Martin!
Der Verleger ist angewiesen, ein Exemplar von meinem Römerbrief[1] an die Redaktion der »Christl.Welt« zu senden. Ich möchte mir aber erlauben, dir und Prof.Heitmüller solche auch persönlich zu übergeben. Sie gehen mit der gleichen Post ab und erreichen hoffentlich ihr Ziel. Ihr werdet mir nicht als Aufdringlichkeit auslegen, was mir ein Bedürfnis ist. Tante Dora hat dir vielleicht erzählt, was ich ihr im Sommer in Madiswil gesagt habe: daß ich während des Krieges unter dem Mangel an Gemeinschaft der inneren Arbeit, an gemeinschaftlicher Sachlichkeit mit euch gelitten habe, wie unter wenig Anderem. Das schien ihr damals eine kleine Sorge, mir war und ist es eine große. Ich glaube auch nicht, daß die objektive Not, die ihr zu Grunde liegt, durch die formalen Brückenbauten, wie sie z.B. Deissmann[2] versucht, gehoben werden kann. Was gefehlt hat und noch fehlt, ist nicht die äußere kirchliche und theologische Beziehung und Urbanität, die sich ja wohl bald wieder einstellen wird – ich habe darum keine der verschiedenen schweizerischen Sympathiekundgebungen für Deutschland unterschrieben, sowenig als solche nach der anderen Seite –, als vielmehr die christliche Solidarität im realsten Sinn: die Gemeinsamkeit im Ringen um die Orientierung in dem, was wir in Kirche und Theologie eigentlich, inhaltlich wollen, die Einheit der Bewegung, der Hoffnung, das Warten auf Gottes Taten. Glaubst du nicht auch, daß Manches anders stünde, wenn nur einmal wir Theologen, die wir von berufswegen, wenn man so sagen darf, dem heiligen Feuer so nahe stehen, respektvoller, sachlicher und eben darum brüderlicher, offener damit umgegangen wären! Weisen nicht alle Zeichen der Zeit darauf hin, daß das anders werden muß? Die Lage brachte es mit sich, daß ihr in den Krieg führenden Ländern gewisse entscheidende Fragen als derzeit inopportun und theoretisch lange Jahre bei Seite schieben mußtet, während wir die Zeit und die Pflicht hatten, mit bewußter Einseitigkeit gerade ihnen nachzugehen. Wir sind bereit zu hören, was ihr uns aus eurer Not und Arbeit heraus zu sagen haben werdet; ihr habt ja auch bereits vielfach zu uns geredet. Andererseits wäre es doch gewiß gut, wenn auch ihr uns nun nicht länger aus dem einzigen Grund, weil wir »Neutrale« gewe-

sen sind, so ganz überhören würdet. Unsere Sache ist *eure* Sache, so gut wie eure Sache, auch ohne »Kriegserlebnis«, *unsere* Sache ist. Wollen wir nun nicht, eben um des Höheren willen, das uns jedenfalls als Aufgabe gemeinsam ist, das *»ihr«* und *»wir«*, das uns nun so lange getrennt hat, ad acta legen? Aus diesem Grunde würde es mich freuen, denken zu dürfen, daß ihr z.B. an meinem Buch nicht ohne Weiteres vorübergehen wollt. Ich erwarte, daß es in Marburg bestimmt abgelehnt werden wird. Aber wäre es nicht gut, wenn wenigstens darüber geredet würde hin und her? Eine gute und ernste Ablehnung ist ja auch eine Form gemeinsamer Arbeit. Solls nun nicht mit Sic oder Non *weitergehen* zwischen uns in konzentriertem Eifer, wie es *vorher* war? In diesem Sinne möchte ich dir also das Buch als (etwas schwerfällige!) Friedenstaube zusenden.

Wie Vieles wird euch in dieser Weihnachts- und Neujahrszeit bewegen! Und für uns vergeht ja nun kein Tag, ohne daß unsere Gedanken in gespannter Aufmerksamkeit nach Deutschland sich richten. Wie muß es erst sein, wenn man mitten in den Ereignissen drinsteht. Aber über Allem für uns und für euch der Ausblick auf Gottes kommendes Reich, das erscheint, wo es Bereitschaft findet.

Mit freundlichen Grüßen und Wünschen
Von Herzen Dein Karl Barth

[Am Rande ist notiert:] Ich lese eben mit Spannung Natorp »Die deutsche Seele«[3].

Eine Frage noch: Wer ist der neutrale Freund in Nr. 42/43? Herr bin ichs[4]?

1. Die 1. Auflage von Barths Römerbrief – Erscheinungsjahr 1919 – wurde schon im Dezember 1918 ausgeliefert.

2. Adolf Deißmann (1866-1937), Professor für Neues Testament in Marburg, Heidelberg und Berlin, war von 1914-1921 Herausgeber der Zeitschrift »Evangelischer Wochenbrief«, in denen er sich nach Kriegsende für eine besonnene Verständigungspolitik einsetzte. Barth gehörte zu den Beziehern dieser Wochenschrift; vgl. BwTh I, S. 269.

3. *P. Natorp:* Die Seele der Deutschen (= Deutscher Weltberuf. Geschichtsphilosophische Richtlinien, Zweites Buch), Jena 1918. Dieses Buch war das Weihnachtsgeschenk Heinrich Barths an seinen Bruder Karl.

4. Vgl. *M. Rade:* Offener Brief an einen neutralen Freund, in: ChW 32 (1918), Sp. 397-398.

Barth an Rade   Safenwil, 27. 12. 1918

Lieber Onkel Martin!
Meinem gestrigen Brief muß ich gleich die Meldung nachsenden, daß das Buch sich als so gewichtig herausgestellt hat, daß ich extra [um] Ausfuhrbewilligungen in Bern nachsuchen muß. Dies soll sofort geschehen. Aber wie langsam oder schnell unser hl. Bureaukratius dabei vorgeht, das weiß ich nicht. Vielleicht sagst du es gelegentlich auch Prof. Heitmüller, wie es kommt, daß dem Worte die Tat nicht gleich folgt.
  Mit nochmaligen Grüßen und Wünschen für dich und Tante Dora
    Dein Karl Barth

Es zeigt sich eben, daß die Sache sich sehr vereinfacht, wenn ich nur *ein* Paket senden muß. Darf ich also das Exemplar für Prof. Heitmüller auch an *dich* senden mit der Bitte, es ihm zu übergeben?
  Parturiunt montes ...!

Rade an Barth   Marburg, 11.9.1919

Lieber Karl!
Meine Frau rechnet sicher darauf, daß Du nach Tambach[1] hier einkehrst. Die Gelegenheit kommt nicht so bald wieder: es wird für Dich noch Raum sein. – Die Neuen Freien Aargauer[2] haben uns natürlich sehr interessiert; der Entschuldigung bedarf nicht, was so aus der Wahrhaftigkeit und Nötigung heraus kommt – aber entschuldigen hast Du ja auch nichts wollen, nur befürchtet, Du möchtest uns wehtun. Das ist ganz Nebensache: Du siehst den Mann so, wie Dein geistiges Auge eingestellt ist, und wenn Du ihm nicht gerecht worden bist, so hoffentlich Blumhardt umso gerechter. Sollte der »lebendige Gott« nicht an Beiden seine Freude gehabt haben?
  Dein V. R.

1. Die beiden hessischen Pfarrer Otto Herpel und Heinrich Schultheis hatten vom 22.-25. September zu einer Tagung in Tambach (Thüringen) eingeladen, die alle in Deutschland an einer religiös-sozialen Bewegung Interessierten mit den Schweizer Vertretern dieser Richtung zusammenbringen sollte. In Vertretung des verhinderten Leonhard Ragaz sprach Karl Barth dort über das Thema »Der Christ in der Gesellschaft«. Der Vortrag erschien zuerst mit einem Geleitwort von Hans Ehrenberg im Patmos-Verlag Würz-

burg und wurde dann in Barths Vortragssammlung »Das Wort Gottes und die Theologie«, München 1924, S. 33-69, aufgenommen, jetzt in: Anfänge 1, S. 3-37. Barth hatte ursprünglich nach der Tambacher Konferenz auch noch das Eisenacher Treffen der Freunde der Christlichen Welt besuchen wollen und wollte sich zwischenzeitlich in Marburg aufhalten, reiste aber dann doch nach dem Abschluß der Tambacher Tagung mit Thurneysen in die Schweiz zurück; vgl. BwTh I, S. 346f.

2. *Karl Barth:* Vergangenheit und Zukunft (Friedrich Naumann und Christoph Blumhardt), Neuer Freier Aargauer 14 (1919), Nr. 204 und 205, jetzt in: Anfänge I, S. 37-49.

Rade an Barth   Marburg, 22.2.1920

Lieber Karl,

wir erfahren aus Madiswil, daß Ihr in Heidelberg bei einem Dr. Ehrenberg[1] wart. Das ist doch der Verfasser des Predigtbuchs »Ebr. 10, 25«? Ich wäre Dir dankbar, wenn Du mir nur ganz kurz sagtest, wer und was der Mann ist. Er schrieb aus *Göttingen* an mich, es ist schon eine Weile her, gib mir seine Adresse. – Dein Römerbrief ist für die CW nicht vergessen, ich habe sogar 2 Versprechen einer Beurteilung, von Jülicher[2] und von Loew[3]. Ich glaube, daß sie sich gut ergänzen werden. Das Buch wird doch in Deutschland viel gelesen. – Loews kommen nach Remscheid. – Ich reise heut wieder nach Berlin, bin viel redend unterwegs: Ostpreußen, Schlesien, Hamburg. Gott befohlen.

Euer V. R.

1. Rade verwechselt offenbar Hans Ehrenberg (1883-1958), ao. Philosophieprofessor in Heidelberg und Gründer des Patmos-Verlags, der 1925 Pfarrer in Bochum wurde, mit seinem Vetter Rudolf Ehrenberg (1884 bis 1969), Professor für Physiologie in Göttingen, dem Verfasser des Buches: Ebr. 10,25. Ein Schicksal in Predigten, Würzburg 1920.

2. *A. Jülicher:* Ein moderner Paulus-Ausleger, in: ChW 34 (1920), Sp. 453 bis 457, Sp. 446-469; jetzt in: Anfänge I, S. 87-98.

3. *W. Loew:* Noch einmal Barths Römerbrief, in: ChW 34 (1920), Sp. 585 bis 587.

Barth an Rade [28.5.1920]

Lieber Onkel Rade!
Ich werde doch nachgerade begierig, die angekündigten Rezensionen meines Buches von Jülicher und W. Loew kennen zu lernen. Wirst du sie nicht bald die heilige Schwelle überschreiten lassen? Darf ich mich bei dem Anlaß erkundigen, warum die Christl.Welt gar nie eine Anzeige der Predigten von mir und Thurneysen gebracht hat? Ich schreibe dies, obwohl ich weiß (aus alter Erinnerung 1908-1909!!), daß solche Reklamationen in der Redaktion nicht eben auf allzu geneigtes Gehör rechnen dürfen. Die Autoren meinen bekanntlich Alle ... Und so meine ich denn auch, wenigstens *etwas* gesagt zu haben. Uns besuchte dieser Tage euer Kirchenstürmer Lic.H.Hartmann[1]. Nimmt man ihn draußen eigentlich tragisch? Ich nicht. Glaubt ja nicht einem jeden Geist, der sich etwa auch auf uns beruft! Das »Neue Werk« z.B. ist im Nu etwas uns sehr Fremdes geworden, nachdem es eine Handvoll Wind von uns in die Segel genommen. Auch im Patmoskreis stehe ich nur mit einem Teil des einen Fußes. Was für ein Chaos heute in der Christenheit. Und dabei will euer Otto unbegreiflicherweise mit anderen solchen -heiten zusammen einen Menschheitsbund[2] stiften: O+O+O+O+ ... = 1 ??! Merkt er denn *gar* nichts?
Mit herzlichem Gruß Dein K.Barth

1. Hans Hartmann, religiös-sozialistischer Pfarrer in Solingen, später freier Schriftsteller. Vgl.: Das wirkliche Opfer, in: ChW 34 (1920), Sp. 241-244.
2. Vgl. *R. Otto*: Religiöser Menschheitsbund neben politischem Völkerbund, in: ChW 34 (1920), Sp. 133-135; Vom Religiösen Menschheitsbund, a.a.O., Sp. 477-478.

Barth an Rade [16.6.1920]

Lieber Vater Rade!
Eben lese ich in der Christl.Welt Gogarten »Zwischen den Zeiten«[1]. Ist das nun *eine* interessante Ansicht unter 1000 anderen, oder ist da etwas gesagt und gefragt, auf das die Angeredeten eingehen und antworten sollten, *bevor* man in den gewohnten Traktanden weiterfährt, als wäre nichts geschehen? Hat die Kirche einen *so* guten Magen, daß sie auch das schluckt und erträgt? Ist heute *Alles* wichtig und dringend, nur das nicht, wenn man vor ein solches Entweder-Oder, vor ein sol-

ches Halt! gestellt wird? Was gedenkt die Christenheit eigentlich noch ernst zu nehmen, wenn sie gerade die sokratische Frage, die ihr doch heute wahrhaftig nicht nur durch Artikel und Bücher gestellt ist, beharrlich *nicht* ernst nimmt? Du weißt, daß ich auf einer ähnlichen Insel sitze wie Gogarten. Ich freue mich darüber, daß es nun auch in Deutschland solche Insulaner gibt, und mußte Dir das schreiben.

Mit herzlichem Gruß an Dich und Tante Dora
Dein Karl Barth

1. *F. Gogarten:* Zwischen den Zeiten, in: ChW 34 (1920), Sp. 374-378; jetzt in: Anfänge II, S. 95-101.

Rade an Barth   Marburg, 30. 7. 1920

Lieber Karl,
Du warst ungeduldig wegen Deines Römerbriefes. Ich konnte die Besprechung nicht eher drucken, als ich sie hatte. Sowie das Ms einging, habe ich es in die Druckerei geschickt. Ich bezweifle, ob Du mit deinem Rezensenten zufrieden gewesen bist. Und ich weiß nicht, ob Du eine Erwiderung in der CW vorhast. Für diesen Fall mußt Du wissen, daß Gogarten geantwortet hat[1], und mußt dessen Artikel abwarten. Ich werde Dir seine Fahnen schicken. – Ich, wir bedauern persönlich, daß Ihr Schweizer zu dem Marburger Tage unserer Religiössozialen[2] nicht kommt! Denn wir hatten uns darauf gefreut, die Brüder Barth jedenfalls aus diesem Anlaß bei uns zu sehen. Ich für mein Teil komme dies Jahr schwerlich in die Schweiz, von meiner Frau hoffe ich es aber sicher. – Deiner lieben Frau und Dir und den Kindern gehts hoffentlich wohl.

Seid herzlich gegrüßt von uns
Dein M.R.

1. *F. Gogarten:* Vom heiligen Egoismus des Christen. Eine Antwort auf Jülichers Aufsatz »Ein moderner Paulus-Ausleger«, in: ChW 34 (1920), Sp. 546-550; jetzt in: Anfänge I, S. 99-105.
2. Otto Herpel und Heinrich Schultheis wollten nach der Tambacher Tagung ein zweites Zusammentreffen der Religiös-Sozialen im September 1920 in Marburg veranstalten. Auch Barth und Thurneysen waren dazu eingeladen, sagten aber aus inhaltlichen Bedenken ab, vielleicht auch darum, weil ihr Vorschlag, dem Treffen ein biblisches Thema zu geben und alle Referenten über einen größeren Text sprechen zu lassen (gedacht war an den Ko-

losserbrief), nicht akzeptiert wurde. Vgl. Barths Brief an Thurneysen vom 24. Juni 1920, BwTh I, S. 400f., ebenso Thurneysens Brief an Barth vom 18. Juli 1920, BwTh I, S. 413. Barth schrieb an Thurneysen unter dem 19. Juli 1920, BwTh I, S. 413f.: »Unsere Abwesenheit wird ihnen [den deutschen Religiös-Sozialen] deutlicher sagen als alles, was wir vorbringen könnten, daß wir unsern Beitrag zur Bewegung nicht als Randglosse, als freundliche oder auch unheimliche Morgen- und Abendandacht auffassen.«

Barth an Rade [7. 8. 1920]

Lieber Onkel Rade!

Jülichers Rezension hat mich nicht enttäuscht, weil ich ungefähr das erwartet hatte. Ich freue mich sogar, daß der Schuß nun heraus ist und hierseits nicht größere Verwüstung anzurichten vermochte. In der Hauptsache steht eben Glaube gegen Glaube. Auf Gogarten bin ich gespannt, ich von mir aus hätte jetzt nicht erwidert; hoffentlich führt er die gemeinsame Sache mit der nötigen Besonnenheit. Eure Religiös-Sozialen sind eben, obwohl wir sie sehr lieb haben, eine merkwürdige Gesellschaft, und wir können uns bei dem Wenigsten, das sie draußen ausrufen, *behaften* lassen. Manchmal können wir nur durch unsere Abwesenheit unsere Teilnahme bezeugen, so z.B. bei der grossen Marburger Redeschlacht, die im September vor sich gehen soll. Ich habe hier eben den Besuch von Pfarrer Georg Merz[1] aus München und freue mich sehr an ihm. Nächste Woche kommt Prof.H.Ehrenberg aus Heidelberg. Auch Hans Hartmann hat hier ein Gastspiel gegeben und einiges Staunen erregt. Für Oktober kündigt sich eben Gogarten an. So tragen wir redlich das Unsrige zum Auf- oder Abbau der deutschen Kirchen bei! Bei uns im Haus ist Alles munter. Nelly grüßt herzlich mit. Ich war mit Merz in Gadmen[2], wo übermorgen Taufe gefeiert wird.

Dein Karl

1. Georg Merz (1892-1959), seit 1918 im Schuldienst, 1926 Pfarrer in München, 1930 Dozent an der Theologischen Schule in Bethel, 1939 Pfarrer an der dortigen Zionskirche und Leiter des Katechetischen Amtes von Westfalen, 1942 Dekan in Würzburg, 1946 Rektor des Ev.-Luth. Pastoralkollegs in Neuendettelsau und 1947-1957 auch Rektor der Augustana-Hochschule.

2. In Gadmen (Kt. Bern) war Barths Schwager Karl Lindt (1893-1948) Pfarrer.

Barth an Dora Rade   Safenwil, 11. 11. 1920

Liebe Tante Dora!
Ich bin in mancher Hinsicht ein etwas problematischer Freund der Christlichen Welt geworden, aber eingehen sollte sie auf keinen Fall. Darf ich dir hier zum Bau der Notbrücke einen Beitrag übergeben? 150 Mark sollen ankommen, muß ich wegen übler Erfahrungen mit der Post beifügen.

Wir sind jetzt beständig an Deutschland erinnert und über viele deutsche Vorgänge auf dem Laufenden gehalten. Seit wir uns sahen, waren noch Wolf Meyer[1] (Fessenheim in Bayern), Richard Siebeck[2] (Heidelberg) und Friedr. Gogarten bei mir. Der letztere las uns sein Referat aus Eisenach[3], und du kannst dir denken, daß wir uns freuten. Er ist überhaupt ein höchst beachtlicher Mann, der sicher noch mehr von sich wird reden machen. Und jetzt eben ist Otto Herpel für 14 Tage da, und ich kann mich eigentlich nur über ihn freuen, während ich ihm auf Grund seiner Literatur nicht recht traute. Für Dezember oder Januar steht auch der berühmte Georg Flemmig[4] in Schlüchtern in Aussicht. Wer weiß, trete ich dann meinerseits wieder einmal eine Wallfahrt an, aber sicher nicht vor dem Frühling. Daß wir nicht nach Marburg kamen, hat sich in jeder Hinsicht als das Richtige erwiesen.

Uns Allen gehts gut. Nelly schließt sich meinen Grüßen an. Ich bin tief in der Arbeit. Mein Römerbriefbuch steht vor der zweiten Auflage, und nun schreibe ich das Ganze neu, das wird mich für viele Monate beschäftigen.

Mit herzlichen Grüßen, auch an Onkel Martin
Dein Karl Barth

1. Wolf Meyer, damals Pfarrer in Fessenheim (Bayern), zunächst Anhänger der dialektischen Theologie, wechselte im Dritten Reich zu den Deutschen Christen und war bis 1945 Professor für Praktische Theologie in Jena, danach wieder im Pfarrdienst.
2. Richard Siebeck (1883-1965), Professor für Innere Medizin in Bonn, Berlin und Heidelberg, D. theol.
3. Friedrich Gogarten hielt auf dem Treffen der FChW in Eisenach am 1. 10. 1920 seinen Vortrag »Die Krisis unserer Kultur«, abgedruckt in: ChW 34 (1920), Sp. 770-777, Sp. 786-791; jetzt in: Anfänge II, S. 101-121.
4. Der Schlüchterner Lehrer Georg Flemmig war einer der geistigen Führer der Neuwerk-Bewegung.

Rade an Barth Preussische Landesversammlung
Berlin, 19.11.1920

Lieber Karl!
Sehr gerührt durch Dein treues Gedenken lege ich Deinen Brief vom 11. aus der Hand. Ich danke Dir. Helfen und heilen werden ja all diese guten Beweise liebender Gesinnung kaum, ich rechne noch auf einen Jahrgang 1921, danach Schluß. Und vom großen geschichtlichen Standort gesehen ist das kein Unglück: neue Zeiten, neue Menschen, neue Blätter. Alles persönliche Wünschen und Sorgen muß da zurücktreten. Daß es Dir vergönnt ist, den Römerbrief neu zu schreiben, freut mich sehr für Dich und für alle, die ihr Interesse daran haben. Das wird dann gewiß ein ganz anderes Buch, denn Ihr lebt und erlebt jetzt schnell; deshalb mag gerne der Geist der alte bleiben. Machs auch kürzer wo möglich, jedenfalls nicht länger! – Ich reise heute heim, Dienstag bin ich wieder hier, nach Weihnachten werden wir höchstens noch eine Woche hier sein. Seid herzlich gegrüßt von Euerm Vater Rade.

Barth an Rade Safenwil, 31. 1. 1921

Lieber Onkel Martin!
Ich muß dich in einer für mich sehr schwerwiegenden Sache um Gehör, Auskunft und Rat bitten. Heute erhielt ich zu meinem maßlosen Erstaunen einen Brief von Pfarrer Heilmann[1] in Göttingen, der mir mitteilt, daß die hannoveraner Reformierten dort die Errichtung einer reformierten Professur für systematische Theologie und etwas Kirchengeschichte anstreben, und zwar (infolge Ablehnung durch den preussischen Landtag) mit Hilfe einer von Seiten einer amerikanischen Synode für 6 Jahre garantierten Subvention – und fragt mich, ob ich allenfalls dieser Professor werden wolle. Was für ein Stein in meinen friedlichen Teich! Der Minister Haenisch sei in der Sache begrüßt und willig, er komme am 7.Februar nach Göttingen, wobei dann die entscheidende Besprechung stattfinden solle. Er, Heilmann, handle in Übereinstimmung mit dem Dekan der Fakultät, ich sei (sogar warm!) empfohlen usf. Ich will dich nicht aufhalten durch Mitteilung all der widersprechenden Erwägungen, die mir durch den Kopf gehen, sondern dich einfach fragen, was ich dich fragen möchte.
  1. Hältst du es, so wie du eure deutschen kirchlich-theologischen Verhältnisse einerseits und mich andererseits kennst, für gut oder nicht für gut, wenn ich diesen unerwarteten Posten annehmen und eventuell

erhalten würde? Wie sieht dich die Sache an? Sag mir ganz aufrichtig deinen Eindruck.

2. Was haben diese reformierten Professuren (die andere ist m.W. in Erlangen) für einen Sinn und Charakter? Inwiefern sind wohl die Inhaber theologisch und kirchenpolitisch gebunden oder wenigstens irgendwie »gerichtet« durch ihren reformierten Stempel? Ich muß nämlich feststellen, daß ich mich in der letzten Zeit rapid aufs Luthertum zubewegt habe in mehr als einer Hinsicht. Ists so gefährlich mit dem Konfessionellen? Gerade das könnte ich nur ganz nebenbei und unbetont bieten.

3. Was ist von dem amerikanischen Hintergrund der Sache zu halten? Mir ists eigentlich unsympathisch, denken zu müssen, daß ich dann im Dienste des siegreichen Westens (oder doch in seinem Solde) in Deutschland leben würde. Muß man dgl. jetzt schlucken und nicht mukken? Was ist wohl von den sechs Jahren zu halten? Besteht Aussicht, daß die Stelle doch noch verstaatlicht wird?

4. Wie mag sich das Verhältnis zu der Fakultät unter diesen Umständen gestalten?

5. Pfr. Heilmann spricht den Wunsch aus (sehr freundlich übrigens), ich möchte mich, wegen der Schwierigkeiten der Stellung der »Agitation für meine politische Überzeugung« enthalten. Das würde mir nicht schwer fallen, da ich auch hier nie agitiert habe. Oder steckt hinter diesem Wunsch irgend etwas Bedenkliches, Reaktionäres, mit der Rechtsströmung auf euren Universitäten Zusammenhängendes, eine Fußangel, der ich mich sofort entwinden müßte, ehe es zu spät ist? Ich frage dies nur zur Vorsicht.

6. Ist irgend etwas Hannover, Göttingen und die dortige Fakultät Betreffendes (das nicht in RGG stünde, wo ich eben nachgelesen habe) zu erwähnen, das ich wissen müßte?

Lieber Onkel Rade, du siehst, ich frage dich lauter Äußerlichkeiten, außer Punkt 1.; und kannst dir denken, daß noch verschiedene *andere* Äußerlichkeiten sind, die wir uns überlegen müssen, ehe wir uns entschließen, auszuziehen aus Ur in Chaldäa, unserer sicheren Burg, in jenes gänzlich fremde Land – und dann noch die Innerlichkeiten, mit denen ich selbst allein mich herumschlagen muß in den nächsten Tagen. Ich muß auf den 7. Februar eine vorläufige Antwort geben nach Göttingen; da wird mich dein Brief nicht mehr erreichen, aber ich bin auch nachher froh um jedes Wort, das du mir schreibst. Denn ich werde auf alle Fälle nur ganz vorläufig zusagen, nachdem ich einige Nächte darüber geschlafen, und wenn dann der Genosse Minister und die Göttinger die Anfrage aufrechterhalten, würde ich erst noch hinreisen, um Alles in der Nähe zu besehen. Da würde ich dann mit Freuden auch in Marburg vorbeikommen und dein letztes Wort zur Sache hören.

Im Übrigen bin ich tief im Römerbrief und winke oft in Gedanken freundlich nach Marburg hinüber, aber nach der Universitäts-Straße in diesem Fall, wo Jülicher sitzt, mein strenger Zensor.

Mit herzlichem Gruß Dir und Tante Dora
Dein Karl Barth

1. Johann Adam Heilmann (1860-1930), 1896-1920 Pastor der reformierten Gemeinde in Göttingen, setzte sich als Moderator der Konföderation reformierter Kirchen Niedersachsen für die Errichtung der Göttinger Stiftungsprofessur für reformierte Theologie ein und betrieb die Berufung Karl Barths.

Rade an Barth   Marburg, 5.2.1921

Lieber Karl!
Eben von Ostpreußen kommend finde ich Deinen inhaltsschweren Brief. Apriori bin ich für *Ja*, aber diese sehr berechtigten Fragen zu beantworten, möchte ich mir noch zwei Tage (auf die es nun nicht ankommen kann) vorbehalten. Ich gehe übermorgen in Berlin aufs Kultusministerium und treffe wahrscheinlich in Berlin auch Titius-Göttingen[1]. Bald mehr. Dein R.

1. Arthur Titius (1864-1936), Professor für Systematische Theologie in Kiel und Göttingen, ab 1921 in Berlin.

Rade an Barth   Preussische Landesversammlung
                                 Berlin, 12.2.1921
Lieber Karl,
ich will nun endlich versuchen, Deine Fragen zu beantworten. Mit Titius sprach ich und mit einem der kompetenten Herren im Kultusministerium.

1. Wie Dir schon meine Karte sagte, bin ich im Grunde für das Projekt. Dir wird es gut sein, eine Zeitlang an einer deutschen Universität zu lehren, und der Universität, bzw. Fakultät wird es gut sein, wenn sie Dich hat.

2. Den alten Charakter einer solchen konfessionellen Sonderprofessur

kann ja Deine Berufung unmöglich haben. Karl Müller[1] in Erlangen hat sich in seiner Rolle dort sehr unwohl gefühlt; wie es heute für ihn steht, weiß ich nicht. Du kannst ihn ja fragen. Einen reformierten Professor, den man heute nach Göttingen beruft, wird man unmöglich nach altem Recht binden können. Aber darüber wirst Du mündlich mit Deinen Gönnern verhandeln müssen.

3. Amerika? Ohne Hilfe selbstloser, will sagen ideal interessierter Kreise ist heute dergleichen nicht zu machen. Aber 6 Jahre? Hier erhebt sich die Schwierigkeit, daß man sich in Berlin schwerlich auf eine zeitlich so begrenzte Stiftungsprofessur einlassen wird, und daß das Kapital für eine ewige Stiftung schwerlich zu haben sein wird.

4. Die Fakultät wird, wenn sie verständig ist, eine neue Professur gern annehmen. Ob sie gerade Dich will, kann man nicht wissen. Auch weiß ich nicht, welche Mit-Entscheidung die Fakultät zu treffen hat. Titius schien keine besonderen Schwierigkeiten zu sehen, kannte Dich aber wenig.

5. Dein politischer Standpunkt? Es wäre gewiß nicht klug, ihn alsbald hervorzukehren, bei den sicherlich auch in Göttingen herrschenden reaktionären Stimmungen. Wie speziell die hannoverschen Reformierten stehen, weiß ich nicht. Das Welfentum bringt in das Leben dieser Provinz seine besondere Note.

Ich komme nächsten Dienstag wieder auf das Ministerium, da werde ich ja hören, ob Haenischs Besuch in Göttingen in der Sache etwas gefördert hat. Sicher ist, daß Du Dich persönlich von der Lage der Dinge überzeugen mußt, in Göttingen und vielleicht auch in Berlin. So fragt sich nun, ob Du eher nach Deutschland kommst als ich in die Schweiz. Ich plane nämlich einen Kurz-Besuch dort.

Seid herzlich gegrüßt und Gott befohlen mit den Deinigen Dein Vater Rade.

1. Ernst Friedrich Karl Müller (1863-1955), Professor für reformierte Theologie in Erlangen.

Barth an Rade   Safenwil, 18. 2. 1921

Lieber Onkel Rade!
[Anfang fehlt][1]
... Vielen Dank vorläufig für deinen Brief. Das Für und Wider hält sich bedrohlich schön die Waage, wie es nach Hartmanns Belehrungen

das Ja und Nein meiner Theologie tun sollte². Ich habe mich über dieses eilfertigen Literaten Werk wenig gefreut. Hätte er doch wenigstens *Overbeck* mit etwas mehr Umsicht und Gewinn gelesen, wenn es ihm denn so leicht fiel, sich *unserer* Zange zu entziehen. Ich freue mich sehr, in Marburg die alten Stätten wiederzusehen. Göttingen sehe ich mit ruhiger Spannung entgegen.
Mit herzlichem Gruß an dich und Tante Dora
dein Karl Barth

1. Der erste Teil der Postkarte ist nicht mehr zu entziffern, da ein Teil abgerissen wurde.
2. Vgl. *H. Hartmann:* Zur inneren Lage des Christentums. Versuch einer Stellungnahme zum religiösen Sozialismus der »Schweizer«, in: ChW 35 (1921), Sp. 84-88, Sp. 105-107, Sp. 120-125.

Rade an Barth   Madiswil, 8.3.1921
                                                (Reslis 1. Geburtstag)

Lieber Karl,
ich werde nun doch nicht zu Euch nach Safenwil kommen können, wie ich mir vorgenommen hatte. Ich muß schon Sonnabend früh in Berlin sein, also Freitag früh hier abreisen. Solltest Du gerade am Freitag in Basel sein, so können wir uns ja dort sehen; aber das wäre ein freundliches Geschick, das wir nicht auf Kosten anderer Erwägungen provozieren wollen. Die Hauptsache weiß ich ja von Dir, und wie bald wirst Du wieder mal an Marburg vorbeikommen. – Peter war gestern in Bern, Lenchen soll nächsten Dienstag Blinddarm-operiert werden. Wenn der Befund danach sein wird. – Es tut mir besonders leid, Nelly nicht zu sehen. Seid allesamt Gott befohlen.
Dein V. Rade.

Rade an Nelly Barth   Madiswil, 10.3.1921

Liebe Schwägerin,
darf ich auf den Brief an Lenchen antworten? Sie wird dafür bald selber einen um so längeren Brief schreiben.
Es war ja mein fester Plan, einen Tag nach Safenwil hinüberzukommen. Recht eigentlich um Deinetwillen. Denn mit Karl hatte ich we-

nigstens das Wichtige durchgesprochen, aber nun hätte ich in dieser entscheidenden Zeit mich so gern mit Dir ausgetauscht. Auch Dir gern viel gute Segenswünsche gesagt. Nun aber muß ich schon Sonnabend früh in Berlin sein. Hatte gestern hier Vortrag, und der heutige Tag verging und vergeht mit allerlei Notwendigem. Morgen Mittag schon gehts von Basel fort. So kann ich meine Absicht nicht ausführen. Kann mich nur freuen auf ein frohes Wiedersehen auch mit Dir und den Kindern in Marburg.

Gott befohlen Euer Vater Rade.

Peter und Lenchen und Uli und Baschti und Resli grüßen natürlich sehr.

Rade an Barth   Marburg, 15.3.1921

Lieber Karl!

Gewiß bringe ich gern Herpels Aufsatz[1]. Die drei Kopien aus Erlangen sind auch gekommen; eine gab ich Walter Bauer[2], der hier ist. Von ihm höre ich, daß die Fakultät sich in keiner Weise noch mit der Angelegenheit befaßt hat, mit ihr noch nicht befaßt worden ist. Außer der Einladung zur Predigt. Er sieht in Stange[3] einen Gegner des Planes, scheint aber darin kein Hindernis zu erblicken. Das Rätsel »Deutschland«, das geistige, hat uns heute Vormittag auch beschäftigt, als Baumgarten[4], Hermelink[5], Otto[6] und Stephan zu einer Konferenz über die Chr.W. hier waren. – Eben erhielten wir das Telegramm, daß Lenchen operiert ist. So erfreulich die Tatsache, daß es vorüber, ist einem doch das Herz etwas schwer. – In Deiner Sache schreibe ich wieder, sobald ich etwas Wesentliches höre.

Sei mit Deiner lieben Frau herzlich von uns gegrüßt
Dein V. R.

1. *O. Herpel:* Die Wahrheitsfrage: Eine Erwiderung auf Hans Hartmanns kritische Aufsätze, in: ChW 35 (1921), Sp. 357-359, Sp. 371-374, Sp. 388 bis 391.

2. Walter Bauer (1877-1960), Professor für Neues Testament in Göttingen.

3. Carl Stange (1870-1959), 1904 Professor für Systematische Theologie in Greifswald, 1912-1937 in Göttingen.

4. Otto Baumgarten (1869-1937), von 1894 an Professor für Praktische Theologie in Kiel.

5. Heinrich Hermelink (1877-1958), Professor für Kirchengeschichte in Kiel, Bonn und Marburg.

6. Rudolf Otto (1869-1937), 1899 Privatdozent für Systematische Theologie in Göttingen, 1904 a.o. Professor in Göttingen, 1914 o. Professor in Breslau, 1917 Nachfolger auf dem Lehrstuhl Wilhelm Herrmanns in Marburg.

Rade an Barth Friedrichroda, Schreibers Weg 6, 16.8.1921

Lieber Karl!
Am ersten Tag, wo ich hier zu einiger Ruhe komme, schicke ich Dir Gruß und Segenswunsch. Dein Ruf ist nun also perfekt; ich freue mich heute viel mehr darüber, als damals, wo ich das Erste erfuhr, denn ich habe Dich und Deine Mission inzwischen doch besser kennen und schätzen gelernt. Ich gehöre jetzt auch zu denen, die viel von Dir hoffen. Das wird Dich bedrücken, wenn mans Dir sagt oder wenn Du es Dir selbst sagst; aber Du gehst ja nicht im Vertrauen auf die eigene Kraft, sondern auf die Verheißung eines Höheren ans neue Werk. Es ist viel zu tun jetzt in und an unserer studentischen Jugend, die Zusammenkunft in Pforta[1] hat das auch wieder bewiesen. Laß uns wissen, wann Ihr übersiedelt, und macht wo möglich Station bei uns. Ich bin noch allein hier, Mutter kommt hoffentlich morgen. Hast Du nicht ein Exemplar Deines Römerbriefs (1.Aufl.) für unser hiesiges Haus[2] übrig? Dann schicke es gleich. Ich wäre Dir sehr dankbar. Grüße Deine liebe Frau.
Gott befohlen Dein V. R.

1. Vom 3.-8. August 1921 fand in Pforta ein Neuer Christlicher Studententag statt, vgl. *Herkenrath:* Thüringer Studententag in Pforta, in: ChW 35 (1921), Sp. 668-670.
2. Die Vereinigung der FChW besaß in Friedrichroda ein Erholungsheim.

Rade an Barth Marburg, 29.8.1921

Lieber Karl!
Nachdem Du nun Akademiker geworden bist, darf man Dich auch mit akademischen Angelegenheiten befassen. Wie stehts um Ragazens Nachfolge? Wäre eine Möglichkeit, daß Lic.Tillich[1] aus Berlin berufen werden könnte? Du kennst ihn ja. Seine Aussichten sind bei uns sehr schlecht, trotz der demokratisch-sozialdemokratischen Republik, die wir

haben. Ragaz selbst, meine ich, müßte mit einem solchen Nachfolger wohl zufrieden sein. Aber hat er noch Einfluß? Wer besetzt? *An wen könnte ich mich mit einiger Aussicht auf Erfolg wenden?* Ich möchte keine Dummheit begehen und nicht schaden. Vielleicht kannst Du die Anregung einfach weitergeben. – Du kommst in unruhige Zeiten. Der Mord an Erzberger[2] leuchtet grell. Aber Du wirst auch Freude haben. Komm getrost. Grüße. Gott befohlen.
  Dein V. R.

1. Paul Tillich (1886-1965), 1918 Privatdozent für Systematische Theologie in Berlin, 1924 a.o. Professor in Marburg, 1925 Ordinarius für Religionswissenschaft an der Technischen Hochschule in Dresden, 1929 Ordinarius für Philosophie und Soziologie in Frankfurt/M., 1933 fristlose Entlassung und Emigration in die USA, 1935-1955 Professor of Philosophical Theology am Union Seminary in New York, 1955-1962 University Professor in Harvard, lehrte bis zu seinem Tode an der University of Chicago Divinity School.

2. Matthias Erzberger (1875-1921), seit 1903 als Zentrumsabgeordneter Mitglied des Reichstags, unterzeichnete 1918 den Waffenstillstand, 1919 Reichsfinanzminister, wurde am 26. 8. 1921 von zwei ehemaligen Offizieren ermordet. Vgl. Rades Kommentar in: ChW 35 (1921), Sp. 662.

Barth an Rade [1.9.1921]

Lieber Vater Rade!

Die Situation in Zürich ist nach den letzten Nachrichten, die ich darüber habe, so, daß allgemeine Ratlosigkeit herrscht. Der Name von Tillich ist unter vielen Anderen auch schon genannt worden. Er hat aber jedenfalls ein doppeltes Ressentiment gegen sich bei der Fakultät *und* bei der (berufenden) Zürcher Regierung *und* eventuell beim mitredenden Publikum: 1. als *Religiös-Sozialer* (dies scheint besonders die Fakultät grimmig abzulehnen, auch Ragaz soll gesagt haben, er wünsche keinen religiös-sozialen Nachfolger), 2. als *Deutscher* (unsere »führenden Kreise«, früher kritiklos offen für Alles, was von draußen kam, sind jetzt ganz westlich orientiert und werden deutsche Berufungen tunlichst vermeiden. Ragaz selber traue ich es durchaus zu, daß auch er Tillich als Deutschen nicht möchte.) Am Besten wendest du dich an Walter Köhler[1] oder Arnold Meyer[2]. Die ganze Geschichte ist sehr ungut.

  – Unser Aufbruch hier beginnt sich leise anzubahnen.

  Ich sehe mit großer Sorge in die akademische Zukunft! Besonders

weil ich durch mein Buch noch immer gebunden bin und nicht zum Vorbereiten komme.
Mit herzlichem Gruß!
Dein Karl

1. Walter Köhler (1870-1946), von 1909-1928 Professor für Kirchengeschichte in Zürich, ab 1929 in Heidelberg.
2. Arnold Meyer (1861-1934), Professor für Neues Testament in Zürich.

Rade an Barth   Marburg, 13.10.1921

Lieber Karl,
 also die Abschiedspredigt ist nun gehalten. Bald gehts über die Grenze, und Ihr hört das Alphorn nicht mehr blasen. Möge der Herr Gnade zu Eurer Reise geben! In jeglicher Hinsicht. Das Herz wird Euch voll sein. Und wir denken viel Euer.
 Ob Ihr bei uns Station macht? Und wann?
 Zu erzählen wäre viel. Haben Dir nicht die Ohren geklungen, als wir in Eisenach tagten? Es waren innerlich reiche Verhandlungen, die wir hatten, und sowohl in Foersters wie in Liebes Vorträgen spieltest Du eine große Rolle[1]. Davon wirst Du ja in der CW zu lesen bekommen. Aber die Diskussion wird nur dürftig wiedergegeben werden können in »An die Freunde«. Gib nicht zu viel auf das, was Dir berichtet wird. Ich melde Dir schon heute, daß wir Dich bitten werden, uns übers Jahr den einen Vortrag zu halten. Du brauchst aber nicht jetzt schon zu antworten. Diesmal meinte Gogarten, für Dich eintreten zu müssen. Er ist kein Debatter. Er war nicht glücklich. Am ersten Abend – nach Foerster – gar nicht. Am dritten Tage erzwang er sich wenigstens Aufmerksamkeit und Achtung. Daß Liebe auch im ganzen wider Euch Stellung nahm, konnte man vorher nicht wissen und überraschte: jedenfalls waltete da keine Tendenz im Arrangement der Vorträge. Höchstens die gegenteilige, daß man Liebe auf Eurer Seite vermutete. Das Schärfste gegen Dich sagte in der Diskussion Harnack[2]. Ich habe mir seine Worte sofort aufgeschrieben, weil ich nicht wollte, daß der Klatsch sie noch entstellte. Er sagte: ich finde seine [Barths] Ansichten »übermütig, widerspruchsvoll, veraltet und unreif – *da sie das nicht sind*, werde ich das bei Seite schieben«[3]. Kurz, er begründete so, daß er sich auf die Auseinandersetzung Foersters mit Dir weiter nicht einließ. Das Kränkende dabei will ich nicht wegeskamotieren; Ihr

dort habt Euch ja im Voraus durch Urteile über Harnack reichlich revanchiert; ich für mein Teil bedaure ja diese Situation nach beiden Seiten; ändern kann ich daran nichts. Genug, daß Du voraussichtlich trotz Harnack für nächstes Jahr eine Einladung erhältst.
Irgendwie und -wo sehen wir uns hoffentlich bald.
Noch einmal: Glückliche Reise! und Willkommen in Deutschland.
Vater und Mutter Rade.

1. Auf der Sonderversammlung der FChW in Eisenach am 3. 10. 1921 sprach *Erich Foerster* über das Thema: Marcionitisches Christentum – der Glaube an den Schöpfergott und der Glaube an den Erlösergott, gedruckt in: ChW 35 (1921), Sp. 809-821. *Reinhard Liebe* hielt auf der Hauptversammlung des BGC seinen Vortrag: Der Gott des heutigen Geschlechts und wir, in: ChW 35 (1921), Sp. 850-853, Sp. 866-868.

2. Harnack mußte in der Diskussion gegen die These Foersters zur Wehr setzen, er habe mit seinem Buch »Marcion. Das Evangelium vom fremden Gott. Eine Monographie zur Geschichte der Grundlegung der katholischen Kirche«, Leipzig 1921, der Gruppe um Karl Barth Schützenhilfe geleistet. Foerster sagte dazu in seinem Vortrag: »In der Tat wird man nicht fehlgreifen, wenn man in einem Christentum, wie es von Barth, Thurneysen und Gogarten eindringlich gelehrt wird, und wie es im ›Neuen Werk‹ Widerhall gefunden hat, eine Erneuerung des Marcionitismus erkennt, obgleich jene Männer sich dieser historischen Analogie gewiß nicht bewußt sind. Und ich sage das nicht etwa, um dieser modernsten Bewegung einen Ketzernamen anzuhängen, sondern im Gegenteil, um damit die Größe und den Ernst dieser Bewegung zu charakterisieren. Ihr ist durch Harnacks Buch ein Eideshelfer von größter Bedeutung erweckt. Denn er schildert das marcionitische Christentum fast ohne Einschränkung als Vorbild!« (a.a.O., Sp. 813).

3. Die Diskussion zu den beiden Vorträgen ist wiedergegeben in: An die Freunde Nr. 71 (1921), Sp. 777-779, Sp. 782-786. Dort wird Harnack folgendermaßen zitiert: »Hier kann man Marcion und Barth nicht zusammenbringen. Ich finde die Barthschen Gedanken übermütig, widerspruchsvoll, veraltet und unreif. Da sie jedenfalls mehr sind, will ich nicht darüber reden« (a.a.O., Sp. 777). Gogarten bemerkte dazu: »Wenn Harnack die Gedanken Karl Barths unreif genannt hat, so frage ich: Haben Sie reife Gedanken? Ich hoffe, nicht, sonst fallen sie vom Baum mit einem großen Plumps. Daß die Gedanken übermütig sind, ist auch nicht schlimm. Es ist Übermut und Hybris, wenn man Theologe ist. Daß sie veraltet sind, warum sollte das ein Fehler sein? Unklar? Es ist vieles unklar, sogar bei einem so scharfen Denker wie Kant vielleicht sogar alles« (a.a.O., Sp. 782).

Barth an Rade   Göttingen 29.10.1921

Lieber Vater Rade!
    Dein lieber teilnehmender Brief zu meinem Abschied aus der Schweiz ist lange unbeantwortet geblieben. Du hast es gewiß entschuldigt. Das Gedränge dieser letzten Wochen war unheimlich, und noch wird für lange kein Gleichgewicht eintreten. Aber nun will ich diesen stillen Samstag-Abend (*keine* Predigt vor mir, wie merkwürdig!) dazu benutzen, dich zum ersten Mal aus Göttingen zu grüßen. Denn nun bin ich ja wirklich Professor (obwohl ich noch nie auf dem Katheder war), bewohne, besitze sogar das Haus des Geheimrats Titius und reibe mir die Augen wie ein etwa in Neu-Caledonien an den Strand Geworfener: wo ich wohl sei und was nun wohl werden möge? Es ging eben zuletzt alles wirklich wie im Sturm. Gerade 14 Tage vor unserem Aufbruch wurde ich mit der 2ten Auflage des Römerbriefs fertig, die mich seit November vorigen Jahres fast ununterbrochen außer Atem gehalten hatte. Dann durcheilte ich noch einmal die Häuser meiner Gemeinde, hielt meine letzten Predigten und schließlich *die* letzte, machte mit den treuen Freunden Thurneysen und Pestalozzi noch eine wundervolle 3tägige Alpenwanderung und saß dann auf einmal mit Weib und Kind im Schnellzug, der uns hieher brachte. Wir haben in Marburg nicht Halt gemacht: unser Train war zu beschwerlich, als daß wir es hätten wagen dürfen, mit ihm an den Roten Graben zu kommen. Sicher werden wir uns ja ohnehin wenigstens *etwas* öfters sehen als bisher. Übrigens sind wir noch nicht vollzählig. Montags erwarten wir Mama, die uns unsere 2 »Großen« nachbringt, über deren vorläufige Abwesenheit wir sehr froh waren. Denn das Getümmel eines solchen Um- und Einzuges ist größer, als wir es uns je vorgestellt, in unserem Fall noch besonders, da der Zustand des Hauses die sofortige Herbeiziehung von allerlei Handwerkern nötig machte. Wir werden sie erst etwa in einer Woche entlassen. Daß wir davon nichts wußten, daß wir gleich zu Beginn für mehrere Tausend Mark Reparaturkosten haben würden, das nehme ich Titius ein bißchen übel, denn ich hatte ausdrücklich danach gefragt: Aber wir müssen uns darein finden, und im Übrigen ist ja unser Los, die Wohnungsfrage betreffend, geradezu aufs Liebliche gefallen, denn das Haus ist wirklich schön, und man beneidet uns allgemein (der Briefträger sagt, wir hätten »Bärenglück« gehabt!) darum, daß wir wie die Blinden so rasch und glücklich etwas gefunden, wo Unzählige es so gar nicht gut haben in dieser Sache. Nelly hat viel viel Arbeit, findet sich aber, wie mir vorkommt, sehr gut zurecht in der

neuen Lage. Doch wir wollen den Tag nicht vor dem Abend loben, besonders darum nicht, weil wir jetzt immer noch von unserer Safenwiler Besoldung leben, deren Rest wir in Basel im glücklichsten Moment wechseln konnten. Die Sache könnte ein anderes Gesicht bekommen, wenn wir erst einmal frei schwimmen müssen in dem überaus merkwürdigen Papiermeer des deutschen Wirtschaftslebens. Meine größte Sorge ist mein neues Amt. Ich gucke es mir erst einmal von ferne an, denn ich habe mir ausbedungen, erst in der 2ten Novemberwoche anzufangen. Am 8. mittags von 12-1 Uhr mußt du dann teilnehmend an mich denken; denn da soll – in aller Stille übrigens – der Stapellauf stattfinden. Über Heidelberger Katechismus und über Epheserbrief werde ich zwei kleine (zweistündig und einstündig, je mit einer Stunde Übung) Vorlesungen halten diesen Winter. Es ist mir Alles fabelhaft neu: mein Sein in Deutschland, an der Universität und in der seltsamen konfessionellen Situation, in die ich verpflanzt bin. Und meine Theologie ist ja ein Wandeln auf des Messers Schneide, ein Kämpfen mit lauter verbrannten Schiffen hinter mir, eine ganz unmögliche Unternehmung in jedem einzelnen Augenblick, während mir zur historischen Betrachtung, zu der sich die Andern retten können, die primitivsten Fähigkeiten fehlen. Es ist ein seltsames Wagnis, das da vor sich gehen soll, und nur die Erwägung tröstet mich, daß ich mich nicht selbst auf diese Bahn gesetzt und daß das Wagnis, fernerhin in einem Aargauer Dorf Pfarrer zu sein, grundsätzlich nicht kleiner wäre, wie ja auch das Wagnis des Menschenlebens überhaupt grundsätzlich immer das gleiche ist. Irgendwie wird nun die Sache ihren Lauf nehmen. Vorläufig schmökere ich in allerhand Büchern herum in der Hoffnung, es werde nächste Woche eine kleine Basis entstehen, von der aus ich den Flug wagen kann.

Die Nachricht, die du mir über das Eisenacher Treffen im Allgemeinen und Harnacks Scheltworte im Besonderen gegeben, hat mich natürlich sehr interessiert, und ich sehe der C.W., die das Nähere bringen wird, mit Spannung entgegen. Vorläufig werde ich aus den vier Klagepunkten, die Harnack gegen mich aufgestellt, nicht ganz klug. »Unreif« und »veraltet« – wie reimt sich wohl das? Sachlich hast du wohl recht, wenn du sagst, »wir« hätten uns ihm gegenüber längst revanchiert; denn es ist klar, daß unsere Polemik vielfach implicite auch Harnack anging, obwohl uns Troeltsch der viel widrigere und gefährlichere Gegner ist. Historisch ist immerhin zu bemerken, daß ich gegen Harnack bisher nie eine Zeile geschrieben (schon aus Pietät; ich war doch auch einmal seines Seminars Genosse!), vielmehr in der Overbeckbroschüre[1] auf die vehemente Attacke Overbecks gegen Harnack absichtlich nicht eingetreten bin. Wohl aber hat Harnack an der Aarauer Konferenz 1920 nach meinem Vortrag scharf gegen *mich* geredet und mich nachher in Berlin als Thomas Münzer redivivus bezeichnet[2]. Ich glaube, »wir« empfinden ruhiger ihm gegenüber als er uns gegenüber, und jedenfalls bin ich jetzt zu sehr mit meiner eigenen Verlegenheit beschäftigt, als daß du befürchten müßtest, ich werde auf das Eisenacher Diktum hin zur Keule greifen. *Ob* ich und *was* für Reden ich eventuell im nächsten Herbst führen werde, darüber möchte ich mir jetzt, wo mir die nächste Woche und der ganze Winter soviel Sorge macht, keine Gedanken machen.

Georg Merz hat mir Mitteilungen gemacht über deine Verhandlungen mit ihm wegen der C.W.[3] Ich hätte es einesteils nicht ungern gesehen, wenn er dir richtig zugesagt hätte. Andernteils verstehe ich ihn eben nur zu gut in seiner Scheu, jetzt eine christl. Zeitung schreiben zu helfen, und bin sogar für mich etwas froh über seinen Entschluß; denn ich wäre andernfalls in gefährliche Nähe dieses Unternehmens gekommen. Das Neueste brachte mir gestern Rudolf Ehrenberg: Also auch Hans Ehrenberg in Heidelberg steht in Frage? Ich staune. Was mag das für ein Mißverständnis sein, daß Rud. Ehrenberg resp. sein Gewährsmann Eugen Rosenstock[4] behaupten kann, *ich* hätte dir einen Brief geschrieben, in dem ich dich vor Hans Ehrenberg *gewarnt* habe, und auf diesen Brief hin lehnest du jenen ab? Die Nachricht soll von *Hermelink* stammen. Hat vielleicht *Peter* dir geschrieben? Oder handelt es sich um einen älteren Brief von mir? Im Zusammenhang mit der C.W. habe ich dir m.W. nie etwas von ihm gesagt. Ich bin froh, wenn du mir erlaubst, in dieser Sache fernerhin zu – schweigen. Über mein seltsames Verhältnis zu Patmos will ich dir mündlich dann gern einmal Auskunft erteilen.

Darf ich dich noch bitten, den Verlag auf meine neue Adresse aufmerksam zu machen: Nikolausberger Weg 66. Es fällt mir schmerzlich auf, daß die Nummern ausbleiben. Vermutlich wird mir Mama die noch in die Schweiz gereisten mitbringen. Sind wohl die Nummern dieses Jahrgangs 1921 noch alle erhältlich? Meine Frau Nelly hat nämlich versehentlich beim Einpacken meiner Bücher ein furchtbares Attentat auf die gesammelten Christl.Welten verübt, das ich gutmachen möchte. Und nun grüsse ich dich und Tante Dora recht herzlich, und Nelly schließt sich an.

Dein Karl Barth.

Wir hoffen, dich bald einmal bei uns zu sehen!

1. *K. Barth* und *E. Thurneysen:* Zur inneren Lage des Christentums. Eine Buchanzeige und eine Predigt, München 1920.
2. Nach Barths Vortrag »Biblische Fragen, Einsichten und Ausblicke« (München 1920, auch in: Ges. Vortr. I, S. 70ff.) am 17. April 1920 vor der Aarauer Konferenz kam es zu jenem »fast kirchengeschichtlich bedeutsamen Zusammenstoß mit Adolf von Harnack« (so Barth in einem Brief an H. Hug vom 16. 2. 1945; zit. n. E. Busch, S. 127), der zuvor über die Frage gesprochen hatte: »Was hat die Historie an fester Erkenntnis zur Deutung des Weltgeschehens zu bieten?« Bei einem Zusammentreffen mit Harnack am folgenden Tag im Hause Eberhard Vischers wurde Barth aufgefordert, aus seiner Auffassung von Gott keinen »Exportartikel« zu machen, und es wurde ihm prophezeit, daß er »nach allen Erfahrungen der Kirchengeschichte eine Sekte gründen und Inspirationen empfangen werde« (Barth an Thurneysen am 20. April 1920, BwTh I, S. 379). Zum Vergleich mit Thomas Münzer vgl. den Brief Barths an Thurneysen vom 14. Juli 1920, BwTh I, S. 420 und ebd., Anm. 2.
3. Im Verlauf der Verhandlungen über die ChW (vgl. Anm. 1 zum Brief Rades vom 9. 1. 1922) wurde erwogen, ob Georg Merz Schriftleiter der Zeitschrift werden sollte. Barth schrieb dazu am 27. 9. 1921 an Thurneysen: »Der Brief von Merz zeigt ja aufs Neue, welche Dimensionen das ›Sedan der modernen Theologie‹ bereits angenommen hat. Was hältst du von der Sache mit der ›Christlichen Welt‹? Mir ists, Merz sollte nicht ablehnen und die Sache nicht Herpel überlassen. Sollte denn überhaupt sein, daß ›wir‹ irgendwie in den Kommandoturm dieser allerdings etwas havarierten Fregatte eindringen, dann müßte das gut gemacht werden. Daß Rade eigentlich mich wollte, hörte ich früher schon einmal raunen, nahm es aber nicht ernst. Nun bin ich heilfroh, zu entkommen ... Wärs nicht an sich ausgezeichnet, das Gesicht der ›Christlichen Welt‹ auf einmal ›steif nach Jerusalem‹ zu kehren, von der ›Christlichen Welt‹ aus [...] alle die ›Kirchenblättler‹ anzugreifen, in der ›Christlichen Welt‹ jene Rundschauen, Bücherecken, Miszellen etc. vom Stapel zu lassen, auf die wir uns schon seit sechs Jahren gelegentlich freuten? Aber vielleicht wäre das alles *zu* gut, um *ganz* gut zu sein. Jedenfalls ist die Sache Zeugnis von den eschatologischen Möglichkeiten, mit denen heute zu rechnen ist ...« (BwTh I, S. 520f.).
4. Eugen Rosenstock-Huessy (1888-1973), 1912 Privatdozent für Staatslehre und Rechtsgeschichte, 1921/22 Leiter der Akademie der Arbeit in Frankfurt/M., 1923 Ordinarius für Recht und Soziologie in Breslau, 1933 Emigration in die USA, Professor für deutsche Kultur und Kunst an der Harvard University, Professor für Soziallehre in Hannover (Vermont).

Rade an Barth   Marburg, 3.11.1921

Lieber Karl,
   Dein Brief vom 29. hat uns in jeder Hinsicht erquickt. Ich fürchte zwar, daß wir uns trotz Göttingen nicht so viel öfter sehen werden als bisher, aber das Gefühl der größeren Nähe ist lebhaft und erfreulich. Und zunächst rechnen wir sicher darauf, daß Euer Umzug uns recht bald die Freude eines Besuchs Eurer Mutter bringen wird. Denn mindestens auf dem Heimwege wird sie sicher zu uns kommen, und wir bitten nur, daß sie das nicht zu kurz einrichtet.
   Alles, was Du von Deiner jetzigen inneren und äußeren Situation schreibst, ist uns so unmittelbar verständlich gewesen, als durchlebten wir es selbst. Inzwischen wird sich Lage und Stimmung schon völlig für Dich verändert haben. Und Ihr seid jung und tatkräftig, so werdet Ihr rasch alle beide Euch der neuen Heimat bemächtigen. Wenn Dich aber die Mission drückt, die Du hast, so wirst Du den Jeremias-Gehorsam und Jeremias-Glauben dafür haben, und vielleicht haben wir Deutschen ein dankbareres Ohr für das, was Du uns zu sagen hast, als einst Israel für seinen Propheten. Es war doch auch in Eisenach nicht so, daß man auf Widerspruch *aus war*, sondern nur weil man Dich und die Sache ernst nahm, widersprach man. Wir sind nun alle sehr neugierig auf Deine 2. Auflage. Je mehr Dich Gott segnet, desto lieber sollst Du uns sein.
   Der Fall Ehrenberg ist nicht ernst zu nehmen. Ich dachte gleich: »Hermelink«. Ein guter Mann, wertvoll auch als Freund, aber ein wenig Hans in allen Gassen. Er arbeitet daran, R.Ehrenberg in nähere Beziehung zur CW zu bringen; als Redakteur ist er niemals in Frage gekommen. Von einem Brief, den du geschrieben hast, weiß ich nichts, *weiß überhaupt von keinem Briefe, in dem R.Ehrenberg vorkäme*, weiß nur, daß Hermelink wünscht, R.E. solle mal nach Marburg kommen, damit wir ihn kennen lernen.
   Schreibe bitte, welche Nrn. der CW Du zur Ergänzung des Jahrgangs 1921 haben willst, die werden Dir dann hoffentlich zugeschickt werden können.
   Dora ist verreist, in Friedrichroda. So grüße ich allein herzlich Dich, Frau Nelly und die Frau Mutter. Gott befohlen. Dein V. R.

Rade an Barth Marburg, 9.1.1922

Lieber Karl,
schreibseliger bist Du in Göttingen nicht geworden. Ich begreife das ja. Immerhin: wir haben den Schaden davon.

Aber heute schreibe ich keinen freundschaftlich-väterlichen Brief, sondern einen ganz offiziellen. Wir bitten Dich einmütig, auf unserer nächsten Eisenacher Tagung (die in der 1. Oktoberwoche auf der Elgersburg stattfinden soll) den einen Hauptvortrag zu halten. Das Thema bleibt Dir freigestellt. Auch hast Du die Wahl, ob Du lieber in der Sonderversammlung der FCW sprechen willst (ein mehr zünftig-theologisches Publikum voraussetzend) oder in einer der beiden Versammlungen des BGC (Bundes für Gegenwartchristentum) für die weiteren Kreise der Laiengenossen. Faktisch bleibt sich das fast gleich. Es kommt darauf hinaus, daß Du im ersteren Fall um einen Grad schwerer sein darfst.

Ich rate Dir sehr zuzusagen. Gründe, es nicht zu tun, werden leicht dasein. Aber man würde es, glaube ich, in weiten Kreisen nicht verstehen, wenn Du in einem solchen Momente versagtest. Es ist nicht anders, als wenn Du Dich in der Schweiz der Aarauer Konferenz entziehen würdest. Daß Du mir persönlich einen Dienst tust und eine Freude machst, brauche ich Dir nicht zu sagen.

Bis dahin wird sich auch das Schicksal der Chr.W. entschieden haben. Augenblicklich steht es so, daß alle Wahrscheinlichkeit vorhanden ist, daß ihre Führung an die DCSV übergeht! Gestern war Schmitz-Münster da und wir haben uns sehr gut verständigt. Jedenfalls werde ich nicht mehr lange ihr Herausgeber sein. Aber noch kann sich vieles ändern. Um den Verlag bewerben sich zwei Firmen, davon hängt natürlich auch die Gestaltung der Redaktion ab[1].

Im Hause stehts wohl. Bei Euch auch? Antworte bald und schreibe dabei etwas über Euer Befinden. Tante Dora grüßt sehr. Gott befohlen Dein V. Rade

---

1. Infolge des Verlustes von Abonnenten im Weltkrieg und durch die wirtschaftliche Notsituation in den ersten Jahren der Weimarer Republik, erschien es Anfang 1920 so, als müsse die ChW ihr Erscheinen zum 1.1.1921 einstellen, da der von Martin und Dora Rade geführte Verlag nicht mehr wirtschaftlich arbeiten konnte. (Vgl. *E. Stier:* Die Christliche Welt in Gefahr?, in: An die Freunde Nr. 67 [1920], Sp. 727f.) Daraufhin wurden Verhandlungen mit dem Münchner Verlag C. H. Beck angeknüpft, der die Zeitschrift unter einem neuen Herausgeber weiterführen wollte. Als Nachfolger

Rades war Heinrich Frick vorgesehen. Als dieser absagte, wurden neue Verhandlungen begonnen, von denen die Gespräche mit Wilhelm Stählin, damals Pfarrer in Nürnberg, und Otto Schmitz aus Münster am ehesten zu konkreten Ergebnissen zu führen schienen. Die Übernahme der Herausgeberschaft durch Schmitz hätte eine Abgabe des Blattes an den DCSV zur Folge gehabt. Die Verhandlungen mit C. H. Beck scheiterten an der Herausgeberfrage. Daraufhin wurden neue Kontaktgespräche mit dem Verlag F. A. Perthes in Gotha begonnen, bei denen die Frage der Herausgeberschaft von der Frage des Verlagswechsels getrennt wurde. Perthes kaufte schließlich die Zeitschrift und Rade blieb Herausgeber. Ihm wurde der Philosoph Dr. Hinrich Knittermeyer als Mitredakteur zur Seite gestellt. (Vgl. *M. Rade:* Von der Christlichen Welt, in: An die Freunde Nr. 72 [1922], Sp. 790f.) Rade schrieb dazu: »Res venit ad laicos!« (a.a.O., Sp. 791). 1925 gründete Leopold Klotz, vormals Direktor bei Perthes, einen eigenen Verlag und übernahm mit der gesamten theologischen Produktion von Perthes auch die ChW.

Barth an Rade   Göttingen, Nikolausburger Weg 66, 10. 1. 1922

Lieber Vater Rade!
Ich sehe wohl, daß ich da nicht gut ablehnen kann, obwohl in der Tat Vieles dafür sprechen würde: die Notwendigkeit, mich in den nächsten Jahren ganz auf mein neues Amt zu konzentrieren, der Wunsch, nachdem ich eben ein dickes Buch geschrieben, nun für weitere Kreise für lange ins Schweigen zurückzusinken, die Abneigung, mich als »der Mann, von dem man spricht« zu produzieren, die Unsicherheit, was ich denn da nun vorbringen soll. Aber du hast Recht; ich darf das Alles nicht geltend machen, ohne bei Freunden und Gegnern unnötigerweise einen seltsamen Eindruck zu machen. Und so nehme ich denn die Einladung ohne weitere Komplimente an, gerne für die Versammlung der *Freunde der Chr.W.*, und bitte dich nur noch, mir bei der Stellung und Fassung des Themas ein wenig behilflich zu sein und mir zu sagen, unter welchem Gesichtspunkt 1. die ganze Tagung stehen soll, 2. man gerade auf mich gekommen ist, 3. du persönlich offenbar meine Mitwirkung wünschest. Ich erwarte also darüber noch etwas nähere Mitteilungen.
Die Verhandlungen über die Christl. Welt, von denen mir der Wind bald von hier, bald von dort etwas zuwehte, und das, was du mir heute darüber schreibst, haben mir eigentlich leid getan. Denn das hat die Christl.Welt – ich rede ja selber als einer von den Dissidenten – nicht verdient, daß man, wenn ich recht berichtet bin, so von Pontius zu

Pilatus mit ihr eilen mußte. Sind denn eigentlich gar keine jüngeren »Ritschlianer«, um es kurz zu sagen, dagewesen, die die Lust und die Fähigkeit hatten, die Fahne zu übernehmen, so daß sie nun in ein so ganz und gar andersartiges Lager wie das der D.C.S.V. übergehen muß? Ich war ja schon über die Möglichkeit, daß Hans Ehrenberg dein Nachfolger werden könnte, erschrockener, als ich dir in meinem Brief vom Oktober zeigen konnte, und bin heilfroh, daß daraus nichts geworden ist. Schmitz ist ja nun sicher viele Nummern besser. Aber immerhin – war es denn gar nicht möglich, die Sache so fortzusetzen, daß sie ungefähr das geblieben wäre, was sie 35 Jahre lang in Ehren gewesen war und als was wir sie bei mannigfachem Widerspruch eben doch respektiert und geschätzt haben? Doch ich will nicht dreinreden, möchte Dir nur bei diesem Anlaß meine herzliche Teilnahme zu all den gewiß oft unerfreulichen Peripetien dieser Monate ausgesprochen haben.

Von mir ist nicht viel zu melden, ich hätte es dir sonst geschrieben. Ich mache meine ersten hilflosen Gehversuche als akademisches Kind, suche mühsam genug mich umzukrempeln von dem zigeunerhaften Betrieb der Theologie, den ich als Pfarrer und freier Schriftsteller mir leisten konnte, zu der strengen Ordnung, nach der man als Dozent alles Mögliche wissen und können sollte, um das ich mich seit meinem Examen nicht mehr gekümmert habe, verschlinge also Bücher und Büchlein, soviel mein Kopf und meine Zeit fassen können, und bin bis jetzt immer noch gerade so durchgekommen, ohne eine eigentliche Katastrophe zu erleben, obwohl ich noch nie sicher gewesen bin vor dem Schicksal, daß der Glockenschlag mich peinlich hätte auf sich warten lassen können. Die Zukunft ist mir in mehr als einer Beziehung dunkel. Mit den Studenten habe ich lebhaften, oft fast zu lebhaften Verkehr. Die Beziehungen zur Fakultät sind freundlich, mit Bertholets[1] verkehren wir persönlich, mit Stange und Hirsch haben wir alle 14 Tage eine theologische Zusammenkunft (sie wurde von Stange inszeniert, und da er und Hirsch[2] gute Fechter sind, lasse ich mir das nicht entgehen, schade, daß es keine allgemeine Sache ist, aber das theologische Interesse scheint z.B. bei Bertholet fast minimal zu sein, und überdies spielen da allerhand Zwistigkeiten). Die Privatdozenten Piper[3] und Peterson[4] mag ich auch gern; aber sie reiten sichtlich lieber jeder für sich allein, was ich nun gerade nicht für nützlich halte. Daß ich mich über Vieles, was ich sehe und höre, wundere, brauche ich dir wohl nicht darzulegen. Im Ganzen bin ich geneigt, Alles zu verstehen, und fühle mich viel weniger fremd in Deutschland und Göttingen, als ich gefürchtet hatte. Auch Nelly und den Kindern geht es nach Umständen gut. Der Jüngste,

¾ Jahre alt, gedeiht z.Z. ganz prächtig. Wann und wo sehen wir uns? Ich fürchte, du fährst öfters an Göttingen vorbei, ohne Halt zu machen! Ja?
Grüße Tante Dora und sei selber herzlichst gegrüßt von
Deinem Karl Barth

Hättest Du nicht Verwendung für den jungen *Alfred de Quervain*[5] Feucht-Straße 64 Berlin? Er ist von März ab disponibel.

1. Alfred Bertholet (1868-1951), 1899 Professor für Altes Testament in Basel, 1913 in Tübingen, 1914 in Göttingen, 1928-1939 in Berlin.
2. Emanuel Hirsch (1888-1972), 1921 Professor in Göttingen, zuerst für Kirchengeschichte, ab 1935 für Systematische Theologie, 1945 emeritiert.
3. Otto Piper (geb. 1891), ab 1920 Privatdozent für Systematische Theologie in Göttingen, 1928 dort a.o. Professor, 1930 o. Professor in Münster, 1934 Gastprofessor in Wales, lehrte ab 1937 in Princeton/USA.
4. Erik Peterson (1890-1960), Privatdozent in Göttingen, ab 1924 Professor für Neues Testament und Kirchengeschichte in Bonn, 1930 Konversion zum Katholizismus, lehrt von 1934 an als Professor für altchristliche Literatur und allgemeine Religionsgeschichte in Rom.
5. Alfred de Quervain (1896-1968), 1930 Privatdozent in Basel, 1935 Dozent für Dogmatik in Elberfeld, 1944 a.o. Professor in Basel und Bern, 1948 o. Professor für Systematische Theologie in Bern.

Rade an Barth   Marburg, 21.1.1922

Lieber Karl,
hab Dank für Deinen lieben Brief und Deine Bereitwilligkeit. Ich kann mich vollkommen in Deine Stimmung meinem Antrage gegenüber hineinversetzen. Aber ich glaube in der Tat, daß eine gewisse innere Nötigung für Dich vorliegt. Was Du sagen sollst? M.E. handelt es sich um eine Antwort auf Foerster. Aber doch nicht um eine Antwort. Vielmehr um eine Fortführung der Gedanken, die uns damals mit ihrem Für und Wider bewegt haben. Also die direkte Auseinandersetzung mit F. müßte durchaus zurücktreten, und siegreich heraustreten sollte, *was Dich am meisten bewegt*, was Dich treibt, Deine Stimme zu erheben und Bücher zu schreiben, und worin Du Dich eins weißt mit Anderen wie Gogarten. In Nr.3 fandest Du den Vortrag von Ziegner[1], in Nr.4 wird Bonus[2] sich zu Gogarten äußern, in Nr.6 folgt eine Anfrage von Prof.Dr.ing. Heumann[3] in Aachen an Gogarten: Du siehst,

ich möchte jetzt helfen, daß bei diesem Austausch etwas herauskommt. Danach wird Gogarten das Wort haben. Inzwischen ist Deine 2.Auflage heraus. Ich habe sie noch nicht gesehen. Ich erwartete bisher das Rezensions-Exemplar, nun scheint es, daß Chr.Kaiser erfahren hat, daß Merz die Besprechung zusagte, und sich ein Rezensions-Exemplar schenkt. Ich hoffe sehr, daß Merz Dir und der Sache ordentlich dient: wenn er nicht zum Verständnis hilft, wer dann? (Jülicher hat die Anzeige in der Theologischen Literaturzeitung übernommen[4].) Wie dann im Herbst Stimmung und Haltung auf allen Seiten sein wird, wer will das heute sehen und sagen? So mag auch die Formulierung Deines Themas sich erst später ergeben; vor den großen Ferien arbeitest Du den Vortrag ja doch nicht aus, wenn Du gewiß auch nicht aufhören wirst, daran zu denken.

Was Du sonst geschrieben hast, ist alles sehr interessant und doch eben auch dienlich, uns ein Bild zu machen von Deiner und Eurer Existenz. Pergas fortiter. – Über die Chr.W. mach Dir keine Sorgen. Es wird noch nichts daraus werden, daß wir vor der DCSV kapitulieren, und zu einer redlichen Verschmelzung mit ihr, einer Ehe mit gleichen Rechten, scheint die Zeit trotz aller Berührung, die wir gerade hier in Marburg haben, noch nicht gekommen zu sein. Schmitz gab uns Gelegenheit zu reichlichem Austausch, er war und ist auch Willens, meine Stelle einzunehmen, aber wir sind uns persönlich und sachlich über alledem nicht eigentlich näher gekommen. Inzwischen sind wir mit F.A. Perthes über den Verkauf so ziemlich eins; möglich, daß noch immer etwas dazwischen kommt, bis der Vertrag unterschrieben ist.

Du irrst, wenn Du meinst, daß ich inzwischen an Göttingen öfter vorbeigefahren sei. Nur als ich in Bremen zum Parteitage war, im November, beidemal in tiefer Nacht. Im übrigen bin ich sehr seßhaft. Über 8 Tage werde ich nach Kassel zur Verfassunggebenden Kirchenversammlung gehen als Deputierter der Fakultät; es wird mehr ein lehrreiches als erfreuliches Geschäft sein.

Und Ihr seid offenbar auch seßhaft. Wie solltet Ihr nicht? Wer rutscht jetzt aus bloßer Sehnsucht nach seiner Verwandtschaft und Freundschaft in der Welt herum?

Im übrigen Terra ubique Domini. Gott behüte Dich und die Deinen. Meine Frau grüßt Euch herzlich mit mir.

Dein Vater Rade

---

1. *Oskar Ziegner:* Gericht und Kirche, in: ChW 36 (1922), Sp. 25-44.
2. *Artur Bonus:* Gogarten, in: ChW 36 (1922), Sp. 58-61.

3. *Hermann Heumann:* Göttliches und Menschliches. Weiteres zu Gogarten, in: ChW 36 (1922), Sp. 90-94.
4. *Adolf Jülicher:* Rez. von K. Barth: Der Römerbrief, 2. Aufl., München 1922, in: ThLZ 47 (1922), Sp. 537-542.

Barth an Rade   12.2.1922

Lieber Onkel Rade!
Ein Kreis von Marburger Theologie-Studenten, die zusammen meinen Römerbrief lesen, hat mich gebeten, einmal herüberzukommen, um ihnen auf allerlei Fragen zu antworten. Ich habe ihnen nun nächsten Samstag und Sonntag vorgeschlagen, und da möchte ich nun dich und Tante Dora fragen, ob ich mich bei euch zum Nachtquartier anmelden darf? Ich würde 1^{26} (Samstag 18.) dort ankommen (das Mittagessen *hinter* mir) und dann, nachdem ich euch begrüßt, den Nachmittag gleich mit den Studenten zubringen. Den Abend aber, wenn ihr nichts Anderes habt, gerne bei *euch*, da wir uns doch alles Mögliche zu erzählen haben. Sonntag vormittag und nachmittag wieder mit den Studenten, zwischenhinaus würde ich gerne Otto und Bultmann[1] aufsuchen. Ich habe die Studenten angewiesen, sich bei euch zu vergewissern, ob ihr einverstanden seid. Marburg ab 4^{29}. Aber sagt es mir ganz offen, ob ihr mich brauchen könnt. Ich freue mich sehr aufs Wiedersehen. Eben logiert *Gogarten* bei mir, der ja auch unterwegs ist nach Marburg.
Mit herzlichem Gruß!
Euer Karl Barth

1. Rudolf Bultmann (1884-1976), 1912 Privatdozent in Marburg, 1916 a.o. Professor für Neues Testament in Breslau, 1920 Professor in Gießen, 1921-1951 Professor in Marburg. Vgl. Karl Barth-Rudolf Bultmann: Briefwechsel 1922-1966 (hg. von B. Jaspert), Zürich 1971.

Rade an Barth   Marburg, 13.2.1922

Lieber Karl!
Das kommt ja all unseren Wünschen zuvor. Du bist uns sehr willkommen, ich sehe vorläufig gar kein Hindernis. Dein Programm ändern wir vielleicht dahin, daß ich Dir auf Sonnabend *nach dem* Abendbrot einige Leute hierher einlade; Du wirst dann für Sonntag entlastet; und es bleibt für unsere vertraute Aussprache noch Raum[1]. Also, wenn wir

nichts weiter hören, kommst Du, ungegessen, Sonnabend 1²⁶ hier an. Grüße Nelly.
Dein V. R.

1. Barth berichtete über den Besuch in Marburg in seinem Rundbrief vom 26. 2. 1922, BwTh II, S. 47-49. Dort schreibt er: »Mit Rades lebte ich in glänzender Harmonie. Es hätte nicht freundlicher sein können« (a.a.O., S. 49).

Barth an Rade   Göttingen, 8. 3. 1922

Lieber Onkel Rade!
Ich sende dir hier ein Manuskript von Heiner über Plato[1], das er mir vorher zur Einsicht senden wollte, und eine kleine Replik von mir gegen Vischer[2], Ausführlicheres habe ich nicht darüber zu sagen. Noch immer denke ich mit Freuden an unsere guten Tage in Marburg.
Herzlichen Gruß dir und Tante Dora auch von Nelly. Thurneysen ist hier und grüßt euch mit! Dein Karl

1. *Heinrich Barth:* Plato und die Lage der Gegenwart, in: ChW 36 (1922), Sp. 403-407; vgl. auch: *ders.:* Rez. von Paul Natorp: Platos Ideenlehre. Eine Einführung in den Idealismus, 2. Aufl., Leipzig 1921, in: ChW 36 (1922), Sp. 585f.
2. *K. Barth:* Immer noch unerledigte Anfragen, in: ChW 36 (1922), Sp. 249. Replik auf die Aufsätze von Eberhard Vischer: Overbeck redivivus, in: a.a.O., Sp. 109-112, Sp. 125-130, Sp. 142-148.

Rade an Barth   Marburg, 1. [?] 4. 1922

Lieber Karl,
Jülicher erzählt mir, was in Eurem Hause geschehen ist. So wenigstens habe ich es verstanden, daß die junge Frau Siebeck in Eurem Hause erkrankt und gestorben ist[1]. Auf alle Fälle seid Ihr schwer erschüttert durch diese Heimsuchung. Müllers zuerst verstorbener Sohn war mein Patenkind. Wie schwer haben beide Eltern an diesem und den weiteren Kinderverlusten getragen. So denken wir ihrer mit grenzenlosem Mitleid. – Inzwischen hat Bultmann seinen Aufsatz über Deinen Römerbrief[2] gebracht. Sehr lang. Aber Du wirst Dich darüber freuen. Nachdem Du ihn gelesen, formuliere doch bald Dein Thema für Elgersburg. – Gott befohlen Ihr Alle Dein R.

1. Agnes Siebeck, die 1922 in Göttingen verstorbene erste Frau von R. Siebeck, war die Tochter des Tübinger Kirchenhistorikers Karl Müller (1852 bis 1925), mit dem Rade freundschaftlich verbunden war.
2. *R. Bultmann:* Karl Barths Römerbrief in zweiter Auflage, in: ChW 36 (1922), Sp. 320-323, Sp. 330-334, Sp. 358-361, Sp. 369-373; auch in: Anfänge I, S. 119-142. Vgl. die Briefe Bultmanns an Barth vom 9. 4. 1922 und vom 25. 5. 1922, in: BwBu, S. 3-5.

Barth an Rade [3. 4. 1922]

Lieber Onkel Rade!
Frau Siebeck kam am Mittwoch vor acht Tagen zu einem mehrtägigen Besuch zu uns. Sie war uns noch unbekannt gewesen, und sie wollte die Freundschaft, die mich mit ihrem Mann verbindet, auch ihrerseits bekräftigen. Am zweiten Tag mußte sie sich mit hohem Fieber zu Bett legen, und bald ordnete der Arzt Überführung in die Klinik an. Ihr Mann kam noch rechtzeitig, um sie noch 1½ Tage selber behandeln und pflegen zu können. Aber es handelte sich um eine schwere Lungenentzündung, und es war Alles umsonst. Am Donnerstag um 11 Uhr ist sie nach langer Bewußtlosigkeit gestorben. Die armen Eltern kamen drei Stunden später hier an! Die Beerdigung war wohl gestern in Heidelberg. Vier Kinder von 1-11 Jahren!! Es ist furchtbar traurig. – Kannst du dich wegen Elgersburg noch etwas gedulden? Ich bin wirklich immer noch ziemlich ratlos, was da nun eigentlich geschehen soll, und würde mich lieber in mein Schneckenhaus verkriechen. – Sobald die betr. Intuition da ist, melde ich dies. – Darf ich dich bitten, mir dann Bultmanns Artikel schon im Fahnenabzug zuzuschicken? Ich bin wahrlich gespannt darauf. *Schlatter* hat mich in der »Furche« vorsichtig – abgelehnt[1]. Mit herzl. Gruß!
Dein Karl Barth

1. *A. Schlatter:* Karl Barths Römerbrief. Zweite Auflage in neuer Bearbeitung, in: Die Furche 12 (1921/22), S. 228-232, jetzt in: Anfänge I, S. 142-147.

Barth an Rade [15. 4. 1922]

Lieber Onkel Rade!
Herzlichen Dank für deine Sendung[1]. Ich will sehen, ob ich Bultmann einige Streichungsvorschläge machen kann. Es wird aber schwer

halten, die richtigen Opfer dazu auszuwählen; denn die Dokumentierung mit Zitaten ist sehr sorgfältig gemacht und aufschlußreich, so daß es mich fast reut, da einzugreifen. Ich will der Einfachheit halber mit Bultmann direkt darüber verhandeln und dir das Mscr. durch *ihn* auf Donnerstag wieder zustellen lassen. – Grüßt uns vorläufig die anrückenden Schweizerpilger. Ich bin in grosser Sorge um meine Vorlesungen auf den Sommer. Die über den Hebr. Brief lasse ich fallen, um mich auf Calvin zu konzentrieren. Aber auch da besteht meine Wissenschaft hauptsächlich aus – »Hohlräumen«[2]. Mein Münsterer Doktorat hat eine niedliche kleine Vorgeschichte, die ich dir einmal mündlich erzählen will[3]. Mit herzl. Grüssen von Allen an dich und Tante Dora.
Dein Karl Barth

1. Gemeint sind die Fahnenabzüge von Bultmanns Rezension.
2. Hier handelt es sich um ein ironisches Selbstzitat Barths, in dem er sich auf seine Verwendung der Metapher »Hohlraum« als Umschreibung des Glaubens im »Römerbrief« bezieht. Vgl. z. B. den für das Gespräch zwischen Rade und Barth wichtigen Satz: »Das religiöse Erlebnis, auf welcher Stufe es sich auch abspiele, ist, sofern es mehr als Hohlraum, sofern es Inhalt, Besitz und Genuß Gottes zu sein meint, die unverschämte und mißlingende Vorwegnahme dessen, was immer nur von dem unbekannten Gott aus wahr sein und werden kann« (Der Römerbrief, 11. Abdruck der neuen Bearbeitung von 1922, Zürich 1976, S. 25).
3. Vgl. die Textgeschichte der Elogienformel, in: BwTh II, S. 75.

Rade an Nelly Barth   Marburg, 3.7. 1922

Liebe Frau Nelly,
Dein Brief hat seine Adressatin bisher nicht erreicht. Dora wurde am Donnerstag Abend zu ihrer jüngsten Schwester, der Oberin, gerufen, die im Krankenhaus Magdeburg lag, und nach erfolgter Operation, die stark fortgeschrittenen Krebs ergab, ist die Schwester Sonnabend Abend gestorben. Dora wird kaum vor Mitte nächster Woche zurückkehren.
Wir inserieren hier in der Oberhessischen Zeitung. Ob es etwas nützt? Es gibt hierzulande Mädchen – weil sie gern im Land bleiben, und meine Frau hat ihre guten Mädchen die letzten Male immer nur durch »zufällige« Verbindungen bekommen. Wenn Du nicht bis Sonntag gute Nachricht von uns erhältst, schicke doch ein Inserat an die Christl. Welt (Adr. Perthes-Verlag, Gotha) und nenne dabei Deinen

Namen: ich halte gar nicht für unmöglich, daß Du damit guten Erfolg hast.

Hoffentlich kann man Euch doch mal in Göttingen besuchen; vorläufig darf ich Gott Lob einige Zeit zu Hause bleiben. Karl, Dein Mann, hat sich doch inzwischen sein Thema für Elgersburg überlegt? Wir müssen nun bald mit unserem Programm heraus. Und Du wirst doch mitkommen? Bis dahin habt Ihr gewiß eine gute Freundin, die der Kinder hütet.

Wenn Ihr nach der Schweiz reist, ob Ihr da bei uns einkehren könnt? Ich begreife ja, daß das Durchreisen seinen Vorzug hat. Aber vielleicht macht sichs. Dann tätet Ihr uns eine große Freude an. – Wie wirds Euch nun in der Schweiz gefallen? Hoffentlich nicht zu gut.

Mennicke las ich noch nicht, wundere mich, daß mir das Blatt noch nicht zur Hand kam[1]. Inzwischen haben sich unsere Verbindungen mit Schlüchtern-Sannerz fester geschlungen: Dora ist Mitglied des Aufsichtsrats vom Neuwerk-Verlag geworden und war schon einmal dort. Das jüngste Heft ist ja sehr inhaltsvoll.

Grüße Deinen Mann sehr und seid alle Gott befohlen.

Dein Martin Rade

1. Die Diskussion über Foersters Vortrag »Marcionitisches Christentum« auf dem Treffen der FChW wurde fortgesetzt in den von Carl Mennicke herausgegebenen »Blättern für Religiösen Sozialismus«, 3 (1922), Heft 2-6. Vgl. E. Foerster: Evangelischer Sozialismus. Sätze zur Fortführung der Diskussion mit Mennicke, a.a.O., S. 5f.; C. Mennicke: Entgegnung, a.a.O., S. 6 bis 8; E. Heimann: Zu Professor Foersters Thesen, a.a.O., S. 9f.; E. Fuchs: Zu Erich Foersters Thesen: »Evangelischer Sozialismus«, a.a.O., S. 17-20; Ludwig Heitmann: Kulturkrise und was dann?, a.a.O., S. 21-24. Heitmann stellte im Anschluß an die Auseinandersetzung die Frage: »Ist es Zufall, daß die kulturfreudigen Vertreter der ›Christlichen Welt‹ so anerkennende Worte für diese neuesten ›Kulturkritiker‹ [Barth, Gogarten] haben?«

Barth an Rade [11.9.1922]

Lieber Onkel Rade!

Wir haben hier unseren Privatdozenten Lic. Erik Peterson[1]. Er kommt für eine der beiden kirchengeschichtlichen Stellen in *Münster* (Ordinariat und Extraordinariat) in Betracht, scheint sich aber nach seiner eigenen Erzählung die Chancen in Berlin durch ungeschickte Gesprächsführung mit Ministerialrat Richter verschlechtert zu haben.

Ob es wohl in deiner Macht läge, irgendwie ein gutes Wort für ihn einzulegen? Er ist ein außerordentlich feiner geistiger Gelehrter, hat, wie ich beobachten kann, zunehmenden Einfluß auf alle etwas aufmerksameren Studenten und braucht ein Amt, nicht nur äußerlich (das *auch*), sondern vor Allem, um aus einer gewissen einsiedlerischen Zuschauerstellung, die er jetzt einnimmt, herauszukommen. Eine Fakultät, die ihn bekäme, könnte wahrhaftig froh sein, und wenn es der Regierung etwa daran gelegen sein sollte, das *nicht*-reaktionäre Element auf den Universitäten zu unterstützen, so hätte sie hier Gelegenheit.

– Ich bin seit acht Tagen aus der Schweiz zurück und rüste mich auf meine vielen (*zu* vielen!) Vorträge. Es wäre mir besser gewesen, ich hätte mich nun für 3 Jahre wie Hieronymus ins Gehäuse gesetzt, statt nun so herumzufahren und das Wenige, was ich sagen kann, zu verplaudern. Auch auf der Elgersburg würde ich euch lieber etwas vorschweigen. Doch nun wirds sein müssen.

Mit herzlichem Gruß Dein Karl Barth

1. Vgl. den Brief Barths an Bultmann vom 9. 10. 1923, in: BwBu, S. 15-17.

Rade an Barth   Marburg, 13.9.1922

Lieber Karl!

Das ist nicht so einfach. Ich weiß nur Gutes von ihm. Aber weder kenne ich ihn persönlich, noch ist er mir durch seine Arbeiten näher gekommen. (Möglich, daß wir uns einmal persönlich begegnet sind.) Aber ich will hier mit den Freunden beraten, was sich tun läßt, und was nach Berlin schreiben. – Mit Deinem Elgersburger Vortrag richte Dich so ein, daß ich ihn dann rasch zum Druck für die CW bekomme. Alle Elgersburger Vorträge erscheinen in der CW. (Nachher kannst Du den Text ungeniert weiter verwenden.) – Darf ich Dir Calvin, Die Reichsgottesidee Calvins[1] zu kurzer oder längerer Anzeige schicken? Schweigen ist Ja. – Hast Du Nelly und die Kinder wieder bei Dir? Recht erholt? Sei herzlich gegrüßt mit den Deinen. Auf baldiges Wiedersehen.

Dein V. R.

1. Gemeint ist: *Karlfried Fröhlich:* Die Reichsgottesidee Calvins, München 1922; vgl. dazu die Bemerkungen Barths, in: BwTh II, S. 78.

Barth an Rade   Göttingen, Nikolausberger Weg 66, 16. 10. 1922

Lieber Onkel Rade!
Ich komme mit einer Bitte. Wirklich nur mit einer Bitte, die du mir auch abschlagen kannst. Es handelt sich um meinen Elgersburger Vortrag, den du für die Christl. Welt haben möchtest und den ich dir auch, wenigstens durch Schweigen zustimmend, zugesagt habe. Nun stellen mir meine Freunde vor, daß ich das nicht hätte tun sollen, und ich muß Ihnen recht geben. Wir sind mit unserer demnächst zu eröffnenden Zeitschrift[1] arme Leute, arm an brauchbarem Manuskript meine ich, und eigentlich nicht in der Lage, gerade ein solches immerhin überlegtes Manifest wie den Elgersburger Vortrag an einen so reichen Mann wie die Christl. Welt abzugeben. Ferner möchten wir unsere Sachen – dazu schritten wir zu dieser Gründung – beieinander haben, unzerstückelt und ein Beitrag den anderen stützend. Und dieser Vortrag würde sich wie kaum etwas Anderes als Hauptstück der 1. Nummer eignen. Mit einem Nachdruck aus der Christl. Welt wäre uns natürlich nicht geholfen. So komme ich mit der Bitte zu Dir, ob du mir den schon Verhafteten nicht wieder freigeben wolltest? Es wäre mir ein großer Dienst damit getan. Aber nur wenn es in *Freundschaft* geschehen kann, soll es geschehen. Wenn du Grund hast, Nein zu sagen, so sag es nur, die Auslieferung erfolgt dann umgehend, wenn auch mit einem weinenden Auge. Genug davon.

Ich kam gestern von einer Reise nach Ostfriesland und Bentheim zurück, wo ich in solennen Pfarrerversammlungen (»Coetus«) Vorträge hielt[2], auf überraschend viel Vertrauen und Verständnis stieß, sogar mit dem Generalsuperintendenten von Aurich mich rasch anbiederte und im Bentheimischen die mir überaus interessante Gruppe der Neo-Kohlbrüggeaner (eine seltsame, ganz anderswoher kommende Parallele zu meinen eigenen Intentionen) kennen lernte. Welch ein reicher Garten von sinnreichen Möglichkeiten, euer kirchliches Deutschland! Ich staune, und freue mich und – habe *kein* Heimweh nach der Schweiz, wo man, was möglich ist, an den Fingern abzählen kann.

An die Elgersburg[3] freilich denke ich immer noch mit einigem Grimm zurück; ein langes Gespräch, das ich nachher mit Frau Prof. Bousset[4] hatte, bestätigte nur meinen Eindruck von – – ja von was? von der harthörigen Unfähigkeit der Liberalen für die Distinktion von »oben« und »unten«, auf die mir Alles ankommt? – oder von meiner eigenen Unfähigkeit, da, wo diese Distinktionsfähigkeit nun einmal fehlt, etwas Anderes als Schläge ins Wasser zu tun? Kurz ich habe nur noch die Empfindung, auf lauter nachgiebigen und doch widerstehenden Kautschuk gestoßen zu sein und mich zum Schluß dadurch blamiert zu haben, daß ich auf offener Szene böse und pathetisch wurde, was mir sonst auf allen meinen Fahrten noch nie passiert ist. Würdest du mir wohl die Adresse von *Foerster*[5] mitteilen? Die Aussprache mit ihm mißlang für mich insofern, als Gogarten das Gefecht führte, und zwar auf *seine* Weise. Ich möchte aber gerne mit F. in Berührung bleiben. Auch an Krüger[6] hat mir etwas imponiert. Weinel[7] aber war fürchterlich. Doch genug auch davon[8].

Das Semester naht, und ich habe höchste Zeit, nun wieder an die Wissenschaft zu kommen. Nelly und die Kinder sind munter und grüßen mit.

Mit herzlichem Gruß!
Dein Karl Barth

1. Die demnächst zu eröffnende Zeitschrift ist »Zwischen den Zeiten«.
2. Zu den Vorträgen in Emden und Nordhorn vgl. Barths Rundbrief vom 16. Okt. 1922, in: BwTh II, S. 111-113.
3. Zu Barths Elgersburger Vortrag »Das Wort Gottes als Aufgabe der Theologie« vgl. seinen Rundbrief vom 7. 10. 1922, in: BwTh II, S. 103-106. Barth zitiert dort nach seinen Notizen die Eröffnung der Diskussion durch Rade: »Der heutige Abend war so recht im Sinn unserer Traditionen. Wir hörten den Bericht Eines, der doch auch von uns ausgezogen ist, über die neuen Bahnen, die er seither eingeschlagen hat. Wir dürfen wohl sagen: Wir waren immer voran! Wo etwas Neues sich regte, da äußerte es sich sofort irgendwie in unserem Kreise. So sehe ich es auch heute als eine besondere Gunst des Moments an, daß wir das hören durften; wir sind auch von den neuen Geistern nicht verlassen. Freilich, was sollen wir nun, die wir von unserer historischen Bildung nicht lassen können, damit machen? Wie stellen wir uns dazu von *unserer* Frage aus? Da werde ich ja nun nur stammeln können. Aber das tun wir ja alle, und das tut ja nichts. Also nun in Gottes Namen hinein in die Diskussion« (a.a.O., S. 104).
4. Marie Bousset, Frau des 1920 verstorbenen Neutestamentlers Wilhelm Bousset.
5. Erich Foerster (1865-1945), Pfarrer der deutsch-reformierten Gemeinde in Frankfurt/M. und dort ab 1915 Honorarprofessor für Kirchengeschichte, schloß sich 1933 der Bekennenden Kirche an.
6. Gustav Krüger (1882-1940), Professor für Kirchengeschichte in Gießen.
7. Heinrich Weinel (1874-1936), 1907 Professor für Neues Testament in Jena, ab 1925 für Systematische Theologie.
8. In der Diskussion, deren Zusammenfassung erst in »An die Freunde« Nr. 75 (1923), Sp. 818, erschien, weil der Protokollant im Gedränge versagte, wurde vor allem das Votum von Heinrich Weinel bestimmend: »Barth

verwechselt die Aufgabe des Theologen und die Sache des Propheten ... Weinel erkennt die staunenswerte Dialektik Barths an; ... Aber der höchste Weg sei doch der dialektische mit all seinen Feinheiten nicht, das sei der ganz simple Weg.« Dagegen wurde von Bultmann eingewendet: »Barths Dialektik ist eine mögliche und notwendige Art der Selbstbesinnung.« Charakteristisch ist, was von Barths Schlußwort wiedergegeben wird: »Barth ist von der Diskussion im allgemeinen erschüttert! Wie zuversichtlich haben die Pfarrer geredet! Jesus Christus macht es mir möglich, so in der Not zu stecken und doch nicht zu verzweifeln.«

Rade an Barth   Marburg, 18. 10. 1922

Mein lieber Karl,
wie gern käme ich Dir entgegen. Aber ich darf nicht. Die Zusage, die ich von Dir habe, wenn auch nur stillschweigend[1] – es war doch mehr; wir verhandelten nur noch über den Termin der Einsendung des Ms – galt doch nicht mir persönlich, sondern dem Blatte und dem ganzen Leser- und Freundeskreis. Wie sollte ich es verantworten, wenn ich Dir Dein Wort zurückgäbe?

Schicke bitte das Ms ohne Verzug. Wir wollen es, wo möglich unverkürzt, will sagen ungeteilt, in die Nächste Nr. bringen.

Wer eine neue Zeitschrift gründet, hat wohl genug zu sagen, um einen zweiten Artikel bis zum 1. 1. zustande zu bringen. Im Notfall aber würde ich durchaus für möglich halten, daß Du den Vortrag dort zum 2.mal drucktest. So wie Gogarten alsbald seinen Zweitdruck veranstaltet hat. Du könntest auch etwa im ersten Druck etwas kürzen, im zweiten etwas erweitern – dagegen hätte ich nichts.

Alles hat seine zwei Seiten. Schließlich wirkt doch das Erscheinen Deines Vortrags in der CW auch als Reiz für die Leser der CW, nunmehr auf Eure Zeitschrift zu abonnieren. Daß diese erscheinen wird, meldet unsere Chronik schon in dieser Woche, nachdem mir die Nachricht auch von anderer Seite zugegangen war.

Ich begreife ja, daß Du in Elgersburg unbefriedigt warst. Aber Du und Deine Mitstreiter, Ihr legt zu viel Wert auf die unmittelbare Wirkung. Ihr lauscht zu sehr auf das Echo. Wenn es Euch nur um die Wahrheit, um Gottes Wort zu tun ist: laßt es doch wirken, wie es will! Dazu kommt, daß ein übernächtigter, nur eben zum Produzieren in einen solchen Kreis eintretender Redner niemals ganz richtig eingestellt ist auf die, die ihm da nun doch jedenfalls »die Nächsten« sind. Ich fand es ganz falsch, daß Du so plötzlich kamst und gingst. Dadurch kommt etwas Nervöses in Deine Handlung. Und damit wirst Du unbillig.

Hattet Ihr, Du und Gogarten, auch nur die richtige Ruhe für die Privatgespräche, die Ihr fandet? Man muß sich Zeit lassen, lieber Karl, auch für solche Missionen, wie Ihr sie habt. Ich für mein Teil bin ganz sicher, daß Du auch in Elgersburg eine gute Resonanz gehabt hast und daß die Wirkung Deines Worts viel ernster ist, als sie in der Diskussion herauskam. Die gedruckte Wiedergabe wird die Wirkung vertiefen. Wie schwierig es aber ist, Dir gerecht zu werden – frage Dich selbst ehrlich: Als was willst Du wirken, als Prophet oder als Theologe? Was Du uns gabst, war ein Wort *zwischen* beidem. Und das war mit schuld an der Unsicherheit, meinetwegen an dem Versagen der Diskussion.

Peter wird Dir in der CW sekundieren mit einer guten Besprechung von Paulus[2].

Also laß uns nun nicht warten. Und grüße Deine liebe Frau von uns. Sei selbst herzlich gegrüßt. Gottes Segen zum neuen Semester.

Dein V. Rade

1. Dieser Zusage war sich Barth wohl bewußt; vgl. seinen Rundbrief vom 7. Oktober 1922, in: BwTh II, S. 103: »Den Elgerburger [Vortrag] muß ich, sobald ich ihn in Emden nochmals gehalten, der – ›Christlichen Welt‹ zur Beute überlassen, was gewiß unserem Redakteur in München [Georg Merz] und auch mir selbst nicht recht ist, aber kaum zu umgehen, ohne Rade vor den Kopf zu stoßen.«

2. *P. Barth:* Rez. von R. Paulus: Das Christusproblem der Gegenwart, Tübingen 1922, in: ChW 36 (1922), Sp. 884f.

Rade an Barth   Marburg, 21.11.1922

Lieber Karl!

Es beunruhigt mich, daß ich nicht weiß, ob Du wegen etwaiger Sonderabzüge Deines Vortrags[1] mit Perthes im Reinen bist. Die Nr. wird soeben gedruckt; soll der Satz stehen bleiben, so muß der Verlag das *ohne Verzug* wissen. Du kannst natürlich einige Exemplare der Nr. selbst haben (10, 20); wenn Dir das genügt, so melde auch das ohne Verzug dem Verlag. Der Vortrag steht *ganz* in Nr. 46/47. Ich danke Dir dafür. Von Peter habe ich ein gutes Ms, auch Vortrag, hat nur den Fehler, daß es inhaltlich dem Deinen zu verwandt ist! Pax nobile fratrum. Übrigens, Deine Schrift. Könntest Du nicht aus reiner Menschenliebe wider die etwas tun? Guter Wille vermag auch da viel. Redakteure, Setzer, Korrektoren, wie dankbar wären sie. – Kennst Du Kollaborateur Schmädeke? Wenn ja, so soll er unserer Redaktion seinen Vornamen melden. – Eurer Mutter Besuch war uns eine unverhoffte Freude. Sei mit Deiner lieben Frau herzlich gegrüßt von Vater Rade

1. *K. Barth:* Das Wort Gottes als Aufgabe der Theologie, in: ChW 36 (1922), Sp. 858-873; jetzt in: Anfänge I, S. 197-218.

Barth an Rade   Göttingen, 18. 1. 1923

Lieber Onkel Rade!

Du siehst, *Harnack*[1] hat den Hund nicht umsonst geweckt – nun kommt er mit Gebell aus seiner Hütte. Ich brauche wohl nicht zu sagen, daß *baldiger Abdruck* den Sinn der *Replik*[2] erhöht. Sollte es in der Überschrift besser *Excellenz* von Harnack heißen, oder nur *Professor* ohne Herr? Ich überlasse es dir, zu ändern, nur muß der schuldige Respekt einer so großen Persönlichkeit gegenüber zum Ausdruck kommen. Vielleicht geschieht das am Besten so wie es dasteht, doch habe ich nichts gegen die *Excellenz*, wenn es sich besser machte.

Abgesehen von diesem Streitfall bin ich sehr *friedlich gestimmt* und immer in schwerer Not mit meinen Vorlesungen beschäftigt. Und nun muß ich euch *noch* einen Überfall ankündigen. Die *Marburger Studenten* haben mich zum dritten Mal dringend gebeten, *zu einem Religionsgespräch* herüberzukommen und ich habe ihnen diesmal törichter Weise (denn ich hätte genug vor meiner eigenen Türe zu wischen) zugesagt. Am nächsten *Sonntag 28. Januar* sollte das sein. Verzeih, wenn mir erst jetzt einfällt, dich zu fragen, ob ein solches Herüberkommen eigentlich nicht *gegen den akademischen Comment* ist und von der Fakultät übel vermerkt wird?? Dann schreibe mirs doch im Vertrauen ganz offen! Wenn irgend so etwas dazwischen käme, so wäre es mir eigentlich eine große Entlastung. Wenn du aber meinst, daß ich kommen darf und soll, dürfte ich dann wieder *bei Euch Quartier* haben? Vom Sonnabend auf den Sonntag? Ich habe eigentlich große *Angst* vor der Geschichte; *in Marburg sind gar viel spitzige Ohren*, vor denen man sich blamieren kann, und es ist mir wahrlich nicht darum zu tun, mit meinen paar Sätzen im Land herum zu hausieren.

Mit herzlichem Gruß an Dich und Tante Dora
Dein Karl Barth

Was sind doch diese *Franzosen* für Halunken! Ich stehe angesichts dieser Sache ernstlich in Gefahr, national und Kriegstheologe zu werden. Es geht nun wirklich zu weit. Ich habe tatsächlich eine Beschreibung des deutschen Einmarsches in Belgien 1914 vornehmen müssen, um mich einigermaßen wieder ins Gleichgewicht zu versetzen. Aber das Alles ist ja längst aufgewogen durch *dieses Meer von Mesquinerie, das nun seit 4 Jahren* von da drüben kommt. Morgen Abend ist Beratung der theologischen Studentenschaft über die *Antwort an die 18 Pariser Studenten*[3]. Ich werde hingehen und natürlich mein *Möglichstes* tun, damit eine anständige Antwort und im Notfall eine Minderheitsantwort dieser Art zustande kommt.

[Am Rand mit Bleistift notiert:] Morgen Freitag erwarte ich hier *Gogarten*, der von euch kommt, zum *Kriegsrat*!! Vielleicht schickt er dir 16 weitere Antworten.

    1. *A. von Harnack:* Fünfzehn Fragen an die Verächter der wissenschaftlichen Theologie unter den Theologen, in: ChW 37 (1923), Sp. 6-8; jetzt in: Anfänge I, S. 323-325. Gleich nach der Publikation der »Fünfzehn Fragen« fragte Barth bei Harnack brieflich an, ob sie an ihn gerichtet seien. Harnack antwortete mit einer Postkarte vom 16. 1. 1923, daß er die Fragen »auf Grund eines Gesamtkomplexes von Eindrücken«, die er in den letzten Jahren gewonnen habe, und provoziert durch Aufsätze von Tillich und Gogarten, formuliert habe. »Von Ihnen habe ich im vergangenen Jahr, wenn mein Gedächtnis mich nicht täuscht, nur *einen* Artikel gelesen, der mich gleichzeitig zur Zustimmung und zu starkem Widerspruch nötigte. Aber gewiß dürfen Sie annehmen, daß sich meine Fragen nicht in letzter Linie auch an Sie richten, so wenig mir bei der einzelnen Frage eine bestimmte Person vorschwebte. Ich kann mich daher nur freuen um der Sache willen, wenn Sie meine Fragen öffentlich beantworten wollen« (in: BwTh II. S. 135).
    2. *K. Barth:* Sechzehn Antworten an Herrn Professor von Harnack, a.a.O., Sp. 89-91; jetzt in: Anfänge I, S. 325-329. Es gingen noch andere Antworten ein, so z. B.: *Karl Wessendorft:* Eine andere Antwort, in: ChW 37 (1923), Sp. 91f.
    3. Zu Weihnachten 1922 versandten 18 Pariser Theologiestudenten an ihre Kommilitonen an 19 deutschen Universitäten einen Weihnachtsgruß: »Die unterzeichneten Studenten der Protestantischen Theologischen Fakultät von Paris ergreifen die Gelegenheit des Weihnachtsfestes, um ihren deutschen Kameraden ihre Gefühle brüderlicher und christlicher Zuneigung auszudrücken« (Vgl. ChW 37, 1923, Sp. 29). Bis zum 8. Januar hatten nur die Theologenschaften aus Marburg, Bonn, Heidelberg und Tübingen geantwortet. (Vgl. a.a.O., Sp. 59f.) Otto Piper veröffentlichte in der ChW den

Brief eines französischen Theologiestudenten, den er als Antwort auf das Göttinger Schreiben an die Pariser Theologenschaft erhielt. (Vgl. a.a.O., Sp. 252f.) Die Vorgänge um diesen Weihnachtsgruß erhielten durch die Besetzung des Ruhrgebiets durch französische und belgische Truppen am 11. 1. 1923 eine besondere Brisanz. Vgl. *M. Rade:* Jetzt gilt's!, aus Nr. 34 der FZ vom 14. 1. 1923; nachgedruckt in: ChW 37 (1923), Sp. 194-196.

Rade an Barth   Marburg, 21. 1. 1923

Lieber Karl,
  ich bin gestern Abend von der Kasseler Synode heimgekehrt, konnte darum Deinen lieben Brief vom 18. nicht früher beantworten. Nun erleichtert mir Deine heutige Karte[1] die Antwort wesentlich.
  Ich finde es richtiger, daß Du nicht kommst. Und zwar weil Du Universitätskollege bist. Das Nebeneindringen von Dozenten einer andern Fakultät ist wider das Herkommen und also stilwidrig. Natürlich braucht das kein ausreichender Grund zu sein für das Unterlassen. Das Bedürfnis, das Verlangen, die Not der Marburger Studenten könnte so groß sein, daß Du kommen mußt. Aber nun war ja in der Tat soeben Gogarten da. Er hat wirksam geredet und disputiert, er hat viel seelsorgerlicher Gespräche gehabt. Er ist Dir doch tatsächlich so geistesverwandt, daß Ihr auf viele wie Eine Nr. wirken würdet, oder als Ein Paar Verschwörer[2]. Wenn Du nun also selbst diese Empfindungen und Einsichten hegst, weshalb soll ich sie nicht unterstreichen?
  Hättest Du nicht schon die Entscheidung getroffen, würde ich keineswegs unbedingt abreden. Denn 1. hätte ich Dich sehr gern hier. Deine und Deiner Freunde Position ist mir, seit wir uns das letzte Mal sahen, immer deutlicher geworden und damit habe ich mehr Verhältnis zu Euch gewonnen. Ich bin im Grundgedanken mit Gogarten neulich ganz einig gewesen. Er lehrte die iustificatio impii mit neuen Zungen. Es fehlte mir nur das letzte Glied in der Kette des göttlichen Tuns: der Effekt, wie ich ihn gern formulierte: iustificatus iustuficat impium. Und dazwischen der Trost, die Freude, der Jubel kam mir zu kurz. Aber es tut nichts, wenn das bei Euch der Fall ist; der Dienst, den Ihr eben damit leistet, ist groß und notwendig. 2. würdest Du auch gerade bei unserer Fakultät auf keinen sonderlichen Widerstand, auf keine sonderliche Abneigung stoßen. Wir sind hier ein gewisses Chaos der Meinungen und Richtungen gewöhnt, für jede Anregung und Förderung offen. Auch Gogarten müßte das gespürt haben. Aber er ist kein De-

batter. Will nicht nur sagen, daß er ungeschickt ist zum Gegenwort, sondern, daß er in der Aussprache zu sehr auf dem Qui vive ist, wie die Meisten meint sich verteidigen, den Anderen ins Unrecht setzen zu müssen, statt auch positiv anzuknüpfen und Gemeinsames zu betonen. *Ich* habe *sachlich* für ihn gesprochen, aber dann gerieten wir über eine Kleinigkeit aneinander: als er die Lutherischen *Lieder* wie bloße *Poeten*ware behandelte, während sie mir mehr Quelle seines Evangeliums sind als manche Prosa. Ich denke, im ganzen ist Gogarten von uns gut behandelt worden, und er verdiente es auch. Es ist auch hinterdrein nicht »geschnödet« worden, so viel ich weiß, sondern natürlich *geurteilt* und weitergedacht; es ist einem allerhand eingefallen, auch wider ihn. Aber im ganzen war sein Kommen doch unter gutem Stern.

Eure Zeitschrift ist auch gut. Dein Beitrag[3] wird vielen Elgersburg verständlicher machen. Thurneysen sehr fein[4]. – Anti-Harnack geht sofort in die Presse. Lesen konnte ichs noch nicht.

Daß Eure Göttinger nicht imstande sind, die Weihnachtsgrüße aus Paris sachlich-christlich einfach mit Freuden hinzunehmen, ist mir sehr schmerzlich. Ich würde es schwer beklagen, wenn eine Antwort mit Hörnern und Zähnen erfolgte. In diesem Punkte gibts bei uns keine Disputation.

Nun haben die Madiswiler auch ein Töchterlein. Wir freuen uns so sehr. Gott befohlen mit den Deinen. Vater Rade.

Was für ein feiner Franzose ist der Pastor Wantier [?] in Paris, Ch. Wagners[5] Nachfolger. Ich habe mich mit ihm recht angefreundet; könnte ich nur besser Französisch! Das hindert mich überhaupt. Schickte ich Dir meine Schrift »Christentum und Frieden«[6] nicht? Dann kriegst Du sie noch. Wenig zeitgemäß, oder gerade?

1. Diese Karte, in der Barth anscheinend seinen angekündigten Besuch absagt, ist noch nicht gefunden.

2. Gogarten hielt am 15. 1. 1923 auf Einladung der Marburger Theologenschaft den Vortrag: Die Kirche und ihre Aufgabe, gedruckt in: ZZ 1 (1923), Heft IV, S. 52-70.

3. *K. Barth:* Not und Verheißung der christlichen Verkündigung, in: ZZ 1 (1923), Heft I, S. 3-25.

4. *E. Thurneysen:* Eine christliche Unterweisung, a.a.O., S. 48-61.

5. Charles Wagner (1851-1918), Pfarrer in Paris.

6. *M. Rade:* Christentum und Frieden. Ein Vortrag im März 1922 in Elberfeld und Dortmund gehalten (SgV 101), Tübingen 1922.

Rade an Barth   Marburg, 28.2.1923

Lieber Karl!
    Beifolgender Artikel Harnacks[1] wird ja weiterbeantwortet werden müssen. Ich rate, diese Form der kurzen Sätze zu verlassen und an irgendeinem Punkte tiefer zu bohren. Nimm Dir einen oder 2 heraus, die Dir besonders wichtig sind und über die Du meinst ein *Verstehen* bei der Gegenseite erzielen zu können. Es eilt nicht besonders: festina lente.
    Du wirst Dich auch nun der Ferien freuen. Ich sehr. Leider sehe ich keine Aussicht, Euch mal in dieser Zeit in Göttingen zu besuchen, wonach mich verlangt. Aber vielleicht bietet sich doch bald ein Anlaß. [...]
    Nach Paris habt Ihr rechtschaffen geantwortet trotz Hirsch und Stange? Von Stange wundert es mich. Ich stehe in hoch interessantem Briefwechsel mit einem Pariser Kandidaten. Aber leider regiert nicht der, sondern Poincaré.
    Hoffentlich sind Dir Frau und Kinder wohlauf, und Du selbst auch. Uns gehts gut, nur daß wir zu viel zu tun haben, besonders auch meine Frau. Heute ist sie zu einem Vortrag in Wetzlar.
    Dein V. Rade

    1. *A. von Harnack:* Offener Brief an Herrn Professor K. Barth, in: ChW 37 (1923), Sp. 142-144; jetzt in: Anfänge I, S. 329-333.

Barth an Rade   Göttingen, 1.3.1923

Lieber Onkel Rade!
    So muß ich also zum zweiten Mal auf die Mensur[1], obwohl es mir eben gar nicht ums Disputieren ist und es diesmal noch schwieriger sein wird, auf Harnacks aphoristische Weise einigermaßen sinnvoll zu antworten. Was die Form anbelangt, so möchte ich dich bitten, es mir offen zu lassen, die nun einmal in Stück 1-3 in diesem Frage- und Antwortspiel begonnene Sache auch in Stück 4 entsprechend fortzusetzen. In einem zusammenhängenden Votum Alles das zu sagen, was jetzt von mir gesagt werden müßte, scheint mir eine fast unlösbare Aufgabe. Harnack hat, wie ich weiß, meinen Römerbrief *nicht* gelesen, sieht mich also in lauter Einzelheiten, die ihn höchlichst überraschen und die er sich dann nach Historiker-Art zu deuten versucht. Was kann ich Anderes tun als ihm in diesen Einzelheiten Bescheid geben, so gut es geht,

natürlich auf die Gefahr hin, ihm immer neue Rätsel aufzugeben? Doch ich will mir noch Alles durch den Kopf gehen lassen.
[...]
Über die Ferien bin auch ich *sehr* froh. Ich erlebte in meinem Zwingli-Kolleg das Fatale, daß ich mitten im Semester ein wesentlich anderes, ungünstigeres Bild von dem Mann bekam, als ich am Anfang meinte ankündigen zu dürfen, und daß ich dann in die fatale Lage kam, ihn in voller Fahrt auf hoher See ausbooten zu müssen. Das sind nun so Möglichkeiten von der *Schatten*seite meiner eigenartigen akademischen Existenz, auf deren weitere Entwicklung ich überhaupt gespannt bin.

Mit den Göttinger Nationalen (Stange, Hirsch, Mirbt[2], Duhm[3]) ist nichts zu wollen. Alle haben überaus merkwürdige Proben ihrer Gesinnung gegeben. Ich stehe als Ausländer Gewehr bei Fuß und errege *doch* Ärgernis.

Mit herzlichem Gruß an Dich und Tante Dora
Dein Karl

1. *Karl Barth:* Antwort auf Herrn Professor von Harnacks Offenen Brief, in: ChW 37 (1923), Sp. 244-252; jetzt in: Anfänge I, S. 323-345.
2. Carl Mirbt (1860-1929), 1890 Professor für Kirchengeschichte in Marburg, 1912 in Göttingen.
3. Hans Duhm (1878-1946), Privatdozent für Altes Testament in Göttingen, lehrte seit 1927 als Nachfolger Karl Barths auch reformierte Theologie, 1934 o. Professor in Breslau.

Barth an Rade   Göttingen, Nikolausberger Weg 66, 8. 3. 1923

Lieber Vater Rade!

Ich habe die Antwort nun doch nach deinem Vorschlag *zusammenhängend* gemacht und unter beiläufiger Berührung so ziemlich aller Einzelheiten des Harnackschen Briefes von Theologie, Offenbarung, Christus, Glaube, Hoffnung gehandelt, so kurz, wie es in diesem Rahmen geboten war, nicht kürzer, damit es nicht völlig chaldäisch werde. Wird Harnack nun *wieder* replizieren usf. in infinitum? Ich hätte große Lust, es nun vorläufig *gut* sein zu lassen, und vielleicht deutest du ihm an, daß ich *ihm* das Schlußwort[1] überlasse, *wenn es irgendwie so gefaßt ist,* daß ich mit *Ehren* schweigen kann. Darauf käme freilich Alles an. Eine Kleinigkeit noch: In meiner akademischen Unerfahrenheit war ich ganz ungewiß, ob ich H. beleidige, wenn ich ihn, wie er

mich, mit »Herr Kollege« anrede (wogegen sich mir die Feder sträubt), oder ob ich ihn gerade dadurch beleidige, daß ich diese Höflichkeit nicht erwidere. Ich setzte dafür, am Anfang und passim, das neutrale »Herr D.«. Ists recht so? Sonst ändere nach deinem Stilgefühl! Gar zu gerne hätte ich ihm natürlich mit »Excellenz« aufgewartet, aber die Sache wäre dadurch auch gar zu homoristisch geworden. – Du kannst dir vorstellen, wie meine Mutter in Basel jetzt beim Lesen der Christl. Welt mit-vibriert! [...]
Mit herzlichen Grüßen an dich und Tante Dora
Dein Karl

1. *A. von Harnack:* Nachwort zu meinem Offenen Brief an Herrn Professor Karl Barth, in: ChW 37 (1923), Sp. 305f.; jetzt in: Anfänge I, S. 346f.

Barth an Rade   30. 3. 1923

Lieber Vater Rade!
Nur zur Vorsicht möchte ich fragen, ob das vor mehreren Wochen abgeschickte Manuskript richtig angekommen ist und ob die eingetretene Gefechtspause also Absicht ist. *Mir* eilt es an sich nicht, den Schuß aus dem Rohre gehen zu sehen, trotz meinen neugierigen freundlichen Parteigängern, von denen mir ein ganz Eifriger sogar einen Entwurf zur Verfügung gestellt hat, was er an meiner Stelle jetzt antworten würde! Ich werde mir dann aber vielleicht erlauben, das wirkliche Datum meiner Antwort anzumerken. Am Mittwoch verreise ich nach den Gefilden der Heimat. Wenn du, wie ich höre, zur Taufe deiner Enkelin am 8. in Madiswil bist, treffen wir uns vielleicht dort. Ich denke, am 9.-10. diesen Ort heimzusuchen. Hans Ehrenberg kränkt sich, daß du ihm seinen Artikel gegen mich nicht abkaufen willst. Ich habe ihm aber auch meinerseits geantwortet, daß ich mir nicht wesentlichen Gewinn von einem Streit mit ihm verspreche. Das Chaos in der Welt ist auch ohne ihn schon groß genug.
Mit herzlichem Gruß (du bist noch immer nicht bei uns in Göttingen gewesen!) Dein Karl Barth

Paulus hat *Petrus* durch christliche Milde glänzend abgeführt. So muß mans machen!!

Rade an Barth   Marburg, 2. 4. 1923

Lieber Karl,
  Dein Ms. ist in der Druckerei und hoffentlich bekommst Du die Fahnen noch vor Deiner Abreise. Gib jedenfalls Auftrag, sie Dir sofort nachzuschicken und erledige die Korrekturen mittelst Eilpost. Ich hoffe doch, daß die Kontroverse fruchtbar wird. (Die mit Ehrenberg wäre es nicht gewesen. Schade um die [...][1] Geistesverfassung, die als Character indelebilis den leidenschaftlichen Theologen anhaftet. Interessant!) – Mich triffst Du nicht in der Schweiz, wohl aber meine Frau; sie freut sich, auf diese Weise Dich bald zu sehen und zu sprechen. Nach Göttingen muß uns eine Gelegenheit führen, anders geht es nicht. Sollten Dich wieder Studenten nach Marburg rufen: warum nicht? Es war nur damals die Dublette Gogarten-Barth störend. Übrigens Hirsch contra Ragaz[2]: so darf mans nicht machen; ich schätzte Hirsch sehr, aber mißtraue ihm nun.
  Viele Grüße von V. R.

  1. Ein Wort durch Lochung unleserlich.
  2. Vgl. *E. Hirsch:* Rez. von *Leonhard Ragaz:* Weltreich, Religion und Gottesherrschaft, 2 Bde., 1922, in: ThLZ 48 (1923), Sp. 69-70.

Rade an Barth   Marburg, 20. 7. 1923

Lieber Karl,
  ich bin bekümmert über das, was ich soeben aus Göttingen höre[1]. Kann ich in der Sache etwas tun? Und was? Man muß wohl die Georgia Augusta in ihrem eigenen Fette schmoren lassen. Haben die Zeitungen Notiz genommen? Das Schlimmste ist ja nicht der Skandal, sondern was, wie ich fürchte, folgt. Ist P[iper] gefährdet? Soll ich an Wobbermin[2] schreiben? Er ist der einzige Ordinarius, an den ich mich wenden könnte. Jammer, daß Du nicht in der Fakultät bist.
  Was machst Du in den Ferien? Kommst Du über Marburg? Ich reise am 30. nach Holland, kehre etwa am 4. kurz hieher zurück, dann Friedrichroda.

  1. Am Donnerstag, den 19. Juli 1923, besuchten zwei französische Theologiestudenten, die zu den Absendern der Weihnachtsgrüße an die deutschen Theologiestudenten gehörten, Privatdozent Otto Piper in Göttingen, um in seinem Haus mit Göttinger Theologiestudenten über die Arbeit des »Christ-

lichen Versöhnungsbundes« in Frankreich zu sprechen. Die beiden Franzosen waren zuvor bei Rade in Marburg gewesen und hatten dort über die Möglichkeiten einer christlichen Verständigungspolitik referiert. Am frühen Nachmittag erschienen in den Schaufenstern von Geschäften in der Weender Landstraße in Göttingen Plakate mit der Aufschrift »Franzosen in Göttingen!«. Der zur gleichen Zeit tagende »Hochschulring Deutscher Art« entsandte einige Vertreter zu Piper, wo sich eine Handvoll Göttinger Theologiestudenten zur Besprechung mit den Franzosen eingefunden hatten, die die »Herausgabe« der »französischen Agitationsredner« forderten. Angesichts der Bedrohung durch die größer werdende Menge von Studenten des »Hochschulrings« und des »Jungdeutschen Ordens«, sah sich Piper veranlaßt, seinen Gästen zur Abreise zu raten und sie zum Bahnhof zu bringen. Es bildete sich ein großer Demonstrationszug, nationale Lieder wurden gesungen und antifranzösische Parolen skandiert. Die Versuche der Polizei, den Zug aufzulösen mißlangen. Am Bahnhof wurden die Franzosen von den Demonstranten gezwungen, Fahrkarten 2. Klasse zu lösen und in der 4. Klasse im Zug nach Marburg Platz zu nehmen. (Vgl. die Ortsnachrichten des demokratischen »Göttinger Anzeigers« vom 20. Juli 1923.) Am Freitag, den 20. Juli, erschien in der schon am Mittag vertriebenen Ausgabe des deutsch-nationalen »Göttinger Tageblatts« vom 21. Juli 1923 ein Artikel, in dem das Verhalten Pipers als »Akt nationaler Würdelosigkeit« angeklagt wird, und eine Protesterklärung des »Hochschulrings«, in der Piper des Landesverrats beschuldigt und der Göttinger Bürgerschaft die Frage vorgelegt wird: »Wie lange will sie es dulden, daß ein Mann derartiger Gesinnung an der Georgia Augusta als Lehrer und Erzieher der akademischen Jugend tätig ist?« Der folgende Versuch nationalistischer Studenten, die Vorlesung von Piper zu stören, wurde vom Universitätsrichter vereitelt.

Am Samstag, dem 21. Juli, veranlaßte die Staatsanwaltschaft eine Haussuchung von Pipers Wohnung durch die Kriminalpolizei und ließ ihn zur Vernehmung zum Amtsgericht bringen, wo er wegen »Beherbergung feindlicher Spione« verhaftet wurde. (Vgl. den Bericht »Dummheit und Blamage« im »Göttinger Anzeiger« vom 24. Juli 1923.) Piper wurde am 23. Juli aus der Haft entlassen, wenige Tage später wurde das Verfahren gegen ihn wegen Unhaltbarkeit der erhobenen Anschuldigungen eingestellt. Am 31. Juli veröffentlichte der »Göttinger Anzeiger« eine im »Kleinen Senat« der Universität verabschiedete und vom Rektor unterzeichnete Erklärung zum »Fall Piper«, der einen bezeichnenden Einblick in die politische Situation an der Universität erlaubt. Dort heißt es unter anderem: »Dem Lic. Piper kann der ernste Vorwurf nicht erspart werden, daß er in dieser erregten Zeit den Rektor oder Dekan von seiner Absicht und der Art seiner Gäste nicht in Kenntnis gesetzt hat. Dann wäre es möglich gewesen, den bedauerlichen Ereignissen vorzubeugen. An der Lauterkeit der Gesinnung des Lic. Piper hegen wir keinen Zweifel. Der gute Glaube, in berechtigter Abwehr zu handeln, muß aber auch den demonstrierenden Studenten unbedingt zuerkannt werden. Die Art, wie sie dabei vorgegangen sind, wird von den akademischen Behörden entschieden verurteilt ...« Auch in der Haltung der Universitätsverwaltung zeigt dieser Fall aus dem Jahr 1923 erstaunliche Parallelen zum »Fall Dehn« 1931/32.

2. Rade schreibt den Namen »Wobbermin« auf dieser Postkarte in hebräischen Buchstaben. Georg Wobbermin (1869-1943) war seit 1898 Privatdozent für Systematische Theologie in Berlin, 1906 ao. Professor in Marburg, 1907 o. Professor in Breslau, 1915 in Heidelberg, ab 1922 lehrte er in Göttingen und von 1935 an in Berlin.

Rade an Barth   Marburg, 24. 7. 1923

Lieber Karl,

im übrigen orientiert danke ich Dir doch sehr für die Zeitungsausschnitte, die ich noch nicht kannte. Ich schrieb an Rektor, Dekan und Wobbermin[1]. Wenn das nichts hilft, kann ich Eure Fakultät und Universität vor einem Skandal nicht behüten, der entweder in einem großen Gelächter, oder, was leider auch möglich ist, mit einer schweren Verstockung enden wird. Ich kann über das Ganze nur immer wieder schreiben: Verrückte Kriegspsychose, genau wie August 1914. Du erlebst da einfach ein Stück, wie wir es damals erlebt haben. Und daß die hochweisen Gelehrten da nicht drüberstehen! Hier weiß man in publico noch nichts; bin neugierig, wie die Pest übergreift; irgendwie wird sie das. Ich habe sicher die ganze Fakultät hinter mir. Du mußt Dich als Schweizer natürlich möglichst zurückhalten. Sitzt denn P. noch immer? Grüße Frau P[iper] und sage ihr, es sei ja alles eine große Verwirrung nur der Geister, die doch bald weichen müsse.

Dein R.

1. Rade, damals Dekan der theologischen Fakultät in Marburg, schrieb auch an den »Göttinger Anzeiger«, wo sein Brief in der Ausgabe vom 24. Juli gedruckt wurde. Darin heißt es: »*Ich weiß nicht wohin vor Scham über die Behandlung, die sie [die beiden französischen Studenten] und ihr Gastfreund in Göttingen erfahren haben, und vor Ärger über die Torheit, mit der wir unsere besten, entschlossensten Freunde aus dem feindlichen Volke mißhandeln. Aber nun bitte zu diesen Unbesonnenheiten, die da geschehen sind, zu den Ausschreitungen einer falsch berichteten Menge nicht auch noch die* Blamage, *daß man aus dem harmlosen Besuch eine politische Affäre bedenklichster Art macht und mit* Spionage *und* Landesverrat *spielt! Es sei wiederholt: die Franzosen sind* radikale Verständigungsleute *aus christlicher Gesinnung. Es liegt* im nationalen Interesse, sie gut zu behandeln

und mit ihnen Fühlung zu nehmen.« Christoph v. Stieglitz, Göttingen, danke ich für seine Hilfe beim Ausfindigmachen der Göttinger Zeitungsberichte.

Barth an Dora Rade   Göttingen, Nikolausberger Weg 66, 18. 12. 1923

Liebe Tante Dora!

Es ist höchste Zeit, daß ich neben anderen (an die Menschheit im Allgemeinen und mich im Besonderen gerichteten) »ethischen Forderungen« endlich auch der nachkomme, meine Verpflichtungen gegen die Freunde der christlichen Welt zu regeln. Von den beiligenden 2 Billionen sind gedacht: ½ = Beitrag 1923, 1 = Beitrag 1924 und ½ besondere Spende für Nr. 76[1].

Beinahe wäre es dazu gekommen, daß nächstens Nelly euch aufgesucht hätte. Sie wollte meiner Mutter entgegenreisen nach Frankfurt, die uns am 22. unseren Jüngsten wieder zuführt und mit uns Weihnacht feiern wird, und dann hätte sie sich die Gelegenheit, euch zu grüßen, nicht entgehen lassen. Nun ist aber eine neue wundervolle Zugverbindung eingerichtet, mit der Mama in elf Stunden von Basel aus hieherkommen kann, also ohne Übernachten, da wird das Abholen überflüssig. Auch ich hätte schon lange gerne wieder einmal mit Euch über Alles geplaudert. Wir sind ja nun auch schon recht geprüfte und bewährte Mitteleuropäer und haben dieses apokalyptische Jahr sehr miterlebt. Es ist uns zwar in jeder Beziehung unverdient *gut* gegangen bis jetzt. Unsere sämtlichen Kinder sind munter, machen allerhand Fortschritte in der Schule (die Volksschule neuen Stils, in die Markus geht, gefällt uns übrigens viel besser als das christlich eingewickelte Lyceum, wo Fränzeli sich aufhält) und *sp*rechen mit ihren Kameraden, als ob sie nie im Aargau, sondern immer im Hannöverschen gewesen wären. Nur bei nationalen Demonstrationen, wie sie im Lyceum gelegentlich vorkommen, wird auf väterliche Belehrung die schweizerische Hemmung eingeschaltet. Verschiedene Krankheitsperioden wurden gottlob siegreich überstanden. Nelly ist in das Göttinger Musikleben eingetaucht, streicht jeweilen bei den Händelfestspielen erste Geige mit und daneben bei allerhand Duos, Trios und Quartetten, wie es sich gerade schickt. Gelegentlich werde sogar ich zu einer bescheidenen Übung dieser Art, wenn keine Zeugen zugegen sind, herangeholt. Gute Musik ist ja wirklich eine von den wertbeständigen Sachen, an denen man sich erfreuen muß, bis die Sündflut sich verlaufen hat, und nachher erst recht. Aber das wird noch eine Weile dauern. Der Vater

hat dies Jahr nicht weniger als drei öffentliche Streitgespräche durchgefochten, mit Harnack zuerst, dann mit F.W.Foerster[2], jetzt eben noch mit Paul Tillich[3], und dabei lief immer viel, viel, und wohin Alles noch laufen wird mit der berüchtigten »Gruppe Barth-Gogarten ...«, die von Herrn Bornhausens »Est deus in nobis«[4] bösartiger Weise nichts wissen will, das ist ganz unabsehbar. Genug daß jeder Tag seine Plage hat. In den Vorlesungen behandle ich Schleiermacher und I. Johannesbrief. Mit Schleiermacher ist es ein fast ununterbrochenes Handgemenge. Heute morgen habe ich die Ehestandspredigten und die Luzindenbriefe »beleuchtet«, mit welchem feindseligen Interesse, könnt ihr euch gewiß vorstellen. Es geht Alles ganz würdig und ruhig zu, aber es ist doch gewiß manchmal besser, daß Onkel Rade mich nicht hört. Vom Verhältnis zur Fakultät ist nichts zu melden. Die Herren gehen ihren Weg und ich den meinen; an Arbeit fehlt es mir ja nicht und an Zuhörern bis jetzt auch nicht, so kann ich die splendid isolation ertragen. Den offenen Abend mache ich jetzt mehr in der Art einer etwas gemütlichen »Übung«. Die Jünglinge und Jungfrauen liefern kleine Arbeiten, diskutieren sie untereinander und mit mir und kriegen zur Belohnung Tee und Brötchen. Für heute Abend ist eine festlich erhöhte Weihnachtssitzung vorgesehen. Wir segnen Titius für die Idee, sich ein so großes Studierzimmer bauen zu lassen, denn des Volkes ist oft viel. Alles in Allem sind wir, wenn auch oft beide unter Seufzen, froh, *hier* zu sein und *das* tun zu dürfen. Wir wünschen euch von Herzen frohe, gesegnete Weihnacht und grüssen euch aufs Beste!
Treulichst
Dein Karl Barth

1. Dora Rade verwaltete die Finanzen der Vereinigung der FChW, der Barth von 1910 bis zu ihrer Auflösung 1934 angehörte.
2. *F. W. Foerster:* Meine Stellung zu Karl Barth, in: Das neue Werk 5 (1923/24), S. 152-159; *K. Barth:* Gegenrede zu dem Aufsatz von Friedrich Wilhelm Foerster, a.a.O., S. 242-248; *F. W. Foerster:* Schlußwort, a.a.O., S. 326-328.
3. *P. Tillich:* Kritisches und positives Paradox. Eine Auseinandersetzung mit Karl Barth und Friedrich Gogarten, in: ThBl 2 (1923), Sp. 263-269; *K. Barth:* Von der Paradoxie des »positiven Paradoxes« (Antworten und Fragen an Paul Tillich), a.a.O., Sp. 287-296; *P. Tillich:* Antwort an Karl Barth, a.a.O., Sp. 296-299; *F. Gogarten:* Zur Geisteslage des Theologen (Noch eine Antwort an Paul Tillich), in: ThBl 3 (1924), Sp. 6-8.
4. Auf der Tagung des BGC hielt *Karl Bornhausen* am 2. 10. 1923 einen Vortrag mit dem Thema: Est Deus in nobis?, abgedruckt in: ChW 37 (1923), Sp. 734-743.

Rade an Barth   Marburg, 31. 12. 1923

Lieber Karl,

das war ein guter Gedanke von Dir, uns diesen Brief zu schreiben. Denn wir hatten wirklich Sehnsucht danach. Es ist ja ein Jammer, daß wir trotz unserer Nähe nicht öfter zusammenkommen.

Inzwischen ist Deine Mutter, wills Gott, glücklich bei Euch eingetroffen und Ihr habt eine schöne Weihnachtszeit miteinander. Sie ist offenbar über Bebra gefahren, denn einen solchen märchenhaften Zug, wie Du ihn beschreibst, gibt es auf unserer Strecke nicht. Aber wir rechnen sicher auf ihren Besuch bei der Rückreise und auf einen geduldigeren, als das letzte Mal. Wir werden gut Raum und Zeit für sie haben, und es wird uns wohltun, einmal wieder ordentlich uns mit ihr auszutauschen. Es geschieht fortwährend so viel im Großen und im Kleinen, daß flüchtige Berührungen nicht mehr genügen, um die nötige ganze Fühlung herzustellen. Ihr schönes großes Paket ist da und hat viel Freude erregt unter dem Weihnachtsbaum. 1000 Dank!

Lenchen kam zum Schluß des 2.Weihnachtstages nach Mitternacht, mit Resli. Der Bub war rasch heimisch. Lenchen schreibt der Mutter alsbald. Sie bleibt bis 5. Will die Zeit zu allerlei Nützlichem verwenden. Wir haben uns sehr viel zu erzählen. Schwägerin Grete ist auch da. »Beschert« haben wir uns diesmal nichts; nur unser Pflegesohn hatte seinen Tisch. Umso voller standen wir im reichen Getriebe des Hilfswerks drin. Und hatten dank auch vornehmlich der Schweiz immer wieder zu helfen und zu geben. Wäre der Hintergrund nicht so traurig, wär's eine schöne Sache. Ist es auch so!

Daß ich Dich und Dein Wirken mit gespannter Aufmerksamkeit verfolge, kannst Du Dir denken. Bin selber froh, daß ich Dich über Schleiermacher[1] nicht hören muß. Die Lucindenbriefe unter uns totzukritisieren ist keine Kunst. Wer aber hat tapferer von theologischer Seite das sexuelle Problem[2] angefaßt? Willst Du ihm positiv beispringen? Überhaupt Schleiermacher. Ritschl nahm den Kampf wider ihn auf, die Friesianer dann. Immer wieder hat er sich durchgesetzt. Ein so umfassender Geist [stirbt] niemals mit Haut und Haaren. Aber es ist ein herostratisches Beginnen, ihn in unserer theologischen Wissenschaft zu entwurzeln; es wird weder gelingen noch Segen stiften. Damit ist gar nicht geleugnet, daß die *kritische* Auseinandersetzung mit ihm ebenso notwendig wie heilsam sei; im Gegenteil. Nur das Aburteilen hat wenig Wert. – Und mit welchen Empfindungen ich Dein Duell mit Tillich[3] gelesen habe, kann ich schwer ausdrücken. Im Hintergrund standen mir die großen Gegensätze von Orthodoxie und Skepsis auf. Aber für unsereinen kommt *dabei* wenig heraus. Eure Generation mag das ja nötig haben, ich bezweifle das nicht. Ich denke aber, Du und Genossen, Ihr habt Besseres zu sagen, ich meine: solches, wovon auch unsere Generation noch Gewinn hat. Leider habe ich Deinen Aufsatz über Luthers Abendmahlslehre[4] noch nicht studieren können. Es beruhigt mich aber vollkommen, daß Du dergleichen treibst und schreibst. Ich freue mich auch darauf, wenn Du uns mal von Calvin sagen wirst. Überhaupt sehe ich mit innerster Teilnahme Deine Wirkung unter den Studierenden. Unter den hiesigen hast Du Deinen festen, freudigen Kreis. Ein wenig droht ihm die Gefahr der Clique, woran auch Bultmann nicht unschuldig ist. Aber ich unterstreiche: sie droht nur. Ich bin gespannt auf Bultmanns angekündigten Vortrag. Kann mir nicht denken, daß Du auch nur in allem Wesentlichen mit ihm gehst. Was wiederum nichts gegen Bultmann Gesagtes sein soll. Unsereiner verdaut und versteht viel – was in Deinen Augen kein Lob ist.

Von Gogarten kommt demnächst in CW sein sehr guter Artikel über Holl[5]. Was er zu Theologie und Wissenschaft sagt, ist unsereinem weder fremd noch fern, bis auf den Moment, wo unser Quos ego! kommt, neutestamentlich ausgedrückt: Matth. 19,6[6] – aber hier findet Ihr schon auch die rechte Wendung noch. Ganz vorzüglich aber sind seine Beobachtungen zur Lutherschen Christologie. – – Ich stecke nun in der 2.Hälfte der Glaubenslehre mit meiner Vorlesung. Was die Hörer von diesem meinen Lebensabschluß haben, weiß ich nicht; ich selber habe große Freude dran.

Nun Gott befohlen im neuen Jahr, Du und Nelly und die Kinder und Eure liebe Mutter und wir alle. Dora und ich und wir alle werden Euer treulich gedenken, wenn unser Gedenken sucht, was uns wert ist.

Dein V. R.

1. Die Schleiermacher-Vorlesung Barths aus dem Wintersemester 1923/24 ist von D. *Ritschl* herausgegeben in der Karl Barth Gesamtausgabe, II. Akademische Werke 1923/24: Die Theologie Schleiermachers, Zürich 1978.

2. Zur Sexualethik vgl. das Schleiermacher-Kapitel in Rades Schrift: Die Stellung des Christentums zum Geschlechtsleben (Religionsgeschichtliche Volksbücher, V. Reihe, 7./8. Heft), Tübingen 1910.

3. Vgl. Anmerkung 3 zum Brief vom 18. 12. 1923.

4. *K. Barth:* Ansatz und Absicht in Luthers Abendmahlslehre, in: ZZ 1 (1923), Heft IV, S. 17-51.

5. *F. Gogarten:* Theologie und Wissenschaft. Grundsätzliche Bemerkun-

gen zu Karl Holls »Luther«, in: ChW 38 (1924), Sp. 34-42, Sp. 71-80, Sp. 121f.
6. »Was Gott zusammengefügt hat, soll der Mensch nicht scheiden.«

Barth an Rade   5. 2. 1924

[Briefmarke entfernt, daher große Lücke]¹
... von stud. Handwerk an die Stätte der Versammlung mich führen lassen, und dieser Handwerk wird bei dir vorsprechen, um sich zu vergewissern, ob ich auch erwünscht bin. Am folgenden Morgen bis zur Abfahrt des Zuges würden *wir* dann noch einige ruhige Stunden haben: ich würde mich *freuen* darauf. Herzlichste Grüße Dir und Tante Dora (und also bitte niemand etwas sagen; ich möchte nicht verpflichtet sein zu reden, sondern eben *hören*!)
Dein Karl Barth

1. Barth kündigt an, daß er zu Bultmanns Vortrag: Die liberale Theologie und die jüngste theologische Bewegung (in: ThBl 3 [1924], S. 73-86 und GuV I, S. 1-25) am 6. 2. 1924 nach Marburg kommen will. Vgl. dazu Barths Bericht in seinem Rundbrief vom 4. 3. 1924, in: BwTh II, S. 151; vgl. auch Barths Dankbrief für die Zusendung des Sonderdrucks vom 15. 4. 1924 an Bultmann, in: BwBu, S. 27f.

Rade an Barth   Marburg, 23.2.1924

Lieber Karl,
Thurneysen, uns ein lieber Gast, hat einen guten Eindruck gemacht¹. Sein Vortrag durch Gründlichkeit und Geschlossenheit, seine Diskussionsrede durch gutes Eingehen und Bereitstellung neuer fruchtbarer Gesichtspunkte: Die These selbst ja in dieser Einseitigkeit des Gleichheitszeichens nicht haltbar, aber weckend und stärkend. Die Teilnahme der Studenten (und Dozenten) wieder erfreulich groß und lebendig. Ergebnis der Gesamtaktion sicher gut für das, was Ihr wollt; weniger ist mir und Anderen dabei für das Verständnis Bultmanns herausgekommen, dessen wissenschaftlicher Scharfsinn in seiner Materie zu skeptisch anmutet, als daß man dann rechtes Vertrauen fände zu seiner Position. Sie wirkt mehr als Flucht und Zuflucht denn als innerlich Notwendiges, als Glaube. Aber man muß die weitere Entwicklung abwar-

ten. Übrigens haben Bultmanns nun ein 3. Töchterchen, es geht gut. Hartmann kam gestern von Madiswil, Ihr bekommt ihn ja nun nach Göttingen. Leider hatte ich am *Dienstag* an Richter geschrieben, *Mittwoch* kam Deine Karte², so konnte ich mich noch nicht entschließen, sofort wieder zu schreiben, käme aber wohl noch recht.
Dein V. R.

    1. Thurneysen hielt am 20. 2. 1924 in Marburg seinen Vortrag »Schrift und Offenbarung«, abgedruckt in: ZZ 2 (1924), Heft VI, S. 3-30; jetzt in: Anfänge II, S. 247-276, und in: *E. Thurneysen:* Das Wort Gottes und die Kirche, München 1971, S. 35-64. Zu seinem Besuch bei Rades schreibt Thurneysen am 21. 2. 1924 an Barth: »*Marburg:* es war alles sehr gut. Rades: herzlichste Aufnahme und größte Bewegungsfreiheit. Recht reden konnte ich freilich mit Rade nicht, der diesmal merkwürdig lebhaft ›seinen Luther‹ gegen uns ausspielen wollte, der nur bald leiser, bald lauter an ihn, Rades selber, erinnerte. Auch Schleiermacher wurde als unerschütterliche Konstante lächelnd behauptet. Aber – ich gab das Widersprechen bald auf und ›lächelte‹ mit. Es hat keinen Sinn, in dieser lieben, ungrundsätzlichen munteren Sphäre die große Kanone auffahren zu lassen und bum, bum zu machen, daß die Scheiben des ›Christlichen Welt‹-Heims klirren« (BwTh, S. 228).

    2. Die Karte, die bisher noch nicht gefunden ist, wird vermutlich Rade über die Schwierigkeiten betreffs der Ankündigung der für das Sommersemester geplanten Dogmatik-Vorlesung Barths informiert haben. Vermutlich hat Barth Rade gebeten, sich bei Ministeialrat Prof. Werner Richter im Kultusministerium für seine Sache einzusetzen. Auf die Initiative von Carl Stange hin hatte die Fakultät einen Beschluß gefaßt, Barth müsse seine Dogmatik als *reformierte* Dogmatik ankündigen, »mit dem ausdrücklichen Zweck, dieses Wort in die *Testatbücher* der Studenten hineinzubringen und diese dadurch (je nach dem Grad von lutherischem Konfessionalismus ihres heimischen Konsistoriums) mehr oder weniger kräftig von meiner Vorlesung weg und den Hürden von Stange und Wobbermin wieder zuzutreiben. Ist das nicht eine häßliche Stänkerei?« (Barth an Thurneysen, 27. 12. 1923, BwTh II, S. 213). Barth wehrte sich gegen diesen Beschluß mit dem Hinweis, die reformierte Dogmatik beanspruche genauso ökumenischen Charakter wie die lutherische. Barth kündigte nach langen Verhandlungen schließlich an: »Unterricht in der christlichen Religion, Prolegomena«. Er schrieb dazu: »Den Titel der calvinischen Dogmatik (ohne Nennung des Namens Calvin!) konnte ich schließlich um des Friedens willen vorschlagen, nicht ohne stilles Vergnügen an der Tatsache, daß Stanges dritter Vorgänger *Ritschl* unter demselben Titel seine kleine Dogmatik herausgegeben hat« (Barth im Rundbrief vom 5. 2. 1924, BwTh II, S. 221). Der Titel der Vorlesung entspricht dem von Ritschls Kompendium (Bonn 1875) und wurde von Barth als Übersetzung von Calvins »Institutio Christianae Religionis« verstanden. (Vgl. BwTh II, S. 226, Anm. 3 und S. 231.)

Barth an Rade [9. 3. 1924]

Lieber Onkel Rade!
Meine akademischen Unerfreulichkeiten dauern an. Der Dekan hatte *vor* der Fakultätssitzung, der meine *beiden* Briefe vorzulegen waren, auf Grund des ersten die Korrektur im Vorlesungsverzeichnis verfügt, und nun will mich die Fakultät nachträglich darauf festlegen. Ich möchte es nun erreichen, daß ich bis zum Beginn des Semester die Bewilligung in Händen habe, »Dogmatik« anzuzeigen (am schwarzen Brett etc.). Schließlich hängt ja Alles an dem Zufall, daß ich nach der neuen Ordnung nicht *ordentlicher* Honorarprofessor bin (und als solcher das Recht zu allen Ankündigungen habe), sondern Honorarprofessor ohne Prädikat, was nun benützt wird, mich ungefähr auf die Stufe eines Lektors herunterdrücken zu wollen. Oder gibt es dagegen nichts zu machen? *Richter antwortet mir nicht,* und unterdessen verstreicht die Zeit. Darf ich dich nun nochmals um Rat und Hilfe anrufen? Wirklich, wenn meine Situation ein bißchen besser wäre, würde ich deine Zeit und Mühe nicht in Anspruch nehmen. Aber ich sehe erst jetzt, wie erbärmlich rechtlos ich dastehe und wie sehr unsere hiesigen Bonzen entschlossen sind, mich an die Wand zu drücken. Dank für deine letzte Karte. Ich hörte auch von Thurneysen Gutes über seine Marburger Erlebnisse[1]. Mit herzlichem Gruß!
Dein Karl Barth.

1. Vgl. den Bericht Thurneysens in seinem Brief an Barth vom 21. 2. 1924, in: BwTh II, S. 228-230.

Rade an Barth Marburg, 10. 3. 1924

Lieber Karl,
als Deine erste Hiobspost kam von wegen Deiner »Dogmatik«, hatte ich gerade *am Tage vorher* an Richter geschrieben. Hätte ichs da gewußt, wie leicht hätte ich in Deiner Sache ein *leichtes* persönliches Wort beifügen können. Nun diese zu einem Gegenstand eines besonderen Briefes zu machen, das ging nicht an. Einmischung in die Angelegenheiten einer anderen Fakultät ist immer heikel. Ich bot es Dir ja damals an, aber die Gelegenheit kam nicht. Sie kann ja morgen kommen, sobald nur Richter mir geantwortet hat. Aber augenblicklich kann ich nichts tun. – Aber was *kann* ich auch? Für Dich ist jetzt nur Eins ge-

geben. Melde Dich sofort mit bezahlter Antwort telegraphisch bei Ministerialrat Prof.Richter, Kultusministerium: Wann für Dich zu sprechen? und *fahre nach Berlin.* Du warst wohl noch gar nicht dort? Man kennt Dich also noch gar nicht? Da wird es hohe Zeit. Es wird dem Herrn (vielleicht auch Staatssekretär Becker) geradezu erwünscht sein. Und dann mal mit Richter rückhaltlos über Deine Situation im Besonderen (Fakultät) und Allgemeinen (Zukunftsaussichten, Einkommen). Das ist keine Aufdringlichkeit, sondern einfach Pflicht und Stil. Und aus gegebenem Anlaß – umso besser.

Im übrigen ist es nun kein Unglück, wenn Du Unterricht in der christlichen Religion lesen mußt. Du machst Deinen Anschlag so: Unterricht in der christlichen Religion I (Religionsphilosophie) und sagst Deinen Zuhörern, es sei der 1.Teil einer 3-teiligen Dogmatik. Das Weitere findet sich.

So im Notfall. Aber *irgendetwas* erreichst Du schon in Berlin[1]. Du hast doch eine gewisse Zähigkeit, die mußt Du gebrauchen.

Bultmanns Vortrag kommt ja nun in die Theologischen Blätter. Er sieht elend aus. Seine Frau mit der Kleinsten hat er aber nun wieder daheim. – Ehrenberg besucht uns am Donnerstag. – Die Ferien tun gut. Du weißt doch, daß ich meine Glaubenslehre schreibe? Aber Du brauchst die Konkurrenz nicht zu fürchten.

Grüß Deine liebe Frau sehr von uns. Und den Stöffeli. Und sei selbst herzlich gegrüßt. Du gehst wohl bald in die Schweiz? Aber vorher nach Berlin! Gute Verrichtung.

Dein V. R.

---

1. Barth hatte sich im Kultusministerium in Berlin um eine grundsätzliche Klärung dieser Angelegenheit bemüht. Im Sommersemester 1924 konnte er darum nicht mit seiner Vorlesung beginnen, bis der Bescheid aus Berlin eintraf. Barth schrieb am 20. April 1924 an Thurneysen: »Es geht nun hart auf hart, alles zugespitzt auf die Frage, ob ein Honorarprofessor dieselbe Ankündigungsfreiheit hat wie ein Ordinarius« (BwTh II, S. 245). Am 18. 5. 1924 berichtete Barth in einem Rundbrief: »... ich habe diesen Prozeß [mit der Fakultät vor dem Ministerium] vor der höchsten Instanz *verloren,* und es blieb dem Gerechten nichts übrig, als unter dem Titel ›Unterricht in der christlichen Religion‹ anzukündigen, bei dem es nun seine Bewendung haben wird, solange ich mit diesen Chinesen von Göttinger Theologen zu schaffen habe« (BwTh II, S. 250).

Rade an Barth   Marburg, 1. 7. 1924

Lieber Karl,
    Dein schönes neues Buch mit den alten Bekannten[1] habe ich nun auch bekommen. Du bist ein reicher Mann und kannst Schätze austeilen. Gott erhalte und mehre Dir diesen Reichtum. Wenn ich ihn nicht so würdige, wie Du das vielleicht – nicht um Deiner Person, sondern um der Sache willen – forderst, so trübt das ja unsere Gemeinschaft nicht. Du behälst im Sinn, daß ich einer anderen Generation angehöre und daß wir eben andere Aufgaben hatten. Wir haben sie sogar noch, und das erhält mich jung und frisch. Wir haben solche, die Ihr nicht seht oder vernachlässigt. Darum brauche ich mir die Freude an Dir und Deiner Arbeit nicht zu verkümmern. Also pergas fortiter. Daß Du uns leben lässest, dafür müssen wir selber sorgen.
    Ich würde Dir das nicht *heute* geschrieben haben, wenn ich nicht den Anlaß hätte, Dir beifolgendes Artikelchen in der Korrektur vorzulegen. Aber *was* ich Dir geschrieben, ist *davon* ganz unabhängig.
    Der Fall Jaeger ist mir nun freilich um Deinet- und Heinrichs willen recht fatal[2]. Von Heinrich nehme ich an, daß er Jaegers »Innseits« nicht gelesen, sondern auf Deine Autorität hin seine Bemerkung gemacht hat. Von Dir finde ich unbegreiflich, daß Du den Hieb auf Jaeger so ohne jede Schutznote wieder gedruckt hast. Ich gebe Dir natürlich Gelegenheit, zu Jaegers Beschwerde Dich gleichzeitig zu äußern. Dazu schicke ich Dir die Fahne und erbitte sie binnen 5 Tagen zurück. Mehr wie ein pater peccavi wirst Du m.E. dazu nicht sagen können. Mußt auch gerade an Jaeger geraten, dem Verkündigung der Jenseitshoffnung geradezu Spezialität ist.
    Ende August, vielmehr 2.Hälfte, sind wir in der Schweiz. Dank der Einladung Deiner Mutter sogar in Beatenberg. Sehen wir uns? Ich muß von dort Anfang September nach Wien. An Göttingen bin ich neulich zweimal in tiefer Nacht vorübergefahren. Es tut mir leid, war aber nicht zu ändern. Sei mit Deiner lieben Frau herzlich von uns gegrüßt
Dein V. R.

    1. *K. Barth:* Das Wort Gottes und die Theologie, Ges. Vorträge [1], München 1924. Dort wurde auch der Elgersburger Vortrag »Das Wort Gottes und die Theologie« wieder abgedruckt (S. 156-178).
    2. In seinem Tambacher Vortrag von 1919 »Der Christ in der Gesellschaft« hatte Barth gegen Paul Jaegers Buch »Innseits. Zur Verständigung über den Jenseitsglauben«, Tübingen 1917, polemisiert, ohne den Namen des Autors zu nennen: »Wir meinen zu verstehen, was der deutsche Theologe

wollte, der während des Krieges die Entdeckung gemacht hat, daß man statt *Jen*seits hinfort besser ›*Inn*seits‹ sagen sollte; wir hoffen aber lebhaft, daß dieses mehr schlangenkluge als taubeneinfältige Wortspiel keine Schule mache. Nein, nein, antworten wir, *geht uns, ihr Psychiker, mit eurem Innseits! Apage Satanas!* Jenseits, *trans, darum* gerade handelt es sich, davon leben wir. Wir leben von dem, was *jen*seits des Reichs der Analogien ist, zu denen auch unser bißchen *Inn*seits gehört. Von den Analogien führt keine Kontinuität hinüber in die göttliche Wirklichkeit« (Ges. Vorträge I, S. 65; Anfänge I, S. 34). Der Wiederabdruck des Vortrags in der Sammlung »Das Wort Gottes und die Theologie« (S. 33-69) und eine Bemerkung von Heinrich Barth veranlaßten Jaeger zu seinem Einspruch gegen die Kritik Barths: Zur Jenseitsfrage, in: ChW 38 (1924), Sp. 579f. Die Replik Barths trägt den Titel: Antwort an Paul Jaeger, a.a.O., Sp. 626-628. Das Schlußwort der Debatte hatte Jaeger: An Karl Barth, a.a.O., Sp. 771-773.

Barth an Rade   Göttingen, 7. 7. 1924

Lieber Vater Rade!

Du siehst aus der Beilage[1], daß ich die Situation etwas anders auffasse. Jaeger hätte diese bald 5 Jahre alte Sache wirklich besser ruhen lassen. Hat er denn unsere Sachen gar nicht gelesen, daß er so naiv sein kann, nicht zu merken, daß sich durch die Betonung des Begriffs »Richtung« Alles nur noch verschlimmert? Ich bin ein vielgeplagter Mann. Der Nächste, dem ich eine solche »Antwort« geben muß, ist der Rostocker Althaus[2], der in der Stangeschen Zeitschrift gegen mich vom Leder gezogen hat. Dort werde ich freilich ausführlicher sein müssen. Und ein Berner Privatdozent hat vom Albert Schweitzerschen Standpunkt[3] eine ganze Broschüre gegen mich unter der Presse. Nun, auf dem Beatenberg, wo ich ungefähr für dieselbe Zeit auch auf dem Programm stehe, wollen wir dann in behaglicher Ferienstimmung von dem Allem plaudern[4].

Sub secreti sigillo gesagt: Ich werde von Bern (Schaedelin!) gefragt, ob ich eine Kandidatur für die Nachfolge des wohl bald abgehenden Lüdemann[5] annehmen würde. Nun stehe ich ratlos zwischen zwei Feuern. Schweizer Patriotismus und Pflicht gegen die Familie sagen Ja, Neigung und Freude an der Tätigkeit in Deutschland ebenso bestimmt Nein. Wenn man einmal auf hoher See gefahren, kehrt man nicht gern ohne Not in jenen Weiher zurück. Aber ich sitze hier, wie ich bei meinem neulich verlorenen Handel gegen die Fakultät merken mußte, bedenklich auf dem Ast, was die äußere Stellung betrifft, auch die Besoldung (immer noch Klasse 10) muß in Amerika und was weiß ich wo mühsam zusammengebaut werden, und wer weiß, wie lange das noch gelingt. Die Berner Berufung oder Nicht-Berufung abwarten und dann nach bewährtem Rezept einen kleinen Druck in Berlin versuchen, kann ich auch nicht. Schaedelin und Genossen setzen, wenn ich jetzt zusage, eine kleine Bewegung in Szene, zu der ich mich nachher, wenn sie gelingen sollte (was allerdings sehr fraglich ist), bekennen müßte. Ich stehe wirklich da wie Buridans Esel. Wenn du ein gutes Wort zu raten weißt, so laß es mir doch ja zukommen.

Mit herzlichem Gruß an Dich und Tante Dora, auch von Nelly (die an dem 15. reisen will)
Dein Karl

1. Barth sandte in Anlage seine »Antwort an Paul Jaeger« zum Abdruck in der ChW.
2. Schon 1921/22 setzte sich Barth mit Althaus' Buch: Religiöser Sozialismus. Grundfragen der christlichen Sozialethik, Gütersloh 1921, auseinander in seinem Aufsatz: Grundfragen der christlichen Sozialethik. Auseinandersetzung mit Paul Althaus, in: Das neue Werk 3 (1921/22), S. 461-472; jetzt in: Anfänge I, S. 152-165. Althaus setzte sich im größeren Rahmen mit Barth auseinander in dem Aufsatz, auf den Barth hier anspielt: Theologie und Geschichte. Zur Auseinandersetzung mit der dialektischen Theologie, in: ZSTh 1 (1923), S. 741-786. Barth hat seine ursprüngliche Absicht, auf diesen Aufsatz zu replizieren, später wieder aufgegeben – ein Umstand, der von Althaus bedauert wurde (vgl. das Vorwort von: P. Althaus: Theologische Aufsätze [I], Gütersloh 1929, S. IIIf.).
3. Der Berner Privatdozent ist Martin Werner mit seiner Schrift: Das Weltanschauungsproblem bei Karl Barth und Albert Schweitzer. Eine Auseinandersetzung, Bern 1924; vgl. dazu die scharfe Auseinandersetzung Barths: Sunt certi denique fines. Eine Mitteilung, in: ZZ 3 (1925), S. 113-116, wo Barth dem »Kerl« eine »Abfertigung« verpaßt (vgl. BwTh II, S. 277).
4. In Beatenberg traf Barth mit Rade dann doch nur anderthalb Tage zusammen »und nur Vorpostengefechte liefernd« (BwTh II, S. 270).
5. Hermann Lüdemann (1842-1933), Professor für Systematische Theologie in Bern. Es wurde damit gerechnet, daß Lüdemann bald in Ruhestand gehen würde. Er trat allerdings erst nach seinem 85. Geburtstag 1927 von der Professur zurück.

Rade an Barth   Marburg, 8.7.1924

Lieber Karl!
Der casus ist schwierig. Ein normaler Akademiker würde den Ruf nach Bern so viel als möglich fördern und sich *dann* entscheiden. Es sollten auch gute Freunde niemanden *vor* der Berufung binden. Das ist nicht fair, von jener Seite. Wenn auch begreilich, wo Schwierigkeiten so nur zu überwinden sind. Aber was *jene* sollen und können, geht Dich und mich jetzt weniger an. Ich begreife, daß Du es den Freunden nicht antun willst, daß sie sich erst für Dich bemühen und Du sie dann im Stich lässest.
Das Einfachste wäre es schon, Du bekommst einen Ruf nach *Bern* und fährst damit nach Berlin – oder schreibst auch nur dahin – und machst Deine bescheidenen oder unbescheidenen Forderungen zur Besserung Deiner Situation in *Göttingen*. Wie soll sie sonst gebessert werden, außer bei solcher Gelegenheit? Und Du würdest sicher etwas erreichen. Die Fakultät käme dabei wenig in Betracht. Sie würde zwar gefragt werden; aber das Ministerium würde auch auf andere Leute hören.
Ich möchte auch nicht in die Schweiz gehen. Es ist doch merkwürdig, was für ein enger Geist dort waltet bei aller Tüchtigkeit. – Ich würde nun meinen, *Du könntest es riskieren*, nach Bern zu gehen, in der Hoffnung, bald wieder nach Deutschland zurückgerufen zu werden. Von mir aus ist das nicht zu kühn gedacht; für Dich persönlich mag es schwieriger liegen. Deine Freunde dürften Dich *dann* nicht halten. (Wie sie Dich ja nicht in Safenwil gehalten haben.)
Eins kommt noch in Betracht. Man denkt in *Gießen*[1] an Dich. Mit welchem Erfolge, übersehe ich nicht. Soll man nicht in diesem Zeitpunkte mal dort fragen, wie Deine Aussicht steht? einen Druck ausüben? Ich könnte das ohne Weiteres tun. Aber ich tue es nur, wenn Du hinwillst.
Auch nach *Bern* würden Deutsche kommen und Dich hören. Du bist, was Deine Anziehungskraft betrifft, am Ziele. Deine akademische Situation ist aber miserabel; Du hast alles Recht, bei dieser Gelegenheit darauf hinzuarbeiten, daß sie normal wird.
– Ad Jaeger etc. »Viel Feind viel Ehr«. Und im Grunde liegt Dir doch der Kampf. Deine Antwort ist ja dankenswerter Weise ganz pünktlich eingetroffen, aber sie ist so lang geraten, daß sie nun noch 14 Tage warten muß. – Beatenberg – – schön. Aber wie soll ich mich in Gesellschaft Deiner Dialektik erholen ??? Na, wir wollen mal sehen.

Meine Frau ist in Würzburg und Friedrichroda. Seid gegrüßt.
Dein V. R.

1. Nach Barths Brief an Thurneysen vom 27. 12. 1923 (BwTh II, S. 214) waren für die Besetzung der Gießener Professur außer Barth noch Tillich und Gogarten in der Diskussion. Die Berufungsfrage verschob sich allerdings, da Emil Walter Mayer (1854-1927) seine Lehrtätigkeit fortsetzte. Sein Nachfolger wurde dann Heinrich Frick (1893-1952), der später nach Marburg berufen wurde.

Rade an Barth   Marburg, 22. 10. 1924

Lieber Karl,
ich danke Dir, daß Du so milde mit mir verfahren bist[1]. Ad Calvin hast Du natürlich recht. Ich bin und war mir dieser Schwäche ganz bewußt, kenne den echten Calvin nicht, sondern nur eine communis opinio von ihm. Das ist natürlich unverzeihlich, und hätte ich zeitlebens auf eine Glaubenslehre hingearbeitet, würde ich es mir auch nicht verzeihen. Aber Du weißt ja, vermöge welcher Improvisation mein opus entstanden ist, und so konnte ich mich mit Calvin-Studien nicht aufhalten. Ich hoffe aber, daß Du oder Sonstwer mich in einer Besprechung meines Irrtums in dieser Hinsicht überführt und daß ich also kräftig davon profitiere. Und wenn ich noch einige Jahre lebe, wird ja mein Schwiegersohn mich zu endlichen Calvin-Studien in letzter Stunde zwingen. Nächst Calvin ist es Eure Richtung, die ich trotz allem nicht genug kenne; aber auch das durfte mich, wie die Dinge nun einmal lagen, nicht aufhalten.

Hast Du Dir von Frankfurt berichten lassen? Etwa durch Heiner? Dann wird er Dir kaum von sich selbst viel geschrieben haben. Ich bedaure nicht, ihn hinzitiert zu haben. Denn er hat nur Gutes geboten, und Knittermeyer hat das auch anerkannt. Wenn er nur nicht so scheu und schüchtern wäre! Ich fürchte, er hat sich nicht so mit den Kollegen bekannt gemacht, wie ich wünschte, und ich selber, mannigfach okkupiert, konnte ihm nicht dazu behilflich sein, wie ich wollte. Daß er sich ganz auf ein Korreferat[2] eingestellt hat, das er wörtlich vorlas, statt nun wirklich und formell als erster Diskussionsredner aufzutreten, bedaure ich. Zwar kam es gewiß dem Gehalt seiner Rede zu gut, und wird dem Druck der Verhandlung noch besonders zu gut kommen. Aber nach dem pathetischen Vortrage Knittermeyers hätte ein ruhiges Wort der Auseinandersetzung mit ihm überaus wohltuend gewirkt, und ich hätte Heiner doch zugetraut, daß er, seine ernsthafte Vorbereitung cachierend, all das, was ihm am Herzen lag, in freier Rede und in (noch so loser) Anknüpfung an den Hauptvortrag sagen konnte. Das muß Heiner lernen – *freier werden* in jeder Beziehung. Sonst gefährdet er immer den *Effekt* seiner Gedanken und seiner Gelehrsamkeit.

Wir hören, daß die Deinen in Basel erkrankt sind, und das erschreckt uns nicht wenig. Hoffentlich hast Du recht beruhigende Nachricht. Aber für die arme Mutter ist das eine harte Sache, auch wenn sie selber sich gesund erhielt. Möchte nur alle Sorge glücklich vorüberziehen und Du bald Deine liebe Frau und Deine Kinder wohlbehalten wieder bei Dir haben. Gott behüte Euch Euer Glück.

Daß Du mir wieder ein Buch auf den Tisch legen konntest, ist doch eine außerordentliche Leistung. Der Gegenstand interessiert mich aufs höchste, und so werde ich es lesen. – Leider bricht die unverhoffte Reichstagswahl über den Semesteranfang herein, das bringt unerwünschte Abhaltung. Wir grüßen Dich beide herzlich.
    Dein V. Rade

[Dem Brief ist folgende Notiz beigelegt:]
Lieber Karl, ich schrieb den Brief so, daß Du ihn dem Heiner schicken kannst. Ja ich schrieb ihn mit für Heiner. Aber das brauchst Du ihm ja nun nicht gerade zu sagen! Sapienti tat.

    1. 1924 erschien im Verlag von Leopold Klotz in Gotha der erste Band von Rades Glaubenslehre »Gott«. Dieser Brief ist die Antwort auf Barths Dankbrief für die Übersendung des Buches durch Rade. Das Original von Barths Brief vom 8. 10. 1924 scheint verlorengegangen zu sein. Allerdings zitiert J. Rathje in seiner Rade-Biographie einen großen Abschnitt aus diesem Brief. Barth schrieb an Rade: »Da du selber öfters Abstand von unsereinem nimmst, wirst du es ja nicht anders erwartet haben, als daß ich das Buch nicht ohne gelegentliches Stirnrunzeln, wie es uns Brüdern Barth so wohl ansteht, lesen werde. Aber es geschah doch auch nicht ohne Freude an vielen Überraschungen, an der Erscheinung des Werkes als eines opus sui generis, an allerhand mitgeteilten Details, die mir neu waren. Wenn man die Auffassung von der Aufgabe einer Dogmatik, wie du sie hast, als richtig voraussetzt, kann man sich deine Art von Ausführung gern ebenso oder besser gefallen lassen, als die schwerfällige von Kaftan z. B. Ob es nicht trotzdem nützlich gewesen wäre, wenn du deine Ansicht bei jedem Paragraphen in einem Leit- oder Schlußsatze formuliert hättest? Es ist oft nicht ganz leicht, sich Rechenschaft zu geben, was nun eigentlich passiert ist. Aber vielleicht ist dieser Kampf in aufgelöster Schlachtordnung in diesem Falle eine Selbstverständlichkeit. Deutlich zu machen, was du im Ganzen willst, ist dir

jedenfalls gelungen. Mit meinen Bedenken will ich dich nicht vergrämen. Nur dagegen, wie du Calvin verstehst, muß ich mich als Fachmann feierlich verwahren. Unter Erwägung der Möglichkeit, daß ich das, was euch an Luther so teuer ist (wie er bei dir sogar als Autorität Nr. 1 figuriert) vielleicht auch nicht verstehe« (zit. n. J. Rathje: Die Welt des freien Protestantismus, S. 323).
2. *H. Barth:* Korreferat zu H. Knittermeyer, Kant und der Protestantismus der Gegenwart, in: Freie Volkskirche 12 (1925), S. 325ff. (vorgetragen auf einer Tagung des BGC in Frankfurt/M. am 7. 10. 1924).

Rade an Barth　　　　　　　　　　　　　Marburg, 11. 11. 1924

Lieber Karl!

Willst Du diese Frage selbst beantworten? Ich dachte sie erst an Peter oder Thurneysen zu schicken, aber schließlich bist Du mir ja der Nächste dazu. Die Schreiberin[1] ist die Tochter des 70jährigen Pfarrers D. Hermann Scholz[2] an Marien in Berlin und die Schwester des Religionsphilosophen Heinrich Scholz[3]. Ich gebe Dir ganz anheim, ob Du ihr direkt antworten willst oder via mea, vielleicht auch die Antwort einem Anderen übertragen.

Hast Du denn Frau und Kinder wieder? Und munter und gesund? Das war ja eine schlimme Ferienzugabe. Und das Semester läßt sich hoffentlich umso besser an? Hab Dank für Deinen lieben Brief von neulich. Mutter Dora grüßt sehr. Dein V. R.

1. Die Briefschreiberin ist Helene Scholz. Sie schrieb unter dem Datum des 2. 11. 1924 an Rade, wo sie sich darüber informieren könne, »wie der doch nahezu unbegreifliche Umschwung in der Theologie der Schweizer von Ragaz und Kutter zu Karl Barth zu erklären ist«. Aufgrund von Thurneysens Dostojewski-Broschüre vermutete sie dahinter den Einfluß »Rußlands«, genauer: »den reaktionären Kulturbolschewismus eines Spielers mit zerrütteten Nerven« (Brief im Barth-Archiv).

2. Hermann Scholz (1853-1929), seit 1886 Archidiakonus von St. Marien in Berlin, 1914 Mitglied des Brandenburger Konsistoriums, 1918 des Ev. Oberkirchenrats, Führer des Ev. Bundes.

3. Heinrich Scholz (1884-1956), 1910 Privatdozent für Systematische Theologie in Berlin, 1917 o. Professor in Breslau, 1919 für Religionsphilosophie in Kiel, 1928 in Münster, wechselte später zur mathematischen Logik und Grundlagenforschung.

Barth an Rade Göttingen, 15. 11. 1924

Lieber Onkel Rade!
Ich habe der Frl. Scholz geantwortet, nicht ohne mich zu einer einigermaßen freundlichen Tonart ein bißchen *zwingen* zu müssen. Es gibt doch wirklich unverständig fragende Damen (aber nicht nur Damen!) in diesem Erdental. Ist das wohl richtig, Peter wolle noch diesen Winter in Marburg promovieren?! Ich höre das eben sehr positiv aus Bern. In Deine Dogmatik sehe ich immer wieder hinein. Ich habe ja nun den dornenvollen Weg auch angetreten. Es geht weniger originell zu bei mir; dafür wird auf jeder Station schärfstes dialektisches Kraut geraucht, wie du dir ja denken kannst. Das ist nun eben *unsere* Last, daß wir so gar nicht mehr linear denken können. Aber die alten Mannen aus dem 16. und 17. Jh. *verstehen* wir vielleicht dabei besser als ihr. Ich gewinne sie doch ordentlich lieb. Das Buch von Schmid[1], das Du viel zitierst, ist auch mein beständiger Begleiter, aber dazu dann noch das reformierte Gegenstück von *Heppe*[2], das ja auch wohl in Marburg entstanden ist, leider etwas flüchtig gemacht. Die Studenten sind bis jetzt munter und zahlreich dabei; *mir* ists oft katzangst bei der Sache. Es ist *zu* schwer und verantwortungsvoll. Am 25. und 26. habe ich einen Vortrag in Königsberg und Danzig[3]. Irgendwo in der Luft hängt beunruhigend eine Berufungsfrage. Das gehört wohl auch zum akademischen Stand? Frau und Kinder sind seit vier Tagen wieder hier. Ja, es war eine betrübliche Sache. Doch nun ists überstanden, und der Wagen läuft vorläufig weiter.
Wir alle grüßen Dich und Tante Dora herzlichst!
Dein Karl Barth

1. *Heinrich Schmid:* Die Dogmatik der evangelisch-lutherischen Kirche, dargestellt und aus den Quellen belegt, 1. Aufl. 1843, 9. durchgesehene Aufl. von H. G. Pöhlmann, Gütersloh 1979.
2. *Heinrich Heppe:* Die Dogmatik der evangelisch-reformierten Kirche, dargestellt und aus den Quellen belegt, 1. Aufl. 1861, 2. Aufl. der Neuausgabe von Ernst Bizer, Neunkirchen 1958. Vgl. dort das Geleitwort von Karl Barth, S. VII-X.
3. Barth hielt in Königsberg und Danzig den Vortrag: Menschenwort und Gotteswort in der christlichen Predigt, in: ZZ 3 (1925), S. 119-140. Über seine Reise berichtete er Thurneysen und den Freunden in seinem Brief vom 26. 11. 1924, in: BwTh II, S. 285-292.

Rade an Barth   Marburg, 6. 5. [2.] 1925[1]

Lieber Karl!
Ihr habt heute in Göttingen einen großen Tag: Bultmann am Orte! Bin neugierig, ob Eure δοκοῦντες στῦλοι εἶναι sich ihm stellen.
Wollte Dir nur sagen, daß ich soeben endlich Deine Luther-Studie in Heft 4[2] gelesen habe. Mit viel Anteil und Zustimmung. (Druckfehler S. 43 Brot statt Blut zu lesen[3].) Daß Luther von seiner religiösen Position, von seiner Stellung zur Sache aus auf den Buchstaben-Trotz verfallen ist, steht außer Zweifel. Luther war ja doch zeitlebens *enorm frei* gegenüber dem Buchstaben; nur eben hier in Marburg versteifte er sich auf das est. Aber das war nun auch gar nicht für ihn der »Buchstabe«. Man muß, um das zu verstehen, ausgehen von seiner Schätzung des *mündlichen, äußerlichen, gepredigten* und geglaubten *Wortes*. So war ihm das Einsetzungswort im Unterschied von anderen Bibeltexten von Jesus *gesprochenes Wort* (an dessen Authentizität er natürlich nicht zweifelte): summa et compendium evangelii! De captivitate WA 6,525; EA 5,54. *Dieses* Wort tuts! EA 29,284 – Hauptstelle, cf. EA 27,153. Verhängnisvolle Wendung, als ihm die Analogie zum Tauf-Wasser – EA 29,286 – entglitt; Zeichen nicht mehr Brot und Wein war, sondern Leib und Blut; worin er dann doch nur schließlich dem Dogma gehorsam blieb, genauso wie in Trinitäts- und Zweinaturenlehre: cf. den Parallelismus der communicatio idiomatum in der Zweinaturen- und in der Konsubstantiations-Lehre. Darum spürte er die Wegwendung nicht, die er von seinen früheren Abendmahlsschriften zu den späteren einschlug.
Das alles nur bestätigend und ergänzend. Aber S. 51 war ich ganz erschrocken, daß es damit zu Ende ging. Ich finde S. 50, erste Hälfte, nicht klar genug überleitend zu dem, was S. 50, zweite Hälfte, richtig gesagt ist – und S. 51 orakelst Du mir wieder zu sehr. Aber das liegt an der minderen Ausstattung von unsereinem.
Kurz, ich muß Dir das zum Gruße schreiben.
Von Uli Gott Lob ja wieder bessere Nachrichten. Die Wiederkehr des hohen Fiebers machte uns doch recht besorgt.
Ihr seid hoffentlich alle wohl?
Noch immer keine Aussicht, nach Göttingen zu kommen. Ja, wenn ich wie Bultmann zu den »kleinen« Propheten gehörte.
Dora grüßt herzlich mit mir Deine liebe Frau und den Buben, den allein wir kennen. Gott befohlen.
Dein Vater Rade

1. Der Brief ist wahrscheinlich falsch datiert. Bultmann hielt am 6. 2. 1925 in Göttingen seinen Vortrag: Das Problem einer theologischen Exegese des Neuen Testaments, publiziert in: ZZ 3 (1925), S. 334-357, und in: Anfänge II, S. 47-72. Vgl. BwBu S. 34-43. Barth berichtet über diesen Vortrag in einem Brief an Thurneysen vom 15. 2. 1925, in: BwTh II, S. 183.
2. *K. Barth:* Ansatz und Absicht in Luthers Abendmahlslehre, in: ZZ 1 (1923), Heft IV, S. 17-51, und Ges. Vortr. II, S. 26-75.
3. Barth schreibt dazu Anfang Oktober 1923 (undatiert) an Thurneysen: »Ich sehe etwas schwül der Kritik meiner historischen Extratour entgegen, von der mir die Quaken in München keine Korrektur zu lesen gaben, so daß ein paar dumme Fehler stehen geblieben sind« (BwTh II, S. 191).

Rade an Barth   Marburg, 11. 4. 1925

Lieber Karl,

Deine Nachricht[1] traf hier ein, als ich noch in Dresden war zur Konfirmation einer Nichte Naumann, meines Patenkindes, Näherin in Sonnenstein bei Pirna. Meine Frau ist noch unterwegs, in Friedrichroda.

Es geht hoffentlich gut in der Wochenstube, und so darf ich Euch zu dem kleinen Johann Jakob herzlich und fröhlich beglückwünschen. Gott behüte Euch Euer häusliches Glück. Wir müssen ernstlich mal durchsetzen, uns an Ort und Stelle davon zu überzeugen.

Es gäbe auch sonst so viel zu sprechen. Nun, wir sehen uns wills Gott in Halberstadt. Inzwischen wirst Du in der CW ganz viel zu lesen bekommen, das Dich besonders angeht[2]. Ich denke, Du wirst damit zufrieden sein.

Ich hätte Dich so gern nach Gießen hinüber, gebe auch die Hoffnung noch nicht auf, wiewohl sie schwach ist.

Gesegnete Ostertage. Dein V. Rade

1. Die Nachricht von der Geburt Johann Jakob Barths am 6. April 1925.
2. Rade bezieht sich auf die Aufsatzreihe von *K. Lehmann-Issel:* Das Wort Gottes als Aufgabe der Theologie? Zur Krisis der Theologie und zur ›Theologie der Krisis‹ (Karl Barth), in: ChW 39 (1925), Sp. 338-344, Sp. 391-400, Sp. 440-445.

Barth an Rade   Göttingen, 18. 4. 1925

Lieber Onkel Rade!
Wir danken dir herzlich für deinen freundlichen Brief und hoffen, daß ihr die Absicht, uns aufzusuchen, bald wahr macht. Ich bin eben auf dem Sprung, in die Schweiz zu verreisen, wo ich nächste Woche in Basel, Zürich, Bern einen Vortrag über das Schriftprinzip[1] halten soll. Du siehst, daß mir diese Sache andauernd am Herzen liegt. Nun habe ich noch eine Bitte wegen Halberstadt. Gestern habe ich den Vortrag über *Herrmann*[2] fertig gebracht, nachdem ich mich volle 14 Tage nur mit ihm herumgeschlagen (meine Semestervorbereitung liegt noch völlig im Argen, ich reise mit schlechtestem Gewissen). Wäre es möglich, in der Christl. Welt die Besucher der Halberstädter Tagung schonend darauf aufmerksam zu machen, daß es höchst wünschenswert wäre, wenn sie sich, um meinem Vortrag mit Lust folgen zu können, mit deiner Ausgabe von Herrmanns Dogmatik-Diktaten[3], speziell mit den ersten 40 Seiten, aber auch mit dem Rest, möglichst vertraut machen sollten?! Der Verleger wird ja an einem solchen Hinweis *auch* seine Lust haben. Daß ihr die *gräßlich* liberale Broschüre von Baumgarten[4] in derselben Reihe veröffentlicht habt, nehme ich euch eigentlich sehr übel. In welcher Welt lebt dieser Mann eigentlich immer noch? Die Christl. Welt werde ich also in nächster Zeit mit großer Spannung zur Hand nehmen. Aber ich bin nun gegen Lob und Tadel schon *sehr* gepanzert.
Mit herzlichem Gruß an dich und Tante Dora
Dein Karl Barth

1. *Karl Barth:* Das Schriftprinzip der reformierten Kirche, Vortrag, am 20., 21. und 24. 4. 1925 in Basel, Zürich und Bern gehalten, in: ZZ 3 (1925), S. 215-245.
2. Barth hielt am 17. Mai 1925 vor der Provinzialversammlung des Freien Protestantismus in Halberstadt das Referat: Die dogmatische Prinzipienlehre bei Wilhelm Herrmann, publiziert in: ZZ 3 (1925), S. 311-333, und in: Die Theologie und die Kirche. Ges. Vortr. II, München 1928, S. 240-284. Barth schrieb dazu im Rundbrief vom 7. Juni 1925: »Am 17. Mai war ich dann, begleitet von 22 Göttinger Studenten und Pfarrer Horn aus Duisburg [...] bei den waschechten Liberalen in Halberstadt, um auch ihnen zwei Stunden lang Herrmann zu erklären. Oh! Oh! Die Christl. Welt bringt nächstens einen (übrigens unbegabt gemachten!) Bericht von Stier über dieses Fest. [Der Bericht erschien in: An die Freunde Nr. 80 (1925), Sp. 889-895.] Ich habe noch nie so bestimmt gerochen (man *roch* es wirklich!), daß *diese* Ge-

schichte *aus,* der theologische Liberalismus *moribund* ist ... Meinen Vortrag kennt ihr ja meist schon, und über die Diskussion wird euch die Chr. Welt einigermaßen orientieren. Den Höhepunkt bildete Rades Erklärung, er sei zu alt, um sich nun nochmals zur Logoschristologie zu ›bekehren‹. ›*Von unten*‹, ›*von unten*‹ müsse Christus verstanden werden« (BwTh II, S. 330f.). Rade sagte in der Diskussion: »Bei aller Freude an dem, was der Redner im ersten Teil und auch sehr vielem, was er von Eigenem hinzugebracht hat, regt sich in mir die alte Generation, die sich schlechterdings nicht bekehren wird. Ich vermißte die chemische Reinigungsanstalt der Theologie, als uns der Redner mit dem Logosbegriff überfiel. Sollen wir die ganze Logoschristologie so unter der Hand wieder annehmen, nachdem die christliche Kirche damit in eine Sackgasse nach der andern geraten ist? ... Was Barth gegen das von Unten her und gegen den Menschen einwendet, trifft den lutherischen Christen nicht. Denn Jesus ist uns *capax infiniti:* das kann dein Mensch nicht. Die Perspektive, daß ich mich von der Losung Luthers abwenden und nicht mehr von unten her an die Gottheit herankommen soll, dazu bin ich zu alt. Ich kann nicht durch Spekulation zu Gott kommen. Die Scholastik hats fertig gebracht; obs die neueste Theologie fertig bringt, weiß ich nicht. Ich muß doch anfangen vom frommen Menschen, der selbstverständlich ein Mitspieler ist im Drama. Ich muß ausgehen von der Gemeinde, von der Kirche und muß fragen: Was ist denn nun Gemeindeglaube? Kirchenglaube? Da muß ich in diese Verschiedenheit der Verkündigung hineinlauschen und unterscheiden. Gott redet so zu mir, daß ich erst die Kirche habe und aus ihr das Gotteswort heraushöre, da kann mir kein Ukas helfen, daß ich von oben her die Sache zu erfassen habe, sondern ich bin unten ... Im Menschen Jesus können wir die Gottheit finden, es gibt keinen anderen Weg« (An die Freunde, a.a.O., Sp. 894).

3. *Wilhelm Herrmann:* Dogmatik. Mit einer Gedächtnisrede auf Wilhelm Herrmann von Martin Rade (BChW 8), Gotha 1925.

4. *O. Baumgarten:* Die Gefährdung der Wahrhaftigkeit durch die Kirche, Tübingen 1925.

Rade an Barth   Marburg, 15. 6. 1925

Lieber Karl!

Anbei die Fahnen von Halberstadt[1]. Für An die Freunde. Bitte korrigiere nur *das Nötigste*! Es ist Stiers Privatleistung, kein Stenogramm. Wir dürfen uns den Druck nicht noch verteuern. – Inzwischen hast Du seltenen Besuch versäumt. Aber so waren nun Deine liebe Frau und die Kinder dabei die Hauptpersonen für die Besucher. Grüße Deine liebe Frau auch von mir. – Schade, daß unser Halberstädter Gespräch eben abgebrochen wurde, als es sehr ernsthaft wurde. Wir müssen noch dar-

auf zurückkommen. Wie? Das sehe ich noch nicht. Beinahe hätte ich es in der CW fortgesetzt. – Hoffentlich wars gut in Meiderich[2].
Dein V. R.

    1. Vgl. Anm. 2 zum Brief Barths vom 18. 4. 1925.
    2. Auf der Generalversammlung des Reformierten Bundes für Deutschland am 3. Juni 1925 hielt Barth in Meiderich das Referat: Wünschbarkeit und Möglichkeit eines allgemeinen reformierten Glaubensbekenntnisses. Bericht an das im Juni/Juli in Cardiff (Wales) abgehaltene Weltkonzil der Alliance of the reformed churches holding the Presbyterian System, in: ZZ 3 (1925), S. 311-333; auch in: Die Theologie und die Kirche, München 1928, S. 76-105.

Barth an Rade [18. 6. 1925]

Lieber Onkel Rade!
Die Korrektur ist heute abgegangen. Ich habe also nur wenig und Nötigstes verbessert und komme mir in dieser Wiedergabe immer noch reichlich troddelhaft vor. Doch war ich in der Diskussion ja tatsächlich nicht auf der Höhe: ich hätte mich gegen die ganze Verschiebung des Themas, bei der meine Analyse und Kritik von *Herrmann* einfach unter den Tisch fiel, wehren müssen. Ja, es wäre gut, sich einmal in Ruhe über Alles unterhalten zu können. Übrigens möchte ich ein Wort einlegen für die Aufnahme des dir zugesandten Artikels von cand. Paul Fricke[1]. Er ist gleichzeitig Schüler von Wobbermin und mir und zur Beantwortung der Aufsätze von Lehmann-Issel[2] sicher am Besten geeignet. Ich selber komme unmöglich mehr nach mit Antworten. Die Versammlung in Meiderich gab mir ein sehr lebendiges Bild von der starken und hitzigen Christlichkeit derer am Niederrhein. Ich bin mit den Pietisten nicht weniger hart zusammengestoßen als zu Halberstadt mit euch, hatte aber das kräftige *Kohlbrügge*sche Element auf meiner Seite, auch in merkwürdigen Laiengestalten[3]. Ohne »Logoschristologie« geht es wirklich nicht!
Mit herzlichem Gruß!
Dein Karl Barth

    1. Paul Fricke ist der Autor des Artikels »Dialektische Theologie«, in: RGG[2] I, Tübingen 1927, Sp. 1909-1914.
    2. Vgl. Anm. 2 zum Brief vom 16. 4. 1924.
    3. Vgl. Barths Rundbrief vom 7. 6. 1925, in: BwTh II, S. 331ff.

Rade an Barth   Marburg, 28. 7. 1925

Lieber Karl!
Wir lesen eben in der Zeitung von Münster[1]. Du wirst doch annehmen? Und wir freuen uns sehr. Nun bist Du erst vollends drin im Schoße der alma mater. Da muß man sich ja dazuhalten, wenn man Euch noch in Göttingen besuchen will. Die Deinen sind jetzt in Baltrum? Bitte laß uns gelegentlich wissen, wann Ihr wieder in Göttingen vereinigt seid. Gott befohlen. Alle grüßen und gratulieren.
Dein V. R.

1. Vgl. Barths Brief an Thurneysen vom 22. Juli 1925 (BwTh II, S. 339): Barth wurde als persönlicher Ordinarius auf eine »planmäßige außerordentliche Professur« in Münster berufen.

Barth an Rade   Göttingen, 29. 7. 1925

Lieber Onkel Rade!
Herzlichen Dank für deinen Gruß und Glückwunsch. Ja, ich nehme natürlich an, obwohl es mir schwer fällt, Göttingen zu verlassen, wo ich, wo wir Alle eine so *sehr* schöne Zeit hatten trotz aller Schwierigkeiten. Wer weiß, ob es je wieder so einheitlich und gut wird, wie wir es hier hatten. Von den Studenten bekam ich vorgestern Abend auch einen richtigen Fackelzug[1] und auch sonst alle möglichen Beweise von Anhänglichkeit. Wer hätte das gedacht, daß ich in diesem nordischen Deutschland noch einmal so heimisch werden solle, wie es nun schließlich doch der Fall ist. Ich bin auf 1. Okt. berufen. Aber ich vermute, Nelly mit den Kindern wird noch sehr viel länger hier sein. Wir geben natürlich das Haus nicht her, bevor wir Ersatz dafür haben. Bis etwa 17. Aug. sind wir auf Baltrum, nachher möchte ich noch ein bißchen in die Schweiz, die ja nun in noch grössere Ferne rückt. Schade, daß Peters Calvin-Ausgabe nicht schon da ist, so daß er mein Nachfolger werden könnte!
Mit herzlichem Gruß!
Dein Karl Barth

1. Zum Fackelzug vgl. Barths Brief an Thurneysen vom 28. 7. 1925, in: BwTh II, S. 361.

Rade an Barth   Marburg, 30. 7. 1925

Lieber Karl!
Du schreibst nicht, an wessen Stelle Du berufen bist. Doch wohl an Klostermanns[1]? – Nachfolger: das wird schwer sein. Für nächstes Semester könntest Du wohl beide Stellen verwalten, wie es Tillich jetzt macht, indem er zwischen Dresden und Marburg hinundherpendelt. Du liesest Montag bis Donnerstag in Münster und Freitag Sonnabend in Göttingen, wo Du ja doch Deine Familie besuchst. Bis Winter-Semester werdet Ihr doch nicht gleich einen Nachfolger haben. Und Du schreibst einmal eine Weile nichts, was ja nicht schadet. Nachher spricht der Genius umso lebhafter. Auf alle Fälle: die Kurve steigt an und wir freuen uns, wenn Du aus der jetzigen Zwischenexistenz herauskommst.
Dein V. R.

1. Der Neutestamentler Erich Klostermann (1870-1963) war 1923 von Münster nach Königsberg berufen worden.

Barth an Rade   [10. 8. 1925]

Lieber Onkel Rade!
Ich komme auf den unbesetzten Lehrstuhl eines mir nicht weiter bekannten Herrn Glawe, konnte mir meinen Lehrauftrag selbst formulieren und bin nun berufen für »Dogmatik und NTliche Exegese«. Die Frage meiner Nachfolge in Göttingen wird *sehr* schwierig. Schade, daß es nicht ein paar Jahre später ist und *Peter* seinen Namen als Calvin-Editor schon *hat*! Er wäre ganz der rechte Mann, aber jetzt kennt ihn niemand, und mir ist es nicht gut möglich, mehr als beiläufig auf ihn hinzuweisen. Das habe ich allerdings getan. Die Frage der Übersiedlung bereitet uns auch Sorge. Ich bin so gar nicht Geschäftsmann, wie man es in diesem Fall sein müßte. – Hier leben wir mit Loews und einem vortrefflichen Dr.med.Stoevesandt aus Bremen in fröhlicher Gemeinschaft. Und des kurzen Zusammenseins mit eurem Bürgermeister haben wir uns sehr gefreut. Das Meer hat uns zunächst alle sehr angegriffen, aber nun genießen wir die Sache in vollen Zügen. Die Theologie ist sehr weit weg. Ich gebe mir übrigens äußerste Mühe, weniger zu schreiben. Aber ich bin von Gesuchen um Vorträge u. dgl. umdrängt wie von einem Mückenschwarm, nehme ab und zu ausnahmsweise etwas an,

und dann ist das Unglück wieder da. Es werden ja auch andere Zeiten kommen. Nachdem ich nun meinen Fackelzug gehabt und wenigstens gedruckt bis zu Wilhelm II. vorgedrungen bin, könnte ich ja meine Biographie jetzt füglich abschließen[1], und ich frage mich oft, ob es nicht besser wäre, statt nach Münster in die Wüste zu gehen. Aber nun ist der Wagen im Lauf. Daß die Christl. Welt die kleine Apologie von Paul Fricke gegen die Sturzfluten des Herrn Lehmann abgewiesen hat, nehme ich ihr eigentlich ziemlich übel. Doch mags auch so gut sein.

Alle Meinigen und Loews grüßen freudig mit.
Herzlichst
Dein Karl Barth

z.Z. Baltrum: Hotel Küper, 10.Aug.1925

1. BwTh II, S. 364, Anm. 1: »Aus Schloß Doorn war die Nachricht eingegangen, daß Wilhelm II. sich zwei Stunden lang über den Römerbrief verbreitet habe!«

Rade an Barth   Marburg, 14. 8. 1925

Lieber Karl,
Du kommst in Deiner Karte auf Peter zurück, aber Du sagst nichts zu dem Vorschlag, den ich Dir machte.

Wenn Du *im Ernst* Peter für besonders geeignet zu Deinem Nachfolger[1] hältst, so ist nicht einzusehen, weshalb Du nicht tun solltest, was Du kannst und darfst, um ihn in Vorschlag zu bringen. Pflicht und begreifliche Scheu müssen dann ein Verhältnis zu einander finden. – Ich bin gefesselt als Schwiegervater wie Du als Bruder. Aber Du hast mehr Pflicht und Recht, Deine ehrliche Meinung zur Geltung zu bringen, als ich.

Nun schrieb ich Dir: übernimm doch interimistisch noch die Fortsetzung Deiner Arbeit in Göttingen für [das] Winter-Semester. Darauf wird man *gern* eingehen, und für Peter wird die notwendige Zeit gewonnen, daß sein 1.Band herauskommt.

Hätte Peter *mir* gefolgt, so stünde er heut anders da. Wenn ich mich recht erinnere, hast Du ihm eher abgeredet als zu-, den Lic. zu bauen und so ein specimen eruditionis zu leisten.

Aber laß uns weiter denken. Die wichtigste Stimme bei Besetzung Deines Göttinger Stuhls hat *K. Müller in Erlangen*. Der kennt auch

Peter. Und dem kannst Du offen schreiben. Noch besser, den kannst Du besuchen, wenn Du in die Schweiz fährst, und offen mit ihm reden.

Auch ich könnte an K.Müller schreiben. Aber von mir aus wäre es eine Einmischung, deren Effekt unberechenbar ist. Du stehst anders da.

Wann reisest Du?

Ich werde vielleicht noch in diesem Monat an Göttingen vorbeifahren. Ich dachte schon daran, da Deine Familie zu begrüßen und so Euer Göttinger Heim in letzter Stunde noch kennen zu lernen. Aber es wäre schön – wenn Du noch da wärest.

Ceterum censeo: zögere die Besetzung hinaus!

– Ad Fricke: der Mann hat mir herzlich wohlgefallen. Sein Elaborat war *langweilig*. Das verträgt eine Zeitschrift nicht. Also verzeih.

Viele Grüße, Dein V. R.

1. Weder Peter Barth, noch Eduard Thurneysen (vgl. BwTh II, S. 362 bis 364), noch Gottlob Schrenk wurden Nachfolger Barths in Göttingen, sondern Hans Duhm, der bis dahin Privatdozent für Altes Testament war.

Rade an Barth   Marburg, 18. 9. 1926

Lieber Karl,

beifolgendes *vertraulich für Dich*[1], nicht für Peter. Wann ich es Peter zeige, bleibt meine Sache.

Ich finde Lempps Vorgehen ungeheuerlich. Wie kann man einer (gewiß ernst zu nehmenden) Rezension gegenüber so zusammenknicken und seiner Verlegerpflicht, -macht und -ehre so vergessen. Aber das ist die Sorge um den Geldbeutel.

Und das ist nun Dein, Euer Verleger. Schade.

Ich hoffe, es ist mehr Dummheit.

Dein Neuestes bekam ich und danke Dir. Lesen konnte ich es noch nicht.

Dein V. R.

1. Rade sandte Barth den Durchschlag seines Briefes an Albert Lempp, den Leiter des Christian Kaiser Verlags, betreffs der Auseinandersetzungen um die Calvin-Ausgabe Peter Barths. Als 1926 der erste Band der von Peter Barth betreuten »Ioannis Calvini opera selecta« im Chr. Kaiser Verlag erschien, wurde die editorische Arbeit P. Barths von H. Rückert in einer Rezension (in: Deutsche Literaturzeitung für Kritik der internationalen Wissenschaft 47, N.F. 3 [1926], Sp. 1390-1397) scharf kritisiert. Die endgültige

Gewährung eines von der Notgemeinschaft der Deutschen Wissenschaft zugesagten Druckkostenzuschusses wurde daraufhin von der Bedingung abhängig gemacht, daß ein weiterer Herausgeber für die Ausgabe verpflichtet werde. Albert Lempp, der Verlagsleiter des Kaiser Verlags, ging darauf sehr schnell – nach Rades Auffassung zu schnell – ein und erwog, Rückert als Mitherausgeber zu verpflichten. Diese Situation veranlaßte Rade bei Lempp für seinen Schwiegersohn zu intervenieren. Schließlich konnte Wilhelm Niesel als Mitarbeiter gewonnen werden.

Barth an Rade   Münster, 7. 11. 1926

Lieber Onkel Rade!

Wenn ich Prof.Gressmanns Adresse wüßte, so würde ich ihm als Antwort auf die fortwährende Hereinziehung meines Namens in seinen Streit mit Brunner[1] sagen, daß ich nur das Eine bedaure: daß Brunner sich auf eine Auseinandersetzung mit Leuten wie Ludwig Köhler[2] und ihm überhaupt eingelassen hat. Gressmann ist *kein* Theologe, in *keinem* Sinn, und mit demselben »sittlichen Zorn«, mit dem er sich als bewußt *heidnischer* Geschichtswissenschaftler über meine Exegese aufregt, bekenne ich, daß ich an seine bona fides, sich Theologe nennen zu dürfen, auf Grund dieses Artikels *nicht* glaube. Es ist eine *Lüge*, sich Theologe zu nennen und in einer theologischen Fakultät zu sitzen, wenn man wie er für theologische Fragen *kein* Verständnis und für theologische Aufgaben *kein* Interesse, sondern seine *ganze* Liebe als Wissenschaftler *nur* bei der Geschichtswissenschaft hat. Sunt certi denique fines[3], und die sind bei Gressmann überschritten. Der Artikel deckt auf – und darin liegt sein trauriges Verdienst –, daß die Geister tatsächlich und endgültig »auseinanderfahren«[4]. Es steht zwischen Gressmann und »uns« so, daß wir uns nichts, gar nichts mehr zu sagen haben, und ich hoffe nur das Eine: daß Brunner nun *schweigt*. Er könnte ja wirklich ebensogut mit einem Holzpflock diskutieren wie mit diesem Mann, der über die Frage: Was ist Theologie? noch keine fünf Minuten nachzudenken für nötig gehalten hat. Und an diesen Mann selbst hätte ich auch keinen anderen Wunsch als den, daß er uns in Ruhe ließe und sich mit den Philologen über *ihre* Probleme unterhielte.

Diese meine Ansicht und dieses mein pium desiderium (du wirst das »*pium*« beanstanden, es ist mir aber ernst damit) wollte ich *dir* wenigstens nicht verheimlichen.

Mit herzlichem Gruß
Dein Karl Barth

1. Zu diesem Brief schrieb Barth am 8. 11. 1926 an Thurneysen: »Denk ich habe wieder einmal einen ›scharfen‹ Brief geschrieben, und zwar an *Rade* wegen Greßmanns letztem Artikel ...« (BwTh II, S. 443). Anlaß dieses Briefes war der Aufsatz von *H. Greßmann:* Die Bibel als Wort Gottes. Eine Antwort an D. Brunner, in: ChW 40 (1926), Sp. 1050-1053. Die Debatte zwischen Greßmann und Brunner wurde ausgelöst durch Greßmanns Artikel: »Paradies und Sünde«, a.a.O., S. 842-846. Darauf replizierte Brunner mit dem Aufsatz: »Der Sündenfall und die alttestamentliche Wissenschaft, a.a.O., Sp. 994-998.

2. Ludwig Köhler (1880-1956), 1908-1947 Professor für Altes Testament in Zürich.

3. Unter diesem Titel hatte Barth seine »Abfertigung« von Martin Werner verfaßt, mit dem er auch nicht die geringste Basis für ein Gespräch sah; vgl. Anm. 3 zum Brief Barths vom 7. Juli 1924.

4. Rade hatte die Kontroverse kommentiert: »Ich bin erschrocken und betrübt, daß die Geister so auseinanderfahren ... Ich möchte noch kein redaktionelles Schlußwort sagen, nur wiederholen, daß mir gerade Gen. 3 ein Schriftwort zu sein scheint, an dem der Theologe sein Meisterstück bewähren kann. Es rächt sich, daß man die ›Hermeneutik‹ vernachlässigt hat« (ChW 40, 1926, Sp. 1094). Statt des angekündigten redaktionellen Schlußworts erschien eine Nachbemerkung von Greßmann (a.a.O., Sp. 1275) und *K. Buddes* Aufsatz: Noch einmal die Paradiesgeschichte, in: ChW 41 (1927), Sp. 10-19.

Rade an Barth   Marburg, 8. 11. 1926

Mein lieber Karl,

Dein Brief traf zu einer Zeit ein, wo ich mich mit einem Brief an Dich trug. Fast wäre es mir lieber, ich hätte ihn schon geschrieben, ehe Dein Brief kam. Indessen, es geht auch so. Da ich meinen Brief an Dich schon seit einigen Tagen so gut wie auswendig wußte, kann ich ihn niederschreiben, wie wenn ich Deinen Brief noch nicht hätte. Was ich aber auf diesen zu antworten habe, findest Du im beifolgenden Schreiben an den Prof. Karl Barth.

Wir haben die persönliche Fühlung arg verloren. Es ist mir eine Wohltat, daß ich sagen kann: Meine Schuld ist das nicht. Aber es hat mir auch mein inneres Verhältnis zu Dir nicht getrübt. Ich sehe Dich mit großer Anteilnahme Deinen Weg gehen: leicht ist er nicht, aber ich vertraue »Der in dir angefangen hat das gute Werk, der wird es auch vollenden, bis auf den Tag Jesu Christi«[1]. Neugierig bin ich ja, was es noch gibt. Ich glaube nicht, daß Du es, wenn irgend Du alt wirst, auf der schmalen Basis Deiner Theologie aushalten kannst. Aber warum sollst Du nicht von ihr aus Horizont gewinnen.

Weshalb ich nun jetzt schreibe, das ist eine ganz *diskrete* Sache. Ihr habt durch Wehrungs[2] Weggang eine systematische Professur zu besetzen. Von der anderen Seite bin ich nun wohl unterrichtet. Was Du sinnst, ahne ich nicht. Aber ich möchte nicht unterlassen, Dich in dieser Stunde an Piper zu erinnern[3]. Ich glaube ja nicht, daß er berufen wird. Aber wenn Du irgend kannst, so sorge, daß er auf die Vorschlagsliste kommt. Der arme Kerl hat so wenig Aussicht; Du kennst ihn und schätzest ihn einigermaßen; Du würdest mit ihm arbeiten können. An dem, woran Andere sich stoßen, stößest Du Dich nicht. Er braucht eine Anerkennung, eine Ermutigung. Im Notfall hast Du ja die Möglichkeit eines Separatvotums.

Ich kümmere mich sonst nicht um Berufungsangelegenheiten. Und vielleicht ist es in diesem Fall auch unnötig. Umso besser.

– Es ist mir leid, daß ich es nicht durchsetzte, Euch in Göttingen zu besuchen. Münster ist so viel weiter.

Sei mit Deiner lieben Frau herzlich gegrüßt. Bist Du denn von Deinem Unfall[4] wieder ganz genesen?

Dein Vater Rade

1. Phil 1,6: »... der in euch angefangen hat das gute Werk, der wird's auch vollführen bis an den Tag Jesu Christi«.
2. Georg Wehrung (1880-1959), Professor für Systematische Theologie in Münster, Halle und Tübingen.
3. Nach der Absage W. Elerts wurde F. W. Schmidt (1893-1945), damals Privatdozent in Halle, nach Münster berufen. O. Piper wurde in Münster der Nachfolger Karl Barths, als dieser nach Bonn berufen wurde.
4. Barth hatte in den Sommerferien auf dem Bergli einen Reitunfall, von dem er sich nur langsam erholte.

Rade an Barth   Marburg, 8. 11. 1926

Sehr geehrter Herr Kollege,

Ihr werter Brief, für den ich Ihnen bestens danke, hat mir nichts Neues gesagt. So habe ich mir Ihre Stimmung und Stellung zu den Gressmannschen Artikeln gedacht. Und ich bin gewiß, daß auch Sie nicht einen Moment darüber im Unklaren waren, wie ich persönlich zu diesen Artikeln stehe.

Daß Herr Brunner nach einmal antworten, ist schon durch das Gesetz der Regel de tri ausgeschlossen. Im übrigen kann ich Ihnen nur sagen, daß ich das Meine getan habe, Brunners Votum zu verbessern.

Was gedruckt steht, ist der 2. état. Und Ihr Herr Bruder in Madiswil ist Zeuge, wie ich mich bis zuletzt um seinen Text bemüht habe. Gleiche Wohltat habe ich Herrn Gressmann nicht angedeihen lassen. Aber dies *streng vertraulich*.

Das Interessante an Ihrem Brief war mir, daß Sie Gressmann das Recht absprechen, einer theologischen Fakultät anzugehören. Welche praktischen Konsequenzen wollen Sie daraus ziehen? Gressmann würde der Berliner Fakultät nicht angehören, wenn er nicht seine Meriten um das AT hätte. Man kann ihn doch *nur dadurch* ins Unrecht setzen, daß man ihn bekämpft. Alles Andere ist unprotestantisch. Möchten Sie aber andere Wege gehen oder vorschlagen, so bitte ich Sie meines Kollegen Herrn Bultmann nicht zu vergessen. Er empfiehlt den Christen, den geschichtlichen »Jesus« in Anführungsstriche zu setzen[1]. Da sind mir die paradisiaca des Herrn Gressmann fast erträglicher. Dennoch werde ich mich an einem Autodafé des Herrn Bultmann nicht beteiligen.

Lassen Sie uns diese Dinge ruhig in Freiheit erörtern, auch wenn da mancherlei Geister offenbar werden.

In größter Hochachtung
Ihr ergebener Rade

[1]. Rade spielt hier auf Bultmanns Buch »Jesus« (Die Unsterblichen, Bd. 1), Berlin 1926, an (das später von J. C. B. Mohr verlegt wurde und jetzt als GTB 17 vorliegt). Bultmann erklärt im Vorwort, daß er in der Darstellung von dem »Komplex von Gedanken« ausgeht, der in der ältesten Schicht der synoptischen Überlieferung vorliegt: »Als der Träger dieser Gedanken wird uns von der Überlieferung Jesus genannt; nach überwiegender Wahrscheinlichkeit war er es wirklich. Sollte es anders gewesen sein, so ändert sich damit das, was in dieser Überlieferung gesagt ist, in keiner Weise. So sehe ich auch keinen Anlaß, der folgenden Darstellung nicht den Titel der Verkündigung Jesu zu geben und von Jesus als dem Verkündiger zu reden. Wer diesen ›Jesus‹ für sich immer in Anführungsstriche setzen und nur als abkürzende Bezeichnung für das geschichtliche Phänomen gelten lassen will, um das wir uns bemühen, dem ist es unbenommen« (R. *Bultmann:* Jesus. Mit einem Nachwort von W. Schmithals [GTB 17], 3. Aufl., Gütersloh 1977, S. 14).

Barth an Rade   Münster, 13. 11. 1926

Lieber Onkel Rade!

Ich danke dir herzlich für den I. und für den II. Timotheusbrief, die ich mit gleicher Offenheit habe auf mich wirken lassen, will sie nun aber, da ich an meiner Identität mit mir selber nicht so rütteln lassen kann, wie dies durch diese Doppelung geschieht, in *einem* Zug beantworten. Es war mir auch aufgefallen, daß wir die persönliche Fühlung in der letzten Zeit sehr verloren und daß der Fehler auf meiner Seite lag – ohne daß übrigens meinerseits etwas dahinter zu suchen war, wenn ich so lange [nicht] schrieb. Auf deinen Brief im September habe ich mit einer Demarche bei Lempp reagiert. Könnte ich nur *freudiger* auf Peters Seite stehen in diesem komplizierten Handel. Seine zuversichtliche Art, vor der ich ihn warnte, solange ich mich erinnern kann, spielt ihm immer neue Streiche, und ich bin als älterer und scheinbar (*sehr, sehr* scheinbar!) glücklicherer Bruder in so schwieriger Lage ihm gegenüber. Wäre doch der 2.Band schon glücklich im Hafen! – Was soll ich sagen zu deinen Andeutungen über meine theologische Zukunft? Daß meine Basis schmal ist (vielleicht noch schmäler, als es von Weitem aussieht!), das liegt in der Natur der Sache. Manchmal tröste ich mich damit, daß ich wenigstens äußerlich eine etwas breitere Basis habe als etwa Gogarten, der nur zwischen Luther und seiner eigenen Nase hin- und herdenkt. Aber innerlich, sachlich habe ich wohl noch weniger Grund unter den Füßen als er. Doch was helfen alle Betrachtungen darüber? Es ist nun einmal so. Ich schlage mich von Woche zu Woche, von Semester zu Semester durch und bin froh, bis jetzt wenigstens den Faden nicht verloren zu haben, daß meine Schüler ihre Examen so gut bestehen wie die anderen Leute (in Bayern sogar besser!) und daß »Zwischen den Zeiten« mit 2000 Abonnenten immerhin gelesen wird. Damit muß ich mich für den Augenblick eben zufrieden geben und mich – für den nächsten Augenblick rüsten.

Du bist schon der Dritte, der mich an Piper erinnert. Wie gerne wollte ich ihn zu meinem Kandidaten erheben. Aber das *kann* ich nun einfach nicht, so gerne ich es aus persönlichen Gründen täte. Seine zwei letzten Bücher kommen mir *zu* konfus vor und *zu* abhängig von blindlings aufgenommenen fremden Anregungen (zuerst Ragaz[1] – dann Peterson[2]!!), als daß ich ihn mit erhobener Stimme empfehlen könnte. Ich kann und will nur das versprechen, das Meinige zu tun (hoffentlich mit Hilfe Stählins), daß er auf die *Liste* kommt. Mein Kandidat ist – aber dies *sub sigillo secreti secretissimi* gesagt – Wilhelm Loew. Ob irgend eine Hoffnung besteht, ahne ich auch nicht. Nächsten Samstag haben wir die erste Sitzung in dieser Sache.

Den Gressmann-Brief hätte ich dir natürlich nicht schreiben sollen. Ich sehe ja wohl, wie sehr ich »auf Granit beiße«[3], wenn ich von dir verlange, *das* mit mir als einen Skandal zu empfinden, was die ganze

»gute Gesellschaft« der Theologen eurer Generation nicht gehindert hat, auf eure Historiker so stolz zu sein – die Tatsache, daß diese Historiker, sobald sie das Glatteis der wirklichen *Theologie* betreten, sich benehmen wie Kinder, Barbaren oder Heiden. Praktische Konsequenzen, ein Autodafé gar, führe ich nicht im Schilde. Ich wollte dir nur anzeigen, daß ich jeden Vermittlungsversuch hier für nutzlos halte, weil ich Gressmann das Recht abspreche, in theologicis überhaupt mitzureden. Aber auch das hätte ich ja ruhig für mich behalten können. Ich hoffe nur, daß solche Gespräche zwischen Leuten, die sich gegenseitig nichts angehen, immer seltener werden: der Gressmann-Brunner-Streit war *nur* unerbaulich. (Den Hinweis auf Bultmann verstehe ich nicht ganz. Ich lehne Gressmann wirklich nicht wegen seiner Paradisiaca ab, sondern im Sinn von: contra negantem principia non est disputandum.) Genug davon.

Ich bin dabei, meine Dogmatik ein zweites Mal zu schreiben, ein lehrreiches Geschäft für mich jedenfalls. Daneben lese ich Philipperbrief und traktiere im Seminar Schleiermachers Glaubenslehre mit 32 aufmerksamen Leutlein, worunter ein richtiger katholischer Kaplan, der fleißig mitmacht und aufgerufen wird wie jeder andere Schüler!! Das sind Münsterische Möglichkeiten.

Mit herzlichem Gruß an Dich und Tante Dora
Dein Karl

1. *O. Piper:* Weltliches Christentum. Eine Untersuchung über Wesen und Bedeutung der außerkirchlichen Frömmigkeit der Gegenwart, 1925.

2. *O. Piper:* Theologie und reine Lehre, Tübingen 1926.

3. Greßmann beschloß seinen Artikel »Die Bibel als Wort Gottes« mit dem Satz: »Solange es eine historisch-kritische Geschichtswissenschaft in der Theologie und im Besonderen auf dem Gebiet der alttestamentlichen Forschung gibt, so lange werden Brunner und Genossen auf Granit beißen« (ChW 40, 1926, Sp. 1053).

Rade an Barth   Marburg, 26. 4. 1927

Lieber Karl!
Das ist die Dankkarte für die Kontribuenten zur Spende. Die Du Dir also auch verdient hast. Aber vor allem muß ich Dir herzlichen Dank [sagen] für Deinen lieben Brief, den ich, sobald ich kann, noch beantworte.
Seid gegrüßt
Dein V. R.

Rade an Barth   Marburg, 4. 8. 1927

Lieber Karl,
ich vermute, daß auch Herr Klotz Dir Beifolgendes[1] zugeschickt hat. Aber es macht nichts, wenn Du es zweimal hast. Jedenfalls ist es mir Pflicht und Vergnügen, es Dir zu schicken.

Vergnügen, weil es eine ernste fromme Schrift ist, die darum auch Dir willkommen sein wird.

Auf die Gefahr hin, daß Du Dich meiner Charakterlosigkeit schämst: geradesogut hätte eine Schrift pro Barth in der Bücherei erscheinen können. Aber Niemand hat sie uns angeboten.

Es ist auch so mit der CW. Du hast vielleicht den Eindruck, daß sie nunmehr systematisch und prinzipiell gegen Euch eingestellt sei. Das ist nicht der Fall. Ihr habt Euer eigenes Organ Euch geschaffen, und seitdem braucht Ihr die CW nicht mehr. Tell springt aus dem Boot und gibt dem Boot noch einen Stoß.

Das geht ganz »natürlich« zu. Aber an dieser raschen Scheidung bin ich nicht schuld, das wollte ich bei dieser Gelegenheit doch sagen. Die CW steht Euch so gut offen wie je.

– Dora grüßt von ihrem Krankenlager aus. Sie wurde vorigen Samstag operiert. Gallenblase. Die Ärzte sind zufrieden. Hoffen wir, daß das Herz es schafft. Bisher können wir nur dankbar sein.

Grüße Deine liebe Frau. Gott befohlen
Dein V. Rade

1. Gemeint ist das Buch von *B. Dörries:* Der ferne und der nahe Gott. Eine Auseinandersetzung mit der Theologie Karl Barths, Gotha 1927.

Barth an Rade   z. Zt. Nöschenrode-Wernigerode, Schmales Tal 2,
                                                 7. 8. 1927

Lieber Onkel Rade,
ich möchte diesmal nicht versäumen, dir für deine Gabe rasch und herzlich zu danken, prompter als dies beim 2. und 3. Band deiner Dogmatik geschehen ist, auf die ich dir eine Antwort und ein Wort ja auch noch immer schuldig bin. Diesmal ist es also ein Buch nicht von Dir, aber aus dem Kreis deiner Freunde, und noch dazu ein mich so direkt angehendes Buch. Gewiß werde ich es mit Ernst und Aufmerksamkeit zur Kenntnis nehmen. Ich habe erst einige Stichproben genommen. Du

nennst es »eine ernste, fromme Schrift«. Tat ich in deinem Sinn Unrecht, wenn ich sofort den Abschnitt S. 128f. über den Krieg aufschlug, und verwunderst du dich, wenn ich nach dem Eindruck dieser paar Seiten dir [die] Frage zur Erwägung stelle, ob damit, daß eine Schrift als ernst und fromm bezeichnet wird, soviel gesagt sein dürfte, in Anbetracht dessen, daß es doch gewiß auch ein ernstes und frommes Heidentum gibt? Und ob wohl gerade Dörries zum authentischen Interpreten und Verteidiger des Luthertums mir gegenüber wirklich den Beruf hat? Wenn *das* Luthertum ist, dann wären allerdings meine schlimmsten gelegentlichen Verdächte Luther selbst gegenüber unheimlich bestätigt. Ich hoffe wirklich im Interesse aller meiner lutherischen Freunde, ein anderes dürfte Luthers, ein anderes Dörries' Theologie sein. Doch genug. Ich wollte ja nur danken und will nun gerne lesen, um dann vielleicht später wieder von mir hören zu lassen. – Wir hören mit Teilnahme von der Krankheit und Operation der Tante Dora und wünschen von Herzen, es möchte alles fernerhin einen guten Verlauf nehmen.
  Mit herzlichem Gruß
  Dein Karl Barth

Rade an Barth   Marburg, 8. 8. 1927

Lieber Karl!
  Genau um Dich vor deinem Fehlurteil zu bewahren, schrieb ich meinen Brief. Man soll die Bücher nicht so *an*lesen, es kommt *nie* etwas Gutes dabei heraus[1]. Du weißt gut, daß ich in diesem Stücke mit Dörries so wenig gehe wie Du. Und ich hätte beinah um der 2 Kapitel willen die Schrift nicht in die Sammlung aufgenommen. Aber streichen konnte man sie diesem niedersächsischen Dickschädel auch nicht. Auch konnte ich das »Lutherische« dieser Stellungnahme nicht abstreiten, obwohl es mein Luthertum nicht ist. Kurz, das ist die Ecke, an der Du eben nicht anfangen darfst zu lesen. Daß Du sie dann ebenso ablehnst wie jetzt, ist Dein Recht. Aber der Wert der Schrift liegt nun wirklich nicht in diesen 2 schwachen Kapiteln. – Meiner Frau geht es »den Umständen nach gut«.
  Dein V. R.

  1. Vgl. Rades Anzeige der Schrift von Dörries in: ChW 41 (1927), 18. 8. 1927, Sp. 784: »Hoffentlich geht es ihm [dem Buch] nicht so, daß man zuerst

die Kapitel über Krieg und Wirtschaftsleben liest. Denn dann werde ich als Herausgeber unter dasselbe Gericht kommen, wie es Ragaz an den christlichen Soldaten und Kreuzrittern vollzogen hat. Ich gestehe, es ist mir schwer geworden, zu dem Druck dieser beiden Kapitel meine Hand zu reichen. Aber ich bin gewohnt, heiligen Ernst in Andern zu spüren, auch wenn er nicht in Allem meine Wege geht.« Vgl. *Paul Schempp:* Randglossen zum Barthianismus, in: ZZ 6 (1928), S. 529-539; dazu die Entgegnung von Dörries, in: ChW 43 (1929), Sp. 274-276.

Rade an Barth   Marburg, 15. 12. 1927

Lieber Karl,
heute morgen kam Deine Dogmatik I[1]. Deine Produktionskraft ist erstaunlich; Gott erhalte sie Dir; aber vielleicht denkst Du auch daran, daß Du Dich nicht überanstrengst. Es eilt nicht mit dem 2. Band; das Grundlegende wirst Du gesagt haben. Und auf die viele Gegnerschaft zu antworten, das kannst Du Dir doch nicht vornehmen. Ich vermute, daß Du das Meiste nicht lesen kannst und nicht liesest.

Wenn ich an Dich denke, beschäftigt mich immer viel mehr Dein Persönliches als Dein Sachliches. Wie muß Dir zu Mute sein unter dieser Gottesführung? Denn das hast Du weder wollen können noch geahnt, was aus Dir geworden ist. Ich rechne Dich mit vollem Ernst unter die Propheten. Wobei wir uns ja das Prophetenamt nicht gleich ins Übermaß hinein auszudenken brauchen. Aber ich habe keine andere Kategorie für Dich. Schon um Deine ganze Einseitigkeit zu ertragen. Und Du hast von Deinem Ruf nicht nur die Erhebung, sondern auch das Leiden. Ich denke mir, daß Du unter der Rolle, die Du spielst, viel leidest. So leide tapfer. Du mußt Deinen Weg gehen, den Weg des Gehorsams.

Meine nur ja nicht, daß wenn ich etwas gegen Dich sagen lasse in der CW oder sonstwo, auch selber etwas wider Dich sage, daß das eine Ableugnung Deiner Mission sei. Aber die Missionare müssen auch Kritik erfahren. (Am wenigsten denke, daß es in meinen Augen herabsetzt, wenn man einer Theologie den Kriegsursprung nachsagt.)

– Lesen kann ich jetzt Dein Buch nicht. Ich halte in diesem Semester ein Kolleg über Sexualethik, das nimmt mich sehr in Beschlag.

– Sei herzlich gegrüßt mit den Deinen von Tante Dora und mir. Gott schenke Euch eine frisch-fröhliche gesegnete Weihnachtszeit.

Dein V. Rade

1. *K. Barth:* Die christliche Dogmatik im Entwurf, Band I: Die Lehre vom Worte Gottes. Prolegomena zur christlichen Dogmatik, München 1927.

Barth an Rade   Münster, Himmelreichallee 43, 19. 2. 1928

Lieber Onkel Rade!

Es ist höchste Zeit, daß ich mich einmal bei dir bedanke für den guten, teilnehmenden Brief, den du mir in der Weihnachtszeit geschrieben hast. Den Anlaß dazu bietet mir nun die heutige Nummer der Christl. Welt mit ihrem Inhalt und dem, was sie an Weiterem ankündigt. Darf ich mir folgende Anmerkung erlauben? – Du schriebst mir früher einmal, im Sommer wird es wohl gewesen sein, ich möchte es doch nicht unrichtig deuten, wenn in der Christl. Welt nun öfters auch allerlei gegen mich oder uns gesagt werde. Ich glaube dies wirklich nicht getan zu haben. Was kann ich mehr verlangen, als daß man sich immer wieder so eingehend mit mir beschäftigt, und wenn nun gar schon eine besondere Rubrik »Barthiana«[1] aufgetan wird, so ist das so ehrenvoll, daß ich es wirklich ertragen muß, daneben mich auch je und je etwas zausen zu lassen. Aber nicht wahr, die Sache muß doch einen Sinn haben als ein Stück *Gespräch*, d.h. ich muß doch in der Lage sein, das, was da gegen mich gesagt wird, ernsthaft zu lesen, und es muß doch auch Anderen, die wirklich im Bilde sind, etwas zu sagen haben. Diese Eigenschaft muß ich nun jedenfalls zwei Beiträgen aus der letzten Zeit ernstlich absprechen: einmal dem Aufsatz von *Budde* in Nr. 23 v. J.[2], hinter dem, wie aus einer Korrespondenz, die ich nachher mit ihm hatte, hervorging, eine geradezu hoffnungslose Unvertrautheit mit den Dingen stand, sodann dem Vortrag von *Wobbermin*[3], der so vollständig an mir vorbei redet und in Wiederholung von Dingen, die wir nun wirklich gehört haben, so langweilig ist, daß ich den zweiten Teil nur noch angelesen und dann endgültig weggelegt habe. Ich glaube, daß es mit dem Urteil über die Güte oder Ungüte meiner Weisheit wirklich nichts zu tun hat, wenn ich frage: Wie stellen sich diese Männer, an deren Vortrefflichkeit ich im Übrigen sicher nicht zweifle, den geistigen Zustand der heutigen Leserschaft theologischer Darbietungen vor, wenn sie meinen, mit solchen Künsten auch nur einen Studenten im 5. Semester, der mich wirklich gelesen oder gehört hat, zu überzeugen, daß ich im Unrecht sei? In welcher Welt leben sie? Mit wem reden sie? Und nun ist meine besorgte Frage die, ob die angekündigten Fortsetzungen der Verhandlungen auch aus solch chinesischen Ecken stammen?

Wenn nicht, dann ist ja Alles gut, auch wenn sie ebenfalls Polemik bringen sollten. Andernfalls möchte ich doch im Interesse der ganzen Lage und, wenn ich das sagen darf, auch im Interesse der Christl. Welt ganz ernstlich warnen: Dinge wie jene Entdeckung O. Ritschls über den Ursprung meiner Theologie aus der Neutralität der Schweiz im Weltkrieg und solche theologischen Ohnmächtigkeiten wie die von Wobbermin *dürften* doch einfach nicht mehr ans Licht kommen, wenn man nicht zum Vornherein damit rechnet, daß hierseits eben nur gelacht wird. Stünden wir uns nicht so nahe, so wollte ich einfach geschwiegen und den Dingen ihren Lauf gelassen haben. Hirsch in Göttingen hat mir schon vor Jahren einmal zugerufen, ich habe ein unverschämtes Glück mit meinen Gegnern, d.h. ich werde fortwährend dadurch ins Recht gesetzt, daß man so ungeschickt gegen mich schreibe. So könnte ich ja gelassen abwarten, was sich in diesen nächsten Nummern gegen mich vorbereitet, und denken, es werde mir auf alle Fälle zum Besten dienen. Aber ich begehre wirklich nicht danach, auf diese Weise ins Recht gesetzt zu werden. Darum wollte ich, solange es noch Zeit ist, diesen kleinen Alarmruf ergehen lassen.

Zu Sp. 1884 wäre zu ergänzen, daß das Buch von Dörries in der Schweiz längst geradezu jubelnden Beifall gefunden hat, nämlich bei den fatalsten Theologen, die es auf deutschem Sprachgebiet überhaupt gibt, den Reformern. Dörries bildete eine Glanznummer der Propaganda gegen meine Berufung nach Bern.

Wie geht es wohl jetzt Tante Dora? Wie seltsam, daß wir uns jahraus jahrein nie sehen, und was sollte dagegen zu tun sein? Unsere Kinder wachsen nicht ohne Pflege der schweizerischen Tradition nun doch als kleine Preussen heran, die im Traum westfälisches Platt reden. Wenn man mir das früher gesagt hätte! Ich bin im Gegensatz zu den meisten auswärtigen Kollegen gerne in Münster, nicht zuletzt wegen anregender katholischer Beziehungen.

Mit herzlichem Gruß und der Bitte, mir den »Alarmruf« doch ja nicht zu zürnen,
Dein Karl Barth

1. *F. Heinzerling:* Barthiana, Besprechung von W. Kolfhaus: Die Botschaft des Karl Barth, Neukirchen 1927; P. Burckhardt: Was sagt uns die Theologie Karl Barths und seiner Freunde?, Basel 1927; B. Dörries: Der ferne und der nahe Gott, Gotha 1927, in: ChW 42 (1928), Sp. 153-155.

2. *Karl Budde:* Die ›Theologie der Krisis‹ und der Weltkrieg, in: ChW 41 (1927), Sp. 1104f. Diese kurze Stellungnahme des Alttestamentlers Karl Budde hatte eine Vorgeschichte. Otto Ritschl schrieb im 24. seiner Theologi-

schen Briefe an Martin Rade, die er aus Anlaß von Rades Glaubenslehre in der ChW veröffentlichte (Buchveröffentlichung: Gotha 1928): »Neutralität in einem direkt an den Grenzen des eigenen Landes tobenden Krieges bedeutet Tatenlosigkeit für viele der besten Glieder eines Volkes, die sonst auch zu großen Taten befähigt und innerlich gewillt gewesen wären. So nötigt sie zu einer passivistischen statt aktivistischen Haltung ... [Dadurch] wird statt eines starken Willens die Reflexion im Übermaß angeregt und in Anspruch genommen. So wird eine kontemplative Richtung des ganzen Seelenlebens sei es erzeugt, sei es, wo zuvor schon die Anlage dazu vorhanden war, begünstigt. Kommen dazu noch die trüben und schrecklichen Eindrücke, die das sympathische Miterleben der Not, des Leids und der entsetzlichen Schicksale der Nachbarvölker auslöst, so wird es verständlich, daß das kontemplative Sinnen und Nachdenken wie von selbst in tiefen Pessimismus hineinführt. Auf diese Weise erklärt es sich, daß die von *Barth* geführte Schweizer Schule ihre Theologie der Krisis ausgebildet hat. In Deutschland aber waren die aus dem Krieg heimkehrenden Krieger, die alle ihre großen Anstrengungen und Opfer vergeblich geleistet sahen und sich erst wieder neu in ein friedliches Leben voller Entbehrungen, ungünstiger Ansichten und politischer Ohnmacht des Vaterlandes hineinfinden mußten, zum großen Teil innerlich so zermürbt, gebrochen und hoffnungslos, daß sie jener und anderen pessimistischen Botschaften nicht mehr zu widerstehen vermochten, sondern in deren Ideen wohl gar eine ihr Denken (auch ihr Gefühl?) befriedigende Lösung der sie quälenden und zerreibenden Lebens- und Weltanschauungsfragen finden zu können meinten. So erklärt sich, wie die große Aufnahmefähigkeit unserer deutschen Jugend für okkultistische, anthroposophische und buddhistische Bestrebungen, insbesondere die Empfänglichkeit unserer jungen Theologen für die Darbietungen der Schweizer Schule. Deren Erfolge sind also in einer Weise zeitgeschichtlich bedingt, wie das wohl nicht bei vielen Umstellungen des geistigen Interesses, die von Generation zu Generation einzutreten pflegen, in demselben Grade deutlich in die Erscheinung tritt« (ChW 41, 1927, Sp. 845; Buchveröffentlichung S. 45f.). An anderer Stelle heißt es bei Ritschl: »In der Tat ist vor allem *Barth* selbst seiner Herkunft nach Schweizer. Zum Teil sind es auch seine bekanntesten Anhänger. Zum andern Teil sind es Deutsche, die aber, wie mir glaubwürdig gesagt wird, zumeist während des Krieges nicht im Felddienst gestanden haben« (a.a.O., Sp. 843; Buch S. 43).

In den ThBl 6 (1927), Sp. 316, bemerkte dazu der Herausgeber, K. L. Schmidt: »Der Chronist fühlt sich gedrängt, über seine Chronistenpflicht hinaus zwei Festellungen zu machen und deren Ausmünzung dem Leser zu überlassen: 1) Als einer, der theologisch Karl Barth nahe steht, erlaubt er sich mitzuteilen, daß er als Infantrist – er ist dabei über die Rangstufe eines Gefreitenaspiranten nicht hinausgekommen – im Weltkrieg schwer verwundet worden ist und die ehrliche Meinung vertritt, von seinen Wunden, von denen die eine durch einen Kopfschuß veranlaßt war, völlig genesen zu sein.

2) Die aktive Teilnahme am Krieg wirkt sich ganz verschieden aus: manche sind durch ihre Kriegsteilnahme Militaristen, manche Pazifisten geworden. Solche verschiedene Haltung des ψυχικὸς ἄνθρωπος ist nicht geeignet, auch nur eine einzige theologische Erwägung zu konstituieren.«

Gegen diese Replik versuchte Budde, die Auffassung O. Ritschls zu verteidigen.

3. *G. Wobbermin:* Der Kampf um die dialektische Theologie. Vortrag beim Bund für Gegenwartchristentum am 4. Oktober 1927 in Meißen, in: ChW 42 (1928), Sp. 98-105, Sp. 146-153.

4. ChW 42 (1928), Sp. 188, verteidigte Rade die Aufnahme von Dörries' Buch »Der ferne und der nahe Gott« in die Bücherei der Christlichen Welt und konstatiert Widerspruch und Zustimmung in der Schweiz. Vgl. [K. L. Schmidt]: Der Kampf um die Besetzung einer theologischen Professur, in ThBl 6 (1927), Sp. 316f.

Rade an Barth   Marburg, 21. 2. 1928

Mein lieber Neffe Karl,
das ist alles recht. Aber von einem Mann, der 1 Jahr lang mit mir gearbeitet hat, muß ich eigentlich etwas mehr Verständnis für meine Technik erwarten.

1. *Wobbermin.* Als die Freunde ihn für Meißen begehrten, kauften wir die Katze im Sack. Nachdem der Vortrag in Meißen gehalten war, *mußte* ich ihn – alter Tradition gemäß – in der CW bringen. Gleichviel wie er war. *Im Vertrauen*, ich habe gar kein Verhältnis zu ihm und seiner Theologie; er interessiert mich nicht im mindesten. Aber er gilt etwas in der Zunft, und darum solltest Du keinen Vorwurf an ein öffentliches Organ daraus schmieden, wenn es ihn zu Worte kommen läßt. Sich mit ihm auseinanderzusetzen, würde durchaus Dir nichts von Deiner Ehre rauben. Aber meinerseits liegt dafür kein Bedarf vor.

2. *Budde!* Ach, der ist nun 78 Jahre und ist glücklich, daß ich sein kleines Sätzchen aufgenommen habe. Ich tat es nur aus guter Nachbarschaft. Man muß auch so etwas mal riskieren.

Zur Sache. Daß Deine Theologie ein Produkt des Weltkriegs ist, sofern man irgend pragmatisch Geschichte verstehen darf, ist doch kein Zweifel. Aber das involviert für mich keinen Vorwurf. Im Gegenteil.

3. Was nun kommt? Deine Dogmatik bespricht *Siegfried*[1]. Wie, weiß ich nicht. Jedenfalls ist er einer von den Jüngeren. Den »Mittler« bespricht derselbe, der den Titel »Barthiana« gewählt und die Sammelbesprechung geschrieben hat[2]. Die war gut.

Meine Anmerkung[3] muß Dir gezeigt haben, daß mir die vielen Barthiana (ich meine, die Artikel über Dich und Deine Sache) unbequem sind. Aber warum produzierst Du so viel? Was kann ich dafür? – Ich wünsche Dir nur eins: Gott erhalte Dir *den Humor*. Ohne Humor ist diese Welt, auch die christliche und theologische (incl. Calvin) nicht zu ertragen.
Dein V. R.

1. *Th. Siegfried:* Barths Dogmatik, in: ChW 43 (1929), Sp. 153-160, Sp. 214-220.
2. *F. Heinzerling:* Eine neue Grundlegung für alte Wahrheit (Emil Brunner: Der Mittler. Zur Besinnung über den Christusglauben, Tübingen 1927), in: ChW 42 (1928), Sp. 841-848.
3. Vgl. Rades Bemerkung, in: ChW 42 (1928), Sp. 189.

Rade an Barth   Marburg, 23. 2. 1928

Mein lieber Karl,
Dein Brief hat mich weiter beschäftigt. Und es ist mir aufgefallen, daß er keine Antwort auf meinen letzten Brief an Dich bedeutet. Ich schrieb Dir damals aus ernsten guten Gedanken an Deine Person heraus, aus Teilnahme an Deiner inneren Lage, wie ich sie empfand. Du reagierst darauf nicht. Du schreibst an den Redakteur. Weil Du an seiner Redaktion Ärgernis genommen hast. Und das eben solltest Du nicht. Weil ich die Gefahr kommen sah, eben darum auch schrieb ich Dir den vorigen Brief. Wenn Du der bist, den ich in Dir sehe, mußt Du *großzügiger* sein.

Ich habe Dir noch nicht für den Berner Artikel vom *Wagnis des Glaubens*[1] gedankt. Ich weiß wohl, daß dieser Ausdruck seinen gelegentlichen Wert hat. Ihn für das Verständnis, das religiöse Verständnis des Glaubens zu bevorzugen, dafür eignet er sich nicht. Und gerade Dir dürfte er nicht liegen. Er führt in die Psychologie und in die Ethik hinein. Er ist anthropozentrisch. Wagnis ist actio ethica. Der Glaube wagt, wenn er da ist, spricht zu dem Feigenbaum, zu dem Berge: ... Aber er ist selber kein Wetten und Wagen, sondern vom senfkornartigen Anfang an ein *Haben*. Eine Gnade. *Die* Gnade. Der Glaube ist kein Wagnis, sondern Wunder, Wohltat, Werk heiligen Geistes in uns. Gott wagts mit uns, nicht wir mit ihm.

Und das schreibe ich *Dir*? Ich werde noch die Prädestination gegen Dich verteidigen müssen.

Ich hätte Lust, das gegen Dich auszuführen². Aber solange Du mich beobachtest und beurteilst, wie Dein Brief tut, vergeht mir die Lust.
Sei herzlich gegrüßt und Gott befohlen
Dein V. Rade

1. Barths Aufsatz »Das Wagnis des Glaubens« erschien in der Beilage zu Nr. 49 des Berner Tagblatts zur Vierhundertjahrfeier der Reformation in Bern vom 4. 2. 1928, S. 1/3.
2. Vgl. M. *Rade:* Wagnis des Glaubens, in: ChW 42 (1928), Sp. 545f.; darauf antworteten R. *Bultmann:* Der Glaube als Wagnis, a.a.O., Sp. 1008 bis 1010; und G. *Wobbermin:* Wagnis im Glauben, a.a.O., Sp. 1188f.

Barth an Rade   Münster, Himmelreichallee 43, 24. 2. 1928

Lieber Onkel Rade!

Ich danke dir herzlich für deine beiden Briefe. Ich will nur gleich versuchen, ob es mir wohl gelingt, Alles noch ein bißchen zurecht zu rükken, um dir zu sagen, wie es gemeint und nicht gemeint war.

Laß mich damit anfangen, daß du in meinem Brief eine Antwort auf deinen letzten vermißt hast: denk, ich habe einen Briefanfang, der diesem an sich gewiß berechtigten Postulat entsprochen hätte, wieder zerrissen, weil es mir so müßig vorkam, dir – und das wollte ich – die Bitte vorzutragen, du möchtest mich doch gerade nicht so ausgesprochen als einen außerordentlichen Mann behandeln, weil ich das aus der Nähe besehen durchaus nicht sei, sondern meinen Alltag, wie wohl die allermeisten Mitmenschen, ziemlich kümmerlich friste. Ich begnügte mich also, dir für jenen Brief so herzlich, wie es wirklich gemeint war, zu danken wegen der Teilnahme, die daraus zu mir gesprochen hatte. Die Rede aber, in der ich auf seinen konkreten Gehalt Echo geben wollte, habe ich kassiert, weil sie mich selbst anödete und weil ich dachte, das Anliegen »an den Redakteur«, das mich zu dir führte, könne dir besser als alle Erklärungen zeigen, daß ich die »großzügige« Gestalt weder bin noch zu sein begehre, als die ich mich zu meinem gelinden Schrecken im Spiegelbild deines Weihnachtsbriefes wiedererkannte.

Laß mich fortfahren mit der Erinnerung, daß mein Anliegen »an den Redakteur« doch nicht das war – ich meinte, das doch stark genug beteuert zu haben –, mein Ärgernis darüber auszusprechen, daß in der Chr.Welt gelegentlich neben pro – was ja gerade in der letzten Nummer auch nicht fehlte – auch contra Barth geschrieben wird. Den Humor dafür habe ich wirklich immer noch, und es müßte ja mit merkwürdigen Dingen zugehen, wenn er sich nicht sogar verbessert hätte infolge der reichlichen Gelegenheit, ihn zu üben. Ich wollte dir nur das ganze Spezielle nicht verbergen, daß ich nach O. Ritschl und Budde bei Anlaß von Wobbermin das dritte Mal die Empfindung hatte, es würden da gänzlich obsolete Dinge gegen mich vorgebracht, über die ich nur die Achseln zucken könne. Muß es denn sein, daß es in der Chr. Welt manchmal so vorsintflutlich zugeht mir gegenüber? Das war die wirklich nicht tragisch gemeinte Frage, die ich dir vorlegen wollte, weil ich mir dachte, es sei dir vielleicht nicht bewußt, daß die bewußten Artikel mir (und vielleicht doch nicht nur mir) gerade *diesen* Eindruck machten, und weil ich es gerade der Chr. Welt gegenüber und dir gegenüber nicht für nett hielt, diesen Eindruck zu haben, ohne es dir zu sagen. War das Unternehmen, dir diesen Brief zu schreiben, auch gewiß kein »großzügiges« Unternehmen, so mußt du wirklich auch nicht etwa eine besondere Gereiztheit dahinter suchen. Das fatale Faktum, auf das ich hinweisen wollte, bestand ja wirklich darin, daß ich an jenem Sonntagmorgen gelacht habe, also eher zuviel als zu wenig Humor hatte.

Und nun laß mich schließen, indem ich dir danke für die Mitteilung deiner Gedanken zu meinem Berner Artikel. Darf ich dazu die Frage stellen, ob sich dein Einwand wirklich auf meinen Aufsatz selbst oder nicht doch eigentlich bloß auf den dich ungut berührenden Titel bezieht? Es könnte mir ja nicht einfallen, auch nur ein Wort von dem, was du über den Glauben als *die* Gnade, als das Werk des heiligen Geistes etc. schreibst, in Abrede zu stellen. Darf das Andere, wenn es immerhin so geschützt gesagt wird, wie ich es getan zu haben meine, darum nicht gesagt werden? Hat Luther den Glauben nicht auch reichlich als justitia formalis beschrieben? Ist in meinem Aufsatz weniger sichtbar als bei ihm, was als imputatio dazukommen muß? Ists aber in einem Jubiläumsartikel nicht angebracht, dessen zu gedenken, was damals und heute die menschliche Seite der Sache ist: das Trauen und Wagen des Herzens? Warum soll ich, der den Hohlraumcharakter dieser Seite der Sache doch wahrlich oft und ärgerlich genug geltend gemacht, es mir nicht leisten dürfen, nun eben auch einmal das zu sagen?

Lieber Onkel Rade, ich bin doch *wirklich* nicht dabei, dich zu beobachten und zu beurteilen. Ich bin ein harmloseres Geschöpf, als du denkst, auch wenn ich gelegentlich einmal vom Leder ziehe und – – – *wie* froh, wenn die Leute *mich* in Frieden lassen! Verstehe nicht miß und behalte in gutem Gedenken

Deinen »Neffen« Karl

Rade an Barth   Marburg, 30. 3. 1928

Lieber Karl,
[...]
Dank für Deinen Brief vom 24.2. All right. Wir sind Menschen zweier Generationen, das sagt alles. Leider bringt es nun mein Metier mit sich, daß ich mich nicht schweigend zurückziehen kann. Und Du schreibst so viel! Nun wieder Deine Dogmatik. Man kommt kaum lesend mit. Laß uns einander weiter freundschaftlich tolerieren. Und wir Alten müssen von den Jungen lernen. Wozu wäret Ihr sonst da?
Dein V. Rade

Rade an Barth   Marburg, 28. 9. 1928

Eiligst
Lieber Karl,
Thurneysen schrieb mir wegen eines Inserats von Klotz. Ich kenne es nicht und bin daran ganz unbeteiligt. *Diese 2. Dörriessche Schrift habe ich für die BCW abgelehnt.* Dörries hat dann Klotz sehr gebeten, die Schrift doch in Verlag zu nehmen. Es ist eine Kritik Deiner Dogmatik. Weiter weiß ich nichts.

Ich nehme an, daß damit Thurneysens Vorhaltungen mir und den FCW gegenüber hinfällig werden. Würde er daraufhin seinen Basler Vortrag absagen, so würde das einen unbeschreiblichen Eindruck machen. *Laß Dir bitte den Brief schicken, den ich ihm geschrieben habe.*

Es ist nun der Moment da, wo wir uns mal persönlich sprechen müssen. Im Oktober bin ich in Eisenach, Basel, Dänemark. Danach besuche ich Dich in Münster. Oder der Weg führt Dich über Marburg.

Dora ist verreist. Grüß Deine liebe Frau. Gott befohlen.
Dein V. R.

Rade an E. Thurneysen   Marburg, 28. 9. 1928

Lieber Freund,
Ihren Brief leitete ich sofort an Herrn Klotz weiter[1]. Sie sehen die Dinge nicht so, wie sie liegen. Ich gebe gewiß zu, daß sie so erscheinen können. Aber zum Glück kann ich doch einiges dawider sagen, was Sie überzeugen wird.

Das Wichtigste telegraphierte ich schon. An dem Buch von *Dörries* bin ich unschuldig. (Auch relativ an dem früheren; es ist auch via Verlag an mich und in die Sammlung gekommen. Immerhin, Dörries ist einer unserer ehrwürdigen Alten.) Ich habe durchaus abgelehnt, diese Fortsetzung in die BCW aufzunehmen. Auch Klotz hatte Bedenken. Wieso er dann doch mit dem Verfasser einig geworden ist, weiß ich nicht.

Das Inserat ist Verlags-Reklame. Herr Klotz wird es auf Ihren Brief hin sofort zurückziehen. Ich glaube, man soll solche Inserate nicht tragisch nehmen. Aber ich begreife auch Ihre Empfindungen.

Was nun die Haltung der CW betrifft, so haben Sie ja erlebt, daß ich Sie um Ihren Vortrag gebeten habe[2]. Sogar wiederholt. Auf die 2. Bitte habe ich noch keine Antwort. Sie lehnten zunächst ab, weil Sie den ZdZ den Vorzug geben. *Dieselbe Antwort habe ich mehrfach von Ihren Freunden bekommen.* Erst jüngst von Gogarten, als ich ihn um seinen Gießener Vortrag[3] bat. *Seit Zwischen den Zeiten besteht,* haben sich die Barthianer (um der Kürze halber so zu reden) *von der CW zurückgezogen.* Ich könnte sagen: Am Anfang war Ihnen die CW gut genug! Aber so will ich nicht reden. Es ging ganz natürlich zu, daß Sie sich Ihr Organ schufen.

Wie ich mich bemühte, von Ihrer Seite auch versorgt zu werden, können Sie nicht ahnen. Ich war froh, als ich in Pfarrer *Heinzerling* einen sympathischen Besprecher der »Barthiana« entdeckte[4]. Mit dem werden Sie zufrieden sein. *Er bekommt grundsätzlich diese ganze* Literatur zur Besprechung. Haben Sie seinen Aufsatz über *Brunner* in Nr. 18 gelesen? Mehr können Sie nicht verlangen.

In Eisenach werden wir uns Schleiermachers annehmen. Ich habe Brunner dazu eingeladen[5]. K. Barth ist Mitglied unserer Vereinigung, er kann von selbst kommen. Irgendwelche faktiöse Haltung liegt mir fern. *Sie sollten mich so weit kennen.* Daß ich Ihrer Theologie nicht zustimme, ist ein Recht, das Sie mir nicht weigern werden. Wahrscheinlich bin ich zu alt dafür. Und auch die anderen Theologen haben *das Recht,* Ihre Gegner zu sein. Eine neue Richtung, auch dann, wenn sie so aggressiv ist, *darf nicht empfindlich sein.*

Wie sehr ich das Unangenehme der Situation, d.i. meiner wachsenden Einseitigkeit in CW, spüre, ersehen Sie aus Nr. 18 Sp. 879[6]. Aber wie soll ich mich ihr entgegenstemmen, wenn Sie und Ihre Freunde nicht helfen? – Wie lange ists her, da attackierte das Protestantenblatt die *CW* als *Organ* der Barthschen Theologie! *Ich habe mich nicht geändert*[7].

Den Gedanken, uns Ihren Vortrag *nicht* zu halten, werden Sie fallen lassen[8]. Es war Ihnen nicht ernst. Was können die Elsässer dafür, daß Herr Klotz ein leichtfertiges Inserat losgelassen hat? Und wenn Sie absagen würden, gäbe das einen öffentlichen Skandal. Es wäre ein kirchengeschichtliches Ereignis. Von unabsehbarer unerfreulicher Folge.
Ich denke, mein Brief dient zu Ihrer Beruhigung.
Herzlich grüßend Ihr Rade.

1. Thurneysen hatte bei Rade Protest erhoben gegen eine Verlagsanzeige des Leopold Klotz Verlags, in der für das zweite Buch von *B. Dörries:* Am Scheideweg. Eine Auseinandersetzung mit der Dogmatik Karl Barths, Gotha 1928, geworben wurde.
2. Rade bat Thurneysen im voraus um den Abdruck seines Vortrags »Offenbarung in Religionsgeschichte und Bibel«, der am 8. 10. 1928 auf dem Treffen der FChW in Basel gehalten wurde. Der Vortrag erschien dann nicht in der ChW, sondern in: ZZ 6 (1928), S. 453-477; auch in: Anfänge II, S. 276-299.
3. *F. Gogarten:* Das Gesetz und seine Erfüllung durch Jesus Christus, Vortrag, gehalten auf der Gießener Theologischen Konferenz, den 7. Juni 1928, in: ZZ 6 (1928), S. 368-383.
4. Vgl. Anm. 2 zum Brief Rades vom 21. 2. 1928.
5. Auf dem Treffen des BGC vom 1.-10. 1928 in Eisenach wurde über die Theologie Schleiermachers verhandelt. Emil Brunner kam nicht zu dieser Tagung.
6. ChW 42 (1928), Sp. 879: »Wir haben im Streit um die dialektische Theologie überwiegend ihre Gegner vernommen. Das ist nicht die Schuld der Redaktion. Gewiß streben wir andauernd eine bestimmte Stellungnahme an ... Man kann von uns Alten nicht verlangen, daß wir schleunig unsre Frömmigkeit preisgeben.«
7. Vgl. An die Freunde Nr. 87 (1926), Sp. 938.
8. Rade befürchtete, daß Thurneysen seine Teilnahme an dem Treffen der FChW in Basel in Frage stellen könne.

Barth an Rade   Münster, Himmelreichallee 43, 21. 10. 1928

Lieber Onkel Rade!
Noch liegt dein Brief vom 28. September unbeantwortet da. Es hätte ja nahe gelegen, daß ich nach Basel gekommen wäre, um ihn persönlich zu beantworten und zu hören, was du mir darüber hinaus sagen willst. Aber sieh, die Aussicht auf die Basler Redeschlacht mit Leuten, die nur dazu herkamen, um noch einmal und noch einmal zu versichern, daß es

mit der dialektischen Theologie wirklich nichts sei, diese unfruchtbare Aussicht konnte mich nun doch nicht aus meiner endlich gewonnenen Ferienruhe herauslocken, und auf ein ruhiges Privatgespräch mit dir konnte ich bei der kurzen Zeit und unter den vielen Menschen auch nicht rechnen. So blieb ich weg und muß es nun schon darauf ankommen lassen, daß du uns wirklich auf der Heimreise von Dänemark, wo ich dich noch vermute, die Freude deines Besuches machst. Von mir aus würde ich dir in Sachen Dörries nicht geschrieben haben. Ich konnte den Fall nicht so tragisch nehmen, wie es Merz und Thurnysen getan haben. Würde es auch dann nicht getan haben, wenn die Schrift in der Bücherei erschienen wäre, was sich ja nun als ein Irrtum herausgestellt hat, und wenn der zurückgepfiffene Waschzeddel überall so fröhlich hätte mitlaufen dürfen, wie er es in Basel zur Entrüstung meiner guten Mutter noch tun durfte. Warum soll man uns nicht widersprechen und warum soll die Christl. Welt und ihr Verlag nicht mehr oder weniger eindeutig ein Organ dieses Widerspruches sein? Du weißt aus unserer letzten Korrespondenz, daß mein Anliegen und meine Beschwerde auf einer anderen Linie liegt. Ich habe den berüchtigten Waschzeddel und danach die neue Dörriesschrift selbst gar nicht verletzt, sondern im Gegenteil mit einer vielleicht etwas unterchristlichen Schadenfreude darüber gelesen, daß meine verehrte Opposition sich fort und fort solche Blößen gibt, so eifrig Wasser auf meine Mühle leitet. Daß ich die Christliche Welt und ihre Gegnerschaft angesichts dieser und ähnlicher in ihr selbst oder also in ihrer nächsten Nähe erscheinenden Angriff nicht ernster nehmen kann, daß mein natürlicher Mensch vielmehr geneigt ist, euch ein »Nur so weiter!« zuzurufen, das ists, was mir das Beklagenswerte an diesem Zwischenfalle ist. 1908-1909 ist doch auch ein Bestandteil meines Lebens, und wenn es mich nun auch nicht kränkt, die Chr.Welt mehr oder weniger bestimmt im feindlichen Lager zu sehen, so würde ich doch gerne in der Lage sein, dem, was von dorther gegen mich gesagt wird, eine andere Ehre antun zu können als die jener fragwürdigen Freude über Gegner, die sich selber so lächerlich machen, daß ich gar nichts mehr dazu zu sagen brauche. Ich schrieb dir das letztemal Ähnliches im Blick auf gewisse Artikel in der Christl.Welt selbst. Das ist auch meine Stellung und Empfindung im Falle Dörries. Eure gewisse Solidarität mit Dörries wirst du ja nicht in Abrede stellen, auch wenn die Schrift nicht geradezu in der Bücherei erschienen ist. Er unterscheidet sich doch wohl von den Meisten eurer Polemiker nur dadurch, daß er allerlei Törichtes, was die Anderen vermutlich auch denken, unvorsichtigerweise auch noch drucken läßt und ausplaudert. Also Summa: ich beschwere mich nicht über die Polemik als solche, nicht über ihre Häufigkeit und nicht über ihr Überwiegen gegenüber den freundlichen Stimmen – das Alles ist wohl verständlich und in der Ordnung –, wohl aber über den Mangel an *Niveau*. Dafür ist mir der Fall Dörries ein neues Symptom gewesen. Aber ich würde deswegen von mir aus keine solche Aktion in Szene gesetzt haben, wie es Thurneysen getan hat.

Mit herzlichem Gruß und in der Hoffnung auf eine baldige Gelegenheit, uns über Alles auch persönlich auszusprechen
Dein Karl Barth

Bitte versäume nicht, Tante Dora zu grüßen!

Rade an Barth   Marburg, 25. 10. 1928

Lieber Karl!

Der Heimweg von Dänemark führte nicht über Münster. Ich sehe aber deutlich, daß ich Dich besuchen muß. Schreibe mir, wann Du in den nächsten Wochen mal gute Zeit für mich hast. Doch wohl am besten des Sonntags?

Ich verkenne nicht das persönliche Wohlwollen gegen mich, das Dein Brief atmet. Aber die Klage über das niedrige Niveau der CW wirst Du mir gründlich motivieren müssen. Das lasse ich nicht so ohne Weiteres auf ihr sitzen.

Soweit Du mich aber damit einer faktiösen Haltung bezichtigst, werde ich mit einem kurzen Satz Dir die völlige Unhaltbarkeit dieses Vorwurfs oder Verdachts beweisen können. Die Dinge haben sich ganz anders entwickelt und entwickeln sich noch eben ganz anders.

Ob wir uns nun verstehen und verständigen oder nicht, jedenfalls komme ich.
Herzliche Grüße
Dein V. Rade

Barth an Rade   Münster, 26. 10. 1928

Lieber Onkel Rade!

Es ist mir fast ein wenig beschämend, daß du nun mir nachreisen sollst, und wenn es uns nicht alle freute, dir bei dem Anlaß zu zeigen, wo wir zu Hause sind, wollte ich dir wohl anbieten, dir irgendwohin entgegenzureisen. Hoffentlich bewähre ich mich dann beim Aufzeigen der Sehenswürdigkeiten von Münster besser als s.Z. – weißt du noch? – 1910 oder 11 in Genf. Ob dir wohl Sonntag der 11. November passen würde?

Fast ein wenig trauernd sehe ich, daß nun auch du zur Schreibmaschine übergegangen bist.

Wenn dir der 11. nicht paßt, so kann es von uns aus auch der 18. sein oder der 2. Dezember.

Mit herzlichem Gruß, auch an Tante Dora
Dein Karl Barth

Rade an Barth   Marburg, 9. 11. 1928

Lieber Karl,
Sonnabend den 17. kann ich nicht reisen. Wohl aber *Sonntag, den 18.* früh 7³⁰ hier weg, 8²³ ab Gießen, dann via Kassel 13³⁸ in Münster. Ist es so recht? Wir haben also Sonntag Nachmittag und Abend, Montag reise ich heim. Oder mit demselben Zuge könnte ich Dienstag vor Bußtag kommen, d.i. am 20., oder auch am Bußtag selbst, am 21. Der 17. ist mir vorläufig lieber.

Dein V. R.

Barth an Rade   Münster, 10. 11. 1928

Lieber Onkel Rade!
Münster und Marburg sind wirklich zwei *eisenbahnlich* nicht günstig verbundene Orte. Wir haben hier auf dem Verkehrsbureau nachgefragt, aber der Bescheid, den wir erhielten, ist viel weniger gut, als was du auf deiner eben eingetroffenen zweiten Karte mitteilst, und so würde ich raten, es dabei zu lassen. Mir ist der Sonntag lieber als der Bußtag. Also Sonntag 18.Nov. 13.38 werde ich auf dem Bahnhof sein und Dir endgültig den Weg ins Himmelreich zeigen.

Mit herzlichem Gruß
Dein Karl Barth

Rade an Barth   Bahnhof Hagen, 19. 11. 1928, Nachmittags 4

Da sitz ich nun, ich armer Tor! Mein Plan war gut, aber ohne die 30minütliche Verspätung des Berlin-Kölner D-Zugs gemacht. Und ich war so siegesgewiß, zumal die Karte über Kassel ganze 2 Mark mehr kostete, als die über Gießen. Schlimm ists nicht: ich komme statt 21⁰³ 22³⁸ an. – Ich benutze den Aufenthalt hier, um Euch noch mal zu grüßen und Euch für alle Liebe und Gastfreundschaft zu danken. Ich weiß doch nun, wie Ihr existiert und hab Eure Kinder mal gesehen. Sagt ihnen auch noch einen Gruß von mir, vor allem den großen. Daß ich um mein Kolleg gekommen bin, wurmt mich. Dazu muß ichs also noch einmal probieren.
Euer V. R.

Barth an Rade   Münster, Himmelreichallee 43, 29. 1. 1929

Lieber Onkel Rade!

Mir schickt Georg Merz deinen Brief an ihn vom 23. samt seiner Antwort darauf mit dem Wunsch, ich möchte die letztere auf ihre Angemessenheit prüfen und sie je nachdem an dich weitersenden oder nicht weitersenden. Ich sende sie hiemit weiter, weil ich Alles in ihr Gesagte nur bestätigen und unterschreiben kann. Aber ich möchte das nicht tun, ohne auch von mir aus noch ein Wort zur Sache zu sagen, umsomehr als ich nach deinem guten Besuch bei uns im November bei aller Offenheit und gegenseitigen Aufmerksamkeit, in der wir miteinander zu sprechen versucht hatten, doch die Empfindung nicht los wurde, als ob nun irgend etwas noch nicht ganz ausgesprochen oder, wenn ausgesprochen, nicht ganz in Ordnung gebracht sei. Aus deinem Briefe an Merz sehe ich nun ganz deutlich, daß du die Sache, deretwegen du im November zu mir kamst, doch immer noch ganz stark auf dem Herzen hast gegen uns. Und nun sind wir, wie es dir auch Merz andeutet, in der ganz schwierigen Lage, daß wir, auch wenn wir uns ganz ehrlich prüfen, einfach nicht sehen können, was denn eigentlich los ist, bzw. die Proportionen zwischen der Lebhaftigkeit und Dringlichkeit deiner Vorhaltungen und dem, worauf sie sich auf unserer Seite zu beziehen scheinen, nicht verstehen können. Ich kann dich zunächst nur bitten, uns zu glauben, daß wir wirklich so dran sind, daß wir die von dir mündlich und schriftlich monierten Tatbestände so ganz anders sehen als du, daß und *daraufhin*, was du gegen uns hast und von uns willst, noch nicht einleuchtend geworden ist, wir vielmehr vor der Frage stehen, ob du bei dem Ganzen noch andere von dir bisher nicht angeführte Tatbestände vor Augen hast, an Hand deren uns besser klar werden könnte, was der Sinn der so starken Anklage, die du gegen uns erhebst, sein möchte. Mir ist an der Klärung der Situation und an der Zerstreuung dieser Wolken wirklich gelegen, wie Merz auch, und darum will ich versuchen – indem ich mich an das bisher von dir Gesagte halte – die einzelnen Punkte nochmals durchzugehen.

Einmal etwas Allgemeines: ich kann wirklich nicht zugeben, daß wir uns in der Animosität gegen die C.W. befänden, die du nach dem Tenor deines Briefes bei uns voraussetzest. In den weit zurückliegenden Zeiten, wo eine solche Animosität bei mir vorlag, habe ich es dir nicht vorenthalten und würde es auch jetzt nicht tun, wenn etwas daran wäre. Ich kann dir aber nur sagen, daß wir Alle genug vor unsern eigenen Türen zu wischen haben, überhaupt alle Hände voll zu tun haben mit ganz andern Anliegen, als daß uns Zeit und Lust bliebe, uns auch nur innerlich gerade auf den Kriegspfad zu begeben, auf dem du uns offenbar siehst. Gelegentliche instinktive Abwehrbewegungen zählen doch nicht, nicht wahr? Im Übrigen aber hättest du wenigstens mein Herz in dieser Beziehung in den letzten Jahren aufs Genaueste behorchen können und würdest doch von »Beschuldigungen« gegen die C.W. wirklich nichts vernommen haben, was der Rede wert wäre.

Merz hat dir geschrieben, in welchem Sinn wir die C.W. als eine »gegen« uns schreibende Zeitung verstehen. Darf man das nicht in aller Ruhe und persönlichen Freundschaft feststellen? Oder ist es etwa nicht so? Zugegeben, daß wir in der C.W. immer auch relative Anerkennung und sogar selbst das Wort bekamen, ja sogar zum Reden aufgefordert wurden. Zugegeben, daß die Polemik gegen uns mit wenig Ausnahmen (es gab aber auch solche!) freundlich und maßvoll war – so wirst du doch deinerseits zugeben müssen, daß deine eigenen und die Voten deiner für die C.W. charakteristischen Mitarbeiter schon in unserer religiös-sozialen Zeit und noch mehr seit dem ersten Erscheinen meines Römerbriefs in den für uns entscheidenden Punkten ein bestimmtes Nein uns gegenüber bedeuteten? Ich mache dir ja wirklich keinen Vorwurf daraus. Aber du mußt doch verstehen, daß wir in einem Blatt, in dem wir uns, Alles in Allem gerechnet, nicht persönlich, aber sachlich in der Hauptsache abgelehnt fühlten, in einem Blatt, in dem wir überdies, auch wenn es sich nicht mit uns beschäftigte, beständig so Vieles lesen mußten, was uns – wiederum sine ira et studio gesagt – gegen den Strich ging, was für uns erledigt war – daß wir uns da nicht eben in einer »Heimat« fühlen konnten. Die C.W. ist doch nicht die Kirche, und so kann doch auch das keine Sektenbildung gewesen sein, daß wir uns angesichts der Sachlage – in der wir uns ja nicht nur gegenüber der C.W. befanden – an einer andern Straße eine eigene Heimat bauten.

Du hälst uns eine Art Undankbarkeit vor, die darin manifest sei, daß wir früher die C.W. »gebraucht« hätten, daß sie uns dienlich gewesen sei, während wir sie jetzt geflissentlich mieden. Du hast mich bei deinem Hiersein an meinen Elgersburger Vortrag erinnert. Aber weißt du nicht mehr, daß damals (Herbst 1922) die Sachlage ganz die gleiche war wie jetzt bei dem Vortrag von Thurneysen?? Nur mit ungleichem Ausgang! Wir hatten ja damals eben ZdZ gegründet, und ich weiß noch gut, wie ich zwischen deinen Beschwörungen und denen von Georg Merz in Verlegenheit war, weil schon damals derselbe Konflikt betr. des Abdrucks war. Ich habe dann dir zugesagt und Merz einen Korb gegeben, aber wirklich nicht, weil ich die C.W. durchaus »gebraucht« hätte, sondern weil mir dein Prinzip betr. der auf den Tagungen der FCW gehaltenen Vorträge irgendwie einleuchtend war und weil ich damals ZdZ mit andern Beiträgen versorgen konnte. (Beides traf diesmal bei Thurneysen nicht zu.) Merz könnte dir wohl noch heute bestätigen, daß er damals gar nicht mit mir zufrieden war. Meine seitherige Mitarbeit an C.W. bestand in den Antworten an Harnack, P. Jaeger und einer kleinen an E. Vischer. Zu den Artikeln gegen Harnack und Jaeger hast du mich ausdrücklich aufgefordert, und ich glaube ohne allzu große Anmaßung sagen zu dürfen, daß speziell meine Beteiligung an der Harnackdebatte der C.W. mindestens ebenso bekömmlich gewesen ist wie mir. Daß die Dinge bei Gogarten vielleicht etwas anders liegen als bei mir, ist möglich, dafür sind jedenfalls Thurneysen, Merz und Brunner m.W. in gleichem oder ähnlichem Fall wie ich. An Dinge, die hinter 1922 zurückliegen, kannst du doch kaum gedacht haben. Ich wüßte da nur von meinem Artikel über die »Hilfe« von 1914, zu dem ich ebenfalls ausdrücklich aufgefordert war. So kann ich über die Vorhaltung, wir seien früher über die C.W. froh gewesen, jetzt aber ...! ganz ehrlich nur staunen.

Lieber Onkel Rade, es ist gewißlich auch jetzt nicht so, daß wir die C.W. »geflissentlich meiden« würden. Auch das geht neben dem, was wirklich vorliegt, ach glaub es uns doch, einfach vorbei. Was mich betrifft, so scheine ich nur darum ein solcher Vielschreiber, weil Georg Merz nun einmal jeden von dem im Verhältnis zu der Redefülle anderer Leute sehr spärlichen Vorträge, schon bevor er gemacht ist, »auf dem Halm« gekauft hat und abdruckt. Es fehlt mir an Zeit, Kraft und

Einfällen, mich darüber hinaus auch noch an der C.W. zu betätigen. Man könnte darüber hinaus höchstens das sagen, daß wohl wir Alle nicht eben Lust haben, in die C.W. zu schreiben, weil man sich dort von all dem Andern, was drinsteht, allzu zugedeckt vorkommt und weil die Leute, die die C.W. halten oder auf den Bibliotheken danach greifen, doch nicht die sind, von denen wir erwarten, verständnisvoll gelesen zu werden. Das Alles ist doch aber nicht schlimm, sondern höchstens der Ausdruck davon, daß wir mit dem besten Willen nicht sagen können, daß wir uns in der C.W. zu Hause fühlten. Etwas Anderes als diese Empfindung des »Unlustigen« und Unersprießlichen kann auch Thurneysen (abgesehen von seiner notorisch primären Verpflichtung ZdZ gegenüber) nicht bewogen haben, deinem Wunsche nicht zu entsprechen. Wenn er dir freilich tatsächlich seit dem Oktober überhaupt nicht mehr geschrieben hat, so kann ich das nicht billigen und werde ihm das auch sagen. Aber von einem tragischen Entweder-Oder und von dem Fanatismus von Sektenhäuptern kann bei dem Allen nicht die Rede sein. Auch wir sagen und tun doch allerlei, ohne daß man gleich eine rotglühende Auseinandersetzung mit dem Teufel dahinter suchen dürfte.

Lieber Onkel Rade, was ist das nun für eine langatmige Sache geworden, eine richtige oratio pro domo. Möchtest du daraus und aus der Ausführlichkeit, deren sich auch mein Freund Merz beflissen hat, nur unsern wirklich vorhandenen Eifer ersehen, von dir etwas anders, nämlich vor Allem nach Leben, Taten und Meinungen etwas harmloser und menschlicher gesehen zu werden. Wir könnens und wollens ja nicht leugnen, daß wir in einem kleinen Sonderzüglein unsere Reise machen, aber habt ihr nicht seit 40 und mehr Jahren dasselbe getan? Ich kann dich nur als Kenner der Verhältnisse in diesem Züglein versichern, daß eine feierliche Abrechnung mit unserm Verhalten der C.W. gegenüber wie die, die du uns beinahe androhst, sicher, sicher gegenstandslos wäre.

Und nun sei in der alten Gesinnung herzlichst gegrüßt
von Deinem Karl Barth

Rade an Barth   Marburg, 31. 1. 1929

Lieber Karl!
Auf dem Heimwege von Münster hierher schrieb ich einen langen Brief an Dich. Leider nur in Gedanken, und zur Niederschrift kam es

nicht. Wirklich »leider«, denn er war sehr interessant. Inzwischen ist es wahrhaft rührend, wie Ihr beide Euch um mich bemüht habt. Wenn ich da nicht beschämt stillschweige. Das will ich auch, zumal inzwischen ein freundlicher Stern am Himmel aufgegangen ist: davon Näheres, sobald er über Bethlehem steht. Jedenfalls danke ich Dir sehr für Deinen Brief und grüße Dich und Deine ganze Familie herzlich. Meine Frau ist wieder in Elmau.
Dein V. R.

Rade an Barth   Marburg, 18. 7. 1929

Lieber Freund,
ich sehe, daß Du Anfang Oktober wieder im Land bist. Das ermutigt mich, Dich zu unserer Tagung in Eisenach einzuladen. Ich weiß nicht, ob ich es Dir im Ernst persönlich zumuten soll zu kommen. Ich kann mich nicht genug in Deine Situation diesem Konvent gegenüber versetzen. Bultmann, Gogarten, Aé – da hat also am 1.Tage die dialektische Theologie das Wort[1]. Aé ist, soviel ich weiß, einer Deiner trefflichsten Anhänger: so jedenfalls ist seine Wahl gemeint. Am 2.Tage soll für eine ruhige Diskussion Raum sein, von 9 bis 6 etwa bei langer zweistündiger Mittagspause. Selbstverständlich wechseln die Redner pro et contra. Wenn ich Dich einlade, soll das nicht im Mindesten bedeuten, daß ich ein Eingreifen von Dir erwarte; das steht ganz bei Dir. Es ist einfach anständig von uns und sachlich, daß wir Dich bitten zu kommen und dabei zu sein. – Ich habe auch Brunner geladen, wie schon im vorigen Jahr, wo es Schleiermacher galt.
    Wie die Tagung läuft, ahne ich nicht. Es mag ja sein, daß diese Art Verhandlungen sich überlebt hat. Jedenfalls haben wir sie diesmal so gestaltet, daß man den Willen zur Reform nicht verkennen kann. Einmal werden diese Zusammenkünfte ja doch abgebaut werden. Aber einstweilen leben wir noch, allen Abgönnern zum Trotz. –
    Dein freies Semester neigt sich seinem Ende zu. Hoffentlich hast Du es recht nützen können.
    Wir werden vom 22.-29. in Madiswil sein, dann in Blapbach wohnen und müssen mal ordentlich ausruhen.
    Grüße Deine Gastfreunde und sei selbst herzlich gegrüßt
    Dein V. Rade

Ich schicke Dir den Vortrag v. Sodens[2]. Es ist der Wunsch, daß die

3 Redner vom 2.10. ihren Ausgang davon nehmen, damit eine »gewisse« gemeinsame Basis vorhanden sei.

1. Auf der Tagung des BGC am 2. und 3. 10. 1929 hielten Bultmann und Gogarten ihre Vorträge über Wahrheit und Gewißheit. Gogartens Referat wurde publiziert in: ZZ 8 (1930), Sp. 94-119. Der dritte Referent, Pfarrer Karl Aé aus Dresden, konnte aus Krankheitsgründen seinen Vortrag nicht halten, er erschien in: ChW 44 (1930), Sp. 618-625. – Diese Tagung war die letzte große Konfrontation zwischen »liberaler« und »dialektischer« Theologie. Eine Verständigung konnte nicht erreicht werden. Beide Redner zeigten sich von der Diskussion schwer enttäuscht. Vgl. An die Freunde Nr. 94 (1929), Sp. 1078-1098, bes. 1096f. In dieser Nummer von »An die Freunde« nahm Rade auch in einer »ungehaltenen Diskussionsrede« zu den Auseinandersetzungen Stellung (a.a.O., Sp. 1098f.). Er betonte nachdrücklich die theologische Bedeutung der Gewißheitsfrage gegenüber der einseitigen Betonung der Wahrheitsfrage. In seinem Beitrag kommt er zu einer interessanten Stellungnahme zur »dialektischen« Theologie: »Aber während ich das Gefühl habe, daß nach der philosophischen Seite von Männern wie Gogarten und Bultmann das durchgearbeitet wird, was unsere Zeit braucht, und während ich zugebe, daß die ganze sogenannte dialektische Theologie der heranwachsenden Generation Antwort gibt, wo wir nicht antworten können – freilich keine letzte Antwort –, bin ich außer Stande ihnen zuzugestehen: ›Ja, ihr steht drin im wahren Verständnis des Evangeliums, und wir stehen draußen.‹ Und das wollen sie doch eigentlich. Das heißt sie wollen unsre *Bekehrung*. Daher auch ihre schöne Leidenschaft« (a.a.O., Sp. 1099).

In derselben Nummer von »An die Freunde« begründete Rade seinen Rücktritt als Vorsitzender des BGC: »Ich setzte meine Ehre darein, daß ich Vertreter der ›dialektischen‹ Theologie dafür gewann, sich zum Streitgespräch zu stellen. Aber zu meiner Enttäuschung stellte sich die Gegenseite nicht ... es sind doch da auch Berufene, die *nicht* kamen, weil die Dialektiker das Wort hatten: ›mit ihnen sei nicht zu streiten‹. Ich kann nur sagen, daß eine solche Gelegenheit, sich auseinanderzusetzen, den beiden Parteien in unserm Kreise noch nicht geboten war. *Bultmann* und *Gogarten* konnten geradezu erwarten, daß ihre Gegner sich stellten! Hatten sie am ersten Tage das Wort, so blieb am zweiten genug Zeit zur Gegenrede ... Aber wenn man in Ruhe die Verhandlungen überschaut, sind es doch nicht die beiden Redner, die das schließliche Mißlingen der Tagung verursacht haben, sondern diejenigen, die es vorzogen fernzubleiben, oder, wenn sie da waren, zu schweigen, und die es damit verhinderten, daß wir wirklich nach genau 400 Jahren wieder ein rechtschaffenes Religionsgespräch bekamen.

Mir ist es also nicht vergönnt gewesen, als Vorsitzender des BGC in Schönheit zu sterben. In einem entscheidenden Moment hat mir eine Schar wichtiger Freunde die Gefolgschaft versagt. So ist es gut und gesundem Verfassungsleben gemäß, daß das Steuer nun von andrer Hand geführt wird.

Ich möchte aber als Vermächtnis für die nächste Entwicklung dies den Freunden hinterlassen: Es ist nicht der Ertrag von Eisenach, trotz der beiden Schlußworte, daß die ›Dialektiker‹ mit uns Älteren gebrochen hätten. Sie haben sich über uns geärgert, aber sie haben uns doch zuvor ihr Bestes geboten. Die Möglichkeiten wissenschaftlicher zünftiger Zwiesprache mit ihnen sind also auch weiterhin für uns gegeben. Und es bleibt Aufgabe unsres Kreises – mindestens der FCW, zu denen Männer der neuen Richtung nach wie vor gehören – die Fühlung zwischen den beiden Parteien nach Kräften zu pflegen, mag das auch seine eigentümlichen Schwierigkeiten haben.

Niemand indessen ist genötigt, ein Erbe anzutreten. Die künftige Leitung des BGC ist frei und ein neuer Kurs die rechtmäßige Konsequenz meines Abschieds« (a.a.O., Sp. 1099f.).

2. *H. v. Soden:* Was ist Wahrheit? Vom geschichtlichen Begriff der Wahrheit. Rede bei Antritt des Rektorats der Universität Marburg (Marburger Akademische Reden 46), Marburg 1927.

Barth an Rade   Oberrieden, 24. 7. 1929

Lieber Onkel Rade,
ich danke dir herzlich für die große Aufmerksamkeit, die du mir erweisest, indem du mich extra und persönlich *zu der Eisenacher Tagung einladest.* Es wird leider schon aus technischen Gründen kaum tunlich sein, daß ich ihr Folge leiste. Doch will ich nicht verhehlen, daß ich, nicht etwa speziell gegen eure Tagung, aber *gegen solche Tagungen überhaupt,* eine immer ausgesprochenere Aversion habe und ihnen, wenn es nicht durchaus sein muß, am liebsten in weitem Bogen aus dem Wege gehe. Es kommt dazu, daß ich *Bultmann* und *Gogarten* ihre Sache lieber allein unter euch vertreten lasse. Ich habe mit der Verantwortung für *meinen* Weg gerade genug zu tun. Sei mir also nicht gram, wenn ich an jener ehrwürdigen Stätte wahrscheinlich nicht sichtbar sein werde, und sei samt Tante Dora und allen Madiswilern herzlichst gegrüßt von Deinem
Karl Barth

Rade an Barth   Marburg, 26. 11. 1929

Lieber Karl,
es beunruhigt uns, daß in Münster F. W. *Schmidt*[1] persönlicher Ordinarius bleiben, der neu zu Berufende Voll-Ordinarius werden soll.

Das wäre doch eine arge Zurücksetzung und Kränkung für Schmidt. Vielleicht aber ist das Gerede falsch.

Jedenfalls drängt man mich, Dir zu schreiben, daß Du Deinen Einfluß dawider geltend machen sollst.

Ich erwidere, 1. daß ich nicht weiß, ob und ob noch Du Einfluß auf die Fakultät Münster hast, und 2. daß ich nicht weiß, ob Du, ausgeschieden, einen solchen Einfluß gebrauchen willst. Eher schon könntest Du in Berlin etwas tun.

Geschrieben habe ich das nur, mehr eine »Röhre«, durch die nicht mal lebendiges Wasser fließt.

Und benutze die Gelegenheit, Dich und Deine liebe Frau und die Kinder von meiner Frau und mir herzlich zu grüßen. Ich höre, daß es Euch in Bonn wohlgefällt.

Dein V. R.

1. Friedrich Wilhelm Schmidt (1893-1945), Professor für Systematische Theologie in Halle und Münster.

Rade an Barth   Marburg, 17. 1. 1930

Lieber Karl!

Eben höre ich, daß Du nächsten Montag hier sprichst[1]. Natürlich wirst Du bei uns wohnen. Wiewohl meine Frau zu ihrem größten Bedauern verreist sein wird. Wann kommst Du?

Viele Grüße
Dein V. R.

1. Am 20. 1. 1930 sprach Barth vor der Marburger Theologenschaft über »Theologische und philosophische Ethik«.

Rade an Barth   Marburg, 23. 2. 1930

Lieber Karl,

besänftige doch gelegentlich Heinrich Scholz. Meine Erklärung des Falles[1] hat ihm offenbar nicht genügt. Leider trifft sie nur für mich und nicht für den Referenten. Ihm ist die Identität der Person entgangen, und er hat den Verfasser auf Grund des Inhalts – wirklich für einen Katholiken gehalten! Da kann ich nun nichts weiter machen. Oberpfarrer Eger ist ein feinsinniger, nicht ungelehrter Mann.

Herrn Niesel grüße bitte von mir und bestelle ihm meine herzlichen Glückwünsche. Über die Festlichkeiten von gestern wird uns ja Peter berichten. Sein Vortrag hat hier einen ausgezeichneten Eindruck gemacht. Hoffentlich ists ihm in Münster auch so geglückt.

Peter soll mir den *Vornamen* von dem Pfarrer Elliger[2] mitbringen, der sich bei Euch für AT habilitiert hat.

Nun kommen bald Umzugstage für Euch. Aber Ihr seid das ja gewöhnt. Gott geleite Euch. Grüß Deine Frau sehr. Die meine grüßt auch. Dein V. R.

1. In ChW 44 (1930), Sp. 183, erschien eine Besprechung von Martin Eger über das Buch von *Heinrich Scholz:* Eros und Caritas. Die platonische Liebe und die Liebe im Sinne des Christentums, Halle 1929. In dieser Rezension stand der Satz: »Je mehr sich Scholz seinem Ziel nähert, umso vernehmbarer wird der Unterton katholisch bestimmter Christlichkeit.« Scholz hatte dagegen bei Rade protestiert, was Rade zu folgender Bemerkung in den »Kleinen Mitteilungen« veranlaßte, in: ChW 44 (1930), Sp. 503: »Die Besprechung von *Heinrich Scholz* »Eros und Caritas« Nr. 4, Sp. 183 konnte, zusammen mit dem Titel (denn wir Protestanten pflegen nicht von caritas zu sprechen), den Eindruck erwecken als sei der Verfasser Katholik. Es fehlte auch bei der Wiedergabe des Titels der Charakter des Verfassers, der auf dem Buchumschlag nicht fehlt: ›ord. Professor der Philosophie an der Universität Münster i.W.‹. Die meisten unsrer Leser hätten sonst schon daraus ersehen, daß der Verfasser kein andrer ist als der uns wohlbekannte Bearbeiter Schleiermachers und Autor einer ›Religionsphilosophie‹, zu unserem Bedauern vom theologischen Katheder auf das philosophische hinübergegangen, das er bis 1919 als Glied der evangelischen Fakultät Breslau innehatte. Ein ›Unterton‹ katholischer Christlichkeit ist, abgesehen von der oben erwähnten Vorliebe für caritas (wir würden unser Bestes aus dem Wort agape gewinnen) dadurch herausgekommen, daß Scholz seine erwähnte Untersuchung nicht bis auf die reformatorische Theologie mit ausgedehnt hat. Aber über die Grenzen der Aufgabe, die er sich steckt, hat schließlich jeder Autor selbst zu bestimmen.«

2. Es handelt sich um Karl Elliger (1901-1977), ab 1929 Privatdozent in Münster, 1934 in Leipzig, dort 1937 ao. Professor, ab 1948 Professor für Altes Testament in Tübingen.

Rade an Barth Marburg, 24. 12. 1931

Lieber Karl,

in einer halben Stunde gehts zum Christnachtsgottesdienst. Da kann ich Dir gerade noch sagen, wie sehr ich mich über Dein Weihnachtsgeschenk, den Anselm[1], gefreut habe. Und nicht nur über das Daß, sondern über das Was. Ich bin zwar eben von meiner 45jährigen Tretmühle los wieder zum Lesen und Studieren befreit; aber ich griff doch gleich zu und war gefesselt. Dieses Objekt Dir vorzunehmen, ist verdienstlich für uns alle und wird Dir gut tun. Da konntest Du Dich von Deiner Systematik, ohne sie zu verraten, am Born der Geschichte erquicken. Vivat sequens. Und wenn ichs werde gelesen haben, schreibe ich Dir wieder.

Sorge auch, daß Chr. Kaiser Rezensions-Exemplar an Mulert (Kiel, Feldstr. 120) schickt. Denn ich denke nicht daran, mein Weihnachtsgeschenk als Rezensionsexemplar freizugeben.

Wir sehen uns und schreiben uns nicht viel, aber wir begegnen uns doch zuweilen. Vielleicht, wenn ich jetzt Muße habe, sie endlich zu studieren, und Gott mir noch ein paar Jahre zudiktiert, komme ich auch noch Eurer Dialektik näher. Aber abgesehen davon, ich finde, daß wir in praxi oft die gleichen Wege gehen.

Grüß Deine liebe Frau und die Kinder. Wir haben das Haus auch voll: Gottfried und Frau, Tante Grete. Dazu Karl Naumann und unser Hermann Pietschmann (der sich gut entwickelt hat) samt seiner Mutter Martha. Und am 29. feiere ich mit der Fakultät meinen Abbau bei der CW.

Gott befohlen, lieber Karl, mit den Deinigen für das Fest und für immer. Tante Dora grüßt sehr.

Dein V. Rade

1. *K. Barth:* Fides quaerins intellectum. Anselms Beweis der Existenz Gottes, München 1931.

Barth an Rade   28. 12. 1931

Lieber Onkel Rade!

Dein Brief kam meiner Absicht zuvor, dir zu diesem Jahresende einen besonderen Gruß zu senden. Ich habe die letzte Nummer der Christlichen Welt[1] nicht aus der Hand legen können, ohne mit Bewegung an dich und Tante Dora zu denken, an den weiten Weg, der nun hinter euch liegt, und an das Stück vergangener und noch lebendiger Geschichte, das dieser Weg bedeutet und an dem außer euch selbst so Viele beteiligt waren und noch sind. Zu denen ich ja auch gehöre – als Einer, der sein Zentrum und seinen Schwergewichtspunkt schließlich außerhalb der besonderen Chr.Welt-Gesinnung und -Stimmung finden mußte – aber immerhin vermöge von allerhand gegenseitigen Berührungen und Überschneidungen der Interessen und Sympathien auch gehöre, nicht wahr? Als solcher Chr.Welt-Häretiker (oder nur Schismatiker? Nein, es wird wohl Häretiker heißen müssen) habe ich Alles, was in den Blauen Heften auch in den letzten Jahren geschah, teilnehmend begleitet und jedenfalls bei allen Peripetien der Zustimmung oder Nichtzustimmung nicht aufgehört, mich dir, euch, persönlich vertrauensvoll verbunden und dankbar zu wissen. Und so kann ich auch heute nicht gleichgültig abseits stehen, wo du diese Hauptarbeit deines Lebens abschliessest, wo Chr.Welt und Marburg-Roter Graben nun verschiedene Begriffe werden sollen. Noch kann ich mir ja diese Dissoziation noch gar nicht vorstellen, aber eure Freude und doch auch Wehmut beim Zurückblicken meine ich von weitem ein wenig mitzuerleben. Und das ists, was ich dir sagen wollte. Ich grüsse dich aus den vielen Fragen und Sorgen, die ich noch vor mir habe. Fast könnte ich dich beneiden um das Bewußtsein des vollbrachten Werkes und um die Ruhe, in der du nun ohne besondere Zwecke und Absichten lesen und meditieren darfst. Aber ich will mich lieber mit dir freuen und mit dir dankbar sein.

Meine Mutter hat die Weihnacht diesmal bei uns gefeiert und bleibt auch noch ins neue Jahr hinein bei uns. Sie hat Tante Dora am 22. am Radio meines Nachbarn K.L. Schmidt sprechen hören und wird euch wohl auch noch selber schreiben.

Zum neuen Jahr wünscht Dir und Tante Dora von Herzen alles Gute
Dein
[Karl Barth]

1. Die letzte Nummer des Jahrgangs 1931 der ChW war die letzte, die von Rade redigiert wurde. Danach übernahm Hermann Mulert – bis 1933 in Zusammenarbeit mit Friedrich Siegmund-Schultze – die Schriftleitung der ChW.

Rade an Barth   Marburg, 6. 2. 1932

Lieber Karl,
der Fall Dehn[1] hat die Wendung genommen, daß die dialektische Theologie Gegenstand der Hallischen Reaktion geworden ist. So allein kann ich Eger[2] verstehen. Und so verstehen auch Andere ihn und Anderes.

Ich habe keine Vorstellung davon, ob Du daraufhin etwas tun willst und was. Auf die Dauer wirst Du nicht schweigen können. Zumal es heißt, daß Du und K.L.S. Dehn zur Veröffentlichung der Dokumente veranlaßt hättet.

Du sollst wissen, daß ich Eger in Nr. 4³ schonungslos angreifen und dabei auch auf die Komplikation mit dem theologischen Gegensatze hinweisen werde. Dabei versteht sich von selbst, daß ich in diesem Zusammenhange durchaus auf dem vollen Anrecht der dialektischen Theologie bestehe.

Einer Antwort bedarf der Brief nicht.

– – – – Anselm mußte ich leider vorerst dem armen Dr. Kuhlmann⁴ verleihen, der Sehnsucht danach hatte. So muß ich es mir aufheben, ihn danach zu Ende zu lesen.

– – Was für Zeiten! Wärst Du in der Schweiz geblieben! Aber Du wirst das selbst nicht wollen.

Wir grüßen Dich und die Deinigen.

Dein V. R.

---

1. Im Dezember 1930 wurde der Berliner Pfarrer Günther Dehn, der vom religiösen Sozialismus herkommend sich der Theologie Karl Barths angeschlossen hatte, auf den Lehrstuhl für Praktische Theologie an der Universität Heidelberg berufen. Nachdem Dehn, in Übereinstimmung mit dem Willen der Fakultät, den Ruf angenommen hatte, wies Gottfried Traub in den »Eisernen Blättern«, durchaus in denunziatorischer Absicht, auf einen Vortrag Dehns vom 9. 11. 1928 in der Magdeburger Ulrichskirche über »Kirche und Völkerversöhnung« (abgedruckt in: ChW 45, 1931, Sp. 194-201) hin, der seinerzeit scharfe Reaktionen der nationalistischen Rechten hervorgerufen hatte. In seinem Vortrag hatte sich Dehn – unter ausdrücklicher Berufung auf Karl Barth – gegen die Identifikation des Todes fürs Vaterland und des christlich verstandenen Opfertodes gewandt: »Es wird bei dieser Darstellung eben außer Acht gelassen, daß der, der getötet wurde, eben auch selbst hat töten wollen. Damit wird die Parallelisierung mit dem christlichen Opfertod zu einer Unmöglichkeit. Im Anschluß daran sollte man auch die Frage erwägen, ob es richtig ist, daß die Kirche den Gefallenen Denkmäler in ihren eigenen Mauern errichtet« (a.a.O., Sp. 203). Diese Äußerung, die Dehn schon 1928/29 den Vorwurf, er ›beschmutze das Andenken der gefallenen Helden‹ und einen Verweis des Berliner Konsistoriums eintrug, veranlaßte die Mehrheit der Heidelberger Theologischen Fakultät, Dehn für ungeeignet zur Besetzung des Lehrstuhls für Praktische Theologie zu erklären. Nur Martin Dibelius betonte in einem Sondervotum, Dehns Vortrag enthalte keine Äußerung, die einem evangelischen Theologen verboten sei. (Beide Voten in: ChW 40, 1931, Sp. 205f.) Zum Bedauern von Martin Rade, der die Frage

stellte, ob ein Pazifist etwa nicht Professor werden könne, zog Dehn seine Zusage zurück. (Vgl. a.a.O., Sp. 237.) Als Dehn darauf, auf Betreiben des preußischen Kultusministers Adolf Grimme, nach Halle berufen wurde, entfaltete dort der Nationalsozialistische Studentenbund und der Hochschulbund Deutscher Art eine Hetzkampagne gegen Dehn. Bei Dehns erster Vorlesung am 3. 11. 1931 kam es zu tumultartigen Zwischenfällen. Rade reagierte darauf mit einem Diktum: »... von jetzt an ist es mir Pflicht, mich einen ›Pazifisten‹ zu nennen, ohne daß ich damit irgendetwas widerrufe, was ich dazu geschrieben habe« (a.a.O., Sp. 1117). Dehn veröffentlichte nach den Vorfällen in Halle Dokumente aus der Auseinandersetzung (Kirche und Völkerversöhnung. Dokumente zum Halleschen Universitätskonflikt, Berlin o. J. [1931]). In seinem Nachwort wehrte sich Dehn gegen die Auffassung, die Haltung der Studenten sei nur irregeleiteter Idealismus: »Verzerrter Idealismus ist Dämonie« (a.a.O., S. 90). Rade schrieb in bezug auf dieses Nachwort in ChW 46 (1932), Sp. 94: »Es sollte danach für keinen Theologen mehr möglich sein, die Hetze gegen den Mann zu unterstützen oder zu billigen.«

2. Dehns Vorgänger auf dem Lehrstuhl für Praktische Theologie in Halle, D. Eger, Mitglied des Magdeburger Konsistoriums und Vorsitzender der Sächsischen Provinzialsynode, veröffentlichte in Nr. 24 der »Preussischen Kirchenzeitung« einen Artikel mit dem Titel: »Worum handelt es sich im Fall Dehn?« Der Artikel, der Dehn vorwarf, er könne mit seinen Studenten nicht auskommen, und andeutungsweise die gesamte »dialektische« Theologie in seinen Angriff miteinbezog, wurde der »Sturmfahne«, dem Organ des Nationalsozialistischen Deutschen Studentenbundes in Halle, als Flugblatt beigelegt und überall verteilt.

3. Rade veröffentlichte in Nr. 4 der ChW 46 (1932) einen Artikel mit dem bezeichnenden Titel: Der Fall Eger und die Vorgänge in Halle (Sp. 186-188), in dem er Egers Verhalten schonungslos angriff. Die Hallesche Studentenschaft, die am 22. 1. 1932 die Ablösung Dehns gefordert hatte, verabschiedete daraufhin am 25. 2. 1932 eine Vertrauenserklärung für Eger (in: ChW 46, 1932, Sp. 235). Eger selbst veröffentlichte in der PrKz Nr. 3 (1932) eine Stellungnahme zu Rades Artikel und sandte der ChW eine Zuschrift, in der er betonte, daß ihm der Ton von Rades Artikel »um der Selbstachtung willen« eine Erwiderung unmöglich mache (Sp. 335). Rade reagierte mit der Aufrechterhaltung seiner Vorwürfe (Sp. 237 und Sp. 336).

4. Vgl. *G. Kuhlmann:* Zu Karl Barths Anselmbuch, in: ZThK N.F. 13 (1932), S. 269-281.

Rade an Barth   Marburg, 6. 2. 1932

Lieber Karl!
Eben nachdem ich meinen Brief an Dich abgeschickt habe, lese ich den Artikel von Frau Dr. Bäumer in Hilfe 6. Du wirst ihn schon kennen. Sonst versäume nicht, ihn kennenzulernen[1].
Dein V. R.

1. Vgl. den Artikel von Gertrud Bäumer: Grundsätzliches im Kampf um Günther Dehn, in: Die Hilfe 28 (1932), S. 125-128.

Barth an Rade   [7. 2. 1932]

Lieber Onkel Rade!
Zu deinem Brief von gestern möchte ich dir doch in Eile dies schreiben dürfen, *daß ich Günther Dehn vor der Veröffentlichung der Dokumente vielmehr bestimmt gewarnt habe.* Dasselbe hat dann auch K. L. Schmidt getan!
Ich habe mich mit Dehn »persönlich und sachlich solidarisch« erklärt[1] und sehe nicht recht ein, was ich jetzt öffentlich sagen sollte. Daß Eger mich mittreffen wollte, habe ich wohl gesehen, aber er hat bis jetzt kaum etwas ausgerichtet – hier sicher nicht: meine Vorlesung ist und sie war gut besucht und Alles verläuft in größter Ruhe. Ich hoffe und *erwarte* eigentlich, daß es dabei bleibt.
Mit herzlichem Gruß
Dein Karl Barth

1. Karl Barth unterzeichnete zusammen mit K. L. Schmidt, M. Dibelius, O. Piper und G. Wünsch (dieser allerdings mit Einschränkung) folgende Erklärung, die in ThBl 10 (1932), Sp. 360f., abgedruckt wurde:
»Die Berufung von Pfarrer D. Günther Dehn zum ordentlichen Professor der praktischen Theologie an der Universität Halle hat einer Gruppe dortiger Studierender Anlaß gegeben, sich mit der Aufforderung zum Verlassen der Universität Halle an ihre Kommilitonen zu wenden.
Die unterzeichneten Professoren der Theologie an anderen deutschen Universitäten erklären hiermit, daß sie mit D. Dehn persönlich und sachlich solidarisch sind.
Sie halten es für angebracht, die Hallische Studentenschaft auf die groteske Situation aufmerksam zu machen, die sich bei diesem Sachverhalt für die auf Grund jener Parole von Halle abwandernden auswärts ergeben könnte.«

Rade an Barth   Marburg, 8. 2. 1932

Lieber Karl!
   Daß bei Euch in Bonn Ruhe herrscht (wie auch bei uns) und daß Du
mit gewohntem Erfolg Deine Vorlesungen hältst, habe ich nicht im
Traum bezweifelt. Aber Du hast vielleicht doch keinen rechten Begriff
davon, wie es in Halle zugeht. Und wenn man sich mit jemandem solidarisch erklärt, so müßte das doch auch seine Konsequenzen haben.
Freilich, *was* Ihr tun sollt, kann ich auch nicht sagen. Nur sehe ich, daß
die Vorgänge *sehr* kritisch sind für Universitäten, Fakultäten und selbst
für die Kirche. K.L.S. hat gewiß die Hallische Universitäts-Zeitung,
sieh Dir die doch mal an. Sehr wichtig ist mir zu wissen, daß Ihr von
den Dokumenten abgeraten habt.
   V. R.

[Am Rand ist notiert:] Deine Antwort ist mir ein wenig zu egozen-
trisch.

Barth an Rade   Bonn, 9. 2. 1932

Lieber Onkel Rade!
   Du mußt begreifen, daß mir deine letzte Karte bei allem Verständnis
für deine guten Absichten etwas auf die Nerven geht. Ich verfolge die
Hallische Sache wirklich von Anfang an, stehe in ständiger Fühlung mit
Dehn selber, berate mich fast jeden zweiten Tag mit dem erst recht
Alles wissenden K.L. Schmidt und bin wahrhaftig gerüstet und bereit,
in der Sache zu handeln – wie das auch schon geschehen ist –, wenn ich
es nämlich für richtig und geboten halte. Als K.L.Schmidt und ich uns
»persönlich und sachlich« mit Dehn solidarisch erklärten, da habt Ihr
immer freien und tapferen Marburger und Gießener alle die nichts-
sagende und unverbindliche Erklärung von Schmitz unterschrieben[1].
Das war euer gutes Recht, aber nun sollt ihr (ich habe einen ähnlichen
Brief wie den deinen von Cordier[2], ausdrücklich im Namen auch der
»Marburger Freunde« redend, bekommen!), mich auf eigene Verantwortung weiter handeln lassen. Ich hatte deinen ersten Brief dahin verstanden, du wollest mich darauf aufmerksam machen, daß es jetzt in
Halle um die dialektische Theologie überhaupt gehe. Der Sinn meiner
Antwort war der, daß ich, den das doch vor Allem angehen könnte, von
den Wirkungen dieses »überhaupt« (in concreto: der Egerschen De-

nunziation) nichts verspüre und ihnen gelassen entgegensehe. Ob es mir im besonderen Interesse von *Dehn* sinnvoll erscheint, mich noch einmal und explizit vor den Ohren von ganz Deutschland mit ihm solidarisch zu erklären, das muß ich doch wirklich mit mir selbst ausmachen. Man kann einander m.E. solche Schritte so wenig mit diesem Ungestüm ins Gewissen schreiben wie – den Kriegsdienst oder die Kriegsdienstverweigerung. Du mußt doch verstehen, daß ich nur schon als Schweizer in diesem Fall gewisse Hemmungen verspüre, mich allzuweit vorzuwagen. Vielleicht tue ich es dennoch, vielleicht auch nicht. Durch Zurufe aus Marburg und Gießen, und wenn man mir Egozentrizität vorwürfe, läßt sich das jedenfalls nicht entscheiden.
Mit herzlichem Gruß
Dein Karl Barth

1. Rade unterzeichnete zusammen mit den Marburger Theologen die Erklärung von Otto Schmitz und Wilhelm Stählin an den Rektor der Universität Halle, abgedruckt in: ThBl 10 (1932), Sp. 361: »Die unterzeichneten ordentlichen Professoren der Theologie, verschiedenen theologischen und politischen Überzeugungen angehörig, fühlen sich verpflichtet, öffentlich zu erklären, daß sie jeden Versuch studentischer Kreise, D. Günther Dehn an der akademischen Lehrtätigkeit zu hindern, auf das Schärfste verurteilen.«

2. Leopold Cordier (1887-1939), Professor für Praktische Theologie in Gießen, hatte Barth am 6. 2. 1932 einen Brief geschrieben, in dem er seiner Auffassung Ausdruck gab, die Auseinandersetzung um Dehn habe sich »zu einem Kesseltreiben gegen die dialektische Theologie« entwickelt. Cordier forderte Barth auf, angesichts dieser Sachlage zum »Fall Dehn« Stellung zu nehmen: »Sie könnten ein Wort sprechen, ein theologisches ›Quo usque tandem‹, das die Meute der theologischen Hetzer [gemeint sind Eger, Hirsch und Dörries] in die Schranken weisen könnte. Sie könnten der theologischen Welt vernehmbar machen, was hier auf dem Spiele steht, die Unabhängigkeit unsrer theologischen Lehre und Botschaft. Sie könnten den Ernst der Dämonisierung zum Bewußtsein bringen, die heute nicht nur der Kirche, sondern ebenso der Theologie von der Politik her droht.« Barth schrieb Cordier unter dem 9. 2. 1932: »Meine entscheidende Hemmung nach Ihrem Wunsch vorzugehen, besteht schlicht in der Tatsache, daß ich als *Schweizer* nicht gerade selbstverständlich der berufene Mann bin, in dieser Sache als praeceptor Germaniae aufzutreten. Vielleicht überwinde ich diese Hemmung.« Barth überwand »diese Hemmung« noch am selben Tag, indem er seinen Artikel: »Warum führt man den Kampf nicht auf der ganzen Linie? Der Fall Dehn und die ›dialektische‹ Theologie« für die Frankfurter Zeitung verfaßte (FZ Nr. 122, 15. 2. 1932). In seinem Schreiben an die Schriftleitung der FZ betonte Barth, daß er auch von Rade, der in der FZ häufig publizierte, aufgefordert worden sei, zum »Fall Dehn« Stellung zu nehmen. Am gleichen Tag schrieb Barth an

Dehn, er habe »zwei ziemlich zornige Briefe« an Rade und Cordier geschrieben: »Nachdem ich diese Zudringlichen gehörig in die Schranken gewiesen und die Briefe hatte abgehen lassen, setzte ich mich, sicher einem unmittelbaren Eingeben des Geistes gehorchend, hin und verfaßte den beiliegenden Artikel, der nun gleichzeitig mit diesem Brief an die Frankfurter Zeitung abgeht.« (Alle zitierten Briefe im Barth-Archiv Basel.)

Rade an Barth   Marburg, 10. 2. 1932

Ja, mein lieber Karl, mit den Nerven ist das so eine Sache. Mir geht der Fall auch auf die Nerven. Nur auf eine andere Weise.

Mich geht der Fall im Grunde gar nichts an. Du bist insofern persönlich und sachlich interessiert, als der besonders inkriminierte Passus in Dehns Magdeburger Rede irgendwie auf Dich zurückgeht.

Daran hast Du keine Schuld, es ist aber Dein Schicksal. Ob und wann Du etwas Weiteres tun willst, und was, bleibt natürlich ganz Deine Angelegenheit. Aber wenn man sich mit jemandem in einem gegebenen Moment solidarisch erklärt, so hat das im weiteren Verlauf der Geschichte seine Konsequenzen. Sonst wird es wertlos. Das richtig einzuschätzen, steht natürlich bei Dir allein. Da ich nun aber einmal wieder an Dich schreibe, noch ein Speciale. Deine Mitteilung, daß Du und K.L.S. Dehn von der Veröffentlichung seiner Dokumente abgeraten hättet, war mir sehr wichtig. Nun hat Schafft[1] verbreitet, Dehn sei zu dieser Veröffentlichung durch Euch angeregt worden, ja Ihr hättet sogar daran gedacht, diese Dokumente selbst herauszugeben. Davon aber hättet Ihr nachher abgesehen. (Behandle diese Mitteilung diskret.)

War es nun nicht vielleicht so, daß Ihr erst den Gedanken hattet und Dehn gegenüber äußertet, eine solche Veröffentlichung sei nützlich, daß Ihr aber dann von dieser Ansicht abkamt und sie Dehn sogar widerrietet?

In diesem Falle würde Schaffts und Deine Aussage wohl zu vereinigen sein. Im anderen Falle müßte *ich Schafft darauf aufmerksam machen, daß seine Mitteilung falsch war und daß er sie zu unterlassen habe.*

Glaube nur, daß es mir kein Vergnügen macht, in dieser Sache zu arbeiten. Sie liegt schwer auf mir. Und zwar weniger die Sorge um Dehn als um die Entwicklung unserer Zustände.

Herzlich grüßend
Dein V. Rade

1. Hermann Schafft (1883-1951), Pfarrer in Kassel, Herausgeber von »Neuwerk«. Vgl. *S. Wehowsky:* Religiöse Interpretation politischer Erfahrung. Eberhard Arnold und die Neuwerkbewegung als Exponenten des religiösen Sozialismus zur Zeit der Weimarer Republik, Göttingen 1980, S. 109 bis 122.

Barth an Rade   Bonn, 11. 2. 1932

Lieber Onkel Rade!

Nein, die Sache ist so gelaufen, daß Dehn mir seine Absicht, eine solche Broschüre herauszugeben, mitteilte und mir nahelegte, ich möchte das Geleitwort dazu schreiben, worauf ich ihm nicht nur das letztere abschlug, sondern ihm auch, unterstützt von K.L.Schmidt, ziemlich dringend riet, von dem ganzen Plan zu lassen[1]. Schafft soll mich doch in Ruhe lassen; ich wüßte nicht, was ich ihm zu leide getan hätte.

Mit herzlichem Gruß!

Dein Karl Barth

1. Barth schrieb in einem Brief an Dehn vom 20. 10. 1931 (Barth-Archiv): »Wollen Sie nicht viel lieber einen schönen Aufsatz über irgendein Thema der praktischen Theologie für die Theol. Blätter oder für Zwischen den Zeiten schreiben, in welchem Sie sich *de facto* als ›wertvolles‹ Mitglied der theologischen Arbeitsgemeinschaft in Erinnerung rufen würden, während eine solche Aktenpublikation mit all dem alten Käse ... doch im besten Fall Eintagseindrücke veranlassen könnte« (zit. n. *K. Scholder:* Die Kirchen und das Dritte Reich, Band 1: Vorgeschichte und Zeit der Illusionen 1918-1934, Frankfurt/M., Berlin und Wien 1977, S. 222).

Rade an Barth   Marburg, 15. 2. 1932

Lieber Karl!

Da ist es ja, was ich mir gewünscht habe.

Warum hast Du mich nur erst so abfahren lassen?

Ich hoffe, K.L.S. hebt Deinen Artikel[1] aus seiner (für Kirche und Theologie leider anzunehmenden) Verborgenheit heraus an das Licht der theologisch-kirchlichen Öffentlichkeit.

Dein V. R.

1. *K. Barth:* Warum führt man den Kampf nicht auf der ganzen Linie? Der Fall Dehn und die »dialektische« Theologie, in: FZ Nr. 122, 15. 2. 1932.

Barth ging in seinem Artikel auch auf die Erklärung von Emanuel Hirsch und Hermann Dörries zum Fall Dehn (Deutsche Allgemeine Zeitung, Nr. 71, 31.1.1932) ein. An ihre Adresse richtete er die Frage: »Sollten sie ihren Streit ... nicht auf viel breiterer Front führen, d. h. aus dem tumultuarischen und in seinen Einzelheiten nachgerade immer unwürdigeren Streit gegen den einen Dehn einen Streit gegen die ›irgendwie‹ hinter ihm stehende sogenannte ›dialektische‹ Theologie werden lassen?«

Rade kritisierte an der Stellungnahme von Hirsch und Dörries, daß hier nach der Logik verfahren werde: »Quod licet Nazi, non licet Paci ... nach diesem Spruch behandeln sie uns. Und die Dämonie ist da« (ChW 46 [1932], Sp. 333).

Barth an Rade   Bonn, den 16. 2. 1932

Lieber Onkel Rade!

Es dürfte dich interessieren, zu vernehmen, daß ich, unmittelbar nachdem jener Brief an dich abgegangen war, an die Abfassung des Artikels für die Frankfurter Zeitung ging. Das mußte offenbar so laufen, damit es in Freiheit geschehen konnte. Ein wahres Glück ist es, daß ich den Aufsatz von Frau Bäumer, auf den du mich aufmerksam gemacht hattest, erst zu Gesicht bekam, als mein Artikel schon weg war, denn wirklich, dieser ganz inkompetenten Persönlichkeit hätte ich nur mit irgend einer sehr bösen Bemerkung antworten können. Ist es dir nicht auch ein bißchen unheimlich, daß sie ja materiell ganz dasselbe sagt wie der fatale Eger? – Ich hatte gestern Abend ein Telefongespräch mit Schafft, der meinen Artikel in seinem Neuwerk[1] abdrucken will. Ich glaube, er wird auch sonst genug herumkommen, um die Wirkung, die er tun kann, zu tun. Mit freundlichem Gruß an dich und Tante Dora

Dein Karl Barth

1. Der Artikel Barths erschien auch in: Neuwerk 13 (1931/32), S. 366-372.

Barth an Rade   19. 2. 1932

Lieber Onkel Rade!

Ich mag diese ganze Inquisition nicht. Wer hat eigentlich Herrn Schafft zum Richter über uns eingesetzt? Und wie in aller Welt kommt Günther Dehn nur dazu, ihm nun sozusagen Material gegen uns zu liefern? Ich sage K.L.Schmidt kein Wort von dieser mir sehr mißfallenden Geschichte, weil es ihm G.Dehn, auf den er ohnehin nicht restlos gut zu sprechen ist, nur noch weiter entfremden könnte. Meinerseits kann ich nur noch einmal erklären, auch angesichts dieses Briefes von K.L.Schmidt: es entspricht schlechterdings nicht den Tatsachen, daß er oder ich Dehn zum Schreiben dieser Broschüre veranlaßt haben sollen. Es stand doch einfach so, daß Dehn diesen Plan schon lange im Kopf hatte, immer wieder damit sei es an K.L.S., sei es an mich herantrat, und zwar mehr als einmal mit der mehr oder weniger deutlichen Anfrage, ob nicht einer von uns die Herausgabe dieser Broschüre übernehmen wolle in ähnlicher Weise, wie Mulert für Baumgarten Dokumente herausgegeben hat[1]. In dieser Korrespondenz ist die Sache natürlich hin und her erwogen worden, und es wundert mich nicht, aus dem Briefe von K.L.S. daran erinnert zu werden, daß im Laufe dieser Korrespondenz auch einmal nicht geradezu ablehnende Worte von unserer Seite gefallen sind. Von unserer Gesamthaltung kann ich nur wiederholen: wir haben Dehn weder veranlaßt noch ermuntert zu dieser Schrift, und wir haben uns in allen Stadien geweigert, selber etwas damit zu tun zu haben[2]. – Aber ich verstehe den ganzen Vorgang nicht, und bis auf bessere Belehrung kommt er mir einfach ein wenig unwürdig vor. Welches Interesse habt ihr eigentlich daran, Dehn die Verantwortung für diese Broschüre abzunehmen und irgendwie mit allen Mitteln uns zuzuschieben? Und welches Interesse kann Dehn daran haben, sich diesen Dienst leisten zu lassen und durch die Lieferung dieser Abschrift dieser Untersuchung Vorschub zu leisten? – Aus dem Auftauchen des Namens v.Soden schließe ich, daß irgend eine Publikation oder Aktion im Stil und Rahmen eurer bekannten Marburger Kirchenpolitik im Gange ist[3]. Ich habe zu v.Soden keine Beziehungen, wollte ihn aber bitten können, mich ganz aus dem Spiele zu lassen und jedenfalls diese Schafftsche Denunziation nicht weiter zu verwerten. – Wenn Mulert meinen Artikel in der Chr.Welt abdrucken will als Dokument, so habe ich nichts dagegen, antragen werde ich es ihm nicht. Ich habe ihn der Frankfurter Zeitung geschickt, weil ich ihn vor allem für die Studierenden geschrieben habe, die ihn an einem solchen Ort leicht finden konnten und auch gefunden haben.

Mit herzlichem Gruß dein
Karl Barth

---

1. *H. Mulert:* Baumgarten und die Nationalsozialisten, Neumünster 1930.
2. Am gleichen Tag schrieb Barth einen Brief an Günther Dehn, in dem er

ihn fragt, warum er Hermann Schafft Briefe von ihm und K. L. Schmidt zur Verfügung gestellt habe, aus denen hervorgehen solle, daß K. L. Schmidt Dehn zur Herausgabe seiner Dokumente angeregt habe: »Ich habe eine etwas merkwürdige Korrespondenz mit Rade, zurückgehend auf eine Korrespondenz zwischen Rade und Schafft, aus der hervorgeht, daß zwischen Rade und Schafft und Ihnen im Blick auf irgend eine bevorstehende Publikation (wie es scheint von v. Soden) das Problem verhandelt wird, wer Sie zur Herausgabe Ihrer Broschüre veranlaßt habe, bzw. inwiefern K. L. Schmidt und ich es gewesen seien, die Sie dazu ermuntert, ja geradezu dazu aufgefordert hätten. Sie haben Abschriften von Briefen von K. L. Schmidt und mir an Schafft geschickt, darunter einen von K. L. S., aus dem sich eine gewisse Begründung der These von Schafft zu ergeben scheint. Ich werde nicht klug aus diesem Vorgang ... Es kann Ihnen doch nicht verborgen geblieben sein, daß K. L. S. und ich bei allem Hin und Her der schriftlichen Aussprache *im Ganzen* Ihrer Absicht doch eher ablehnend gegenüberstanden. Auch jener Brief von K. L. S. beweist doch nichts dagegen. Kurz, ich sehe nicht recht, quo jure und cui bono die Sache gespielt wird ... Ich wäre Ihnen aber für irgend eine Aufklärung dankbar, schon darum, weil meine Korrespondenz mit Rade, an den ich eben einen energischen Brief geschrieben habe, es nötig macht, daß ich von Ihnen selbst weiß, in welcher Absicht Sie sich auf die Geschichte eingelassen haben.«

3. Die Vermutung Barths, daß in Marburg eine Publikation zum Fall Dehn vorbereitet werde, stützt sich auf den Brief von Leopold Cordier vom 16. 2. 1932. Cordier äußert sich dort sehr positiv zu Barths Artikel in der Frankfurter Zeitung und schreibt dann: »Ich erwarte, daß nun auch die Marburger Freunde, Frick und v. Soden, ein theologisches Wort zum Falle Dehn sagen werden, sie wollten zunächst einem Vertreter der zuerst betroffenen Theologie das Wort lassen, um dann von anderer Seite in die gleiche Kerbe zu hauen.« (Alle zitierten Briefe im Karl Barth-Archiv Basel.)

Rade an Barth   Marburg, 22. 2. 1932

Lieber Karl!

Ein wenig großzügiger bin ich doch, als Du Dir mich vorzustellen scheinst.

Das Speziale, um das wir leider zuletzt korrespondierten, interessiert mich *an sich* gar nicht. Aber ein Journalist muß oft auch in Nebensachen der Wahrheit nachgehen. Das war in diesem Falle für mich unvermeidlich. Und ich habe die Wahrheit. So deutlich, wie einem das selten gelingt.

Der FZ gönne ich von Herzen Deinen Artikel. Es ist nur schade, daß der ganze Osten ihn auf diesem Wege nicht kennen lernt. Aber irgend-

wo wird er schon nachgedruckt werden. Ich veranlasse keinen Nachdruck, den Du nicht selber begehrst.
Dein V. Rade

Barth an Rade   23. 2. 1932

Lieber Onkel Rade!
Mit Dank für deinen Brief von gestern teile ich dir hier eine Abschrift meiner Antwort auf einen mir gleichzeitig zugegangenen Brief von Günther Dehn[1] mit, um auch dir gegenüber noch einmal *Protest* einzulegen gegen das, was du für die »Wahrheit« in dieser Sache hältst und als solche weitergeben willst.
Mit herzlichem Gruß
dein Karl Barth

1. Günther Dehn schrieb Barth unter dem 20. 2. 1932, offensichtlich bevor ihn der Brief vom 19. 2. erreicht hatte (vgl. Anm. 2 zum Brief vom 19. 2. 1932), und bedankte sich für Barths Artikel in der Frankfurter Zeitung. Nachdem er Barths Brief erhalten hatte, antwortete Dehn unter dem 22. 2. 1932. Er schrieb in diesem Brief zur Aufklärung der Angelegenheit: »Schafft hatte mich gefragt (aus welchem Grunde weiß ich nicht, offenbar aber doch, weil er sich wunderte, daß er etwas gehört hatte, was den ihm von mir gemachten Aussagen zu widersprechen schien), ob es wahr sei, daß Sie und K. L. Schmidt beide gegen die Broschüre gewesen seien. Ich habe darauf, unter Beifügung urkundlichen Materials (nämlich zweier Briefe), geschrieben, daß Sie immer dagegen gewesen seien, daß K. L. Schmidt aber der eigentliche Vater des Gedankens sei. Er hat mich zum ersten Mal auf die Idee gebracht, und ich besinne mich nicht, daß er jemals Bedenken geäußert hat ... Ich denke ja gar nicht daran, die ›Schuld‹ auf einen anderen zu schieben. Ich habe es gewollt, und ich wünsche, ganz allein dafür verantwortlich zu sein.« Durchschläge dieses Briefes schickte Dehn an Hermann Schafft und Martin Rade. In seinem Antwortbrief vom 23. 2. 1932, von dem er Rade eine Abschrift zugehen ließ, schrieb Barth: »Es scheint aber in Marburg die Ansicht zu bestehen – und ich muß befürchten, daß diese auch der Öffentlichkeit gegenüber zum Ausdruck gebracht werden soll – als ob die *Verantwortung* für Ihre Broschüre nicht bei Ihnen selbst, sondern wie man zuerst meinte, bei den ›Bonnern‹ insgemein und wie man nun also annimmt, bei K. L. Schmidt zu suchen sei ... Warum unterstützen Sie die Marburger Ansicht samt der mir unbekannten aber verdächtigen Absicht, in der man sie journalistisch zu verwerten gedenkt durch Lieferung von ›urkundlichem Material‹, das nach Ihrem eigenen Ausdruck bezeugen soll, ›daß K. L. Schmidt der eigentliche Vater des Gedankens sei‹?« Die zwischen Barth und Dehn und Rade auf-

getretenen Spannungen konnten durch Rades Erklärung entschärft werden, er habe keinesfalls die Absicht, den betreffenden Brief K. L. Schmidts zu veröffentlichen (vgl. den Brief Rades vom 24. 2.). Diese Vermutung Barths ging ja ohnehin nicht auf eine Äußerung Rades, sondern auf Cordiers Brief vom 16. 2. 1932 zurück (vgl. Anm. 3 zum Brief Barths vom 19. 2.).

Rade an Barth   Marburg, 24. 2. 1932

Lieber Freund,
1. ich habe gar keine Absicht. 2. ich weiß nichts von von Soden und habe nicht mit ihm darüber gesprochen. 3. ich verstehe unter Wahrheit nur, was in dem Brief von K.L.S. drinsteht, weiter nichts. 4. ich habe diesen Brief bisher nur Jülicher und Cordier gezeigt, sonst niemandem. 5. ich verstehe nicht, wie Du unsereinen als Gegner behandelst. Wir sind doch schlechterdings Kampfgenossen. Es muß doch sehr schwer sein, daß Menschen einander verstehen. Aufklärung über einen *Nebenpunkt* zu schaffen, der zur Debatte steht und irgendwoher interessiert, ist doch kein Unrecht[1].
Dein R.

1. Günter Dehn schrieb in seiner Antwort vom 24. 2. 1932 auf den (Anm. 1 zum Brief vom 23. 2. 1932 zitierten) Brief Barths zum »historische[n] Tatbestand«: »Ich habe ihm [Hermann Schafft] geschrieben, was ich ihm heute noch genau so schreiben würde, nämlich daß Sie immer gegen die Herausgabe der Broschüre gewesen sind, daß aber K. L. Schmidt der eigentliche Vater dieser Idee ist. Das erste, was mir K. L. Schmidt, als ich ihn während des Heidelberger Streites Ende Januar 31 in Berlin sah, war: Sie müssen eine Broschüre herausgeben, und ich werde das Nachwort dazu schreiben. Er hat dann im Verlauf der Monate mehr als einmal den gleichen Gedanken vorgebracht. Ich habe mich damals mit der Idee nicht befreunden können und habe die Herausgabe zurückgestellt. Als ich mich dann Mitte November vergangenen Jahres dazu entschloß, habe ich freilich weder Sie noch K. L. Schmidt um Rat gefragt, da ich mich entschlossen hatte, die Sache ganz auf eigene Verantwortung zu machen. Vielleicht ist es nun so gegangen, daß K. L. Schmidt nun gerade in diesen letzten Wochen anderer Meinung geworden ist. Ich habe davon keine Kenntnis erhalten.« Aus den Verwicklungen dieser Auseinandersetzungen läßt sich feststellen: 1. Karl Barth war von Anfang an gegen die Veröffentlichung der Dokumente zum Streit um Dehns Berufung nach Heidelberg und zu den Hallischen Auseinandersetzungen (vgl. Anm. 1 zum Brief vom 11. 2. 1932). 2. K. L. Schmidt hat Dehn im Verlauf des *Heidelberger* Streits zur Publikation der Dokumente geraten, hat aber

unter dem Eindruck der Vorgänge in *Halle* eine andere Stellung bezogen.
3. Durch L. Cordier und durch Rades Frage, ob er und Schmidt Dehn die Veröffentlichung angeraten hätten, gewann Barth den (falschen) Eindruck, daß durch eine Publikation aus Marburg, die Verantwortung für die Dokumente von Dehn auf ihn und Schmidt geschoben werden sollte. Die Mißverständnisse ließen sich aufklären, als Dehn am 26. 2. Barth schreiben konnte: »Rade schreibt mir soeben, daß man in Marburg keine Aktion plane und somit die Gefahr einer öffentlichen Behandlung der Frage nach der Verantwortlichkeit bei der Broschüre nicht bestünde.« (Alle zitierten Briefe im Karl Barth-Archiv Basel.)

Barth an Rade   Bonn, 26. 10. 1932[1]
[Lieber O]nkel Rade!
[Eigentlich wol]lte ich dir die Dogmatik[2] nicht gerne schen[ken, wenn Du si]e zu lesen beabsichtigst. Ich fürchte frei[lich, daß di]r darin viel begegnen wird, was dei[nen Widerspru]ch hervorrufen muß. Aber mindestens in[teressant wir]d dir das Eine oder Andere darin sicher [sein, u]nd so bitte ich dich denn, das Buch nicht zu [subs]kribieren, sondern meine Zusendung abzuwarten.
Mit herzlichem Gruß an dich und Tante Dora
dein Karl Barth

1. Diese Postkarte ist durch Entfernen der Briefmarke stark beschädigt. Die rekonstruierten Wörter sind in eckige Klammern gesetzt.
2. K. Barth: Die Kirchliche Dogmatik, I. Band: Die Lehre vom Wort Gottes. 1. Halbband, Zollikon 1932.

Rade an Barth   Hohemark, 27. 10. 1932

Lieber Karl!
Eine Liebe ist der andern wert. So nimm die mitfolgende bescheidene Gegengabe[1] freundlich hin. Ich bin froh, daß ich Dein Werk jetzt in Ruhe werde lesen können und mich endlich mit Dir innerlich auseinandersetzen.
Sei von uns gegrüßt mit den Deinigen
Dein V. R.

1. Wahrscheinlich: *M. Rade:* Zum Teufelsglauben Luthers, in: Marburger Theologische Studien, Rudolf-Otto-Festgruß, 2. Heft, Gotha 1931, S. 1-11.

Rade an Barth   Hohemark, 20. 3. 1932

Lieber Karl,
   ich lege nun den Przywara bei Seite und greife zu dem Karl Barth. Ich denke, daß mich nichts hindern wird, das nun begonnene Studium fortzuführen. So gedenke ich Deiner in zwiefacher Dankbarkeit.
   Wenn Du mal nach Frankfurt kommst oder sonst in unsere Gegend kommst, besuche uns: es lohnt.
   Stud. Blankenburg gestern war uns ein Gruß von Dir. Peter brachte Euch unsere Grüße. Der arme Kerl hat keine schöne Heimkehr.
   Der Rest ist Schweigen. Aber wenn man zusammen reden könnte, gäbe es viel Stoff zur Aussprache.
   Gott behüte Dich mitsam den Deinen. Tante Dora grüßt herzlich mit mir.
   Dein Vater Rade

Rade an Barth   Hohemark, 24. 3. 1933

Lieber Karl!
   Daß ichs nicht wieder vergesse, zwei Kleinigkeiten. Schon bei der Lektüre Deiner Polegomena von 1927 störte mich das Wort »Abnormalität« – nun 1932 S. 9. Es heißt anomal und abnorm, Anomalie und Abnormität. Alles Andere ist sprachlich unmöglich.
   Und 1932 S. 18 »Existenziellheit«. Muß das sein? Hast Du das erfunden? Oder wer? Hilf, daß es wieder aus unserem Sprachschatz verschwindet.
   Du schreibst ein gutes Deutsch. Drum lohnt es, Dir das zu sagen. »Apologetik«: ich habe sie immer abgelehnt und bekämpft. »Modernismus«: das Dasein Gottes ist mir niemals, auch nicht im Leisesten, ein Problem gewesen (S. 35). Nun bin ich nur neugierig, wo die Tür aufgetan wird, durch die ich als Modernist hinauskomplimentiert werden werde, um mich im Lande der »Häresien« niederzulassen.
   Jetzt haben wir es aber mit dem Problem der »nationalen Revolution« zu tun. Für Dich eine besonders heikle Aufgabe, aber vielleicht lastet sie auf unsereinem noch schwerer.
   Dein V. R.

Rade an Barth   Hohemark, 2. 4. 1933

Lieber Karl Barth!
Ich muß Dir noch sagen, daß mir inmitten der groben und feinen Anfechtungen dieser Tage das Studium Deiner Dogmatik, das andauernd nebenher geht, ⟨mir⟩ eine wahre Erquickung ist.
Dein V. R.

Rade an Barth   Hohemark, 8. 7. 1933

Lieber Karl,
Deine Schrift[1] habe ich natürlich sofort gelesen. Mit einer reinen Dankbarkeit. Seltsamerweise, obwohl ich mir die christlichen Grundbegriffe *so*, wie Du sie denkst, nicht aneignen kann. Wort Gottes ist mir nicht = Apc oder = Bibel, sondern = Evangelium. Und, was in diesem Fall noch fataler ist, bei dem Wort Kirche schwingen bei mir andere Vorstellungen und Empfindungen; ich bin da ganz Lutherisch, vgl. meine Auseinandersetzung mit Doerne in CW 8 d.J. (In necessariis unitas)[2]. Ich könnte Eure reformierten Sätze nicht unterschreiben. So gewiß meine unsichtbare Kirche andauernd in die Sichtbarkeit hineinstrebt, bleibt mir die Verfassung in hohem Grade gleichgültig; ich kann staatlichen Eingriff weithin vertragen und selbst mit Bischöfen mich abfinden. Was ist tragbar? für das evangelische Gewissen – das bleibt dann die Frage. Wo fängt es an und wo hört es auf, daß es sich um die *Substanz* des Evangeliums handelt? Darüber will ich auch in der CW demnächst etwas sagen.
Aber ich bin Dir doch von Herzen dankbar, verstehe Dich und was Du sagst und willst, sehr wohl und wünsche innigst, daß es überall »verstanden« wird.
Du bist nun in der glücklichen Lage, über die sich überstürzenden Ereignisse vom März her schon aus einiger Distanz zu reden. Du hattest auch immer schon Distanz. Nicht nur »als Schweizer« (was *ich* Dir gewiß nicht vorrücken will, aber es macht doch etwas), sondern auch in Kraft Deiner ganzen Theologie, die ja eben doch auch von vornherein in einem dezidiert kritischen Verhältnis zu unserem deutsch-lutherischen Kirchenwesen steht. Aber dank dieser Distanz hast Du mancherlei Hemmungen nicht, siehst richtig und fällst Dein Urteil ohne irrige Rücksicht.
Mit der CW, als *Zeit*schrift, waren wir doch all die Zeit in großer

Verlegenheit. Schon durch die vierzehntägige und gerade im März dreiwöchige Pause im Erscheinen. Sodann durch die Unterbindung der freien Meinungsäußerung vom totalen Staate her. (Noch eben stellt ein Geheimerlaß der Staatsbehörde in Aussicht, daß jede öffentliche Kritik an den Maßnahmen des kirchlichen Staatskommissars unter Umständen als Hochverrat [!] strafrechtlich verfolgt wird.) Mitarbeiter und Redakteur hätten da schon etwas riskiert, aber der Verleger war ängstlich. (Mulert, von einer in diesem Falle glücklichen Besonnenheit, ist als Charakter tadellos und wird keinen Kirchenverrat begehen.) Aber der Berliner Suspiration Bodelschwingh sind wir auch innerlich erlegen. (Die Begrüßung an der Spitze der CW geht auf den Verleger zurück, ich bin daran unschuldig, hätte so etwas nie getan, schon um des »Bischofs« willen.) Es schien eine Möglichkeit, das ganze deutsche Kirchenvolk auf eine staatsfreie Linie zu bringen. Wäre der Überfall gelungen, so wäre das kein Schade gewesen. Nun er mißlang, kann man sagen, daß eine große Gelegenheit übel verpaßt ist. *Zeit*, die Bischofs-Frage theologisch durchzufechten, war freilich kaum gegeben. Vielleicht ists gut, daß es nun zu der schnellen Einheit nicht gekommen ist. Daß der Streit da ist. Daß er von den Personen auf die Sache hinübergleiten darf[3]. Und dazu hilfst Du mit Deiner Schrift ganz vorzüglich.

Es ist gut, daß Du sie geschrieben hast. Von reformierter Seite mußte sie kommen. Und Du hast nun einmal die Autorität, daß Du gehört wirst.

Wunderliche Bilder heute. Bultmann bei den Jungreformatorischen. Die Zuschrift Künneths[4] erhielt ich an demselben 23. Juni wie Du – was für ein nichtiges Machwerk!

Weinel[5] genügt mir durchaus nicht. Du wirst seinen Beitrag wesentlich als Bestätigung Deiner geringen Meinung von der Theologie des 19. Jahrhunderts empfinden. Ich studiere die geistige, religiöse und theologische Welt der 60er, 70er, 80er Jahre, sagen wir: das Aufkommen der Ritschlschen Theologie. Wie viel Ansätze, Anläufe auch zu dem, was Du willst. Vielleicht darf ich Dir noch einmal einiges darüber sagen.

Aber mit Recht hast Du für dergleichen keine Zeit. Tue Du nur Deine Pflicht und gehe Deinen Weg. Möge Gottes Segen auch auf dieser Deiner neuen Schrift ruhen.

Wir grüßen herzlich.
Dein V. Rade

1. *K. Barth:* Theologische Existenz heute!, ThExh 1, München 1933.

2. *M. Rade:* In necessariis unitas, in: ChW 47 (1933), Sp. 344-346; Auseinandersetzung mit M. Doerne: Luthers kirchliches Vermächtnis an die Gegenwart, in: Luther 14 (1932), S. 100-117.

3. Über die historischen Zusammenhänge der Wahl Friedrich von Bodelschwinghs zum Reichsbischof und deren Folgen informiert ausgezeichnet *K. Scholder:* Die Kirchen und das Dritte Reich, Band 1: Vorgeschichte und Zeit der Illusionen 1918-1934, Frankfurt/M., Berlin und Wien 1977, S. 412 bis 481.

4. Es handelt sich wahrscheinlich um: *W. Künneth:* Denkschrift der Jungreformatorischen Bewegung zur Reichsbischofsfrage, Junge Kirche 1 (1933), S. 3.

5. Möglicherweise: *H. Weinel:* »Schöpfungsordnungen« – eine neue Grundlegung der Sozialethik? Vortrag bei den Freunden der ChW in Görlitz am 10. Oktober 1932, in: ChW 47 (1933), Sp. 194-200.

Barth an Rade 7. 12. 1933

Lieber Onkel Rade!

Du wirst in diesen Tagen viele teilnehmende Zurufe von vielen Seiten erhalten haben[1]. Aber ich möchte es dir doch auch ausdrücklich gesagt haben, daß auch ich, seit diese Sache über dich in der Zeitung stand, immer wieder an dich – und im Zusammenhang mit dir an das Woher und Wohin der ganzen verzauberten Welt in der wir leben, habe denken müssen. So wie ich dich kenne, wird es dich wohl gekränkt, aber irgendwie nicht im Innersten erreicht und getroffen haben, daß du mit dem preussischen Staat, mit dem zusammen du eine so lange und bewegte Geschichte gehabt hast, zuletzt noch dieses wenig Würdige erleben mußtest. Du wirst nach kurzem Erstaunen über solche Möglichkeiten in den Frieden mit dir selbst und auch in den Frieden mit dem unbekannten jungen Mann, der diese Sache speziell auf dem Gewissen haben mag, zurückgekehrt sein und meines oder eines andern Menschen Trostes nicht mehr bedürfen. Ich weiß freilich nicht, ob die Sache nicht auch noch eine häßliche Seite hinsichtlich deiner Pension hat? Aber auch nach dieser Seite würde sich ja Hilfe und Ausweg gewiß finden, und ich bitte dich in dieser Hinsicht, darauf zu zählen, daß auch ich bereit stehe. Viel bedrängender ist ja die Lage für uns, die wir in der so gewordenen Welt als Aktivmitglieder mitzutun haben. Wie lange kann man noch? Wie lange darf man noch? Du kannst aus meinen kleinen Flugschriften, die ich dir zugesandt habe, sehen, in welcher Richtung ich meine Pflicht und meine Aufgabe sehe. Merkwürdig, was für Leute mir jetzt auf einmal zustimmende Briefe schreiben: vom Redaktor des Berliner Protestantenblattes bis zum Freiherrn von Pechmann in München! Aber es ist jetzt doch Alles wie ein Reden in den Sturm hinein. Meine Kollegen K.L.Schmidt[2] und Fritz Lieb[3] sind vom Schicksal schon erreicht. In der Fakultät triumphiert der absolut törichte Pfennigsdorf als decanus perpetuus mit einer Führeromnipotenz, die er zu den erstaunlichsten Streichen nutzbar macht. Noch bin ich da wie jene »eine hohe Säule«, zeugend von verschwundener Pracht ... du kennst die Fortsetzung. Peter, der immer gerne mit Bibelsprüchen Mißbrauch getrieben hat, hat bereits gefragt, ob ich auf eine Spezialanwendung von Ps. 91,7 Anrecht zu haben meine. Wie dem auch sei, ich schlage mich zwischen den Erfordernissen von Kolleg und Seminar und den Anstrengungen meines kleinen kirchenpolitischen Feldzugs täglich eben so durch und denke, es werde seinen Sinn haben, daß ich diese Zeit nun eben hier erlebe und daß man hier nun neben allerlei anderem auch mich erleben muß.

Lieber Onkel Rade, wie hätten wir, als ich dir 1908/9 die Chr.Welt redigieren half, beide gestaunt, wenn man uns erzählt hätte, daß wir 1933 so phantastisch dran sein würden!

Mit den herzlichsten Grüßen an Tante Dora und dich
Dein Karl Barth

1. Am 28. 11. 1933 wurde Rade auf Grund von § 4 des Gesetzes zur Wiederherstellung des Berufsbeamtentums vom 7. April 1933 aus dem Staatsdienst entlassen. Rade schrieb darüber in Nr. 111 von »An die Freunde« vom 10. 1. 1934 »Meine Entlassung«, Sp. 1013-1016. Rade konnte seine Enttäuschung darüber nicht verbergen, daß er nach dem Text des § 4 nun als 77-jähriger Emeritus zu den Beamten gehöre, »die nach ihrer bisherigen politischen Betätigung nicht die Gewähr dafür bieten, daß sie jederzeit rückhaltlos für den *nationalen Staat* eintreten«. »Denn Gegner des ›nationalen‹ Staates bin ich natürlich nie gewesen, wenn schon des nationalsozialistischen (soweit ich zu diesem Stellung zu nehmen in der Lage war, was sehr spät eintrat)« (Sp. 1013). »Indem wir das inhaltsschwere Schreiben des Ministers in der Hand hielten, war unser erstes Gefühl eine Genugtuung darüber, daß wir das Schicksal so Vieler teilen durften, deren wir bisher mitleidig gedacht hatten. Denn es ist in der Tat etwas Andres, ob man nur mit Hilfe seines Gemüts sich in das Geschick Andrer hineinversetzen, oder ob man selbst mit leidend sich zu ihnen in Eine Reihe gesellen darf.«

2. Karl Ludwig Schmidt (1891-1956), seit 1929 Professor für Neues Testament in Bonn, war nach seiner Entlassung 1933 Pfarrer in der Schweiz, seit 1935 o. Professor in Basel.

3. Fritz Lieb (1892-1970), seit 1931 ao. Professor für Systematische Theologie in Bonn, ging nach seiner Entlassung 1933 ins Pariser Exil, 1936 ao. Professor in Basel, 1946/47 o. Gastprofessor in Berlin, 1958 o. Professor in Basel.

Rade an Barth   Hohemark, 22. 12. 1933

Lieber Karl Barth!
Für deinen guten Brief verdienst Du schon eine ergiebigere Antwort. Die kommt auch. Heut nur diesen Dank und die Versicherung treuen Gedenkens. Weihnachten wird uns allen wohl tun. Wir sind fröhlich im Geist.

Rade an Barth   Den Haag[1], 23. 1. 1934

Ihr Lieben!
Gern kehre ich auf der Heimreise bei Euch ein. Vermutlich Montag Nachmittag bis Mittwoch früh. Aber es kann auch früher sein, nicht später. Ich schreibe, sowie ich den Termin bestimmen kann. Es hängt von Freunden in Leiden ab, ob und wann die mich brauchen können. – Ich las eben auch Deine Karte, liebe Frau Nelly, nachdem mir die Naumänner schon geschrieben hatten. Freue mich auf Euch alle.
  Euer V. R.

   1. Rade besuchte in Den Haag seinen Freund, den Völkerrechtler Walter Schücking (1875-1935), der dort Richter am Ständigen Internationalen Gerichtshof war.

Rade an Barth   Hohemark, 22. 4. 1934

Lieber Karl!
Vielen Dank für Dein Heft 9[1]. Ich habe jedes Wort mit herzlicher Aufmerksamkeit gelesen. Gott erhalte Dir Kraft und Mut. Das Schlimme für alle, die in diesem Dienst stehen, ist die Nachgiebigkeit und Unsicherheit der Materie, mit der sie arbeiten. Wenns immer hart auf hart ginge! Eben darum kann man nichts voraussehen. Du hast Deinen Beruf und tust in Gottes Namen das Deine. Basta. Ich wollte, Du hättest für unsereinen so viel Verständnis, wie ich für Dich. Aber einfach umlernen kann man auf meine alten Tage nicht mehr. Dafür hat sich einem zu viel bewährt. Pergas fortiter! – Von hier wäre viel zu erzählen. Ich bin nun um 25% gekürzt, in Wirklichkeit ja um viel mehr, damit kommen wir aus und niemand braucht sich um uns zu sorgen. Wenns nur Andere auch so gut hätten.
  Seid herzlich gegrüßt!

1. *K. Barth:* Offenbarung, Kirche, Theologie (ThExh 9), München 1934, jetzt in: Theologische Fragen und Antworten. Ges. Vorträge III, Zollikon 1957, S. 158-184.

Rade an Barth   Hohemark, 8.8. 1934

Lieber Freund!
Ich las eben zu meiner Erholung von den politicis in Deiner Dogmatik S. 180ff. Dank.
Dies beiläufig. Möchte Dich nur darauf aufmerksam machen, daß Du *Hans Joachim Schoeps* »Wir deutschen Juden« (Vortrupp Verlag, Berlin 1934) nicht übersiehst. Dieser Jude hat viel von Dir gelernt. Aber vielleicht stehst Du schon in persönlicher Verbindung mit ihm.
Vermutlich bist Du jetzt in den Schweizer Bergen. Sei mit den Deinen herzlich gegrüßt von Rs.

Rade an Barth   Hohemark, 23. 10. 1934

Lieber Karl und liebe Nelly,
es ist schon lange her, daß ich Eurer Mutter in Bern zum jüngsten Enkelsohn gratulierte. Wahrscheinlich meinte ich damit auch Euch schon mit dem Gruß unserer Anteilnahme gegrüßt zu haben. Die Nachricht hat uns jedenfalls in Gedanken an Euch herzlich bewegt. Ein freundliches Geschick hat Euch allzu früh die einzige Tochter entführt[1]. Paradoxon ersten Ranges. Ihr habt Euch tapfer hineingefunden und freut Euch nun Eurer Kinder als glückliche Brauteltern. Ihr seht, wir empfinden uns ganz wacker hinein in Eure konkrete Situation. Und hoffen zu Gott, daß Er das junge Paar gnädig Seine Wege führen und Euch viel Freude an ihm bescheren möge.
Ihr habt jetzt drei Kinder in der Schweiz[2]; wie lange wird es dauern, bis Ihr ihnen auch noch nachfolgt. Indessen qui vivra verra. Wir stehen ja eben in einer großen Entscheidung. Als Knabe las ich eine Geschichte aus den Tagen der Bartholomäusnacht, die hieß: »Treue gewinnt«. Möchte der Kirchenkampf in diesem Zeichen siegen. Nun, proderit semper.
Liese Loew ist eben bei uns, da hören wir viel vom Rhein. Im übrigen leben wir von den Basler Nachrichten. Was wären wir ohne die

Schweiz? Die neueste Existenz-Schrift bekomme ich doch noch, lieber Karl? So seid herzlich gegrüßt mit Euren Kindern.

Eure Dora und Martin Rade

1. Franziska Barth verlobte sich im Oktober 1932 mit dem Basler Kaufmann Max Zellweger.
2. Franziska Barth hatte in Basel Musik und neuere Sprachen studiert, Markus Barth studierte Theologie in Bern. Christoph Barth mußte wegen einer der Postzensur bekannt gewordenen politischen Bemerkung Deutschland verlassen (vgl. E. Busch: Lebenslauf, S. 258).

Rade an Barth   Hohemark, 22. 12. 1934

Lieber Karl,
eben erst lese ich das Urteil. Vorgestern und gestern Abend las ich der Tante Dora zwei von Deinen Weihnachtsbetrachtungen[1] vor, und wir dachten herzlich Deiner. Wir sind also nun Kollegen. Vielleicht bist Du der glücklichere. Exmissus, non depositus[2]. Du hast Leben und Aufgabe noch vor Dir. Über die Eidesverweigerung kann ich nicht urteilen, solange ich nicht genau weiß, wie Du sie gemeint hast[3]. Nun handelt sichs in Kirche und Staat um die Folgen. Die müssen wir abwarten. Deus providebit. Und Ihr werdet ernst und froh Euer Fest feiern. Wir mit.

Tante Dora und Onkel Martin

1. *K. Barth:* Weihnacht, München 1934.
2. Barth wurde am 26. 11. 1934 vom Dienst suspendiert. In dem folgenden Dienststrafverfahren wurde er am 20. 12. 1934 durch die Dienststrafkammer bei der Landesregierung in Köln mit Dienstentlassung bestraft. Diese Strafe wurde am 14. 6. 1935 durch das Oberverwaltungsgericht in Berlin-Charlottenburg aufgehoben. Am 21. 6. 1935 wurde Barth auf Grund des § 6 des Gesetzes zur Wiederherstellung des Berufsbeamtentums in den Ruhestand versetzt. Schon am 25. 6. 1935 wurde er zum o. Professor an der Universität Basel ernannt. Vgl. die im Anhang zum Briefwechsel Barth-Bultmann abgedruckten Dokumente, BwBu, S. 262-268.
3. Barth wollte den Eid auf den Führer Adolf Hitler nur mit dem Zusatz »soweit ich es als evangelischer Christ verantworten kann« leisten. Es handelte sich also – wie Barth betonte – nicht im strengen Sinn um eine Eidesverweigerung. Vgl. den Brief Barths an Bultmann vom 27. 11. 1934, in: BwBu, S. 155. Zur Begründung Barths vgl. seinen Brief an Hans von Soden vom 5. 12. 1934, in: BwBu, S. 273-279.

Rade an Barth   Hohemark, 14.9.1935

Lieber Karl,
da hast Du mir ein sehr feines Büchlein geschickt[1]. Ich habe es sehr gern gelesen. Und muß Dir doch einmal danken. Schicke es doch auch an Gottfried. Ich könnte es ihm ja von mir aus schicken, ists doch nicht teuer. Aber es freut ihn mehr von Dir. Und der Inhalt wird ihm sehr willkommen sein: 1. wegen seines Konfirmandenunterrichts und 2. zum weiteren Verständnis der reformierten Lehre.

Für das Meisterproblem »Kirche« kommt Deine dialektische Methode eben recht[2]. Es fordert sie geradezu heraus. Wir einfacheren Leute haben bleibend große Schwierigkeiten damit. Und die Bibel hilft nicht genug. Denn was Du von ihr zum Kirchenbegriff weißt und sagst, ist herzlich willkommen. Aber für die biblische Zeit existiert eben der Gegenstand Kirche und Kirchen noch nicht. So, wie für uns, so wie er uns drückt. Und wir sind eben aufs Weiterdenken angewiesen, was wir denn auch tun. Zu dem, was damals war, steht Vortreffliches in Harnacks »Die Mission etc.« I 445ff. u. a.a.O. Du siehst nun unsere Dinge aus der Ferne. Das mag für Dich auch von Wert sein und ein Gegengewicht zu dem großen Verzicht. Was aus uns wird, weiß Gott. Beim Staat ist offenbar »guter Wille«, aber wie gefährlich ist der. Kein Wort jetzt in Nürnberg von Hauer und Rosenberg, nur von den »zwei Konfessionen«[3].

Hoffentlich seid Ihr nun schon ein wenig heimisch in Basel. Grüße Frau und Kinder sehr von uns. Uns gehts gut, bis auf die Schwächen, die uns immerdar anhaften. Sehr freut uns, daß Du doch demnächst wieder in Deutschland redest[4]. Schade, daß es nicht in Frankfurt ist. Aber das Frankfurt ist doch jetzt ein recht zweifelhafter Boden geworden. Gott besser's überall.
Dein V. R.

1. *Karl Barth:* Credo. Die Hauptprobleme der Dogmatik, dargestellt im Anschluß an das Apostolische Glaubensbekenntnis, München 1935.
2. Vgl. Credo, S. 120ff., und: Die Kirche und die Kirchen (ThExh 27), München 1935; jetzt in: Theologische Fragen und Antworten, S. 214-232.
3. Rade spielt auf den Reichsparteitag 1935 in Nürnberg an.
4. Barth sollte am 7. Oktober in Barmen seinen Vortrag »Evangelium und Gesetz« halten. Er durfte dann allerdings den Vortrag nicht selbst halten, sondern mußte ihn von Karl Immer im Beisein der Gestapo in der Barmer Kirche verlesen lassen. Nach dem Vortrag wurde Barth von der Gestapo an die Grenze begleitet. Rade bedauerte, daß es der Vortragsort ihm nicht er-

möglichte, Barth zu treffen. Das Auftreten in Barmen war der letzte Aufenthalt Barths in Deutschland vor 1945.

Barth an Rade   Basel, St. Albanring 186, 4. 2. 1936

Lieber Onkel Rade!
»Wer interessiert sich heute für die!« (die Kirchengeschichte aus jenen Tagen) – Ich wollte dir nur zugerufen haben: *Ich*, ich auf alle Fälle! Was du mir zugeschickt hast[1], habe ich sofort und mit größter Anteilnahme gelesen, bedauerte nur, daß du offenbar so viel Material unterdrücken mußtest, und möchte wohl wünschen, du bekämest Gelegenheit, noch das Eine und Andere mehr aus den dir offenbar zur Verfügung stehenden merkwürdigen Quellen herauszubringen. Ich meine wirklich so gut zu *verstehen*, was sich da zwischen Tübingen, Göttingen und Leipzig abgespielt hat. Laß dir also (aus einem Herzen, das an der Geschichte des 19.Jahrhunderts beteiligter ist, als es von Weitem aussehen mag!) für diese Gabe danken.
 Mit herzlichem Gruß an dich und Tante Dora
 Dein Karl Barth

1. Dank Barths für den Aufsatz Rades: Von Beck zu Ritschl. Aus Friedrich Loofs' Studienzeit 1877ff., in: ThStKr 106, N.F. 1 (1934/35), S. 469-483. Der Briefanfang ist ein Zitat aus Rades Aufsatz, a.a.O., S. 469.

Rade an Barth   Hohemark, 12.5.1936

Lieber Karl,
 unsere Glückwünsche[1] wirst Du hoffentlich nicht vermißt haben. Erstens weil Du genug dergleichen bekamst, aus allen Erdteilen. Zweitens weil Du von uns in dieser Beziehung nicht verwöhnt bist. Drittens weil Du diesem Jubiläum hoffentlich ebenso kühl gegenüberstehst wie ich. 70, 80, na das geht noch, aber 50, 60? Nur von Herrnhut weiß ich seit meiner Kindheit: wenn man da 50 Jahre alt wurde, hatte man »Jubel« und war Gegenstand der Feier für die ganze Gemeinde.
 Nun hast Du ja auch eine Gemeinde, und weshalb solltest Du darum nicht mit ihr »Jubel« haben.
 Ursache zur Dankbarkeit gegen Deinen Gott wahrhaftig genug. Dein Leben und Wirken ist von ihm reich gesegnet. Daß Du für viele als ein Schädling dastehst, braucht Dich nicht irrezumachen, das teilst Du

mit Besten. Daß das Urteil über Dich in der Geschichte schwankt, teilst Du mit Wallenstein. Daß aber eine große Verantwortung auf Dir lastet, Dein Werk noch nicht getan ist, das kann nur Ursache sein für Freund und – christlicher Weise – auch für Feind, mit inniger Fürbitte Deiner zu gedenken. So begleiten auch wir Dich mit unseren frommen Wünschen in Deine zweite Jahrhunderthälfte. Wenn Du so alt wirst wie ich, kann noch ganz viel aus Dir werden – kannst Du noch viel schaffen! So denken *wir* Dein als alte *Freunde*. Grüß die Deinen!

Dora und M. R.

   1. Karl Barth feierte am 10. 5. seinen 50. Geburtstag.

Rade an Barth   Hohemark, Trinitatis 1936 [7. 6.]

Lieber Karl,

daß Du mir auch Deinen Zeitschriftenartikel, will sagen Deine Antrittsvorlesung[1], geschickt hast, das hat mich besonders gefreut. Erstens an sich, um der Vollständigkeit Deiner Werke willen. Sodann, weil ich im Grunde ein undogmatischer Mensch bin, mehr der Historie verfallen, und weil mir das Dogma am besten eingeht, wenn es in geschichtlichem Gewande einhergeht. Ich kannte Werenfels durch E. Vischer[2], aber wie aktuell, wie gegenwärtig machst Du ihn. Fast fürchtete ich schon, er müsse mir zur Selbsterkenntnis, d. i. zur Buße dienen, aber dann erkannte ich zu meiner Beruhigung, daß ich doch noch ein besserer Christ bin.

Hoffentlich sieht man Dich mal in Ruhe, wenn wir im September unsere Schweizfahrt machen. Es wäre schon an der Zeit, daß wir uns mal ausgiebig unterhielten, ehe denn ich sterbe. Ich denke, wir haben beide jetzt genug Distanz von den zwischenliegenden Ereignissen und Entwicklungen, um uns über vieles verständigen zu können. Auf Grund Deiner einstigen Briefe, z.B. aus der Genfer Zeit, habe ich einen Anspruch an Dich!

Und die deutschen Vorgänge wirst Du ja auch jetzt gleichmütiger verfolgen, wenn schon nicht ohne innere Unruhe und treue Anteilnahme. Wäre ich durch diese letzten Jahre noch im Amt gewesen, seis als Pfarrer oder als Professor, so stünde ich gewiß mitsamt meiner Frau all die Zeit mit in der BK. So sind wir in unserem Waldwinkel mehr aufs Beobachten und Erleben angewiesen worden.

Einen Tag der »Evangelischen Woche« in Frankfurt haben wir uns

nicht entgehen lassen. Der Vormittag war enttäuschend. Humburg[3] legte uns AG 5,1-11 aus. »Da sprach Petrus das harte Urteil über Ananias, und die Gnade Gottes wich von ihm.« Das ist nun einer der unmöglichsten Texte für mich. Zu Kroeker[4] habe ich ein Verhältnis, lese sein Dein Reich komme und unterstütze sein Werk, als er uns aber statt über sein Thema Wahrheit und Recht als göttliche Ordnung zu reden, von Abraham erzählte und daß erst die Offenbarung komme und dann der Glaube, nach ¾ Stunden noch nicht bei Isaak war, bin ich gegangen. Thadden-Trieglaff[5] kennen zu lernen war mir lieb, er ist ein Laienchrist früherer Zeiten. Und nun zuletzt Niemöller[6]. Das war die reine Freude. Kein Wort zuviel *und kein Wort zu wenig.* Man kann über solche Veranstaltungen nur urteilen, wenn man Geduld und Ausdauer hat, ein Ganzes mithinwegzunehmen. Der Tag war uns doch eine Stärkung. Wir grüßen Dich und die Deinen. In treuem Gedenken
D. und M. R.

1. *K. Barth:* Samuel Werenfels (1657-1740) und die Theologie seiner Zeit. Antrittsvorlesung, gehalten am Mittwoch, den 6. Mai 1936 in der Aula der Universität Basel, in: EvTheol 3 (1936), S. 180-203.
2. Vgl. *E. Vischer:* Werenfelsiana, in: FS Gustav Binz, Basel 1935.
3. Paul Humburg (1878-1945), Pastor der ref. Gemeinde Barmen-Gemarke, 1934-1942 Präses der Rheinischen Bekenntnissynode.
4. Jakob Kroeker (1872-1948), Direktor des Missionsbundes »Licht im Osten«.
5. Reinhold von Thadden-Trieglaff (1891-1976), bis 1933 Mitglied des preußischen Landtages, 1929 Vizepräsident der Pommerschen Provinzialsynode, 1934 Präses der Pommerschen Bekenntnissynode und Mitglied des Reichsbruderrats der BK, 1949 Gründer und erster Präsident des Deutschen Evangelischen Kirchentages.
6. Zu *Martin Niemöller* (geb. 1892) vgl. seine Autobiographie: Vom U-Boot zur Kanzel, Berlin 1934; zu seiner Rolle im Kirchenkampf vgl. *Jürgen Schmitt:* Martin Niemöller im Kirchenkampf, Hamburg 1971.

Rade an Barth   Hohemark, 17.8.1936

Lieber Karl!

Das ist gut. Wir werden leicht einen Zug oder zwei in Zürich unterbrechen können. Daß Du uns entgegenfährst, wäre zwar eine feine Geste von Dir, aber man kann sich da nicht ordentlich unterhalten. In Zürich wird sich schon ein geheimer Ort finden. Wir reisen morgen

und bleiben bis etwa 6./7. in Madiswil, so daß der Termin unserer Begegnung der 7. sein könnte. Sicheres folgt.
Deine Tante und Onkel Rade

Rade an Barth   Madiswil, 23.8.1936

Lieber Karl!
Das ist ja eine rechte Komödie. Leider nicht *nur* eine lustige. Aber wir freuen uns doch sehr an der Herausgabe Deines Geburtstagsgeschenks[1]. Es ist ein prächtiger Band, und durch seine ehrenvollen Würden doppelt interessant. Ich wünsche mir ihn zu meinem 80. Geburtstag! Die Bibliographie, für die ich den Verfassern danke, geht doch auch mich an! – Eben las uns Peter seinen Genfer Vortrag vor; auch sehr interessant. Kurz, wir leiden nicht Mangel. Und grüßen alle.
Vornehmlich Tante und Onkel Rade

1. Theologische Aufsätze. Karl Barth zum 50. Geburtstag, München 1936.

Rade an Barth   Madiswil, 30.8.1936

Lieber Karl!
Also am 7., wenn es Dir recht ist. Ankunft 12^{32}, und wir essen dann irgendwo zusammen. Zum Spätnachmittag müssen wir dann auf die Susenbergstr. hinauf. Suche ein recht nettes Lokal aus für unser Mahl. *Nur wenn es Dir nicht so paßte*, dann gib bitte baldige Antwort. Alle grüßen. Wir lesen mit Gewinn uns aus Deinem Geburtstagsbuch vor.
Dein V. R.

Barth an Rade   Bergli Oberrieden, 25. 8. 1937

Lieber Onkel Rade!
Ich danke dir herzlich für die Übersendung der »Lutherfreude«[1], die ich mit Interesse gelesen habe. Fortsetzungen dieser Publikationen werden sicher nicht nur mir, aber auch mir sehr erwünscht sein. Haben die lutherischen Studenten in Leipzig um 1877 tatsächlich üblicherweise ihre Bekenntnisschriften *nicht* studiert? Ich staune unter diesen Umständen über Luthardt und Kahnis! –

Bitte grüße Tante Dora und empfange selber die herzlichsten Grüße von Deinem
Karl Barth

1. *M. Rade:* Unkonfessionalistisches Luthertum. Erinnerung an die Lutherfreude in der Ritschlschen Theologie, in: ZThK N.F. 18 (1937), S. 131-151.

Rade an Barth   Hohemark, 26.8.1937

Lieber Karl!
Es ist schon so, daß keine Anregung zu diesen Studien von den δοκοῦντες στῦλοι εἶναι ausging. Luthardt trieb in seinem Dogmatischen Seminar (dem ich angehörte) nur sein Kompendium. Kahnis' lebendige Zeit (Zeugnis von den Grundwahrheiten 1862) war vorüber. Ich will mir einen Zeugen dafür besorgen, den D. Velte, weiland Prof. in Friedberg, der dem Kahnis'schen Theologischen Verein angehörte und den ich in einigen Wochen sehe. Am 24. 9. halte ich in Leipzig einen Vortrag »Stud. theol. in Leipzig 1875ff.«, da rede ich ausführlicher über diese Erfahrungen, und wenn dabei etwas zu Deiner Frage herauskommt, schreibe ich es Dir. Habe Dank für Deine treulichen Zusendungen, eben erst wieder die Predigt.
Tante Dora grüßt. Gott befohlen.

Rade an Barth   Hohemark, 26. 10. 1937

Lieber Karl Barth!
Oft und gern gedenken wir an die Tage mit Dir in Madiswil. Und an den freundlichen Empfang, den wir zuvor von Frau Nelly und den Söhnen in Deinem Hause fanden. Inzwischen geht Dein Brief an Hromádka[1] durch die Welt. Mich beschäftigt, ob Du dem Adressaten die Erlaubnis gegeben hattest, ihn zu verbreiten, oder ob es sich um eine reine Indiskretion handelt. Aber Du *brauchst selbstverständlich nicht darauf zu antworten.*
Herzliche Grüße Dir und den Deinen von uns beiden.
V. R.

1. Karl Barths Brief an J. L. Hromádka vom 19. 9. 1938 wurde von Hromádka, dem Barth die Erlaubnis zur Verbreitung des Briefs gegeben hatte, am 25. 9. 1938 auszugsweise in der »Prager Presse« veröffentlicht und

dann in vielen französischen, niederländischen und deutschen Zeitungen nachgedruckt. In seinem Brief schrieb Barth für den Fall einer Besetzung der Tschechoslowakei durch Deutschland: »Jeder tschechische Soldat, der dann streitet und leidet, wird es auch für uns – und ich sage es heute ohne Vorbehalt: er wird es auch für die Kirche Jesu Christi tun, die in dem Dunstkreis der Mussolini und Hitler nur entweder der Lächerlichkeit oder der Ausrottung verfallen kann.« Dieser Satz löste viel Kritik aus, vor allem auch aus den Reihen der BK.

Rade an Barth　　　　　　　　　　　　　　　　Hohemark, 28.11.1938

Lieber Karl Barth,

ich muß Dir doch endlich danken für die prompte Erfüllung meiner Bitte in den schweren September-Oktober-Tagen. So hatte ich Deinen verhängnisvollen Brief früher, als ihn mir das »Kirchenblatt« brachte.

Und mit dem Postscriptum, das mir nun freilich das Herz besonders schwer machte. Denn der leidenschaftliche Erguß des Inhalts fiel durchaus unter den Schutz der Menschenrechte. Aber die erteilte Vollmacht, unbegrenzt, und also auch die Erlaubnis, das Schreiben an die Presse und damit an die volle Öffentlichkeit weiterzugeben, einschließend, – ging über das hinaus, was Du Deiner BK in Deutschland zumuten konntest. Diese Last war für sie zu schwer.

Aber vielleicht hattest Du auch das bedacht, und dann halte ich mein Urteil zurück.

Was den Inhalt Deines Briefes anlangt, so bin ich zu seiner Einschätzung vielleicht so kompetent wie Wenige. Aufgewachsen an der Grenze des Sudetenlandes und als Gymnasiast und junger Pfarrer in stetem Verkehr mit drüben, hatte ich noch im September in Seewis [?] Gelegenheit mit einem katholischen Sudetendeutschen, Wirtschafter, Deputierten zu einer Internationalen Tagung der Jugendherbergen in der Schweiz, die Lage tagelang durchzusprechen. Dazu meine Freundschaft mit Masaryk[2], meine kirchenpolitischen Exkursionen zu der Tschechischen Nationalkirche und allerhand Prager Kongressen. Sympathien also mit der Tschechei genug. Mein Hauptbuch dafür das von dem Philosophen und Kirchenmanne Rádl »Deutsche und Tschechen« – nein, sondern: »Der Kampf zwischen Tschechen und Deutschen«, deutsch 1928, Gebrüder Stiepel, Reichenberg. An politischem und persönlichem Verständnis für Dich fehlte es auch nicht. Ich hätte fürs Leben gern irgendwo einen Artikel über Deinen Brief geschrieben. Trotz meiner Sympathie kann ich aber das tschechische Volk so hoch nicht schätzen, wie Ihr es tut. Aus allgemeinen Gründen. Und sie haben andauernd an den deutschen Mitbürgern sich schwer versündigt.

Kritisch zur Sache will ich heute nur Zweierlei sagen:

1. In Deinen politischen Sentiments spielt Versailles gar keine oder eine zu bescheidene Rolle. Das Stück Weltgeschichte, das wir im September erlebt haben, bedeutet positiv nichts anderes als die Liquidation des unmöglichen Friedens von Versailles. Jede Äusserung zur Sache, die dieses Schwerpunktes vergißt, bleibt unzureichend und trifft daneben.

2. Was das religiöse Problem betrifft, so scheiden und schneiden sich die Meinungen im Kirchenbegriff. Aber sofern Du nun einen Trostbrief nach Prag schicktest, vermißt man das ultimum refugium Hebr. 12,5-7. Ein Wort an das tschechische Volk durfte diese Tiefe des göttlichen Worts ihm nicht vorenthalten. Sehe ich recht, so ist die tschechische Regierung nicht ungeschickt, dieses Wortes Segen aus der Hand des Höchsten zu empfangen. Wenn nicht, so ist mir das eine Enttäuschung, an der H[itler?] nicht die Schuld trägt.

So viel nur, damit ich nicht ein stummer Hund bleibe. Inzwischen haben wir ja Schwereres erlebt und stehen noch drin. Du hast es auch schwer. Auch in der Schweiz. Grüß Deine Frau und Deine Söhne und sei selbst herzlich gegrüßt von

Deinen Rades.

1. Barth schickte Rade eine Kopie seines Briefes an den niederländischen Pfarrer J. G. Derksen, in dem der Brief an Hromádka vollständig wiedergegeben wird (UB Marburg). Der Brief an Hromádka wurde am 27. 10. 1938 im Kirchenblatt für die reformierte Schweiz veröffentlicht, jetzt in: Eine Schweizer Stimme. Ges. Vorträge und Schriften 1938-1945, Zollikon-Zürich 1945, S. 58f. Dort ist auch der Brief an J. G. Derksen abgedruckt, a.a.O., S. 66ff.

2. Tomáš Garrique Masaryk (1850-1937), 1882-1914 Philosophieprofessor in Prag, 1918-1935 erster Präsident der Tschechoslowakischen Republik.

Barth an Martin und Dora Rade   Basel, 7. 10. 1939

Lieber Onkel Rade und liebe Tante Dora!

Mir ist, leider etwas spät, das bestimmte Gerücht zugetragen worden, daß ihr heute euren goldenen Hochzeitstag[1] feiert. Dazu möchte ich euch im Namen meines ganzen Hauses, aber vor Allem in meinem eigenen Namen unseres herzlichen und teilnehmenden Gedenkens versichern. Ihr dürft gemeinsam auf ein so großes Stück Weltgeschichte, Kirchengeschichte und Lebensgeschichte zurückblicken, an dem ihr handelnd, leidend und betrachtend euren gewichtigen Anteil hattet. Da feiert man und freut man sich gerne mit euch. Wiederum ist Alles so verhängt und dunkel in diesen Tagen – es war ja mehr als einmal auch so in den 50 Jahren Wanderschaft, die ihr hinter euch habt. Und so möchte man sich vor Allem auch an dem Sorgen und Fragen beteiligen, das wohl im Rückblick und Ausblick den heutigen Tag auch für euch wesentlich mitbestimmt. Aber Freude und Sorge sind keine letzten Dinge, und so wird es am Besten sein, wenn wir uns heute im *Glauben* die Hand geben: daß Alles in guter Obsorge und Fürsorge war, ist und sein wird. So werdet ihr selbst es im Blick auf euren besonderen Weg heute als wahr und erfüllt und weiter zu erfüllen ansehen. Und so können und wollen wir Anderen es euch nur bestätigen – im Blick auf das Besondere und im Blick auf das Gemeinsame und Allgemeine: daß die Verheißung, um den Abend werde es licht sein, uns Alle nicht trügen wird.

Liebe Eltern Rade, ich habe in diesen Ferien einige Male in alten Briefen (aus der Hinterlassenschaft meiner Mutter) gelesen: Briefe eines ziemlich stürmischen und ungebärdigen cand. theol., datiert aus Marburg in den Jahren 1908 und 1909. Vieles ist wieder in mir aufgewacht aus jenen so ganz anderen, friedlicher und in ihrer Art doch nicht weniger bewegten Zeiten, aus der Fülle von Ernst und Scherz, die einst an den Abhängen des Hainberg Wirklichkeit waren, aus Verhältnissen, Szenerien und Begebenheiten, in denen ihr immer irgendwie der Mittelpunkt waret. Ich sah wieder vor mir, was ich da Alles empfangen und mitgenommen, wieviel ich da gelernt und auch abgelauscht und in meiner Weise nachzupraktizieren versucht habe: von der nie ermüdenden Emsigkeit und der Aufgeschlossenheit des Sichumblickens in Kirche und Welt bis hin zu der flatternden schwarzen Kravatte, die dann noch viele Jahre die Zeitgenossen daran erinnerte, wo und bei wem ich meine Gesellenjahre zugebracht hatte. Laßt euch zu diesem Tage noch einmal von mir sagen, daß ich trotz aller dazwischen gekommener Modifikationen unserer Beziehungen dankbar geblieben bin für das, was ihr mir in jener meiner seltsamen Jünglingszeit – gewiß schon damals nicht ohne viele berechtigte Seufzer zugewendet habt und gewesen seid.

Es steht mir vor Augen, daß es heute u.U. für den Empfänger keine unbedingte Annehmlichkeit bedeutet, einen Brief von mir zu bekommen. Dennoch wollte ich ihn schreiben. Wenn die Zensur ihn öffnen

sollte, so soll sie so menschlich sein, sich zu überzeugen, daß es sich trotz des Omens meines Namens um einen von Politik und Kirchenpolitik gänzlich unbelasteten Goldene-Hochzeitsgruß handelt.
Herzlichst und treulichst
Euer Karl Barth

1. Martin und Dora Rade heirateten am 8. 10. 1889.

Barth an Dora Rade   Basel, 17. 4. 1940

Liebe Tante Dora!
Als mich die Nachricht von dem Tode deines lieben Mannes[1], unseres guten Onkels Martin, erreichte, traten mir die vielen Tage und Stunden noch einmal lebendig vor Augen, in denen ich ihm einst nahe sein und in sein Leben und Arbeiten direkten Einblick haben durfte: das Studierzimmer und die sonnige Laube am Roten Graben, die offenen Abende, der Weg hinauf zum Marburger Schloß, alle die Menschen, die bei euch ein- und ausgingen. Es ist Alles so weit weg und doch noch so nah, und wenn ich daran denke, wie wach und aufgeschlossen und willig er auch nachher und bis in die Jahre seines Alters hinein Alle und Alles in seiner besonderen Weise begleitet, mitgelitten und mitdurchgestritten hat, wie man ihn bei jeder neuen Begegnung im Lauf der Zeiten auch neu beteiligt fand, so kann ich es mir noch gar nicht vorstellen, daß wir ihn nun nie mehr sehen und hören werden. Laß dir auch von mir sagen, daß ich ihm immer dankbar sein und seiner immer in Liebe und Ehrerbietung gedenken werde.
Es bewegt mich, wie du nun in dieser dunklen Zeit allein zurückgelassen bist. Die Erinnerung an das ganze reiche, bewegte – auch in allem seinem Schweren so ungewöhnliche Leben, das du mit dem Dahingegangenen haben durftest, wird dich begleiten, aber, nichtwahr, noch mehr die Hoffnung auf die »ewige Heimat«, von der deine Anzeige redet, die Zuversicht auf den, der für uns Alle ewiges Leben in Fülle hat.
Wie mag sich deine Zukunft gestalten? Deine Kinder im Süden werden wohl daran denken, dich dort zu haben. Wenn doch die Wege und Türen dorthin sich öffnen würden! Ich würde auch gerne helfen und raten, wo ich kann. Aber die allgemeine Lage ist wohl so, daß hier im besten Fall nur allmählich Klarheit und Hilfe möglich werden.
Ich nehme an deinem Leid von Herzen Anteil – wenn ich nicht frü-

her geschrieben habe, so geschah es, weil ich von Basel abwesend war – und bin in aufrichtiger Verbundenheit
　Dein Karl Barth

　1. Martin Rade starb am 9. 4. 1940.

Personen

Seitenangaben, die sich auf die Erwähnung von Personen in der Einleitung oder in den Anmerkungen beziehen, sind kursiv gedruckt. Wegen des häufigen Vorkommens sind Karl Barth und Martin Rade nicht genannt.

Achelis, Ernst Christian *18*, 67-70, *289*
Aé, Karl *49*, 244, *245*
Aeschbacher, Robert *9*
Althaus, Paul 202, 203, *289*
Anselm von Canterbury 53, 249, 251, *252*, *290*
Arndt, Ernst Moritz *104*, 111
Arnold, Eberhard 257
Arnold, Gottfried 92, *93*

Babut, Henri 115, *116*
Bader, Hans 124, *125*
Bäschlin, Gotthilf August (Verleger) 144
Bäumer, Gertrud 253, 258
Barth, Anna, geb. Sartorius (Mutter von K. B.) 20, 66, 86, 93, 123, 125, 136, 139, 163, 165, 167, 183, 189, 193, 195f., 201, 206, 237, 250, 270, 280
Barth, Christoph (Sohn von K. B.) 140f., 200, *271*
Barth, Franziska, s. Zellweger-Barth, Franziska
Barth, Friedrich Sebastian (Sohn von Peter Barth) 158
Barth, Fritz (Vater von K. B.) *9*, *15*, 20, 22 59-66, 69, 72, 81f., *83*, 92
Barth, Heinrich (Bruder von K. B.) 20, 59, 65, 81f., 123, *146*, 174, 201, 202, 205 f., 207
Barth, Helene, geb. Rade (Tochter von M. R. und Frau Peter Barths) *29*, *34*, 79, 86f., 90f., 93, 95, 102, 125-131, 134f., 143, 157f., *195*
Barth, Johann Jakob (Sohn von K. B.) 210, *270*
Barth, Markus (Sohn von K. B.) 136, *137*, 163, 193, *271*
Barth, Martin Ulrich (Sohn von Peter Barth) 137, 158, 209
Barth, Matthias (Sohn von K. B.) 171f., 193
Barth, Nelly, geb. von Hoffmann (Frau von K. B.) 20, 22, 81ff., 90f., 93f., 98, 102, *104*, 118, 122, 125, 128, 130, 132, 136, 138ff., 142, 150ff., 157ff., 163, 165, 167, 170, 174, 176ff., 180, 182f., 193, 200f., 203, 206-209, 212, 214, 220, 224, 234, 247ff., *269*, *272*, *277*, *279*
Barth, Peter (Bruder von K. B.) 20, 22, *25f.*, *29f.*, *34*, 59, 65-70, 73, 82, 83, 86, 91, 100f., *104*, 123, 125-
Bismarck, Otto von 133
Bizer, Ernst 208, *290*
Blumhardt, Christoph *34f.*, 131, 147, *148*, *289*
Bodelschwingh, Friedrich von 266, 267
Bolli, Hans 20
Bonus, Arthur 171, *172*
Bornemann, Wilhelm *12*, 84, *85*
Bornhausen, Karl 20, 66, 78ff., 82, 133, 140ff., 194
Bossuet, Jacques-Bénigne 75
Bousset, Marie 179, *180*
Bousset, Wilhelm *13*, *15*, *180*
Brunner, Emil *45*, 218, *219*, 220, 223, 231, 235, *236*, 242, 244
Budde, Karl *219*, 227, *288*, 230, 233
Bultmann, Helene 198, 200
Bultmann, Rudolf *45*, 49f., 173-176,

283

128, 130, *131*, 135, 137 f., 142f.,
150, 157f., 165, 182, 205, 207f.,
214-217, 221f., 248, 264, 268, 276
Barth, Peter Andreas (Sohn von Peter Barth) 157f., 195
Bauer, Walter 158
Baumgarten, Otto 111, 158, 211, *212*, *259*
Baumotte, Manfred 22
Beck, C. H. (Verlag) 44, *168f.*
Beck, Johann Tobias 52, *273*, *292*
Benz, Gustav 123, *125*
Bertholet, Alfred 170, *171*
Bethmann-Hollweg, Theobald von 109, 128, *129*
Bezzel, Hermann *117*
Birkner, Hans-Joachim 46, *54*, *178*, *181*, *196ff.*, 200, 209, *210*, 215, 217, 221, 223, 232, 244ff., 266, 271
Burckhardt, Paul 228
Buridan, Johannes 203
Busch, Eberhard *9*, *15*, *19f.*, *50*, *105*, *166*, *271*

Calvin, Johannes 20, 25f., 66, 68, 72, 89, 110, 115, 133, 176, 178, 196, *198*, 205, 207, 214f., 231
Christ, Lukas *71*
Classens, Walter *83*
Cohen, Hermann 82, *83*, 88
Cordier, Leopold 254, 255f., *260*, *262*, *263*

Dehn, Günther *50*, *51*, *192*, 250-263, *290*
Deißmann, Adolf 145, *146*
Delbrück, Hans 22
Derksen, J. G. 279, *291*
Dibelius, Martin *251*
Doehring, Bruno *103*
Doerne, Martin 265, *267*
Dörries, Bernhard *48*, 141ff., *224*, 225f., 228, 230, 234-238
Dörries, Hermann 255, *258*

Dostojewski, Fjodor Michajlowitsch *207*
Drews, Paul *12*, *18*, 67-71, *289*
Dryander, Ernst von *31*, 100, *103*, 115-118
Duhm, Hans 188, *217*

Eger, Karl 250-255, *258*, *291*
Eger, Martin 247f.
Ehrenberg, Hans *40*, *147*, 148, 151, 165, 170, 189f. 200, *289*
Ehrenberg, Rudolf 148, 165, 167
Elert, Werner 220
Elliger, Karl 248
Erzberger, Matthias 160
Eucken, Rudolf 31, 78f., 100, *103*

Fähler, Jochen *116*, *129*, *289*
Fähler, Ursula *116*, *129*, *289*
Fénelon, François de Salignac de La Mothe 75
Feuerbach, Ludwig 24
Flemmig, Georg 152
Foerster, Erich *40*, 161, *162*, 171, *177*, 180
Foerster, Friedrich Wilhelm 75, *139*, 194, *290*
Frenssen, Gustav 62
Frick, Heinrich *169*, *205*, *260*
Fricke, Paul 213, 216 f.
Fröhlich, Karlfried *178*
Frühauf, Walter *16*
Fuchs, Emil 125ff., *177*

Göhre, Paul *12*, *90*, *91*
Gogarten, Friedrich 36-40, 45, *49f.*, 149-152, 161, *162*, 171ff., *177*, 180, 182, 184ff., 190, 194, 196, *205*, 222, 235, *236*, 242, 244ff.
Gounelle, Elie-Jouël *112*, *125*
Gremmels, Christian *10*
Greßmann, Hugo 218-223
Greyerz, Karl von 124, *125*
Grimme, Adolf 252
Gunkel, Hermann 9, *13*, *15*

Haenisch, Konrad 153-156
Häring, Theodor 72
Härle, Wilfried 28, 116
Hammer, Karl 103
Handwerk, Wilhelm 197
Harder, Hasso 82
Harnack, Adolf von 9ff., 13, 31, 40, 43f., 46, 54, 100, 103, 128, 129, 161f., 164ff., 183, 184, 189, 194, 242, 272, 290
Hartmann, Hans 39, 149, 151, 156f.
Hauer, Jakob Wilhelm 272
Heilmann, Johann Adam 153ff.
Heimann, Eduard 177
Heinzerling, Friedrich 228, 231, 235
Heitmann, Ludwig 177
Heitmüller, Wilhelm 10, 132, 135, 145, 147
Heppe, Heinrich 208, 290
Hermelink, Heinrich 158, 165, 167
Herpel, Otto 39, 147, 150, 152, 158, 166
Herrmann, Wilhelm 9f., 14, 16, 18, 20, 23, 32f., 47, 68f., 85, 113, 116, 117, 119ff., 128ff., 141ff., 159, 211ff., 290
Heumann, Hermann 171, 173
Hindenburg, Paul von 128
Hirsch, Emanuel 170, 171, 187f., 190, 228, 255, 258
Hitler, Adolf 51, 271, 278f.
Hoffmann, P. 77f.
Holl, Karl 196, 197
Horn, Fritz 211
Hromádka, Jan L. 277, 279, 291
Huber, Wolfgang 30
Humburg, Paul 275

Immer, Karl 272

Jaeger, Paul 46, 76, 79, 201-204, 242, 290
Jaspert, Bernd 173, 283
Jatho, Carl 103

Jülicher, Adolf 10, 36f., 40, 142, 144, 148-151, 155, 172ff., 262
Jüngel, Eberhard 9

Kaftan, Julius 9, 68, 206
Kaftan, Theodor 97, 99
Kahnis, Karl Friedrich August 276f.
Kaiser, Christian (Verlag 39, 172, 217f., 249
Kant, Immanuel 9, 15, 88, 90, 115, 162, 207
Kantzenbach, Friedrich Wilhelm 51, 122
Keller, Adolf 20, 67, 69ff.
Kisling, Richard 102, 104
Klostermann, Erich 215
Klotz, Leopold (Verleger) 45, 48, 52, 169, 206, 224, 234ff., 266
Knittermeyer, Hinrich 169, 205, 207
Köhler, Ludwig 218, 219
Köhler, Walter 160f.
Koerber, Alb. 91ff.
Kohlbrügge, Hermann Friedrich 179, 213
Kolfhaus, Wilhelm 228
Kroeker, Jakob 275
Krüger, Gustav 180
Künneth, Walter 266, 267
Kuhlmann, Gerhardt 251, 252
Kutter, Hermann 22, 137ff., 207

Lagarde, Paul de 22
Lamprecht, Karl 22
Lehmann-Issel, Kurt 210, 213, 216
Lemme, Ludwig 70, 74, 75, 91
Lempp, Albert 217, 218, 222
Lieb, Fritz 268
Liebe, Reinhard 40, 161, 162
Liebknecht, Karl 125
Liechtenhan, Rudolf 112, 126
Lindt, Karl 151
Lipsius, Richard Adelbert 84
Loew, Elisabeth, geb. Naumann 95, 215f., 270

Loew, Wilhelm 36f., 83, 94, 95, 129, 132, 137, 138, 148f., 215f., 222
Loofs, Friedrich 12, 52, 273, 292
Lotze, Hermann 23, 84
Lübbe, Hermann 103
Lüdemann, Hermann 202, 203
Luthardt, Christoph Ernst 276f.
Luther, Martin 11, 25, 38, 53, 97, 98, 103, 110, 115, 133, 140ff., 154, 186, 196, 207, 209, 210, 212, 222, 225, 233, 263, 265, 267, 276f., 290f.

Mahlmann, Theodor 32
Marcion 36, 40, 162
Marquardt, Friedrich Wilhelm 39
Masaryk, Tomáš Garrique 278, 279
Matthieu, Jean 137
Mattmüller, Markus 116f.
Mayer, Emil Walter 205
Mehnert, Gottfried 12, 38
Mennicke, Carl 177
Merz, Georg 44f., 151, 165, 166, 172, 182, 237, 240-243
Meyer, Arnold 160f.
Meyer, Wolf 152
Mirbt, Carl 188
Mix, Gustav 16
Mohr, J. C. B. (Verlag) 221
Moltmann, Jürgen 283
Mühlenhoff, Emma 99
Müller, Ernst Friedrich Karl 156 216f.
Müller, Karl 174, 175
Münzer, Thomas 165, 166
Mulert, Hermann 12, 52, 249, 250, 259, 266
Mussolini, Benito 278

Natorp, Paul 31, 100f., 103f., 146, 174
Naumann, Friedrich 12ff., 26f., 29, 34, 95, 98, 103, 113, 115, 127, 131, 147, 148, 289
Naumann, Karl 249
Naumann, Marie 176

Nigg, Walter 54
Niebergall, Friedrich 141ff.
Niemöller, Martin 275
Niesel, Wilhelm 218, 248

Otto, Rudolf 149, 158, 173, 263, 291
Overbeck, Franz 157, 164f., 174

Paulus, Rudolf 182
Pechmann, Wilhelm von 267f.
Perthes, F.A. (Verlag) 45, 169, 172, 176, 182
Pestalozzi, Rudolf 163
Peterson, Erik 170, 171, 177f., 222
Pfannmüller, Gustav 140, 291
Philippi, Fritz 97, 101, 104, 128, 129
Pietschmann, Hermann 249
Piper, Otto 170, 171, 184, 190ff., 220, 222f., 253
Plato 174
Platzhoff-Lejeune, Eduard 80
Pöhlmann, Horst Georg 208
Poincaré, Raymond 187
Przywara, Erich 264

Quervain, Alfred de 171

Rade, Dora, geb. Naumann (Frau von M. R.) 12, 19, 52, 60, 63ff., 69, 71, 73, 75ff., 79-83, 85, 87, 90, 94, 125, 127, 129f., 134, 136, 138, 140, 143ff., 147, 150, 152, 155, 157, 159, 162, 165, 167f., 171, 173f., 176f., 183, 187-190, 193f., 196f., 203, 205, 207-211, 223-226, 228, 234, 238f., 244, 246-250, 258, 263f., 271, 273f., 276f., 279ff.
Rade, Elise (Schwester von M. R.) 82, 130, 137f.
Rade, Gertrud (Tochter von M. R.) 79, 125, 136, 138, 141, 144, 145
Rade, Gottfried (Sohn von M. R.) 79, 82, 85, 94, 136, 138, 142, 144, 249, 272

Rade, Helene, s. Barth, Helene
Rádl, Emanuel 278
Ragaz, Leonhard 22, 29, 100, 102, 104f., 113, *116*, 177-122, 124ff., 137, *139*, 147, 159f., 190, 207, 222, 226
Rathenau, Walter *51*
Rathje, Johannes *10*, *15*, *18*, *52*, *62*, 206f.
Rendtorff, Trutz *55*
Richter, Werner 177, 198ff.
Ritschl, Albrecht *10*ff., *18*, *52-55*, 68, 72, 111, 139, 170, 195, *198*, 266, 273, 277, *292*
Ritschl, Dietrich 196
Ritschl, Otto 228ff., 233
Rolland, Romain 116, *117*
Rosenberg, Alfred 272
Rosenstock-Huessy, Eugen 165, *166*
Rost, Georg 76, 79
Rothe, Richard 56
Rückert, Hanns 217f.

Sauter, Gerhard 22
Schafft, Hermann 256-262
Schempp, Paul 226
Schian, Martin 62, 107
Schlatter, Adolf *10*, 175
Schleiermacher, Daniel Ernst Friedrich 9, *15*, 18ff., 28, 46, 56, 68, 75, 84, 115, 194ff., *198*, 223, 235, *236*, 244, *248*
Schmid, Erich 124, *125*, 128
Schmid, Heinrich 208
Schmidt, Friedrich Wilhelm 220, 246f.
Schmidt, Karl Ludwig 229f., 250f., 253f., 256f., 259-263, 268
Schmidt, Martin 46
Schmithals, Walter 221
Schmitt, Jürgen 275
Schmitz, Otto 168ff., 172, 254, 255
Schmoller, Gustav 22
Schnack, Ingeborg 10

Schoeps, Hans-Joachim 270
Scholder, Klaus 38, 257, 267
Scholz, Heinrich 207, 247, *248*
Scholz, Helene 207, 208
Scholz, Hermann 207
Schrenk, Elias 72, *289*
Schrenk, Gottlob 217
Schücking, Walter *14*, *269*
Schultheis, Heinrich *147*, *150*
Schwaiger, Georg 46
Schweitzer, Albert 202, *203*
Seeberg, Reinhold 61
Siebeck, Agnes, geb. Müller 174f.
Siebeck, Hermann 24, 84
Siebeck, Paul 72, 85
Siebeck, Richard 152, 175
Siegfried, Theodor 230, *231*
Siegmund-Schultze, Friedrich 250
Simmel, Georg 84, *85*
Soden, Hans von 244, 246, 259, 260, *271*
Söderblom, Nathan *116*
Sohm, Rudolph 22
Sombart, Werner 22
Stählin, Wilhelm *169*, 222, 255
Stange, Carl 158, 170, *187*f., *198*, 202
Stead, Herbert *112*
Stephan, Horst *10*, *14*, 60, 62ff., 158
Stieglitz, Christoph von *193*
Stier, Ewald *168*, *211*, 212
Stoecker, Adolf 77
Stoevesandt, Karl 215

Tersteegen, Gerhard 133
Thadden-Trieglaff, Reinhold von 275
Tholuck, Friedrich August Gotttreu 140
Thurneysen, Eduard 22, *28*ff., *34*, *45*, *47*f., *71*, *95*, *100*, 124, *125*, *131*, 132, *136*, *139*, *142*, 143, *144*, *148*, 149, *150*f., *162*, 163, *166*, 174, 186, 197-200, *205*, 207, *208*, *210*, *214*, *217*, *219*, 234-236, 237f., 242f., *289*

Tiedje, Johannes 69f., 72f., 75f., 78, 80
Tillich, Paul 159f., *184*, 194f., *205*, 215
Titius, Arthur 155f., 163, 194
Traub, Gottfried 100f., *103f.*, 111ff., *116*, 117ff., 121, 128, *251*
Troeltsch, Ernst *13*, *15*, *41*, 70, 78, 115, 132f., *135*, 164

Vischer, Eberhard 166, 174, 242, 274, *275*
Vorländer, Karl 87f., *90*

Wagner, Charles 186
Walter, Paul 71, 73f., 78
Weber, Max 22
Ward, W. R. *39*, *105*
Wehberg, Hans *116*
Wehowsky, Stephan *257*
Wehrung, Georg 220
Weinel, Heinrich *50*, 180, *181*, 266, *267*

Weiß, Bernhard 70
Weiß, Johannes *13*
Werenfels, Samuel 274, *275*, *291*
Werner, Martin *203*, *219*
Wernle, Paul *15*, 120, *122*, 123-126, 128, *139*
Wessendorft, Karl *184*
de Wette, Wilhelm Martin Leberecht *56*
Wilhelm II. (Kaiser) *28*, 109f., 216
Witte, Leopold 140
Wobbermin, Georg 190, 192, *198*, 213, 227f., 230, *232*, 233
Wünsch, Georg *253*

Zellweger-Barth, Franziska (Tochter von K. B.) 94, 118, 125, 128, 137, 163, 193, 270f.
Zellweger, Max *271*
Ziegner, Oskar 171, *172*
Zwingli, Huldrych 97, 110, 188

Schriften Barths und Rades

Schriften Barths

Moderne Theologie und Reichsgottesarbeit, in: ZThK 19 (1909), S. 317 bis 321.
Antwort an D. Achelis und D. Drews, in: ZThK 19 (1909), S. 479-486.
Rez. von E. Schrenk: Seelsorgerliche Briefe für allerlei Leute, Kassel 1909, in: ChW 23 (1909), Sp. 1204.
Der christliche Glaube und die Geschichte, in: SThZ 24 (1912), S. 1-18, S. 49 bis 72.
Der Glaube an den persönlichen Gott, in: ZThK 24 (1914), S. 21-32, S. 62 bis 95.
»Die Hilfe« 1913, in: ChW 28 (1914), Sp. 770-774.
Briefwechsel von Karl Barth und Martin Rade, in: Neue Wege 8 (1914), S. 429-432.
Predigten 1914, hg. von Ursula und Jochen Fähler, Zürich 1974.
Friede, in: Die Glocke 23 (1915, Juniheft), S. 55f.
Der Pfarrer, der es den Leuten recht macht. Eine Predigt gehalten in der Kirche zu Safenwil, als Manuskript gedruckt 1916, ohne Nennung des Verfassers abgedruckt in: ChW 30 (1916), Sp. 262-267; Nachdruck in: Christentum und Wirklichkeit 10 (1932), S. 86-97.
(zusammen mit E. Thurneysen:) Suchet Gott, so werdet ihr leben!, Bern 1917.
Der Römerbrief, 1. Aufl., Bern 1919 (1918).
Vergangenheit und Zukunft (Friedrich Naumann und Christoph Blumhardt), Neuer Freier Aargauer 14 (1919), Nr. 204 und 205; jetzt in: Anfänge I, S. 37-49.
Der Christ in der Gesellschaft. Eine Tambacher Rede, mit einem Geleitwort von H. Ehrenberg, Würzburg 1920, auch in: Das Wort Gottes und die Theologie. Ges. Vorträge I, München 1924, S. 33-69; jetzt in: Anfänge I, S. 3-37.
(zusammen mit E. Thurneysen:) Zur inneren Lage des Christentums. Eine Buchanzeige und eine Predigt, München 1920.
Biblische Fragen, Einsichten und Ausblicke. Vortrag für die Aarauer Studentenkonferenz, April 1920, München 1920, auch in: Das Wort Gottes und die Theologie, S. 33-69; jetzt in: Anfänge I, S. 49-76.
Grundfragen der christlichen Sozialethik. Auseinandersetzung mit Paul Althaus, in: Das neue Werk 3 (1921/22), S. 461-472; jetzt in: Anfänge I, S. 152-165.
Der Römerbrief. Zweite Auflage in neuer Bearbeitung, München 1922.
Immer noch unerledigte Anfragen, in: ChW 36 (1922), Sp. 249.
Das Wort Gottes als Aufgabe der Theologie, in: ChW 36 (1922), Sp. 858

bis 873, auch in: Das Wort Gottes und die Theologie, S. 156-178; jetzt in: Anfänge I, S. 197-218.

Sechzehn Antworten an Herrn Professor von Harnack, in: ChW 37 (1923), Sp. 89-91.

Antwort auf Herrn Professor von Harnacks Offenen Brief, in: ChW 37 (1923), Sp. 244-252. Der Briefwechsel mit A. v. Harnack ist auch abgedruckt in: Theologische Fragen und Antworten. Ges. Vorträge III, Zürich 1957, S. 7-31, und in: Anfänge I, S. 323-347.

Not und Verheißung der christlichen Verkündigung, in: ZZ 1 (1923), Heft I, S. 3-25.

Gegenrede zu dem Aufsatz von Friedrich Wilhelm Foerster, in: Das neue Werk 5 (1923/24), S. 242-248.

Von der Paradoxie des »positiven Paradoxes«, in: ThBl 2 (1923), Sp. 287 bis 296; jetzt in: Anfänge I, S. 175-189.

Ansatz und Absicht in Luthers Abendmahlslehre, in: ZZ 1 (1923), Heft IV, S. 17-51.

Das Wort Gottes und die Theologie. Ges. Vorträge [I], München 1924.

Antwort an Paul Jaeger, in: ChW 38 (1924), Sp. 626-628.

Sunt certi denique fines. Eine Mitteilung, in: ZZ 3 (1925), S. 113-116.

Menschenwort und Gotteswort in der christlichen Predigt, in: ZZ 3 (1925), S. 119-140.

Die dogmatische Prinzipienlehre bei Wilhelm Herrmann, zuerst in: ZZ 3 (1925), S. 246-280; dann in: Die Theologie und die Kirche. Ges. Vorträge II, München 1928, S. 240-284.

Wünschbarkeit und Möglichkeit eines allgemeinen reformierten Glaubensbekenntnisses, in: ZZ 3 (1925), S. 311-333; auch in: Die Theologie und die Kirche, S. 76-105.

Die christliche Dogmatik im Entwurf, Band I: Die Lehre vom Worte Gottes. Prolegomena zur christlichen Dogmatik, München 1927.

Das Wagnis des Glaubens, in: Beilage zu Nr. 49 des Berner Tagblatts zur Vierhundertjahrfeier der Reformation in Bern vom 4. 2. 1928, S. 1/3.

Fides quaerens intellectum. Anselms Beweis der Existenz Gottes, München 1931.

Warum führt man den Kampf nicht auf der ganzen Linie? Der Fall Dehn und die »dialektische« Theologie, in: FZ Nr. 122, 15. 2. 1932 (Morgenausgabe); auch in: Neuwerk 13 (1931/32), S. 366-372.

Die Kirchliche Dogmatik, I. Band: Die Lehre vom Wort Gottes, 1. Halbband, Zollikon 1932.

Theologische Existenz heute! (ThExh 1), München 1933.

Offenbarung, Kirche und Theologie (ThExh 9), München 1934, auch in: Theologische Fragen und Antworten, S. 158-184.

Weihnacht, München 1934.

Geleitwort zu der von Ernst Bizer besorgten Neuausgabe von: Heinrich Heppe: Die Dogmatik der evangelisch-reformierten Kirche, dargestellt und

aus den Quellen belegt (1. Aufl. 1861), Neukirchen 1935, S. VII-X.
Credo. Die Hauptprobleme der Dogmatik, dargestellt im Anschluß an das Apostolische Glaubensbekenntnis, München 1935.
Die Kirche und die Kirchen (ThExh 27), München 1935; jetzt in: Theologische Fragen und Antworten, S. 214-232.
Samuel Werenfels (1657-1740) und die Theologie seiner Zeit, in: EvTheol 3 (1936), S. 180-203.
Brief an J. L. Hromádka, in: Eine Schweizer Stimme. Ges. Vorträge und Schriften 1938-1945, Zollikon-Zürich 1945, S. 58f.
Brief an J. G. Derksen, a.a.O., S. 66ff.

Schriften Rades

Redaktionelle Schlußbemerkung, in: ZThK 19 (1909), S. 486-488.
Die Stellung des Christentums zum Geschlechtsleben (Religionsgeschichtliche Volksbücher, V. Reihe 7./8. Heft), Tübingen 1910.
Mehr Idealismus in der Politik (Staatsbürgerliche Flugschriften 5), Jena 1911.
Von der Lage unserer Zeitung, in: ChW 28 (1914), Sp. 785-787.
Der Bankerott der Christenheit, in: ChW 28 (1914), Sp. 849f.
Der Gott der Völker, in: ChW 28 (1914), Sp. 869-871.
Briefwechsel von Karl Barth und Martin Rade, in: Neue Wege 8 (1914), S. 432-438.
Kein Moratorium des Christenglaubens, in: ChW 29 (1915), Sp. 473-475.
Die Kirche nach dem Kriege (SgV 79), Tübingen 1915.
(Hg.:) Luther in Worten aus seinen Werken (Die Klassiker der Religion, hg. von Gustav Pfannmüller, Bd. 10/11), Berlin 1917.
Offener Brief an einen neutralen Freund, in: ChW 32 (1918), Sp. 397-398.
Von der Christlichen Welt, in: An die Freunde Nr. 72 (1922), Sp. 790f.
Christentum und Frieden. Ein Vortrag im März 1922 in Elberfeld und Dortmund gehalten (SgV 101), Tübingen 1922.
Glaubenslehre: Bd. I: »Gott«, Gotha 1924.
    Bd. II: »Christus«, Gotha 1926.
    Bd. III: »Geist«, Gotha 1927.
Das Wagnis des Glaubens, in: ChW 42 (1928), Sp. 545f.
Eisenach 1929, in: An die Freunde Nr. 92 (1929), Sp. 1059f.
Ungehaltene Diskussionsrede, in: An die Freunde Nr. 94 (1929), Sp. 1098f.
Zur Orientierung für die nächste Vorstandssitzung des BGC, a.a.O., Sp. 1099 bis 1100.
Zum Teufelsglauben Luthers, in: Marburger Theologische Studien, 2. Heft, Rudolf-Otto-Festgruß, Gotha 1931, S. 1-11.
Der Fall Eger, in: ChW 46 (1932), Sp. 186-188.
In necessariis unitas, in: ChW 47 (1933), Sp. 344-346.
Meine Entlassung, in: An die Freunde Nr. 111 (1934), Sp. 1013-1016.

Von Beck zu Ritschl. Aus Friedrich Loofs' Studienzeit 1877ff., in: ThStKr 106 N.F. 1 (1934/35), S. 469-483.
Unkonfessionalistisches Luthertum. Erinnerung an die Lutherfreude in der Ritschlschen Theologie, in: ZThK N.F. 18 (1937), S. 131-151.

Abkürzungen

An die Freunde	An die Freunde. Vertrauliche d. i. nicht für die Öffentlichkeit bestimmte Mitteilungen, Marburg, Nr. 1, 1903 – Nr. 111, 1934.
Anfänge I	*J. Moltmann (Hg.):* Anfänge der dialektischen Theologie, Teil I (ThB 17.1), 4. Aufl., München 1978.
Anfänge II	*J. Moltmann (Hg.):* Anfänge der dialektischen Theologie, Teil II (ThB 17.2), 3. Aufl., München 1978.
BGC	Bund für Gegenwart-Christentum.
BwBu	*B. Jaspert (Hg.):* Karl Barth – Rudolf Bultmann Briefwechsel 1922-1966, Zürich 1971.
BwTh I	*E. Thurneysen (Hg.):* Karl Barth – Eduard Thurneysen Briefwechsel 1913-1921, Bd. I, Zürich 1973.
BwTh II	*E. Thurneysen (Hg.):* Karl Barth – Eduard Thurneysen Briefwechsel 1921-1930, Bd. II, Zürich 1974.
ChW, CW	»Die Christliche Welt« 2, 1888-55, 1941.
FChW, FCW	Freunde der Christlichen Welt.

Sonstige Abkürzungen nach: *S. Schwertner:* TRE Abkürzungsverzeichnis, Berlin und New York 1976.

Das Foto von Karl Barth auf dem Schutzumschlag wurde uns von der Internationalen Bilderagentur (IBA), Oberengstringen bei Zürich, zur Verfügung gestellt. Die Bilder von Martin Rade verdanken wir Herrn Pfarrer Gottfried Rade, Chur, das Bild »Karl Barth in Safenwil 1916« dem Karl Barth-Archiv in Basel.